朱汉民

张俊　主编

无限者的理念
儒耶对话与中西比较

商务印书馆
The Commercial Press

本书获得
大成国学基金——湖南大学岳麓书院发展基金高等研究院项目
资助出版

在"敬天爱神"之间中西对话的可能性（代序）

卓新平[*]

一、引论：中西能否比较，儒耶怎样对话？

本次岳麓书院比较宗教与哲学工作坊以"天命与上帝：中西比较与儒耶对话"为主题——这虽然是一个老问题，却显然在期待新思考。"天命"与"上帝"指归在对"绝对""超然"的理解，是不可"道"之形而上的问题。为此，儒家曾主张"子不语"的态度，而基督教的所谓"神论"在此可信的也只有"否定神学"，即只能断定"上帝不是什么"，而绝不可以轻率断言"上帝是什么"。在这一基本态度上中西乃是殊途同归的。然而，在中西传统中人们却都忍不住要"言述"天命和上帝，如此一来，不可道之"道"遂转化为"言道"，而其"可道"之"道"就成为绝对与相对、超然与实然、永恒与此在之间的"中介"，也于是就成为"究天人之际""识神人之间"的哲学之思、神学之辨。不过，对"中介"的理解中西有别，中国文化多强调"天子""圣人"沟通天人、体现"天意"的作用，表现为人自下往上的运动；而西方基督教传统则相信"道成肉身"，

---

* 卓新平，中国社会科学院世界宗教研究所研究员，中国社会科学院学部委员。

突出神自上往下的降临，即"神"屈己而为"人"，实现对人的拯救。不过，西方也讲究人的"终极关怀""终极向往"，不否认人对"终极实在"的追求、询问与解读，故而也有人的仰望、人向上的努力。因此，中西能够比较，儒耶可以对话，而且这种比较与对话早已开始并延续至今，中西交通的历史即为其明证。当然，其比较与对话的曲折、复杂、艰辛，也是我们要关注的。

二、"天命""上帝"均为"人言"

对天人关系、神人关系的论述，都是"人"的行为，所以"人"乃这种"形而上"之言的主体。这样，我们就可以把"神学"问题转化为"人学"问题，把"终极"问题转化为哲学、知识、语言问题来探讨。其实，中国的"天命"表述本身就透露了其与"人"的关系："天"本身无"命"，也不需要"命"；"天之命"乃对"人"而言，指"天"与"人"的关联、对"人"的把控，即"天人关系""天人之际"中"人"所表达的对"天"的理解、敬畏、遵循、服从。当然，中国思想中也有"人定胜天"这种对"天命"的抗拒、挑战，但不是主流思想。而西方基督教虽然强调"上帝"是与人毫无关系的"绝对另一体"，却也竭尽全力来思索、找寻"人"与"神"的可能关联。"上帝论"是"为我"的"上帝"之论，"神学"实质上是"神人学"，离开"人"而谈论"上帝"则毫无意义。所以，我们所讨论的看似是"天命与上帝"这一形而上问题，其实乃"人学"之论，是"人"的理解与解释问题。"没有人看见过上帝"，"天论"和"神论"都是"人在论"，是人的语言、知识、观察、思辨问题。这里，我们的思考就从"天"而落"地"，从"神"而回到

"人"。我的博士导师毕塞尔（Eugen Biser）在 1970 年时曾经写过一部专著《神学语言理论与解释学》，我认为我们讨论的恰好就是人所涉及的这一主题——只会有人的"神学语言理论"和与人相关的"解释学"。

三、中西理解中的"天"与"神"

（一）自然理解之"天"与"神"——宇宙论的认识

简言之，这里触及的"自然理解"并非自然科学意义上的，而是哲学甚至宗教意义上的"整体观""终极观"，即对物质世界的"本质""本原""本体"的认识或体悟，表现出一种时空"整体审视"的包罗万象、涵盖一切，由此而达到对"物体"之"后"、对"自然"之形而上的把握。

在儒家传统中，对"天"的理解包括自然意义上的"天"和形而上意义上的"天"。自然意义上的"天"指天空、苍天、穹苍，与"地"相对应："天，颠也。至高无上，从一大。"（《说文解字》）"据远视之苍苍然，则称苍天。"（《五经异义》）形而上意义上的"天"则有"天理""天道"之义，如"立天之道，曰阴与阳"（《易经》），此处的"天"主要是指自然法则。但这类表述少之又少，一旦其转为道德、价值层面的理解，就进入宗教、神学的范畴了。

在西方哲学传统中，从古希腊时期就已经从"形象化想象"上升到"抽象化思维"，其对"神"的宇宙论抽象思考触及关于"太初""太一""无限"等"万物之源"、世界的"第一性"问题，曾把水、空气、火作为物质的本体、本原、始基，从火、光之流溢，空气之流荡四散来解释万物的生存与发展、来源与归宿。"自然"神论从一"源端""始因"或"第一性"作为"不动之推动者"来说明"创世"之后宇宙永不止息的运动变化。这些思想对此后基督教的"上帝观"产生了巨大影响。若仔细剖析基督教的"神论"，会发现其基本上涵括了古希腊传统的宇宙神论和希伯来传统的人格（道德）神论。同时，古希腊哲学对"气""光"的理解形成了一种"场"论，为今天西方天文、物理学突破"原子"观念，达到"量子""场论"提供了天才的预设。

其实，中国古代思想中论"天"之苍苍茫茫、覆盖大地，实际上也已经指向以"气"来论说天地，即有这类"气场"来"遍覆"万物、"遍在"宇宙。中国哲学以"气"来界说世界，并用阴阳来解释"气"之构成，说明在"气"中可以悟宇宙之"秩""序"，见天地之"经""常"，观变易之"恒""定"，从而在"气化"中看到有"道"、有"理"。而且，中国"无极""太极"及其阴阳和谐、有机共构的整体观，也正与古希腊思想异曲同工。

（二）宗教理解之"天命"与"上帝"——神学观的认识

一旦出现"天"与"命"相关联，"上"有"帝"之思考，就不再是自然之辨，而乃神学之信。自然之"天"无"命"可言，亦不需要世人之"敬"。因此，中国儒家传统中的"天命"及人之"敬天"无疑已是宗教术语，至少已经表达出宗教情怀或境界。

显而易见，儒家讲究"天命"，主张"敬天"，已经道出其"神性"含义。这里，"天"是有"神格"（人格）的，也就是说，"天"有意志、权能、德性和睿智，会主持公义、表达仁爱、奖善罚恶，决定世界和人的命运。这正是主宰之天、命运之天，或天命、天意以及天理、天道之恰切含义，而与"自然之天"明显区别开来。所以说，按照儒家传统，"天"作为自然之天的理解比重极小，其作为中国传统文化中至高之神的明确表达不可否认。许慎在《五经异义》中曾如此区分道："天有五号：尊而君之，则曰皇天；元气广大，则称昊天；仁覆愍下，则称旻天；自上监下，则称上天；据远视之苍苍然，则称苍天。"正是基于这种对"天"的宗教理解，儒家才有"天祐下民，作之君，作之师"（《书经·泰誓上》），"天秩有礼""天命有德""天讨有罪"（《书经·皋陶谟》），"天道福善祸淫"（《书经·汤诰》），"畏天命"（《论语·季氏》），"敬天法祖"（《明史》卷四十八）等论述。

　　"上帝""天主"则是基督教神名的中文表达，其本身就是与儒家的一种对话与沟通，形成了一种理解上的视域交汇和蕴意共融。中国古代的"上帝"表述乃"帝"字的演变，而"帝"字在殷代本指"天子"死后的灵魂，故"上帝"指中国古代宗教中的最高主宰，"托之于天，故称上帝"（《大唐开元礼》卷一），"依儒经"而有"皇天上帝太一"之尊称。而"天主"之神名也是基于儒家传统中"最高莫若天，最尊莫若主"之思想。这类神名的宗教色彩已经极为鲜明，基督教的"上帝"既有本体论、宇宙论意义上的"第一""全在""永恒""不变""创造者"之蕴意，更有道德论、认识论和神治论意义上的"最高""全知全能全善""救世主"之界定。这样，基督教神学得以与形而上学相汇，似为西方哲学传统中的"太初哲学""第一哲学"。基督教传统中对"人格神"的理解，主要来自对犹太思想精神的继承和发展。犹太传统中虽然也有绝对一神的信仰元素，如构成"亚伯拉罕传统宗教"的一神论，以及对其神明"我是自有永有者"（I am what I am）的存在论表达，但其在宗教影响层面流传更多的仍是其对"人格神"的理解；而基督教中耶稣基督之"神子"蕴意，使基督教神明观的"天父"形象成为其信仰传承，这样，基督教文化中的"神圣家族"使之作为"爱的宗教"更具伦理性、社会性，形成与现实的密切关联。综合这两大传统，方有当代基督教思潮中对"终极实在"（ultimate reality）的"终极关怀"（ultimate concern）。由此而论，基于"二元分殊"的西方思辨传统也在一定意义上通过"中介"思想而达到相对跨越和融通。

四、天人关系与神人关系

"天命与上帝"在中西比较及儒耶对话中不仅是立于形而上的认识论、解释学，更是上下沟通、神人相遇的关系学说。在儒家思想中，究天人之际势必要解答"天人合一"的问题；而在基督教中，同样不乏通过耶稣基督的救赎而达到"神人合一"的说法。

与西方神、人截然分离之二元分殊的思维方式不同，儒家讲天人感应、上下呼应。根据中国哲学的整体观思维，儒家相信天人有关，"天亦有喜怒之气，哀乐之心，与人相副。以类合之，天人一也"（《春秋繁露·阴阳义》）。不过在天人关系中乃天尊人卑，"天地之精所以生物者，莫贵于人，人受命乎天也"（《春秋繁露·人副天数》），"民受天地之中以生，所谓命也"（《左传·成公十三年》）。因此，"天命之谓性，率性之谓道，修道之谓教"（《中庸》），道反映出了天命，"道之大原出于天，天不变，道亦不变"（《汉书·董仲舒传》），所以世人"畏天命"，尽人事就要"以德配天"。儒家为之不仅"明事上天之道"，竭力"以道教民""以道德民"，而且还确立"天地君亲师"的秩序，推崇"仁义礼智信"的价值，"亦有祭天地之祀"，敬天法祖，有着"敬神如神在"的严肃。不可否认，"孔子以道设教，天下祀之"乃是宗教之举，当然孔子的立意"非祀其人，祀其教也，祀其道也"（《明史·钱唐传》）。

在这种天人关系中，中国古代往往视君王即"天子"为二者之间的"中介"。"德侔天地者称皇帝，天佑而子之，号称天子"（《春秋繁露·三代改制质文》），因此"王者承天意以从事"（《汉书·礼乐志》），必须"小心翼翼，昭事上帝"，"替天行道"，而"所谓道，忠于民而信于神也"（《左传·桓公六年》）。显然，中国古代君王文化中也有其民主意识的约束，"天视自我民视，天听自我民听"（《书经·泰誓中》），虽有"君权神授"，却必须意识到"天命有德"，要"以德配天""内圣外王""止于至善"，以正"王道之端"，达"仁义礼智、天道在人"之境，切不可为昏君或暴君。在此，"中介"并非天然、必然正确的，仍需要修"天德"方能做"圣人"、成"圣王"。

与之对比，作为基督教中所理解的神人之间的"中介"，耶稣基督则"道成肉身"、天然正确，他没有"原罪"，却以为人赎罪的方式而达到拯救人世的目的，实现神人合一。作为"上帝之子"的耶稣基督显然比中国语境中的"天子"更具神圣意义，其作为彰显神性形象的"第二亚当"既有神性禀赋，又有完美人性。因此，基督教传统更强调的是爱神，在这种爱中无保留地听从神言、服从神命，其寻求得救的努力故而也是一种相对消极、被动的努力。尽管这种绝对之神也涵括"爱人如己"的伦理要求和现世使命，却一切都在"神爱"之中。在中西天人关系的比较中，不难看出儒家传统具有更多的动态进取精神，人走向神的道路没有封闭，但这条路比较艰辛，需要包括君王在内的人不断修行来达"天德"、止于至善。这是能动的、上升的、人格的、主动的、积极的神圣之道、生命之旅。而基督教传统则主要依赖对耶稣基督之"信"，乃静态的、被动的、等待的"信、望、爱"。"上帝"以耶稣基督之身降临、屈己这一自上至下之路颇为明显，主旨乃神降人世、道成肉身；而人之主动、积极往上的筚路蓝缕之"天路历程"却前景未明，更多的人在"原罪"观的影响下对人之内在的"上帝形象"感觉模糊，甚至毫无感觉。西方在文艺复兴时期所宣称的"大写之人"也与"神"不可同日而语，"人""神"不在同一个层面，"人"想"成神"之念犹如登天梦想。所以，这种"爱神"乃敬畏之爱，人的被动与神的主动形成鲜明对照，有着天壤之别。中国的整体共在观使人不只是"敬天"，而更有"欲与天公试比高"的冲动和从"敬天"到"胜天"的欲望。中国人可以由人的"究天人之际"来达至"天人合一"，而基督教却是靠人的期盼、祈祷，以及"救主"的中介、赎罪之救赎来实现"神人合一"。二者差别较大，境界迥异。对此，两种"合一"是否可以对话，基督教神学中说法各异、分歧颇大、流派众多，不仅其内部没有达到一致，甚至还曾影响其与中国儒家文化的对话。

　　回顾以往的对话，中西双方在相遇之后有碰撞和冲突，也有对话和一定程度的融通。二者在理念上好像有所相似、可以沟通，但在现实中更多的还是区别、差异，有着"我"与"他"的陌生和疏远，不过，倒也没有彻底放弃"我"与"你"的接近及对话。最后，我想以中国天主教思想家罗光(1911—2004)的分析来推动更深层次的讨论和互动：

　　　　中西形上学研究对象的不同趋势，造成中西哲学精神的不同。西方哲学研究"有",予以分析,建立原则。西方哲学的精神便在于求知求真,就事实的本体深加分析,事事清楚。这种精神导致科学的发达。中国哲学研究"生生",探讨宇宙生生的意义和原则,乃造成儒家发展人性以达生活美满的境界,而成圣人。这种精神为人文精神,以求发展心灵生活,求美求善。因此,中国哲学偏重伦理道德。但两者不相冲突,万物都是"有",万物也都是"生生"。西方形上学从静的本体分析"有",得有各种学术的基本原则,也可以用于中国的学术。中国的形上学从动的本体研究"生生",厘定形上的原则,应用于人生。①

---

① 罗光:《中西形上本体论比较》,上海中西哲学与文化交流研究中心编:《文化传统辩证》,学林出版社1991年版,第70页。

目　录

中华民族天命信仰神祇体系中上帝的位置

谢遐龄[*]

一、天命是中华民族自古及今的信仰

须先确定：中华民族的大多数民众有信仰；这信仰是"天命""上天"，俗称"老天"。

有一个关于中国人信仰状况的调查称，五千份问卷中占百分之七十的被访者自称无信仰——这份调查质量很高，不过对这些自称无信仰的被访者还应加些提问，追问他们对上天、祖宗的态度。我相信，调查结果将是他们中绝大多数是有信仰的，他们信仰上天和祖宗。

应当澄清一个全世界的误解，即认为大多数中国人无信仰。当代中国有五大宗教——道教、佛教、天主教、基督教、伊斯兰教。宣称自己无信仰的中国人，其语义是自己不属于这五大宗教、不信仰这五大宗教的神。但这不等于他们无信仰。

同时要指出的是，对上天、祖宗的信仰本来就未明确宣布其宗教归属。也就是说，信仰上天、祖宗的应当被称作什么教？信众应当被称作什么教徒？没有定说，甚至可以说没有人想到要给个说法。有的学者称其作儒教，有的学者称其作民间宗教，有的学者干脆说这什么

* 谢遐龄，复旦大学哲学学院教授，上海儒学院理事长。

宗教也算不上，只能说是民俗。

"民俗"所透露的信息是，其来源于岁月悠久的远古，暗示其与古代宗教之关联。也就是说，所谓"民俗"，起源也是宗教，只是该宗教已经解体，而民俗是其遗存在今日的残余。

然而，如果该宗教并未解体，所谓"民俗"又该怎样理解？

杨庆堃1961年发表的《中国社会中的宗教》（英文）提出的"弥漫性宗教"说可以帮助我们正确认识中华民族的宗教与信仰状况。按他的说法，这个宗教一直存在到现在，只是被称为"原始宗教"。[①] 而我国学者，持相同认识的，也有称之为"宗法性传统宗教"的，认为这个传统宗教在夏商周时期形成，延存到清朝末年。上述两说在时期上的区别，大抵以中央政府是否祭天为判据。后者视之为"国家宗教"，把国家遵奉当作基本要素。[②]

该宗教之存在是否必须以国家行为为判据，可以看作待研究的问题，但不妨碍信仰状况之确定，即使中国社会自古以来的传统宗教因国家不再祭天而进入若存若亡阶段，甚或可视为进入解体阶段。民众的信仰是另外一个问题。

确定中国人的信仰，还须做个全国性的调查。调研人员须先行培训，补宗教学的课。这项调查分两个部分：一是信仰状况的调查，一

---

① "在中国宗教的发展过程中，与政治有着紧密关系的三个主要时期。第一个时期，从公元前2000年中国历史的开端到西汉帝国（前206年—9年）末期，在这期间原始宗教在政治生活和国家组织中扮演重要的角色。第二个时期，从公元1世纪到11世纪，道教兴起、佛教传入，佛道两教作为非官方的宗教组织，千方百计地向原始宗教和官方争取社会的影响力。第三个时期，从11世纪到当代，政府对宗教的控制形势日趋稳定，形成了中国特有兼收并蓄的宗教体系：表现为原始宗教、道教和佛教的相互渗透。"这段文字显示，杨庆堃认为一直到他写书的20世纪60年代仍属第三个时期。参见杨庆堃：《中国社会中的宗教》，范丽珠译，四川人民出版社2016年版，第85页。

② 参见吕大吉主编：《宗教学通论》，中国社会科学出版社1989年版；王晓朝：《宗教学基础十五讲》，北京大学出版社2003年版。

是传统宗教存在状况的调查。这项调查将澄明学者们对中华民族的信仰与宗教的糊涂状态。在此要提醒的是，杨庆堃认为，"中国政治生活中的许多宗教影响，都源于'天'这一基本概念和附属于天的众神体系，……它的核心概念就是'天命'"①。无论赞同这个论点，将之作为调研的前提，还是反对它，将之作为批判的主要论题，实际上都确认了它在理论上的基础地位。

二、关于信仰天命的传统宗教的两个哲学问题

第一个是个方法论问题——一个事物怎样才称得上是个宗教？传统宗教能否归入宗教这个"社会组织集合"？首先直接面对的问题是儒家是否是宗教——儒教？如果确认上述传统宗教存在，那么儒家就不能被看作宗教。有的学者认为传统宗教就是儒教，显然不能成立。因为传统宗教可以追溯到新石器时期，那时还没有儒家。儒家的功能是阐释传统宗教，为朝廷的祭祀、礼仪提供工作人员。而宗教活动，如祭天地、山川，是国家行为，不是儒家行为。

宗教是什么？要回答这个问题，就要从已经确认为宗教的事物中找出"最大公约数"，或者更为准确地说，是为称作宗教的事物确定内涵。

然而，在做这项工作之前，先要做的是将事物归类——把一些事物归拢为一堆（建立集合）、看作同类，并确定名称（如果有所遗漏，提炼共性时就会忽视被遗漏者；再以提炼出来的共性去衡量被遗漏者，其不合乎"定义"几乎是必不可免的结局）。

①　杨庆堃：《中国社会中的宗教》，第102页。

例如植物学，就是依形态归类的学问——归类后下定义（抽象出共性）；嗣后，若发现不妥，则调整归类（即把原先遗漏的补入集合），再重新确定共性。新发现物种后首先要做的事是将其安放到既定种类中去；如果出现无论如何都无法安放到已有种类的情况，就须考虑重新分堆——调整集合。

宗教属于社会组织类型，与植物学既有类似之处，也有不同之处。提炼"宗教是什么"，运用的是反思的判断力；将新社会组织归入宗教，属于规定的判断力。在整个研究过程（认识过程）中反思判断、规定判断交替作用。

杨庆堃揭示中国社会一直存在着主流宗教，只是因为它是弥漫的，所以学者们视而不见、辨认不出。既然已由他找出过去未辨认出的宗教，我们就面临着把可能看作宗教的社会结构"重新分堆"的任务。这个主流宗教不是道教，更不是佛教，也不是儒家。佛教是外来的宗教。道教虽然是本土的，却是从主流宗教中分离出来的"少数派"，教徒也是原先信仰主流宗教的信徒凭着个人意愿改宗而来的。而成为主流宗教的成员则是不由自主地在出生后自然而然地接受的，用不着特别表态，也谈不上"坚信礼"确认。如同生下来就是中华民族成员，生下来就是这个宗教的教徒。例如"宗教信仰自由"，只适用于依意愿决定归属的宗教——目前的五大宗教的情况。而传统宗教与信徒意愿无关，生下来就被自动归入该教，不会有人想起来要问他或让他表态——难怪其会被归入"无信仰"之类别。

第二个问题是天命之"理性化"。这与上一个问题的关联在于：怎样辨认当前中国社会的宗教？

孔子讲君子有"三畏"，列于首位的是"畏天命"；孔子又自述五十知天命。可见对天命，在情感上须敬畏，所谓存敬畏之心，首须畏天命；对天命又须知，这就是说，必须理解天命。

《论语》最后一条中孔子说："不知命，无以为君子也。"即把对天命的正确理解作为君子的必备条件。知命之命是否即天命？注称"命"指"穷达之分"。朱注引程子："知命者，知有命而信之也。人不知命，则见害必避、见利必趋，何以为君子？"或谓与天命之命不相当。前贤辨之甚详①，本人倾向认同的是，把天命释为盛衰治乱、朝代更替之历史命运——此孔子五十知天命之义；君子知命，既知自身遭际的时代，因知自身穷达之必然。此西狩获麟，盛世祥瑞见于乱世，孔子知自身生不当时，叹命穷之义也。

《易经》是推算天命之数学、知天命之一种途径。关键环节是经由天人相感得卦，这个环节是知天命之环节。得卦之后是解释所得卦、爻之意义，这是知天命之又一环节。阴爻、阳爻及其关联建立起来的数理结构，是待解释的天命之显示。

这种知天命途径，是卜筮之一种。这就是说，天命是可以认识的，是数理；卜筮是知天命途径，感应是卜筮必须有的环节——这些早就取得共识。

不过，卜筮所探知的天命，还只涉及事件。最大的事件，革命——"尧曰：咨，尔舜！天之历数在尔躬"，判定朝廷的命运、国家的盛衰治乱，也属天命——用什么方法探知、确定？《周易》的象辞、彖辞、文言、系辞等提供了理论，没有提供数学。能否找出数学方案？

邹衍对此提出了方案：天数为五行。邹子的理论简洁明快，比《易经》以阴、阳爻的繁复结构显示的数理更易大众化，且合乎当代

---

① 参见《焦氏补疏》，其发挥《中庸》"君子居易以俟命，小人行险以徼幸"义及乾道健进相当透彻。

科学"简单即美"的原理。这样，为流行已久的"皇权天授"安装了道理外壳，利于新兴势力为夺取皇权收拢民心。

钱穆先生曾痛斥董仲舒，贬其流毒中国思想甚深，判其思想主要渊源是邹衍阴阳说。他写道："邹衍学说之最大影响，在其重建古代天帝的旧信仰。但他别创新说，认为天帝有五，循环用事，以之配合四方与五色，四时与五行，一切人事物理天象，都用金木水火土五行相生相克之理来解释……"① 从钱穆的厌弃口气看，他的基本思路也可归入思想家决定历史之流派。但我以为，思想之流行与思想家之伟大，不在生造学说，而在说出民众心中所想却口不能道的意思，或人们心中之同然者而先得之。况且帝不止一位之观念，在邹衍之前已经形成，邹衍所为，至多是定其数为五。

邹衍学说之创见处，在于为古人思想中"天命有数"（故而又称"天数"）所衍生出的"此数当如何"这一问题给了个可以求解的方案。而朝代更替之天数有定，并非其创造。当然，也要承认其学说为已有思想披上一件"科学理论"外衣，有加固、强化的功效。

邹衍学说更重要的意义在于，确立了天命转移有规律之思想。旧说认定朝代更替出于天命，但天命究竟怎样无可预测。邹衍学说告诉人们：朝代更替是有规律的，天命是可以预测的。这样，他就把天命与历史必然性关联在一起。

总结而言，邹衍为中国思想注入了天道即历史必然性之法则。

邹子所著书已佚，其概念是否清晰已难以确定。对本文来说，天与帝之间究竟是个怎样的关系是核心问题。帝有五个，天却只有一个。天即帝乎？抑或天在帝之上？

---

① 钱穆：《中国思想史》，台湾学生书局1988年版，第110—112页。

三、在中国社会的神祇体系中天与上帝之区别

《周礼》记载的是古代中国政教一体国家之制度结构。《周礼》又称《周官》，把这部书理解为讲述世俗性官僚体制的书是不正确的，它记述的同时是宗教体制，忽视这些制度的宗教性易导致片面理解。

清代孙诒让著《周礼正义》，讨论天、帝关系甚详，材料丰富，辨析准确，展现了经学家们对中华民族崇拜的天、帝的精密研究，读者可由之了解中国的国家宗教。下面摘引少许资料并对其做出梳理，略例焉。

在《天官·大宰》经文"祀五帝"下，首引郑玄注："祀五帝，谓四郊及明堂。"[1] 疏谓："注云'祀五帝谓四郊'者，谓分祀五帝则各于其兆，《小宗伯》云'兆五帝于四郊'是也。"[2] 又引贾疏证之云："依《月令》四时迎气，及季夏六月迎土气于南郊，其余四帝各于其郊，并夏正祭所感帝于南郊，故云祀五帝于四郊也。"随后总结道：

诒让案：凡此经通例，有天，有上帝，有五帝。天即昊天，祀北辰；上帝为受命帝，在周则祀苍帝；五帝为五色之帝。此上下文有天有五帝而无上帝，则五帝内含有苍帝。以受命帝虽尊，

---

[1]　孙诒让：《周礼正义》，中华书局1987年版，第135页。本文所引《周礼正义》皆为此版本，下文不再注明。

[2]　"又案：五帝四郊之兆，第帝各于当方之郊，黄帝则在南郊。其青帝迎气之兆，自于东郊……"《周礼正义》，第1424—1425页。

然亦五帝之一，言五帝可以晐上帝也。①

这段话把天与五帝区分凸显出来，清晰地表明了孙诒让的问题。

然而，把天与帝视为一物的学者很多，也各有依据。在当时，这不是一个书斋中论辩的纯学术问题，而是涉及国家祭祀大典怎样举行的重大宗教实践问题。人们相信，若施行不当，则神祇不悦，会招致灾祸。

祭天与祭祖有内在的关联，祭祖须把祖宗配天。这种祭祀活动是古代最重要的国家大事，既是政治的，也是宗教的；宗教性质比政治性质更明显——隆重的祭天、祭祖仪式当然是宗教活动，尽管政治意义可能是目的所在——王权天授。如记载历代帝王祭祀天地活动的《史记·封禅书》曰："周公既相成王，郊祀后稷以配天，宗祀文王于明堂以配上帝。"原句出自《孝经》盛赞周公为大孝典范——"孝莫大于严父；严父莫大于配天"。引发争论的是裴骃的《集解》引述的郑玄注："上帝者，天之别名也。神无二主，故异其处，避后稷也。"

此处称上帝为天之别名，意思似乎是上帝相当于天。

对此，孙诒让用了相当长的篇幅详细辨析，认为：

郑以上帝为天之别名者，盖以南郊祭受命帝，明堂合祭五帝，同称上帝，亦同得称天。实则天之与帝，虽可通称，而《孝经》与此经（《周礼》），则显有不同。……盖《孝经》之天异于上帝者，受命帝与五帝也。而此经则《掌次》《大宗伯》《肆师》《典瑞》《司服》《职金》诸职，凡言天者，并指昊天；言上帝者，并指

---

① 《周礼正义》，第135页。

受命帝；若五帝，则直称五帝，不称上帝。而天与上帝之分，在两经各自区别，亦必不可合，此尤《孝经》上帝非昊天之确证也。①

　　这就是说，《孝经》把天、上帝替换使用，不能说明二者就是同一的。郊祀后稷、明堂祀文王，涉及称祖抑或称宗的区别。郑注认为，异处祭祀，是因为一个地点不能祭两位神："神无二主"义也。按经文，祖后稷，宗文王；祖配天，宗配帝。本来可以理解为天与帝地位不同，郑注解释只不过是一个地点不能有两位神并祀。孙诒让认为，《周礼》与《孝经》概念有别，他结合辨析天之多种称号意义之究竟，提出了更多的证据。

　　先引《今尚书》："欧阳说曰：春曰昊天，夏曰苍天，秋曰旻天，冬曰上天，总为皇天。《尔雅》亦然。"此处天之诸名对应四季。再引《古尚书说》驳之："天有五号，各用所宜称之。尊而君之，则曰皇天；元气广大，则称昊天；仁覆愍下，则称旻天；自上监下，则称上天；据远视之苍苍然，则称苍天。"意指天是一个，不同称呼是依其地位、性质、功能、形象而来。又 "《尚书》尧命羲和，钦若昊天，总敕四时。知昊天不独春"。

　　"《毛诗·王风·黍离》传云：'尊而君之则称皇天，元气广大则称昊天。'说与《古尚书说》同。此经昊天，《月令》别称皇天，既非东方之帝，又祀于冬至，则《毛诗》《古尚书说》庶得其正矣。""此经"指正在疏解的《周礼》。孙诒让进一步引用：

---

① 《周礼正义》，第138—139页。

金榜云：“《大宗伯》‘以禋祀祀昊天、上帝’，《司服》‘祀
昊天、上帝则服大裘而冕，祀五帝亦如之’，《典瑞》‘四圭有邸
以祀天旅上帝’，明昊天与上帝殊。《掌次》‘大旅上帝则张毡
案，设皇邸；祀五帝则张大次小次，设重帟重案’，明上帝与五
帝殊。榜谓昊天，垂象之天也；上帝，祈谷之帝也。冬至禘者为
昊天，启蛰郊者为上帝。后郑合昊天上帝为一，误。”

下结论道：

案：金说是也。此职及《司服》之昊天上帝，亦当分为二。
昊天为圜丘所祭之天，天之总神也。上帝为南郊所祭受命帝，五
帝之苍帝也。《大司寇》《小司寇》并云“禋祀五帝”，则五帝皆同
禋祀。此经唯云上帝者，以受命帝即五帝之一，义得互见也。
《典瑞》云：“四圭有邸，以祀天、旅上帝。”彼云祀天，即此昊
天；旅上帝，即此上帝。二者别文，明其非一帝可知。而郑、贾
说昊天上帝，并合为一，为专指圜丘之天帝，非也。[①]

又引金鹗：

郑注《大宗伯》昊天上帝，以为天皇大帝；注《大司乐》，以
为天神主北辰；注《月令》皇天，以为北辰耀魄宝，本于《春秋
纬》，谬也。《古尚书说》云：“元气广大曰昊天。”有曰皇天者。
《说文》：“皇，大也。”天道至大，故称皇天。合而言之，曰昊

---

① 《周礼正义》，第1309页。

天上帝，或言皇天上帝；分而言之，曰昊天，曰上帝，或曰皇
天，或单言天，单言帝，一也。要不可以星象为天。北辰、天皇
大帝，皆星名，未可以为天也。……（孙怡让）案：金说是也。①

此言天之"抽象性"，不可具象理解。

《春官·小宗伯》经文曰："兆五帝于四郊，四望四类亦如之。"
郑注："兆，为坛之营域。五帝，苍曰灵威仰，大昊食焉；赤曰赤熛
怒，炎帝食焉；黄曰含枢纽，黄帝食焉；白曰白招拒，少昊食焉；黑
曰汁光纪，颛顼食焉。黄帝亦于南郊。郑司农云：'四望，道气出入。
四类，三皇、五帝、九皇、六十四民，咸祀之。'"② 孙诒让案语曰：
"此兆五帝于四郊，谓于王城外近郊五十里之内，设兆位也。……其
实四望四类等，亦各兆于近郊，义并通也。" 又案："五帝四郊之兆，
每帝各于当方之郊，黄帝则在南郊。其青帝迎气之兆，自于东郊，而
在周尊为受命帝，则亦别设兆于南郊。"③ 当方，当气行之方，其义
为天即气也。青，木之色。青帝当东方。南位最尊，黄帝对应土行，
方位中央，故而南郊。

《郊特牲》孔疏云："（郑氏）谓天有六天。天为至极之尊，其体只
应是一，而郑氏以为六者，指其尊极清虚之体，其实是一；论其五时
生育之功，其别有五。以五配一，故为六天。据其在上之体，谓之

---

① 《周礼正义》，第1309页。
② 《周礼正义》，第1424页。所谓"六十四民"，"民亦古帝王之号。郑《坊记》注
云：'先民，谓上古之君也。'"同上书，第1431页。
③ 《周礼正义》，第1425页。兆，《说文》作垗。"诒让案：《尔雅·释言》云：'兆，
域也。'郭注云：'兆，茔界。'陆《释文》：'本又作垗。'《说文》引《周礼》亦作垗，与
《尔雅》或本同。盖垗正字，兆借字。许所据此经故书本，用正字也。……兆亦作垗。
《诗·大雅·生民》'以归肇祀'，笺云'肇，郊之神位也'是也。"同上书，第
1427页。

天。天为体称，故《说文》云：'天，颠也。'因其生育之功，谓之帝。帝为德称也，故《毛诗传》云：'审谛如帝。'"《祭法》孔疏又引王肃难郑云："天唯一而已，何得有六？又《家语》云：'季康子问五帝，孔子曰：天有五行，木火金水土，分四时化育以成万物，其神谓之五帝，是五帝之佐也。犹三公辅王，三公可得称王辅，不得称天王，五帝可得称天佐，不得称上天。'而郑云以五帝为灵威仰之属，非也。"①金鹗云："五帝为五行之精，佐昊天化育，其尊亚于昊天。《月令》云：春帝大皞，夏帝炎帝，中央黄帝，秋帝少皞，冬帝颛顼，此五天帝之名也。伏羲、神农、轩辕、金天、高阳五人帝，以五德迭兴，故亦以五天帝为号。若《月令》所言，则天帝也。郑注《月令》以五帝为五人帝，亦已误矣。"孙诒让曰："金氏谓凡祀五帝，即祭《月令》大皞、炎帝、黄帝、少皞、颛顼五天帝，而以伏羲、神农、轩辕、金天、高阳五人帝为配，其说致确。《楚辞·九章·惜诵》'令五帝以折中兮'，王注云：'五帝，谓五方神也。东方为大皞，南方为炎帝，西方为少皞，北方为颛顼，中央为黄帝。'则汉人已有以大皞等为五方帝之名者，足与金说互证，详《典瑞》疏。"②

　　读者当为古人思维之缜密、辨析逻辑之强而叹服。区别天、帝（五帝，含受命帝即上帝）之逻辑为体用关系，天为体称，帝以生育之功为德称，即以用论，此中国思想之逻辑也。

---

① 这段文字引自《礼记正义·祭法》，"其神谓之五帝，是五帝之佐也"难以读通。所引《孔子家语》文，引号当断于"其神谓之五帝"，作"季康子问五帝，孔子曰：天有五行，木火金水土，分四时化育以成万物，其神谓之五帝"，后面的文字"是五帝之佐也，犹三公辅王，三公可得称王辅，不得称天王，五帝可得称天佐，不得称上天"，乃是王肃的驳语。"是五帝之佐也，犹……"这样断句的意思是"是以五帝之为佐，犹如……"，说的是把五帝当作上帝的辅佐看。如果把《孔子家语》下面的文字"五行佐成上帝，而称五帝"插进来，意思就更明白了。

② 《周礼正义》，第1427—1429页。

总之，天总领五帝；天又很"抽象"，或者说具备"纯粹性"。黑格尔批评中国思想中的神具有自然性质、不纯粹的说法，看来不够准确。天足够"纯粹"，诸帝则带有"自然"属性。

四、中国神祇体系中的上帝与犹太教中的
耶和华是否有关联

《周礼注疏》"祀五帝"贾公彦疏引："释曰：五帝者，东方青帝灵威仰、南方赤帝赤熛怒、中央黄帝含枢纽、西方白帝白招拒、北方黑帝汁光纪。"[①] 孙诒让案语称："贾说深得郑旨。但五帝之名，依《月令》即太皞、炎帝、黄帝、少皞、颛顼五天帝。郑《小宗伯》注，依《春秋纬文耀钩》说，谓苍帝名灵威仰等，非也。贾疏亦沿其误。"[②]

博学的黑格尔讲到中国哲学时，提及《老子》书中的夷、希、微（I、H、W）与耶和华之间的关联。[③] 贾公彦疏所说的五帝名称，读来颇似外来语的汉字注音——或许这些神属于外来文明，其名称透露了其在古代融汇入中华民族的痕迹。对照之下，孙诒让案语反倒稍显武断，会阻断顺迹深挖的思考。

孙诒让案语之启发意义是：他认可的太皞、炎帝、黄帝、少皞、颛顼五帝，全都是早期的人间帝王，或者可看作当朝王族（皇族）的始祖。这就印证了一些学者的主张：殷商尊帝，系尊祖；始祖则人、神界线模糊不清，或者说人、神一体。

---

① 郑玄注，贾公彦疏：《周礼注疏》，赵伯雄整理，北京大学出版社2000年版，第55页。五帝方位是中国的，名称似是外来语之汉字注音，或为外来宗教之神。

② 《周礼正义》，第135页。

③ 黑格尔：《哲学史讲演录》第1卷，贺麟、王太庆译，商务印书馆1959年版，第127—131页。

这五帝乃被后世尊为中华民族正统谱系的领导。对比之下，贾公彦疏列举的五帝，可能就是未能列入正统谱系的外来民族领导——外来神。

帝有五，为整个神祇体系中的最高层领导；五帝之上为天，总领一切神祇。帝涉及生育，有的自身也系生育所得。天却无涉生育，与人之关联须依阴阳五行解释。前引金榜"昊天，垂象之天也；上帝，祈谷之帝也"，区分之说甚为精妙。有的学者叙述为"上古三代的'天'和'帝'在形象上是有区别的。'天'偏重抽象，'上帝'偏重具体"，"上帝有'心'，天无'心'，上帝说话，天不说话。总之，天的人格注重无形，上帝的人格则注重有形"，① 见识甚佳。

黑格尔对中国的宗教有相当透彻的了解。当然，他依据的是与他同时代的清朝的情况。他指出："天子是一国的元首，也是宗教的教主。结果，宗教在中国简直是'国教'。"② 他对皇帝在神祇体系中的地位讲述得很准确："皇帝是万姓的主宰——权力的依据——只有他是接近上天的"，"各省都有一位尊神隶属皇帝之下，因为皇帝所礼敬的只是那位普遍的天尊，至于上界的其他神灵都应该遵守他的法律。因此他便成了皇天和后土的正当立法者"。③ 也讲到五帝与皇帝的关系："五种元素（五行）每种各有一位尊神，各有一种特别的颜色。凡是据有中国皇位的朝代，也都依靠一位尊神。"④ 此即孙诒让所说五帝与受命帝之区别。

黑格尔似乎未注意到上天与五帝的区别。五帝被黑格尔说成代表

① 杜而未：《中国古代宗教研究》，台湾学生书局1983年版，第73页。转引自何星亮：《中国自然神与自然崇拜》，上海三联书店1992年版，第69页。
② 黑格尔：《历史哲学》，王造时译，上海书店出版社1999年版，第136页。
③ 黑格尔：《历史哲学》，第137—138页。
④ 黑格尔：《历史哲学》，第138页。

五行的神，似乎应该属于皇帝可以驱策的"其他神"；然而，又是皇位依靠的神，似乎只能求告、不可驱策，看起来是与上天有区别的。

看来，黑格尔对中国人崇拜的天，理解尚未到位。他一方面说天可以理解为"自然的主宰"，因而"可以比做我们所谓的'上帝'"；另一方面认为中国人尚未达到这样的思想，因此天只能有自然的意义。随后叙述了基督教传入中国后确定上帝译名的经过：先是耶稣会教士顺从了中国的称呼，把基督教的上帝叫作"天"，从而被其他基督教派向教皇控告。后来派了位红衣主教到中国，规定不应该用"天"，应该用"天主"。①

黑格尔与教廷的看法是一致的：中国思想的天没有主宰义。上面的故事说明，定名"天主"，重在其主宰义。

黑格尔反复批评中国宗教的崇拜对象缺乏精神性，与上述主宰义有同一根源。天之缺乏精神义，其实也并非自然义——毋宁说，在中国思想中，对天的领会既不是精神的，也不是物质的。西方宗教学家一致批评中国的天不是"超自然的"。天本来就未分化为精神、自然两部分。既然未分化，那就不会沉沦到以分化出来的精神去主宰分化出来的"另一半"的自然。主宰云云，是单一的天分裂、凝固为精神与自然之后才有的关系。物质离不开精神，精神也离不开物质，二者不可分割。单取精神而弃绝物质，不可能；单取物质而弃绝精神，也不可能。然而西方思想史不仅分裂了二者，还要割断二者之关联，把二者对立起来看待，取其一为基来建构整个世界，全然把概念当成了现实世界之基础与源头。

我认为，对于"形而上者谓之道，形而下者谓之器"，一向解释

---

① 黑格尔：《历史哲学》，第137页。

错了，要回到原典确定其意义。我接受戴震的说法①：形上、形下，之前、之后义也。形兼形、质而言。此语义为：形、质未分之前，为道；形、质分化之后，为器。在基督教教义中，上帝主宰自然，为形、质分裂、对立、割断之后。中国思想中，天乃形、质未分之前，故而天命等同于易道，即天道也。上帝、自然，皆形而下者；天，形而上者。

　　基督教的上帝，据《新约·约翰福音》"太初有道（逻各斯）""道成肉身"二语看，是纯粹精神，即形而上者。中国传统的上帝是五帝之一，是本朝始祖或与始祖相配的天神，即本朝受命帝。那么，犹太教的上帝耶和华（笔者认为不同于基督教的上帝），是否可以看作与五帝地位相当？他会说话、发火、亲手击打叛离者。由此想到，纬书历遭焚毁，致使大量资料湮没，何等可惜。

---

　　① "《易》'形而上者谓之道，形而下者谓之器'，本非为道器言之，以道器区别其形而上形而下耳。形谓已成形质，形而上犹曰形以前，形而下犹曰形以后。如言'千载而上，千载而下'。"戴震：《孟子字义疏证》，《戴震集》，上海古籍出版社2009年版，第288页。

孔子的天命观

郭齐勇[*]

"天"在中国人心中并不仅仅指自然界，而且指会对人们的生活产生重要影响的根源性存在，自古以来就有"天佑大德""以德配天"之说。中国历朝历代的政权，都自认为来自天之所命，史书记载受命君主几乎在降生时均有种种神迹出现。农业收获与作战之中，也屡屡有天相助。

一、"天"的内涵

就儒家而论，"天"也是有意志的，它代表人所不能控制的神秘力量。孔子在面临困境和爱徒颜回去世时，就发出对"天"的感叹。《礼记·郊特牲》云："万物本于天，人本于祖，此所以配上帝也。"《礼记·礼运》认为人事是以天为本的："礼必本于天"，"政必本于天"，而且"圣人作，则必以天地为本"。人的命运虽然有赖于人事修为，但能否实现以及实现的程度又不完全是由人自己所决定的。

在《尚书》《诗经》《左传》中，保留了不少宗教神性意义或权威意义的人格神的"天"的资料。在《诗经》中，也保留了不少人们怀疑权威意义的人格神的"天"的资料。

* 郭齐勇，武汉大学哲学学院教授，国学院院长。

　　《论语》中有关"天"的看法，也比较复杂，既有宗教神性意义或主宰意义的"天"、形而上的"天"、道德义理的"天"、自然的"天"，也有偶然命运的"天"。以下我们略论《论语》中的"天"。

　　第一是命运的"天"。

> 　　司马牛忧曰："人皆有兄弟，我独亡。"子夏曰："商闻之矣：死生有命，富贵在天。君子敬而无失，与人恭而有礼，四海之内皆兄弟也。君子何患乎无兄弟也？"（《论语·颜渊》）

孔子学生司马牛忧愁地说：别人都有兄弟，而独独我没有。子夏说：我听人家说过，人的生死、富贵，听之于命运，靠天的安排。一个君子严肃敬业，谦恭有礼，在四海之内，到处都有兄弟，哪里会犯愁没有兄弟呢？从全章来看，子夏并不相信命运之说。但他引用的"死生有命，富贵在天"一句里的"天"与"命"都具有偶然命运的含义。

　　第二是自然的"天"。

> 　　子曰："予欲无言。"子贡曰："子如不言，则小子何述焉？"子曰："天何言哉？四时行焉，百物生焉。天何言哉？"（《论语·阳货》）

孔子行不言之教。子贡说：老师要是不说话，我们做弟子的如何继承、传续老师的思想呢？夫子说：老天爷并不说话，不发号施令，然而四季照样运行，百物照样生长。天说了什么呢？在这里，"天"指的是自然之天。

第三是道德义理的"天"。

> 获罪于天，无所祷也。(《论语·八佾》)

卫灵公的权臣王孙贾暗示孔子，与其巴结卫灵公，还不如巴结他。于是孔子有此一说。孔子的意思是：若是做了坏事，得罪了上天，就不必再祈祷了，巴结谁都是不行的。在这里，孔子承认天的权威。同时，此句又有人的行为如不合于天（天理），祈祷也没有用的意思。故这里的"天"，可以说是道德之天或义理之天——天不是一个可以取媚的对象，而是价值的源头。

> 子曰："天生德于予，桓魋其如予何?"(《论语·述而》)

桓魋是宋国的司马，宋桓公的后代。"其"是表测度的语气词，"其如予何?"即"又将拿我怎么样呢?"。孔子师徒到了宋国，宋国司马桓魋想杀孔子，孔子坦然自处，说：老天既赋予我这样的美德，桓魋又能拿我怎么样呢? 此处的"天"，已不是主宰之天的天帝，而是义理之天的天道。孔子自信有德，其德来自天。

第四是自然之"天"与道德义理之"天"的交叉整合，既不是纯自然的也不是纯道德的"天"。

天有创造精神，是万物的创造之源，但采取的却是默运的方式，而不是强行干预的方式。"天"也将这样一个品格赋予了人类，特别是圣人。

> 子曰："大哉尧之为君也! 巍巍乎! 唯天为大，唯尧则之。

荡荡乎，民无能名焉。巍巍乎，其有成功也。焕乎其有文章!"
(《论语·泰伯》)

　　子曰："无为而治者，其舜也与! 夫何为哉? 恭己正南面而
已矣!"(《论语·卫灵公》)

这是说，尧、舜都是以天为法则，无为而治的。可见孔子赞颂尧、
舜，发挥"天"的非人格性的观念。在回答鲁哀公问"君子何贵乎
天道"时，孔子又指出："贵其不已……无为而物成，是天道也。"
(《礼记·哀公问》)这里看不到天的意志对于自然人事的干预，"无
言""无为"的自然之"天"与"天道"按自己的秩序运转，生养
万物。同时，这种"天"是圣人的榜样，是道德的根源与根据。

　　第五是保留有宗教神性或主宰意义的"天"。

　　孔子也是凡人，也发脾气、发牢骚，呼天叹天。如一次孔子大
病，子路私下让孔子门人筹组治丧处，但按当时礼制，只有诸侯身份
的人才能由治丧处料理后事(有些卿大夫僭行此礼)。孔子病好后，
对子路弄虚作假、违背礼制的行为不满，说："吾谁欺? 欺天乎?"
(《论语·子罕》)——我欺骗谁呢? 欺骗上天吗? 又有一次孔子去见
卫灵公的夫人南子，南子名声不好，子路很不高兴，孔子就发誓说：
"予所否者，天厌之! 天厌之!"(《论语·雍也》)——我如有错的话，
天厌弃我吧，天厌弃我吧! 子曰："不怨天，不尤人，下学而上达。
知我者其天乎!"(《论语·宪问》)皇侃疏曰："下学，学人事; 上达，
达天命。我既学人事，人事有否有泰，故不尤人。上达天命，天命有
穷有通，故我不怨天也。"孔子认为自己承担着替天传续斯文的使
命。这种使命感在旁人眼中是"知其不可而为之"的迂阔，所以孔
子慨叹"知我者其天乎"。

　　以上数条材料中，孔子呼天叹天，当然有把天作为主宰、作为有意志的神灵的含义，但不一定就真以为天或天意在主宰人，只是借天聊以自慰或宣泄情感。

　　　　子畏于匡，曰："文王既没，文不在兹乎？天之将丧斯文也，后死者不得与于斯文也；天之未丧斯文也，匡人其如予何？"（《论语·子罕》）

　　孔子离开卫国去陈国时途经匡地。匡人受过鲁国阳货之虐而恨之，而孔子貌似阳货，故匡人误以孔子为阳货而囚禁之。孔子认为自己为天所命而传续文武周公之道，故不仅有"德"的自信，而且有"文"的自信，所以敢说：周文王死了以后，文化精神遗产不都在我这里吗？上天如要消灭这种文化，那我也不会掌握这种文化了；上天如果不要消灭这一文化，那匡人又会拿我怎么样呢？这是儒家"为往圣继绝学"文化担当精神的典型表述——孔子身系文化神州的安危，是文化托命之人。这里的"天"，是天之所命的"天命"。华夏斯文不丧，自有其道理，故在这里是形而上的天的理命。

　　大概正是有这样的背景，子曰："志士仁人，无求生以害仁，有杀身以成仁。"（《论语·卫灵公》）这是一种任道救世的精神。两千五百多年来，中华民族的志士仁人都有这种献身精神。曾子曰："士不可以不弘毅，任重而道远。仁以为己任，不亦重乎？死而后已，不亦远乎？"（《论语·泰伯》）朱熹说："非弘不能胜其重，非毅无以致其远。仁以为己任，即以仁为己任，以人道自任。"（《四书章句集注》）

二、终极关怀和价值信仰

人之为人，不能没有超越的向往，即终极关怀，支撑生命的信仰信念。孔子继承了三代大传统的天命观念，如说："君子有三畏：畏天命，畏大人，畏圣人之言。"（《论语·季氏》）孔子一方面保留了天的神秘性和对于天、天命的信仰、敬畏，另一方面又修正了周代关于天帝、天命只与天子、诸侯、大夫等贵族阶级有关的看法，而使每一君子直接地面对天帝，在人生的道路上去"畏天命"进而"知天命"，这就肯定了个人所具有的宗教性的要求。

孔子为什么要反复申言对天的信仰和对天命的敬畏呢？在这里，"天"关涉人的类本质和类特性，首先是宗教性和道德性。孔子通过生命的途程与体验，来体悟天命与人之自由的关系："吾十有五而志于学，三十而立，四十而不惑，五十而知天命，六十而耳顺，七十而从心所欲不逾矩。"（《论语·为政》）其对上古宗教的改造，正是把超越与内在结合起来了。如果说"命"只是外在的命运的话，那么"天命"常常关系到内在。一个能够驾驭生活、驾驭世间外在力量并全面发展内在本性的人，一个积累了一定的生命体验（例如五十岁左右）的人，才能逐渐体悟到天所赋予人的本性本分，直接面对每个人的命运或局限，并对天道、天命和道德人格典范有所敬畏，而又积极地去追求生命的意义和死亡的意义，勇于承担自己应承担的一切，包括救民于水火、博施济众、修己安人、杀身成仁。这就把天做主宰转化为人做主宰了。面对死亡的威胁，孔子心地坦然地说："天生德于予，桓魋其如予何？""天之未丧斯文也，匡人其如予何？"这是天命论的题中应有之义。这说明在孔子那里，天命论不是被动、宿命的。

相反，有道君子以天降大任大命为自我的担当，以一身正气系天下兴亡之责、文化神州的安危和人文传统的延续。这是孔子及孔子以后的思想家和志士仁人的品格。这就是终极关怀的意识！

孔子把对超越之天的敬畏与主体内在的道德律令结合起来，把宗教性转化为内在的道德性。天赋予了人善良的天性，天下贯于人的心性之中。天不仅是人的信仰对象、一切价值的源头，而且也是人可以上达的境界。人本着自己的天性，在道德实践的工夫中可以内在地达到这一境界。这就是"下学而上达"。这基本上就是孔子的"性与天道"的思想。《论语·公冶长》所记："子贡曰：夫子之文章，可得而闻也；夫子之言性与天道，不可得而闻也。"子贡的意思是说，夫子关于文献上的学问，学生都听得懂，夫子关于"性与天道"的议论，学生不容易听得懂。"不可得而闻"，是听到了，但还不理解，即平时我们说的"听而不闻"。

孔子强调要在人事活动中，特别是在道德活动中去体认天命。于此，才能"不怨天，不尤人"（《论语·宪问》）。正因为生命有了这一超越的理据，所以儒者才有了积极有为的担当意识和超越生死的洒脱态度："人能弘道，非道弘人"（《论语·卫灵公》），"朝闻道，夕死可矣"（《论语·里仁》），"未知生，焉知死"（《论语·先进》），"三军可夺帅也，匹夫不可夺志也"（《论语·子罕》），"不降其志，不辱其身"（《论语·微子》），等等。由此我们可知儒家对于人格尊严的重视、强调与维护。孔子思想并不如黑格尔在《哲学史讲演录》中所说，只是一些俗世伦理或常识道德。如上所说，孔子的人性、天命、天道的思想有深刻的哲学形上学与宗教的终极关怀的内容。

在孔子那里，"天"有超越之天（宗教意义的终极归宿）、道德之天（道德意义的秩序与法则）、自然之天（自然变化的过程与规律）、偶然命运之天等不同内涵。他在肯定天的超越性、道德性的同时，又把天看作自然的创化力量。

李申在《中国儒教史》中说，历史上传说《河图》《洛书》就是天的意志的表现，谁能接受《河图》《洛书》，就意味着受了天命。[①] 在经受了种种颠沛与追求之后，直到晚年，孔子才发表感叹："凤鸟不至，河不出图，吾已矣夫！"（《论语·子罕》）孔子尽管修身增德，但仍然没有看到象征帝王权力的凤鸟和河图，便不足为凭。但是，由于"天"代表不可控御的力量，始终会影响并决定人们的社会生活，所以在汉代儒术大盛之后，"天"便不时与人发生种种关系，左右着汉代的社会和政治生活。对于两汉之际大量出现的谶纬现象，李申认为，属于汉代儒学的有机组成部分。从汉代的整个思想和政治生活来看，谶纬是儒经的补充，它指示着儒经所未曾指出的东西，起到了儒经往往起不到的作用。孟子曾宣称"五百年必有王者兴"，《中庸》云"大德者必受命""大德者必得其位"。但这仅仅只是预言，经书上并没有说明谁有德，也没指出谁该当皇帝。早在汉兴之前，陈胜便发出过"王侯将相宁有种乎"的诘问，而刘邦更以一匹夫而君临天下，该当作何解释？在这种背景中，儒生们既要对现实做出合理解释，不违背统治者的利益，又要遵循儒经的基本原则，便出现了轰轰烈烈的造神运动。于是，刘媪路遇神灵受孕而生刘邦的说法出炉了。其后，王莽篡汉，光武中兴，都是伴随着种种符命、神迹而出现的。连张角的农民军起义，也是奉有神谕的。事实上，两汉间充斥天下的图谶，大多为儒生所造。

---

① 李申：《中国儒教史》上卷，上海人民出版社1999年版，第419—428页。

　　当然，"天"意不仅是为某人当皇帝而对现实发生重要影响，而且也要对当政的统治者过分的荒淫做出告诫，种种灾异也会频频出现。天意不断显灵，不仅在汉代，而且在充满内忧外患的北宋真宗、徽宗朝经常出现。当时，代表天意的"天书"屡次降临，一国君臣陷入一种狂热的精神状态中。这些现象，在今人看来十分明白——为了对某一政权之更迭做出合理论证，或为了控制正在失控的政权，必须借助人之外的神秘力量。但是，对于今人而言，更为重要的恐怕不是指出其愚昧和荒谬，而在于认识当时的人们难以自觉到的困境，因为他们所信奉的经书在理论和实践上常常无法解释许多历史的、人生的奥秘。"大德者必受命"不失为政治上美好的理想，但谁是大德者？用什么方法来检验其德行高下？大德者面临失德之君如何取而代之？失德之君有几位自觉到其无德且甘愿退下皇帝的宝座？这些问题都是经书上不可能给予回答的。在实践上，既有为儒家所尊奉的汤武之逆取，便为王莽、曹丕、司马昭、赵匡胤等开了先河。儒生出身的王莽，勤勉好学，孝母尊寡嫂，不属于一般纨绔子弟之斗鸡走狗，至少从外在行迹上看不出他是小人，相信他是以修身增德自居的。在汉廷日益衰败的形势下，他所需要的只是天意的显示。当然，天意是会显灵的。那么，在这里，我们就有一个如何看待他与这种显灵的"天意"之关系的问题：我们是否就可以轻易怀疑造作图谶的人对图谶本身的虔诚信仰呢？

　　于此，《中国儒教史》给出了令人信服的分析：对于这些试图代天立言的人来说，"谁都不怀疑天命，但是对于具体的祥瑞符命如何解释，相互矛盾的符命谶言究竟信奉哪些，则决定于本人的利益。相信有利于自己的神谕，否认不利于自己而有利于他人的神谕，是常见的宗教信仰现象。……这种状况，是信奉者自身利益相互矛盾的产物，而不是信仰是否虔诚或信仰是否真实的表现"①。宗教信仰本质上就是人类为自己的需要，为实现自己的追求和利益所制造的幻影。所以，信教者对自己伪造的有关事件也信以为真，王莽临死时还怀抱着他的符命，宋徽宗在沦为阶下之囚时仍身着道袍、头顶羽巾，一幅"天书"的虔诚信奉者模样。

　　谶纬与儒教是一种什么关系？其实，谶纬不过是儒家天人之学的极端发展，是作为政治学说的儒学的一种延伸。董仲舒高唱"天人感应"，司马迁亦云"天人之际"，其实，他们所云之"天"，亦和先秦儒家所云之"天"一样，既具有自然义，又具有神性义。这两层意思不是相互平行没有交叉的。具有神性的天有时不得不根据形势的需要而通过自然之天表现出来。恰恰是通过自然（其实是对自然现象的某种解释，当然也有伪造的事件），天、人才可能真实地发生相互的影响。儒家关注天人之际是因为他们信仰"天人合一"，虽说儒家"尽人事以听天命"，一方面谈"尽心、知性、知天"（《孟子·尽心上》），但另一方面又说"思知人，不可以不知天"（《中庸》）。从人到天，又从天到人，是否就构成了逻辑上的完全闭合呢？显然没有。因为，从人到天是一个无穷的实践过程，其理想状态只能是"心向往之"。既然如此，从天又回到人，就不得不表现出非常复杂的情况。孔子秉承修身增德的原则，但同时又"知之为知之，不知为不知"，谨守天命人事，虽竭尽身心，仍不见凤鸟、河图，故叹"吾已矣夫"。但孔子确是圣人，由他生命的真实性可以得到说明。孔子之后，也有儒者以他为楷模，不轻信种种神迹显灵。即使在汉代，也有如郑兴、桓谭、张衡等人明确反对谶纬，斥之为妖妄之说，桓谭更因

---

① 李申：《中国儒教史》上卷，第440页。

上表反对谶纬差点掉了脑袋——他们不相信作为神的天会通过自然现象来表达自己的意志。但是，这并不等于说他们根本反对儒教的天人之学——张衡一方面反对谶纬，另一方面却也讲天人感应，又心仪于卦侯、九宫、风角等等；虽说他的这些喜好被后儒斥之为小道末技，但就是这些小道末技，说明了天人之学也是身为儒者的他的灵魂和思想核心。

三、赋天命以仁

西周天命观发展出许多迥异于殷商天（帝）命观的内涵。殷商之"帝"为至上神，帝自有意志，人不能通过德行努力与帝命发生直接的关联，虽然可以通过虔诚祭祀帝与祖先乞求福佑，但只能消极接受难以把捉的帝的命令和奖惩，故有较浓厚的命定论色彩。以周公阐释为代表的西周天命观则很少有命定论意味，人可以自做主宰的人间事务决定着是否得到、失去和保持天命，其衡量标准是统治者德行和民情民意。"西周的天命观是'无常'与'有常'的统一，'无常'是指天所命赐给某一王朝的人间统治权不是永恒的，是可以改变的；'有常'是指天意天命不是喜怒无常，而有确定的伦理性格。很明显，这里的天命都是一种'历史中的上帝'（缪勒）的意志体现，而不是指自然的秩序与法则。从此，天不再是喜怒无常的暴君，而是善恶有则的裁判。"① 在西周天命观的指导下，周公制礼作乐，为西周制度变革与中国传统宗教、政治和社会文化奠定了丰厚的基础。"天概念的新义，无疑在于重点从神权到德治的转移。德治理想表现于

① 陈来：《古代宗教与伦理：儒家思想的根源》，生活·读书·新知三联书店2009年版，第211页。

'天命'观念，并体现于周文王身上。道德成为君王的首要条件，甚至唯一条件。君王受尊为'天子'，代天为民父母。"①

　　然而在两周之际，周王朝转入衰落期，礼制破坏、淫奢暴政有作。恭王没懿王立，"王室遂衰，诗人作刺"（《史记·周本纪》）。先是王位继承违背了周公制定的立子立嫡制："懿王崩，共王弟辟方立，是为孝王。孝王崩，诸侯复立懿王太子燮，是为夷王。"（《史记·周本纪》）接着，厉王侈傲，民不堪命，防口弭谤，召公谏而不听，乃有周召共和，王室衰微已极，不复能"怀德而畏威"（《史记·周本纪》）。宣王中兴却已经不能挽回颓势。幽王更为昏庸奢靡，为博美人一笑而烽火戏诸侯，失信于天下，断送了西周事业。平王东迁之后，虽然有周之名，诸侯各自为政，征伐争霸，王室形同虚设。"是后或力政，强乘弱，兴师不请天子。然挟王室之义，以讨伐为会盟主，政由五伯，诸侯恣行，淫侈不轨，贼臣篡子滋起矣。"（《史记·十二诸侯年表》）对天命信仰的动摇导致了孔子所处的春秋时代的"礼坏乐崩"。

　　在此政治社会背景下，天命观也发生了微妙的变化。春秋时代的"天道"（或天命）观念大致分化为三种含义：一种是继承周书中周公阐释的"道德之天"的用法，一种是宗教的命运式的理解，还有一种是对"天道"的自然主义理解。这三个"天"的维度，在周公"以德配天"的"天命"观念之外，生长出多种天命观念的可能性。对"天命"的不同理解，是战国诸子学说的先声，也是春秋"天命"怀疑论思潮的重要体现。"天命"怀疑论是春秋人道思想发展的重要触发点，当君王不能履行承诺的天子德业责任时，当"天命"成为

---

① 傅佩荣：《儒道天论发微》，中华书局2010年版，第56页。

德不配位的君王诸侯淫侈行恶和攻伐战争的借口，逐渐失去了原来至高无上的地位，不再值得虔敬，不再成为正义的标准时，于是人们的正义诉求从天上转向他处，寻求新的可以代行天命之功能的替代者，如"神""礼"等。这为人们找到为自身谋取权利的借口，天命、神和礼也逐渐失去了政治正当性的价值意义。

孔子在这样礼崩乐坏的时代，为了挽救逐渐跌落的天命信仰的神圣性和周礼的道德价值，对天命观进行了重要转换，即赋予"天命"以"仁"的内涵。就如古希腊苏格拉底把哲学从天上拉到人世一样，孔子把人人可以自主的"仁"赋予"天命"，既突出了"天"的道德意义，也把我们可以把控的"仁"作为人间美好秩序的形上根据。孔子"祖述尧舜，宪章文武"（《礼记·中庸》），《论语》中有关尧舜禅让的文献征引可能是最早涉及尧舜禅让故事的可靠文献内容：

> 尧曰："咨！尔舜！天之历数在尔躬，允执其中。四海困穷，天禄永终。"舜亦以命禹，曰："予小子履，敢用玄牡，敢昭告于皇皇后帝：有罪不敢赦。帝臣不蔽，简在帝心。朕躬有罪，无以万方；万方有罪，罪在朕躬。"周有大赉，善人是富。"虽有周亲，不如仁人。百姓有过，在予一人。"谨权量，审法度，修废官，四方之政行焉。兴灭国，继绝世，举逸民，天下之民归心焉。所重：民、食、丧、祭。宽则得众，信则民任焉，敏则有功，公则说。（《论语·尧曰》）

这段文字，分别引用《古文尚书》中的《大禹谟》《汤诰》《武成》《泰誓》等篇原文或文意，突出尧禅让舜、舜禅让禹和汤武革命都是授仁人、尚德政之"天命"使然，德政的内容包括实行善政、重视传统和敬德保民。这是孔子在继承周公天命观的基础上，把传说时代上推到唐虞之世的新构想，其凸显的是尧舜作为实践"仁"德的楷模。对夏商周三代，孔子也很称许，然而对周公损益夏商二代而制作之礼乐制度最为推崇，其毕生理想正在于恢复以"仁"为内核的周礼：

> 子张问："十世可知也？"子曰："殷因于夏礼，所损益可知也。周因于殷礼，所损益可知也。其或继周者，虽百世，可知也。"（《论语·为政》）
>
> 子曰："周监于二代，郁郁乎文哉，吾从周。"（《论语·八佾》）
>
> 克己复礼为仁。一日克己复礼，天下归仁焉。为仁由己，而由人乎哉？（《论语·颜渊》）
>
> 仁远乎哉？我欲仁，斯仁至矣。（《论语·述而》）

孔子一生志在周公典礼，欲复修西周之政，行于东方。"如有用我者，其为东周乎？"（《论语·阳货》）"甚矣吾衰也！久矣，吾不复梦见周公！"（《论语·述而》）傅佩荣认为："孔子的终极关怀就在于承'礼'启'仁'，为中国人奠下生存所需的文化理念。"[①] 在春秋"礼坏乐崩"之际，日益形式化的周礼已经不足以承载周公"敬德保民配天"的内涵。"人而不仁，如礼何？人而不仁，如乐何？"（《论语·八佾》）"为仁"才是孔子赋予德治之人道的重点所在。

孔子勉力为仁，以"仁"代替"天命"意识，有其"知天命"

---

① 傅佩荣：《儒道天论发微》，第80页。

而"畏天命"的天命观背景。"五十而知天命。"(《论语·为政》)
"不知命，无以为君子。"(《论语·尧曰》)对天命的历史渊源和信仰
机制了如指掌的孔子，大约在五十岁就彻悟天命，对"天命靡常"
的深刻领悟使他"畏天命"，对待鬼神，孔子以敬畏而搁置判断的态
度，譬如"子不语：怪、力、乱、神"(《论语·述而》)，"敬鬼神而
远之"(《论语·雍也》)。天命的多种含义带有不可捉摸的神秘色彩，
孔子注重其中人道之"仁"本身可以由德配天的可把控之部分，而
搁置不可把控的其他部分。孔子之"仁"即周公之"敬德保民配
天"，是天命内涵中人可以勉力为之、自做主宰的德行，而周道衰败
以来神与天命中人所不能把控的部分，则留在自然之"天"的概念
和命运之"命"的概念之中，非不得已不予谈论。

孔子对天保持着敬畏，以体悟的方式去把握，勇往直前，尽人事
而顺天命。"君子之仕也，行其义也。道之不行，已知之矣。"(《论
语·微子》)孔子要行周公之道于乱世，"知其不可而为之"(《论语·
宪问》)，孔子勉力为之的，是要为有志行天道者立下履仁行义的楷
模。"文王既没，文不在兹乎？"(《论语·子罕》)孔子正是以躬行
"仁"道，来承担天命，守先待后，立法师表万世。

儒家信仰之"天"及其理性化演变

朱汉民[*]

儒学是在继承西周文献、思想与信仰的基础上创新发展起来的。早期儒家继承了西周之"天"的信仰，创造出兼有天神信仰与人文理性为一体的"天道"；到了两宋时期，宋儒通过对"四书"的诠释建构了更具人文理性的"天理论"。总之，在中国思想史发展过程中，"天"的信仰实现了新意义的叠加，这些"天道""天理"的理性化趋向并没有否定、排斥原来"天"的信仰，但是又会通过不断的思想创造而凸显新的意义，从而实现思想史的变革发展，同时体现中国传统思想的延续性特点。

我们需要进一步追问：殷周时期独特信仰形态之"天"是如何形成的？儒家之"天"为什么可以衍生出偏正结构的"天道""天理"？这种"天道""天理"对中国传统的思想信仰产生了什么重要影响？

一、殷周时期的信仰：天

儒家思想的基本内容是关于人间理想及其实现路径，关注的问题始终是如何建立一个和谐的人伦社会与政治秩序。但是，儒家还须回

* 朱汉民，湖南大学岳麓书院教授，国学研究院院长。

答：建立这个人间理想的最终依据是什么？儒家的思想依据是"六经"，故而从"六经"原典确立一个终极存在的依据，那就是"天"。

各个民族的经典在表达关于终极实在的信仰对象时，其外在标识和内在精神是十分多样化的。就在希伯来人信仰"上帝"的时候，古代中国人信仰的是"天"。将儒家经典的"天"与希伯来经典的"上帝"做一比较，可以发现二者作为信仰对象的相同之处："天"与"上帝"都被各自的经典记述为宇宙天地、人类社会的创造者和主宰者，故而都是终极实在的信仰对象。由于这一根本特征的相通，使得人们在翻译"耶和华"（Jehovah）时，就选择"六经"体系的信仰对象"上帝"。

但是二者的不同是更值得关注的问题，由于文明形态、历史道路等不同，儒家的"天"与基督教的"上帝"存在一系列重要差别。探讨二者的差别，首先需要探讨"六经"之"天"信仰形成的历史过程。根据传统历史文献的记载，只能够追溯到殷周时期"天"的形成与演变过程。而关于中国上古天道观的形成与演变，一直是现代史学家、哲学家关注的重要问题，并且产生了许多重要学术成果。由于近代以来甲骨文、金文的大量发现，现代学者的研究往往会突破传世典籍的记载，更加客观历史地追溯先秦天道观的来源与衍化。

新石器时代大量考古文物表明，从悠久的远古开始，华夏先民的精神世界一直以万物有灵的原始宗教为开端。一方面，华夏先民相信丰富的自然神，充满对日、月、星、辰、风、雨、雷、电等各种自然神灵的崇拜；另一方面，华夏先民也有大量对人自身、人类社会的神灵崇拜，形成与人相关的生殖崇拜、鬼魂崇拜、母系或父系祖先崇拜等。随着社会等级的形成和扩大，华夏先民的信仰对象也逐渐由万物有灵的多神转化为统师诸神的最高之神，他们从人类多样化的生殖崇拜、鬼魂崇拜、先祖崇拜中产生出本氏族最高地位之神"帝"的崇拜，从多样化自然崇拜中逐渐产生出最高地位之神"天"的崇拜。郭沫若、陈梦家等历史学家、考古学家研究殷墟甲骨文和西周金文，发现殷墟卜辞记载了殷人对"帝"的普遍信仰，而两周金文记载了周人对"天"的普遍信仰。所以，学界一度形成了殷人信仰"帝"、周人信仰"天"的一般看法。

但是，随着学界进一步深入研究殷墟甲骨、西周金文，并且将殷墟甲骨、西周金文与《六经》原典结合起来考察，发现殷人崇拜的"帝"与周人崇拜的"天"之间并不是截然二分的，殷人崇拜的"帝"同时还包含了"天"的内涵；而周人信仰的"天"，同样也兼含了"帝"的内涵。早在殷商时期，对"帝"与"天"的崇拜往往在祭祀仪式中逐渐融合和发展，形成所谓的"天帝""上帝"等新意义的信仰对象，最终形成了中国人关于"天"的信仰特点。这里拟进一步探讨，殷商时期的"帝"与"天"是为什么会实现历史融合？

结合"帝"字溯源与殷墟卜辞内容，会发现殷人的"帝"与"天"具有融合为一的可能性与现实性。晁福林认为，卜辞中的"帝"其实与"天"相关，因为"帝"的造字本义为柴（禘）祭之形，《说文》训"禘"为"烧柴燎祭天也"。既然"帝"的造字本义即为柴祭于天，而甲骨文字表明柴祭于天即是"帝"。[①]殷墟卜辞中有大量对"帝"的贞问，贞问的内容包括"帝"是否"令雨""令雷""令风""降旱"，等等。本来，华夏先民就有对风、雨、雷、电的自然崇拜，并逐渐看作统一天神的主宰，而到了殷墟卜辞中，就可能将对"天"的贞问转化为对居住在天上的祖宗神"帝"的卜问。所以，

---

① 晁福林：《说商代的"天"和"帝"》，《史学集刊》2016年第3期。

从"帝"字溯源出发并进一步研究殷墟卜辞内容，会发现殷人的"帝"与"天"有相通性，故而最终能够融合为一。

与此同时，可以看到殷墟卜辞中确有将"天"作为天神崇拜的思想。研究者发现，殷墟卜辞包括王者卜辞与非王卜辞，大量王者卜辞是对"帝"的贞问，但是在非王卜辞中发现了一些对"天"的贞问。可见，殷墟卜辞并不全部是对"帝"的崇拜，也包括对"天"的崇拜。所以研究者指出："商代社会的至上神信仰是在王室和民间两个阶级层面上展开的：在王室这一阶级层面上，信仰的至上神是'帝'；在民间这个阶级层面上，有自己独家的信仰，就是'天'。"① 笔者认为还可以从王者卜辞贞问"帝"与非王卜辞贞问"天"的差别中，作其他的理解。既然上述所说殷人信仰对象"帝"与"天"在逐渐融合，那么可以理解殷人崇拜的其实是同一个对象：王者强调自己与信仰对象有直接血缘关系而称之为"帝"，非王室的群体则强调其普遍意义故称之为"天"，二者合起来就是"天帝"。

由于上述殷人崇拜的"帝"开始了对"天"的融合过程，此后西周确立对"天"的信仰，其实是包括殷人的祖宗崇拜在内。从郭沫若、侯外庐等学者开始，就意识到殷人的至上神信仰对周人的影响问题，如郭沫若认为："由卜辞看来，可知殷人的至上神是有意志的一种人格神，上帝能够命令，上帝有好恶，一切天时上的风雨晦冥，人事上的吉凶祸福，如年岁的丰啬，战争的胜败，城邑的建筑，官吏的黜陟，都是由天所主宰。"② 他在《青铜时代》一书中，通过对金文、《尚书》文献的研究，肯定周人对天的信仰也是继承了殷人的信仰形

---

① 董莲池：《非王卜辞中的"天"字研究——兼论商代民间尊"天"为至上神》，《中国文字研究》2007年第1辑。
② 郭沫若：《先秦天道观之进展》，《郭沫若全集·历史编》第1卷，人民出版社1982年版，第324—325页。

态。西周人确立的关于"天""天命"的信仰形态，不仅奠定了后来儒学的核心思想，同时也奠定了中华文明独特的信仰体系与思维方式。

这里，重点探讨"六经"体系的"天""天命"，特别是通过"天"信仰与"上帝"信仰的比较文明视角，考察"天"的信仰形态特点，以此为基点再进一步解释"天"为什么会衍化为儒家的"天道""天理"。

首先，"天"与"上帝"作为宇宙最高主宰者的存在形态不同。在《圣经》及其相关诠释中，一直强调"上帝"是非物质的纯粹精神实体，即所谓"上帝是个灵"（《新约·约翰福音》4：24）。从犹太教的上帝观念形成到基督教形成发展，信仰者往往强调"上帝"是纯灵的存在，具有一切物质所不具有的精神特性，即所谓无形、无质、无分量、无广延，没有人能够看见上帝耶和华。但是西周人所信仰的"天""天命"，一开始就具有不同于"耶和华"的特点。"天"是兼容了日、月、星、辰、风、雨、雷、电的自然存在，同时又是有意识、有意志的人格化的精神存在，总之，"天"是一种自然物质和灵魂精神一体不分的最高主宰和终极存在。所以，"六经"的"天"既是一种苍苍在上的自然存在，保留了其作为自然物质的特点；同时又是一种神灵，是一种主宰宇宙天地的精神存在而具有神灵的特点。人们可以在"六经"中读到许多从自然与神灵两个方面描述"天"的文献记载，如《诗经·周颂·敬之》："敬之敬之，天惟显思，命不易哉！无曰高高在上，陟降厥士，日监在兹。"[1] 这个"天"，既是"转运日月"的苍苍自然之天，是一种人们能够感知的自然存在；又是

---

[1]　李学勤主编：《十三经注疏·毛诗正义》，北京大学出版社1999年版，第1348页。

"命不易哉""日监在兹"的神灵之天，是人们必须服从的精神主宰。

　　其次，"天"与"上帝"创造宇宙天地、人类社会的方式不同。《旧约》开篇《创世纪》论述了上帝创造天地的宇宙起源、创造亚当和夏娃的人类起源。根据《创世纪》，上帝通过"说"的意志表达而创造了天地自然，通过"造"的人工制作而创造了亚当、夏娃，都是强调一个由独立意志完成的制作过程。而"六经"原典及其相关传记中，认为"天"化生天地自然、人类社会，完全是一个自然性的"生"过程，更加强调天地自然、人类社会是自然完成的化育过程。"天"之所以能够"生"，则必须联系华夏先民早期的生殖崇拜、母系祖先崇拜、父系祖先崇拜等与"生"相关的"帝"的信仰传统。《周易·系辞传》有所谓"天地之大德曰生""生生之谓易"。《易传》虽然晚出，但是它关于"天生人"的论述，其实恰恰是根源于三代时期祖宗神"帝"与自然神"天"的合一。所以，尽管先秦"天"的思想内涵十分丰富，冯友兰曾经说"天"包含着"主宰之天""自然之天""义理之天""命运之天"等多种不同意义，其实，"天"的最重要意义是"生物之天"的意义。所以，西周人将祭天与祭祖配合起来，《礼记·郊特牲》云："万物本乎天，人本乎祖，此所以配上帝也。"① 祭天、祭祖作为中国人最重要的祭祀仪式，就是源于天与祖均是"生之本"。

　　最后，"天"与"上帝"创世方式不同，导致上帝、天与人类之间的关系不同。"上帝"只是以自己的外在模样制作人类，而精神并不相同，所以被制作的人很快成为上帝的异己存在，上帝不得不通过盟约的方式控制人类。在《旧约》中，上帝与人类制订了伊甸之约、

────────────

　　① 李学勤主编：《十三经注疏·礼记正义》，北京大学出版社1999年版，第801页。

亚当之约、诺亚之约、亚伯拉罕之约等七个约定，但是人类均没有守约，后来上帝不得不派他的儿子耶稣来到人间，重新与人类制定"新约"。由此可见，上帝和人总是处于一种对立关系，这就导致基督教的"彼岸"与"此岸"、"上帝之城"与"凡俗现实"成为截然分明的两个世界。加尔文说："人永远也不能够清楚地认识他自己，除非他首先仰望上帝。"① 而"六经"的"天"与人类的关系不同，因为人是"天"以"自然"的方式"生"出，故而"天"与"人"有着血脉相通的关系，类似父母与子女的关系，特别是"人"能够被赋予"天"所具有的完整禀赋，天道的法则会以"德"的形式赋予人性，《诗经·烝民》说："天生烝民，有物有则。民之秉彝，好是懿德。"② "天"主宰天下人既依靠建立外在的"有物有则"，同时将其赋予为人的内在"懿德"。所以，西周人总是将天之命与人之德联系起来：

> 惟不敬厥德，乃早堕厥命。（《烝民》）③
> 肆惟王其疾敬德。王其德之用，祈天永命。（《召诰》）④
> 惟天不畀不明厥德。（《多士》）⑤

在西周人看来，人只要具有"明德""敬德"的自觉，就能够"以德配天"，成为被"天"关爱、保护的人。

这就是"六经"记载的关于"天"的信仰形态，由此影响中华

---

① 丁光训、金鲁贤：《基督教大辞典》，上海辞书出版社2010年版，第493页。
② 李学勤主编：《十三经注疏·毛诗正义》，第1218页。
③ 李学勤主编：《十三经注疏·尚书正义》，北京大学出版社1999年版，第399页。
④ 李学勤主编：《十三经注疏·尚书正义》，第400页。
⑤ 李学勤主编：《十三经注疏·尚书正义》，第424页。

民族精神文明的建构。可以发现，中国人信仰的"天"，既是具有自然物质与灵魂精神一体化的存在，也是自然崇拜的"天"与祖宗崇拜的"帝"合为一体的存在。所以，中国人很早就形成一个合"彼岸"与"此岸"、"上帝之城"与"凡俗现实"为一体的"一个世界"。这是中国人信仰不同于基督教信仰的最大差别。正由于上述原因，一旦中国人的理性能力特别是人文理性提升之后，原本是代表宗教信仰的"天"，就可能转化、发展为自然法则与人文法则合一的"天道""天理"，转化、发展为源于自然禀赋而又具有道德本质的"人性""人心"。而且，不像西方人信仰的"上帝"永远是一个超然的存在，而儒家信仰的"天"逐渐能够衍生出偏正结构的"天道""天理"等一系列兼有神灵信仰与自然法则、自然规律与道德法则为一体的复合概念，恰恰均源于上述"天"的一系列特性。

二、原始儒学的理性化："天道"

原始儒家在继承三代文献、思想的基础上，不断创新发展。体现在思想信仰方面，原始儒家创造出兼有神灵信仰与人文价值为一体的复合概念：天道。"天"的信仰观念在思想史发展过程中，实现了新意义的叠加。这一天道的新概念不会否定、排斥原来的信仰意义，但是又会通过不断的思想创造而凸显新的意义，实现中国思想史的变革发展。

孔子通过整理、诠释"六经"，积极从事讲学著书，创立了儒家学派。早期儒家将三代信仰的"天"，发展为"天道"，正好代表"天"在中国的思想传统、人文理性的发展过程和历史阶段。"天"与"天道"之间具有密切联系，但是二者又有明显区别，反映了中国人关于"天"的精神信仰的不同思想内涵与演变发展过程。

　　"六经"体系信仰的"天""帝"，是自然世界、人类社会的主宰力量，体现出人格化特质。但是，古代中国人开始逐渐意识到，这一人格化的"天"并不是一个任性的暴君，而是一个具有道德理性的主宰力量。故而西周人将恭敬德性、体察民意，看作服从上天之命、获得上天福佑的条件。早期儒家继承了西周人的这一重要思想，以孔子为代表的原始儒家就是在诠释"六经"活动中产生的重要学派，他们不但继承了而且发展了西周人关于"天""天命"的思想信仰，进一步推动了"天""天命"的理性化进程。春秋战国时期，思想界出现了一个表达人类道德精神、价值理性追求的概念，即是"道"。最初，"道"的本义就是一个人的行走之路，而后逐渐衍化为人的规则、价值与目标，也就是人之道。此价值目标的人之"道"如果与最高主宰的"天"结合起来，就成为"天道"。所以，春秋时期开始大量出现"天道"的观念，就是将"天"的主宰力量和"道"的价值目标结合起来，从而确立了"天道"这一具有价值理性的信仰形态。我们在《国语》《左传》中可以读到许多"天道"的提法：

　　　　君人执信，臣人执共（恭），忠信笃敬，上下同之，天之
　　　道也。①

这里的"天道"，其实就是在继承西周人"以德配天"思想的基础上，进一步强调"天"的道德内涵、价值目标，故而将"天"直接归结为"道"。在这个"天道"的观念系统中，"天"作为宇宙世界

---

① 李学勤主编：《十三经注疏·左传正义》，北京大学出版社1999年版，第981页。

的创造者和主宰者的意义仍然得到保留，但是更进一步突出了"道"作为人文精神的道德法则、价值目标的地位。由于"天道"的主词是"道"而不是"天"，"道"具有价值目的性意义，而"天"是形容"道"的崇高性和必然性。

　　孔子表达出将主宰性的"天"与道义性的"道"统一起来的思想追求。孔子一生以追求"道"、实现"道"为终极目标，他说："朝闻道，夕死可矣。"这一个"道"就是他追求的价值目标，他说："天下有道，丘不与易也。"但是，孔子仍然信仰"天""天命"，他曾说："获罪于天，无所祷也。"（《论语·八佾》）"畏天命。"（《论语·季氏》）孔子主张君子在"天命"面前，必须保持敬畏、虔诚的态度，显然是信仰这样一种主宰性、神圣性的"天""天命"。但是另一方面，孔子说自己"五十而知天命"，这个"知"正是建立在勤勉学习、知识理性的基础之上。他还说："下学而上达，知我者其天乎!"（《论语·宪问》）所谓"下学"就是日用中的学习、思考，而最终是为了上达于"天"，实现"我"与"天"的相互理解和相互沟通。孔子意识到，作为命运得失主宰者的"天"与道德善恶的"天"并不一定完全统一，他曾经感叹"道"与"天命"的不一致，说："道之将行也与，命也；道之将废也与，命也。"（《论语·宪问》）但是，儒家的文化使命，就是要解决主宰性的"天"与义理性的"道"的统一问题。孔子"天生德于予"的夫子自道就体现了这一信仰问题的重要性。所以，孔子虽然少讲"性与天道"问题，但是孔门弟子必然对此问题做了进一步思考和论证。

　　在表达早期儒家思想的文献典籍中，一方面具有主宰意义的"天"与体现价值理性的"道"结合得越来越紧密，另一方面"天"作为创造、主宰世界的意义逐渐淡化，而其人道化的道德伦理、人文理性的意义体现得更加突出。

《易传》表达了早期儒家努力将"道"作普遍性、必然性提升，以建构一个将价值目标与宇宙法则结合起来的思想信仰。在《易传·系辞传》中，早期儒家已经将人必须遵循的"道"看作一种天地万物普遍存在的法则，故而提出一种普遍性的"天地之道"：

> 《易》与天地准，故能弥纶天地之道。……与天地相似，故不违。知周乎万物，而道济天下，故不过。旁行而不流，乐天知命，故不忧。安土敦乎仁，故能爱。(《系辞上》)①

这里的《易》道就是天地之道，既体现为人类的仁爱之道，也体现为万物的自然之道。人类、万物之所以能够统一于"天地之道"，源于中国人对"天"的信仰。《易传》中就深藏着中国先民关于"天"的信仰："是故天生神物，圣人则之。天地变化，圣人效之。天垂象，见吉凶，圣人像之。河出图，洛出书，圣人则之。"(《系辞上》)②所以，必须将主宰者的"天"与价值目标的"道"合为一体，成为儒家理性化的"天道"，才能够确立"天道"这一具有价值理性的信仰形态。

儒家士大夫作为"师儒"的重要身份和特别使命，就是体认和践行"天道"，将实现"天下有道"看作自己的神圣使命。《中庸》一书在表达人文价值之"道"与天地主宰之"天"合一的基础上，也强化了儒者的神圣使命：

---

① 李学勤主编：《十三经注疏·周易正义》，北京大学出版社1999年版，第266页。
② 李学勤主编：《十三经注疏·周易正义》，第290页。

> 君子之道，造端乎夫妇，及其至也，察乎天地。①
> 诚者，天之道；诚之者，人之道。②

人文价值的君子之道、德性之诚，本来均是"人之道"，但是子思认为，此"人之道"来源于、依据于"天"，故而可以称之为"天之道"。可见，早期儒家通过对"六经"的不断诠释，使具有主宰意义的"天"与体现为价值追求的"道"得以很好地结合起来，使得早期儒家子学典籍中"天"的人格意义在淡化，而"道"的道德价值、人文理性意义则日益凸显。

原始儒学还有一个与信仰相关的重要概念，即"性"以及"性命""天性"。先秦儒家有关"性""性命""天性"的学说有两条脉络：一条是沿着人生而有之的自然情感欲望寻求其天命依据，一条是沿着人的内在道德情感寻求其天命依据。因为上古文献记载的"性"总是与"生"的意义相关，"生"就可能是生命得以产生、生命得以维持的自然情感欲望。但是，春秋战国时期的思想家还发现与道德相关的"恻隐""羞恶"之情也是生而有之，也称之为"性""天性"。郭店楚简有《性自命出》一篇，正是早期儒学的重要文献，反映了孔门弟子有关"性"与"命""天"之间关系的基本看法："凡人虽有性，心亡定志，待物而后作，待悦而后行，待习而后定。喜怒哀悲之气，性也。及其见于外，则物取之也。性自命出，命自天降。"③《性自命出》肯定了"性自命出，命自天降"的关系，将"性"纳于到

---

① 《中庸章句》第 12 章，《朱子全书》第 6 册，上海古籍出版社 2002 年版，第 38 页。
② 《中庸章句》第 12 章，《朱子全书》第 6 册，第 48 页。
③ 李零：《郭店楚简校读记》，人民出版社 2007 年版，第 136 页。

"天""命"的哲学思考和宗教信仰的思想世界，也就肯定了"性命"与"天性"的存在。但是，"性"的内容是什么呢？这一篇文章仅仅提出"喜怒哀悲"的情感欲望属于"性"，而没有明确生而有之即同样来自"命""天"的道德情感是否属于"性"。

对这一问题，孟子做了进一步的深入思考，并提出了一套新的"性命"理论。孟子对人性及天命问题表达了他的独特见解：

> 口之于味也，目之于色也，耳之于声也，鼻之于臭也，四肢之于安佚也，性也，有命焉，君子不谓性也。仁之于父子也，义之于君臣也，礼之于宾主也，知之于贤者也，圣人之于天道也，命也，有性焉，君子不谓命也。（《孟子·尽心下》）

在这里，孟子肯定了两种生而有之即同样来自"天命"的性：一方面，他肯定生而有之的声色臭味情感欲望属于生而有的人性；另一方面，他认为人的先天道德情感也是人生而有之的人性。但是，孟子认为在"性"的问题上应该采纳君子的看法，只将仁义礼智的道德情感看作自己追求、完善的人性。因为在孟子看来，声色臭味的情感欲望是人生而有之的自然要求，故而应称之为"性"，但这只是一种常识的看法，具有独立人格的君子认为是否获得这些情感欲望的满足得受命运的限制，所以不能以此作为自己应该努力追求和自觉实现的"性"。那么，在君子眼中的"性"是什么呢？他认为恰恰是人心对仁义礼智的德性追求，即以心之"生"德为性。所以孟子说："君子所性，仁义礼智根于心，其生色也，睟然见于面，盎于背，施于四体，四体不言而喻。"（《孟子·尽心上》）具体来说，君子的恻隐、羞恶、辞让、是非之心是其内在德性的体现，为什么德性会源源不绝地呈现于人的形色、四体之中，是因为它源于最高主宰的"天"。孟子对人的性、命问题做了进一步论述，他强调君子认同的"性"是人所独有的道德本性，这一道德本性仍然有着一个超越的依据——天。所以，孟子说："尽其心者，知其性也，知其性，则知天矣。存其心，养其性，所以事天也。"（《孟子·尽心上》）可见，孟子是以仁心之生的性命学说，取代了情欲之生的性命学说。其实，孟子的性命论植根于"天生人"的深厚思想传统和精神信仰。

由此可见，早期儒学及其元典"四书"是在继承"六经"关于"天""性"的思想基础上，提出了德性来自"天""天命"的思想，创造性地建构了一种由人文追求而上达信仰的思想体系。这是儒家信仰的"天"不同于基督教信仰的"上帝"的重要之处，儒家经典的"天"被不断诠释，其最高主宰意义的"天"不断演变，并衍生出一些偏正结构的"天道""天性"。

三、宋代"道理最大"与天理论

宋儒本来就是以复兴早期儒学的价值与信仰为学术宗旨的，为了进一步推动"天"的人文化、理性化，他们将"天""天道"转化、发展为"天理"，使"天理"成为宋代以后思想文化的核心概念。宋儒之所以将"天道"转化为"天理"，源于唐宋转型过程中儒家的道德理性的强化，值得进一步探究。

宋代思想文化领域出现了一个"道理最大"的思想潮流，影响了朝廷的政治话语和士大夫的内心世界。① 应该说，"道理最大"思

---

① 邓小南：《祖宗之法》，生活·读书·新知三联书店2006年版，第498页。

潮对"天理"信仰的形成与性理学哲学的出现，均起到了积极的推动作用。

据《梦溪笔谈·续笔谈十一篇》记载："太祖皇帝尝问赵普曰：'天下何物最大？'普熟思未答，再问如前，普对曰：'道理最大。'上屡称善。"[①] 应该说，最初这一段对话的政治意义大于宗教哲学意义，因为宋太祖之问、赵普之答的关键点在于：在最高权力者的心目中什么是必须服从的"最大"？在"经学时代"的两汉时期，对汉武帝、董仲舒而言，最高权力者必须服从的"最大"只能够是"天"，这就是"六经"记载的"天"，即是一个创造宇宙世界同时又主宰宇宙世界的最高神灵。而且，董仲舒特别强调"天"会监督掌握国家最高政治权力的帝王，会通过祥瑞对帝王的善行表示赞赏，会通过灾异对做坏事的帝王做出"谴告"。而到了"理学时代"的两宋时期，人们的思想信仰开始发生变化，如强调"半部《论语》治天下"的赵普和重视文治的宋太祖，他们的思想信仰由"天"而转化为"道理"。宋代君臣直接相信"道理最大"，而宋代皇帝对"道理"的服从，几乎达到敬畏神灵的地步。如宋太宗曾经对宰相说："统制区夏，自有道理。若得其要，不为难事。必先正其身，则孰敢不正？若恣情放志，何以使人凛惧！朕每自勉励，未尝少懈。"[②] 宋太宗面对"道理"，能够达到"每自勉励，未尝少懈"的"凛惧"程度，可见"道理"在人们思想中的权威性、神圣性。

所以，到了北宋中期，学术界出现了一种以"天理"为最高主宰的学术形态，即主导后来中国数百年的"理学"。理学奠基人"二程"称"天理"二字是他们自己体贴出来的，作为信仰对象的"天"

---

① 沈括：《梦溪笔谈·续笔谈》，丛书集成初编本，中华书局1985年版。
② 李焘：《续资治通鉴长编》卷25，雍曦元年十二月甲辰条。

只是一个最高主宰的修饰语，而作为理性思考对象的"理"才是主词。所以，他们相信，通过格物致知而认知的"天理"，不仅是宇宙间的根本存在，而且主宰着世界的秩序和变化。故而，"天理"又成为一个普遍、永恒的主宰者："天者，理也。神者，妙万物而为言者也。"① 由于"二程"以"天"与"理"相互诠释，从而实现了"天"与"理"的统一，构造了一个新的思想信仰形态。《程氏遗书》记载："问：'天道如何？'曰：'只是理，理便是天道也。且如说皇天震怒，终不是有人在上震怒，只是理如此。'"② 在"二程"这里，天理成为贯通天与人、自然与社会的最高主宰和形上存在，"天理"既有"皇天震怒"的权威性、神圣性，又有"理当如此"的合理性。这一点，正是"二程"对理学奠基的一个最重要贡献。

早期儒家及其元典"四书"均是以"天命""天道"作为宇宙的主宰，宋代理学家以"天理"代替"天命""天道"。这里，关键是"理"与"道"之间的差别。如果将"理"与"道"做一比较，发现均具有必然法则的思想含义。但是，我们进一步深究，就可以发现在儒学体系中，"理"与"道"有一些不一样的特点：其一，"道"由人走的道路，演化为人的价值理想、人文目标，如孔子追求"天下有道"，"道"代表的是儒家的价值理想、人文目标；而"理"由"治玉"的工艺生产拓展为政治中的治理，故而后来演化成兼有自然规律与人文价值含义的概念。其二，"道"哲学化后，逐渐具有天地宇宙的本源性、整体性特点，而"理"则只是表达万事万物法的具体性、多样性特点，所以韩非子说："万物各异理，而道尽稽万物之理。"（《韩非子·解老》）

---

① 程颢、程颐：《二程集》，中华书局2004年版，第132页。
② 程颢、程颐：《二程集》，第290页。

隋唐以来，中国思想史发生重大变化。一方面，佛、道二家获得了强势的发展，佛、道学说之所以具有强大的影响力，在于其学说是建立在精深的、思辨的形而上的天道论基础之上的，这对儒学构成重要的挑战。另一方面，科学技术取得了重大进展，作为国家意识形态的儒家学说不能够依赖于汉代天人感应的思想体系，而需要兼容新的科学技术的思想成果。所以，宋代儒学的进一步发展，迫切需要能够更加充分表达出万事万物的多样化、精确化的要求，故而创造出一个比"道"更加具体化、精确化的"理"来。所谓"理"，就是世界万物所以然之故、所当然之则的必然法则。朱熹在诠释《大学》时说："至于天下之物，则必各有所以然之故，与其所当然之则，所谓理也。"① 这样，人们在日用伦常中必须遵循的道德法则、天地万物所必然实现的自然法则，均成为主宰世界一切的"理"。"理"也因此成为日月星辰、山川草木、君臣父子、人伦日用等一切自然的、社会的事物中普遍存在的本质与法则。

宋代理学家是通过重新诠释"四书"而建构天理论的。一方面，为了强调"理"的必然性、主宰性，宋儒进一步吸收了"五经"中作为信仰对象的"天"，这样，"天理"首先应该是人们信仰的对象，具有与一般道理不一样的神圣性；另一方面，理学家发展了早期儒家的人文理性，他们通过诠释"四书"而创造性地将"天""天道"解释为"理"，建构了以"四书"为元典依据的理学体系。所以，宋儒将"四书"中的"天命""天道"诠释为"天理"，使那个神圣而又模糊的"天"落实于更加具体、精确的"理"。《孟子·梁惠王下》中"交邻国有道"一章中有"以大事小者，乐天者也；以小事大者，畏

① 《大学或问》卷上，《朱子全书》第 6 册，第 32、512 页。

天者也。乐天者保天下，畏天者保其国"。孟子在这里所言的"天"，是对上古传承下来的信仰对象的称谓，象征着那个神圣而又超越的最高主宰者。而朱熹则将"天"诠释为"理"，他说："天者，理而已矣。大之事小，小之事大，皆理之当然也。自然合理，故曰乐天。不敢违理，故曰畏天。"① 朱熹所诠释的"理"，是人文世界之中的"所当然之则"，是自然世界中的必然法则。可见，宋儒在将"天"诠释为"理"的同时，兼容了自然、社会中普遍的法则与规范，同时也保留了"天"作为信仰对象的神圣性特点。

总之，宋儒重新建构的"天理"，具有"理"的规律性、平常性，又体现"天"的强制性、神圣性。朱熹通过诠释"四书"，将其解释为一种"一"与"万"之间的关系。《论语·里仁》中的"吾道一以贯之"，一般被认为是在强调"道"的统一性，但是朱熹解释说："夫子之一理浑然而泛应曲当，譬则天地之至诚无息，而万物各得其所也。……盖至诚无息者，道之体也，万殊之所以一本也；万物各得其所者，道之用也，一本之所以万殊也。"② 他用"理一分殊"的原理，说明统一性的"道"是可以多样化呈现的，解决了"一"与"万"之间既有统一又有差别、既神圣又平凡的矛盾统一。

可见，从北宋早期帝王、士大夫普遍相信"道理最大"，到南宋理学体系的全面完成，其中确实有着历史的脉络和思想的关联。所以，南宋后期许多理学士大夫在论述天理论的理学为什么会在宋代产生时，往往均会联想到宋初帝王、士大夫普遍相信"道理最大"，认为这一个"道理"，其实就是理学家建构的以"天理"为核心的理学体系。宋末元初学者王义山在其《宋史类纂·序》中说："尝谓洙泗而

---

① 《孟子集注》卷2，《梁惠王下》，《朱子全书》第6册，第215页。
② 《论语集注》卷2，《里仁》，《朱子全书》第6册，第72页。

下，理学之粹惟宋朝为盛。自国初'道理最大'之言一发，至仁宗天圣四年赐新进士《大学》篇，于后又与《中庸》间赐，著为式。自是而天下士使知有《庸》《学》。厥后周程诸子出焉，至晦翁而集大成。理学遂大明于天下后世。"① 关于宋太祖、赵普说的"道理最大"与理学及"四书"之间的历史脉络和思想关联，成为后来许多儒家士大夫所特别关心和认同的。可见，"天理"观念的出现，确实具有"哲学"与"宗教"的双重特质。天理论体系既可能成为一种包容一切具体知识的哲学体系；同时又可能成为精神道德的劝诫、传教的信仰体系。

宋儒进一步建构了庞大的性理之学体系，而其目的仍是解决人性与天理的统一问题，为内圣之道提供一个内在本性与外在超越的形而上本体，重建儒家的价值信仰。所以，宋儒创建完成了性理之学的哲学体系，同时也完成了主宰之"天"的理性化进程。但是，儒家哲学的理性化、思辨化发展，并不会否定、排斥原来作为信仰对象的天，只会通过不断的思想创造而凸显新的思想意义，从而实现思想史的变革发展，并且始终会将"天"的信仰包括在内。

---

① 王义山：《宋史类纂序》，《稼村类稿》卷4。

罗近溪"孝悌慈"视野中的"天命"

张祥龙[*]

基督教讲上帝，儒家则讲天和天命。上帝被基督教认为是最高实体(三位一体)，而上天在儒家视野中不是有位格的实体。"上天之载，无声无臭。"(《诗经·大雅·文王》;《礼记·中庸》引用)上天生发万物万类，是完全非对象化的，与耶和华在六天中创造天地万物非常不同;但天和天命却是真实地存在着的，"天命之谓性"(《礼记·中庸》)，我们乃至万物的本性来自天的赋予，因此一个不辜负自己天性的人，就会理解和自觉实现自己的天命，也就是与天相和的人生，而不被一般意义上的穷通苦乐所左右。"故君子居易以俟命，小人行险以徼幸。"(《礼记·中庸》)如此看来，人可以活生生地体验到自己的天命，以主动和被动还没有分离的方式来显明它，此所谓"知天命"(《论语·为政》)。"不知命无以为君子也。"(《论语·尧曰》)可见天命与人的关系超出了决定论和意志自由论的二元，是现象学意义上的时间化历程。

讲天性和天命的关系，至明代心学家罗近溪(1515—1588，名汝芳)达到了一个新境界，即将人之天性具体化为世代生成的过程，并视参与此生成的生活为人的天命。

宋明心学以陆(象山)、王(阳明)为代表。阳明心学以知行合一和致良知为特点，也曾主张静坐修习，作为"收放心一段功夫"

---

* 张祥龙，北京大学哲学系教授。

（《年谱》正德五年）。阳明之后，王龙溪（畿）开发其师"致良知"中"无"与"时发"的向度，而江右的聂双江（豹）、罗念庵（洪先）等则坚守王学中静坐归寂、收摄保聚的那一面，争执不下。王龙溪认为良知本身无思无虑、无内无外，其心体意知无善无恶，只在情境中发而中节，实现为善。所以要致此良知，就不能拘限于静坐功夫，而要"在先天心体上立根"（《明儒学案》卷12），于解悟见独（慎独）中截断一切意念（"无念"），呈现良知本身。这样便可感触神应、随机发动，当下现成（即现场当机构成）。聂、罗则推崇陈白沙的"静坐中养出个端倪来"（《明儒学案》卷5）的见地，主张若无这致虚归寂的真功夫，则"良知当下现成"的追求就会沦为玩弄光景、任意而为、自欺欺人、猖狂自恣，只会败坏阳明"致良知"学说的名声（《明儒学案》卷17）。双方相互指责对方为"禅"，因那时"禅"有多义；结合这里的说法，则一为传统的"禅定"（"静坐"）之禅，一为惠能的"无相禅"（"良知当下现成"）之禅。

　　王心斋（艮）靠近王龙溪一脉，但对先师阳明之学也有自己独到的发展，特别是明确地将"身"浸透入良知中，发前人之未及。"身与道原是一件。""明哲者，良知也。明哲保身者，良知良能也。知保身者，则必爱身；能爱身，则不敢不爱人；能爱人，则人必爱我，人爱我，则吾身保矣。"（《明儒学案》卷32）按照王心斋的这个学说，良知或明哲首先体现在"保身"，而要保身，则必爱身、爱人和被人爱。所以他说："圣人之道，无异于百姓日用，凡有异者，皆谓之异端。"在百姓日用里，身心不可分，这样的道才是人的天性，"天性之体，本自活泼，鸢飞鱼跃，便是此体"（《明儒学案》卷32）。由此可知，人的天性不只是程朱讲的"理"，而必有"气"或"身"，因而人的天命也就必会涉及这"本自活泼"的身体，既听从天命，也

创造天命："天民则听命矣，大人造命。"（同上卷）

　　罗近溪属王心斋开创的泰州学派，但有重大深化和创新。他也内在地结合良知与身体，但不止于一般意义上的百姓日用，而是深入百姓日用的血脉核心，也就是家庭世代传承的生生之道，即从"赤子孩提"到"孝悌慈"的传家之道。"大道只在此身。此身浑是赤子，赤子浑解知能，知能本非学虑，至是精神自是体贴，方寸顿觉虚明，天心道脉，信为洁净精微也已。"（《明儒学案》卷34）如果只讲此身浑是赤子，那么与老子所说的"含德赤子"就没有什么不同；如果只讲赤子"本非学虑"的良知良能，那么与孟子的偏于心识的"赤子之心"说也就没有多少差异。但罗近溪却是在儒家"亲亲"所在的亲情血脉中来呈现这赤子的哲理。

　　"赤子出胎，最初啼叫一声，想其叫时，只是爱恋母亲怀抱，却指着这个爱根而名为仁，推充这个爱根以来做人，合而言之曰'仁者人也，亲亲为大'。若做人的常是亲亲，则爱深而其气自和，气和而其容自婉，一些不忍恶人，一些不敢慢人。所以时时中庸，其气象出之自然，其功化成之浑然也。"（《明儒学案》卷34）这里讲的"赤子"，就不止于比喻，也不是只取其精神状态，而就是我们每个人曾有的人生开端，是百姓日常生活中直接体验到的婴孩生命，也就是不离身体血脉的人之天性，因此将此天性如何展开为仁、时中和化成，都讲得十分亲切，顺势而就。再结合以上引文，可见罗近溪的识本心、致良知的路子，超出了以往各家各派的心学，因为它能将本心的虚明感应和良知的精微自发，归源到原初的亲子关系和赤子爱根，直接而充分地打通了本心良知和作为儒家根基的孝悌慈。学人们往往认为孝悌属伦理，心性属本体，如果究极此本体，则是"无善无恶"，王龙溪甚至提出"四无说"，割裂心体与伦理。但如果直认此心体有善有恶，则不成其体，失其洁净精微了。不只是阳明后学，就是宋代的"二程"弟子内部和朱熹与陆象山之间，也为此心与理的关系争执。罗子学说则不失心体精微地找到了它的"亲亲"源头，使两者自然耦合贯通，成就了儒学一直渴望的自家化的心性事业。这才是罗近溪最高明和最有特色之处。①

　　所以罗近溪晚期着重阐发"孝悌慈为本"。他说道："孝弟慈，为天生明德，本自一人之身。……由一身之孝弟慈而观之一家，一家之中，未尝有一人而不孝悌慈者；由一家之孝悌慈而观之一国，……便至衰老临终，又谁肯弃却父母子孙，而不思以孝弟慈也哉！……其时《中庸》'天命不已'与'君子畏敬不忘'，又与《大学》(之'明明德''格物'诸说)通贯无二。"(《明儒学案》卷34)按王阳明《大学问》，《大学》开篇讲的"明德"之本体，就是良知；这么看，"明明德"和"亲民"就是致良知。可见罗子此说，符合阳明的大宗旨，但罗子明确地将孝悌慈指示的"亲爱"关系看作人之天性(突破程朱以"爱之理"为天性的权威说法)，并将这关系家庭身体化，即由一人之身自然而内在地扩展到一家、一国、天下，乃至从孩提延伸到少壮及衰老临终，并数次通过回顾自己的人生经历而显现之，这些是他的独创。他的致广大和尽精微的心学，虽受王龙溪、王心斋的影响，却将他们的"先天心体"和"爱身"之说，溯回到赤子之身和原发之亲爱，正是儒家"亲亲而仁"的正脉要旨所在，让那些想要指责他的赤子心学为禅学的人无从下手(《明儒学案》中对他的一些批评，皆不得要领)。并且，此身爱又不限于礼数伦理，而是那浑沦顺适的

---

① 牟宗三在《从陆象山到刘蕺山》第三章中特别褒扬罗近溪，颇有眼光。但他将罗子的特点总结为"浑沦顺适""不屑凑泊"式的"破除[心学自以为是的玩弄]光景"，则还未搔到痒处。参见吴震的《罗汝芳评传》(南京大学出版社2005年版)前言。

本心之源，足以接上阳明心学的精微。

> 故某自三十登弟，六十归山，……经历久远，乃叹孔门
> 《学》《庸》，全从《周易》"生生"一语化得出来。盖天命不已，
> 方是生而又生，生而又生，方是父母而已身，已身而子，子而又
> 孙，以至曾而且玄也。故父母兄弟子孙，是替天命生生不已，显
> 现个肤皮。天命生生不已，是替孝父母、弟兄长、慈子孙通透个
> 骨髓。直竖起来，便成上下今古，横亘将去，便作家国天下。孔
> 子谓"仁者人也，亲亲为大"，其将《中庸》《大学》已是一句道
> 尽。孟子谓"人性皆善"，"尧舜之道，孝弟而已"，其将《中庸》
> 《大学》亦是一句道尽。(《明儒学案》卷 34)

这里本文并不将《周易》的"生生"作"宇宙论"的解释，而是
作孝悌慈的解释，或世代时间化的家族延续的解释，可也并不限于伦
理学、社会学或人类学的视野，而是作"直竖"与"横亘"这样的
生存时空的终极解释，视之为人必须承担的"天命"。因而本文认为
《中庸》和《大学》这样的儒家经典的全部要旨，包括被那些理学家们
和心学家们反复咀嚼的"道心惟微，惟精惟一，允执厥中"的"未
发""已发"要旨，都被这"天命生生不已"的孝悌慈，或孝悌慈化
身成的"生生"，一语道尽。人的天命和儒家全部学说的要害就在其
中，而儒家与基督教在终极真实观上的最大区别也在其中。

王夫之"造命论"新解

杨柳岸[*]

命或者天命，一直是儒家哲学中极其重要的范畴。《中国哲学范畴史》指出命的三层含义，一是天命、命运，二是自然，三是客观规律；并将力、命作为一对范畴提出。[①] 这揭示出，命代表外部力量，却又是与人类生活相关、始终与人的能力相对峙的范畴。

春秋以降，天命作为一种普遍的命运信仰，落实到个体生命之中。[②] "就儒家而论，从《论语》到《孟子》以及《礼记》中的《大学》《中庸》，超越的'天命'观念与内在的'心灵'观念紧密绾接在一起，形成了独立于世俗君主政治权威之外独立的心灵秩序。"[③] 在孔子那里，命既是有意志的、有价值指向的力量，如"知天命"（《论语·为政》）；又是无定的、偶然的运气，如"死生有命，富贵在天"（《论语·颜渊》）[④]。但不论哪种，命都具有客观性，不为个体力量所改变。孟子强调人的能动性，他一方面承认命是无处不在的"在外者"，同时又划出"在我者"的德性之域，以求道德生活免于无定之外力的干预；另一方面还承认人可以"知命"，化解无定之命带来的后果，如"莫非命也，顺受其正。是故知命者，不立于岩墙之下"

---

* 杨柳岸，华中师范大学历史文化学院副教授。
① 葛荣晋：《中国哲学范畴史》，黑龙江人民出版社1987年版，第184—201页。
② 张俊：《德福配享与信仰》，商务印书馆2015年版，第95—103页。
③ 陈立胜：《中国轴心期之突破："身"何以成为"修"的对象?》，《贵州大学学报》（社会科学版）2020年第3期。
④ 张鹏伟、郭齐勇：《孟子性善论新探》，《齐鲁学刊》2006年第4期。

(《孟子·尽心上》)。如果说在孔孟那里，命属于解释性范畴，荀子则将其还原为对实然的描述，他说"节遇谓之命"(《荀子·正名》)，命即是现实遭遇本身。同时，荀子又承认命能够代表某种大的、必然的趋势，人能够把握与利用这一趋势，即"制天命而用之"(《荀子·天论》)①。

从孔子到孟子再到荀子，我们可以看出：其一，命所蕴含的主宰意、价值意逐渐消退，一方面被还原为某种必然的趋势(规律性)，另一方面命的无定性也依然存在。其二，人的力量在不断扩张，人之于命不再是无知、无力的，命逐渐变得可知与可控。然而，这些变化无疑导致了冲突与张力。从概念的内涵上看，命这一概念自其产生，就蕴含着人力所不及的意涵，包含着不可抗逆与无定的属性。人力的扩张，当然可以使一些原本被归于命的事态转化为人力控制之下的事态。但如果不能厘清力与命的边界，就意味当我们讨论命时，命的不可抗逆性与人对命的可知可控之间始终存在冲突。

宋明理学为化解这一冲突做出了有益的尝试。程朱都明确主张只有力不能及的领域，才能称作命。如程颐说："君子当困穷之时，既尽其防虑之道而不得免，则命也"②；朱子说："若是做不得，方可归之天"③。其意义在于引入了"控制"这一要素，明确地将命理解为主体控制之外的力量，换言之，人力所能控制的事态就不得称之为命。力命分野带来的问题是，二者间的界限一旦划定，再讨论命时，就必然落入宿命论的窠臼。④ 因此，对于人类生活中的事态，程朱总

---

① 杨国荣：《力命之辨与儒家的自由学说》，《文史哲》1991 年第 6 期。
② 程颢、程颐：《二程集》，中华书局 1981 年版，第 941 页。
③ 黎靖德编：《朱子语类》第 7 册，中华书局 1986 年版，第 2685 页。
④ 杨国荣：《外在天命与主体自由的二难困境——理学对力命关系的考察及其内蕴》，《福建论坛》(文史哲版)1993 年第 1 期。

是尽量避免用命去指称。①

王夫之对于命的理解与宋儒不同，他十分注重天人之际的互动关系，并对此做出实然性解释，将命看作外部世界（天）对人的影响，同时也是人所面对的种种际遇的代称，"时时处处，天命赫然以临于人"②，"天无时无地而不命于人，故无时无地不当顺受"③。这样一来，命与人力就在具体的实践活动中纠缠往返。这种对于命的界定，不同于程朱断然以"不得免"作为力命边界的观点，重新回到了孟子"莫非命也"与荀子"节遇谓之命"那里。因此，他必须批判地吸收宋儒的理论成果，解决具体的实践场景中何种"节遇"应当被视为命，以及人应如何理解与应对无处不在的命的问题，为命的不可抗逆性与人的能动性找到合适的安置方案。

许苏民先生指出，船山认为人类通过"相天""造命"的创造性活动，可以掌握自己的命运，将社会推向前进。④ 这一说法在大方向上可以代表船山对天、命与人事的理解。"相天"指的是，通过人类的自主创造活动，开辟一个新的人文世界，即"人之天"⑤。"造命"则关乎个体在具体的场景中对命的认定与对待的问题。基

---

① 如朱子在解释《论语》"死生有命，富贵在天"时说："命禀于有生之初，非今之能移；天莫之为而为，非我所能必，但当顺受而已。"解释"不知命，无以为君子"时引程子的话："知命者，知有命而信之也。人不知命，则见害必避，见利必趋，何以为君子？"初生之命，是朱子谈及命最多的论域，这显然是超出主体控制的；命不可避、不可趋，只能信，可见也是超出主体控制的。参见朱熹：《四书章句集注》，中华书局1983年版，第134、195页。

② 王夫之：《读四书大全说》，《船山全书》第6册，岳麓书社2011年版，第407页。

③ 王夫之：《读四书大全说》，第455页。

④ 萧萐父、许苏民：《王夫之评传》，南京大学出版社2002年版，第256页。

⑤ 王夫之：《诗广传》，《船山全书》第3册，岳麓书社2011年版，第313页。

于此，本文拟从"君相造命"这一船山学热门论题出发，对船山关于命之认定问题展开讨论，并检讨其中存在的问题，阐明其理论价值。

一、对"君相所以造命"的检讨

王夫之的"造命论"一直被认为是其历史哲学和天命观（性命论）的重要议题，对此前贤多有论及。研究船山历史哲学的学者，以萧萐父、许苏民二位先生为代表，认为人在尊重规律的前提下可以创造历史，也可以创造自身的命运。关于天命观（性命论）的研究认为，船山主张人可以根据自身意愿改变命运，如张立文先生说造命是"创造生命主体自我意愿相符合的命运"，杨国荣先生说"主体造命于自身"。周兵先生则同时吸收了两方面的观点。①

前贤的这些理解在不同的方面存在遗憾。首先，船山并未宣扬造命，而是明确指出命是不可"造"，只能"受"的；其次，"造命论"所涉及的两则材料的主旨并非鼓动人们积极主动地创造命运，而是要求人们消除对意志之天的膜拜，尊重规律，克服私心妄念。本文将从材料辨析出发，深入船山"造命论"的语境，以求获取船山受命说的理论旨趣；并从"人能否改变自身命运"这一议题出发，剖析船

---

① 涉及船山"造命论"的前人研究成果颇多，出于行文简易的需要，在此仅开列最具代表性且与本文议题关系紧密的几篇：萧萐父：《船山人类史观述评》，《吹沙三集》，巴蜀书社2007年版，第142—146页；张立文：《王夫之论命运》，《船山学刊》2015年第4期；萧萐父、许苏民：《王夫之评传》，南京大学出版社2002年版，第258—261页；杨国荣：《代"天之天"为"人之天"及其多重意蕴》，《社会科学战线》1993年第6期；周兵：《王夫之天命观及其理论创新（下）》，《船山学刊》2005年第2期。

山对于人力与命运之间对立关系的独到看法。①

　　王夫之的著作中有且仅有两段材料涉及造命问题，一是《读通鉴论》中对邺侯李泌"君相所以造命"说的评点：

　　　　君相可以造命，邺侯之言大矣！进君相而与天争权，异乎古之言俟命者矣。乃唯能造命者，而后可以俟命；能受命者，而后可以造命。推致其极，又岂徒君相为然哉。

　　　　天之命，有理而无心者也。有人于此而寿矣，有人于此而夭矣……其或寿或夭不可知者，所谓命也。而非天必欲寿之，必欲夭之，屑屑然以至高大明之真宰与人争蟪蛄之春秋也。……天者，理也；其命，理之流行者也。……见为不可知，信为莫之致，而束手以待之，曰天之命也，是诚天命之也。……

　　　　夫国家之治乱存亡，亦如此而已矣。而君相之权藉大，故治乱存亡之数亦大，实则与士庶之穷通生死，其量适止于是者，一也。举而委之于天，若天之有私焉，若天之纤细而为蟪蛄争春秋焉。呜呼！何其不自揣度，而谓天之有意于己也！故邺侯之言非大也，非与天争权。

　　　　自知其藐然不足以当天之喜怒，而天固无喜怒，惟循理以畏天，则命在己矣。虽然，其言有病，唯君相可以造命，岂非君相而无与于命乎？修身以俟命，慎动以永命，一介之士莫不有造

────────────

　　①　因为前人对船山造命问题的研究影响很大，所以尽管我们并不认为造命是"造命论"所涉及的两则材料所主张的观点，但仍使用学界惯用的"造命论"（加引号）这一术语来指称船山的这两则材料和其中的观点。从本文得出的新见对船山"造命论"做出的判定，我们称之为受命说，并将船山以前的思想家对造命问题的看法称为造命说（不加引号）。

焉。祸福之大小，则视乎权藉之重轻而已矣。①

二是《姜斋文集》中一篇题为《君相可以造命论》的专文：

> 圣人赞天地之化，则可以造万物之命，而不能自造其命。能自造其命，则尧舜能得之于子；尧舜能得之于子，则仲尼能得之于君。然而不能也，故无有能自造其命者也。造万物之命者，非必如万物之意欲。天之造之，圣人为君相，而造之皆规乎其大凡而止。……乃若欲自造其命，……各自有其意欲以期乎命之大顺，则恶乎其可也。……弗能造也，受之而已。受之以道，则虽危而安，虽亡而存，而君相之道得矣。李泌曰"君相可以造命"，一偏之说，足以警庸愚，要非知命之言也。

> 至大而无区畛，至简而无委曲，至常而无推移者，命也。而人恶乎与之……命圆而不滞，以听人之自尽，皆顺受也。……危不造安故不危，亡不造存故不亡，皆顺受也，奚造哉！造者，以遂己之意欲也。安而不危，存而不亡，皆意欲之私也，而猜忌纷更之事起矣。……天命之为君，天命之为相，俾造民物之命。己之命，己之意欲，奚其得与哉！②

这两段材料都涉及邺侯李泌关于造命的看法。李泌的原话出自《资治通鉴》：

> 泌曰：天命，他人皆可以言之，惟君相不可言，盖君相所以

---

① 王夫之：《读通鉴论》，《船山全书》第10册，岳麓书社2011年版，第936—937页。
② 王夫之：《姜斋文集》，《船山全书》第15册，岳麓书社2011年版，第88—89页。

造命也。若言命，则礼乐政刑皆无所用矣。纣曰："我生不有命
在天"，此商之所以亡也。①

两则材料都围绕李泌"君相所以造命"展开，因此，船山对李
泌造命说的态度是理解这两则材料的关窍。前贤都认为材料一基本肯
定了李泌"君相所以造命"，而材料二批判地推进了材料一中的"造
命论"。他们认为两段材料之间，乃至材料一内部，在观点和价值判
断上存在张力。然后学者们以哲学家的思辨，圆融了其中的矛盾。②

我认为，"邺侯之言大矣！进君相而与天争权"并非对李泌的褒
扬，而是在为李泌的造命说戴上一顶"与天争权"的帽子，而后朝
这顶帽子发难。在批评某种观点前，先抛出支撑这一观点的理据，是
船山作文的常用技法。船山在材料一起首抛出对李泌的一种可能的批
评。古人认为命出于天，人无法改变天的安排，因此只能被动地等

---

①　司马光：《资治通鉴》第 16 册，中华书局 1956 年版，第 7512 页。
②　如萧萐父先生指出："粗略地看了以上两段引文，似乎不难发现船山话语的自相
矛盾。即是说，他一方面赞'邺侯之言大矣'，另一方面又说'邺侯之言非大矣'，甚至
指出是'一偏之说''其言有病'，'非知命之言也'。其实不然，这反更凸显了船山史
观超越前人之处。"参见萧萐父：《船山人类史观述评》，第 144 页。
　　许苏民先生继承萧先生的看法，认为"他既肯定唐代名相李泌的'君相可以造命'
论，又认为这一观点尚有所不足……难道那些不是君相的人就不能造命、就不能对历史
社会的进程发挥作用吗？……即使是那些永远也不可能成为君相的一介之士，亦可以参
与历史的进程而'莫不有造'。……客观的历史规律不以任何个人的意志为转移，人们
只能在尊重历史规律的前提下创造……李泌讲'君相可以造命'，只强调了人的主观能
动性"。参见萧萐父、许苏民：《王夫之评传》，第 258—260 页。
　　周兵先生说："李泌强调不要把一切归之于天命，并主张自造其命，发挥君相在社会
历史进程中的作用，这是非常可贵的。王夫之对李泌的这一思想很赞赏，……王夫之
进一步指出，李泌的话也存在一定的问题。李泌讲'唯君相可以造命'，那么，不是君
相难道就不可以'造命'了？……王夫之在《君相可以造命论》一文中，又似乎表达了与
在《读通鉴论》中不一致的观点。李泌的观点有其合理性，但也有其片面性。其片面性主
要就体现在他只看到君相有可以'造命'的一面，而没有看到君相也有不可'造命'的一
面。"参见周兵：《王夫之天命观及其理论创新（下）》。张立文先生和杨国荣先生因为
没有引用材料二，所以并未留意材料一与材料二之间的关系。

待，也就是《孟子》《中庸》中的"俟命"。李泌的造命说与传统观念不符，过于突出君相的作用，好似要与天相争。① 但紧接着船山又说"乃唯能造命者，而后可以俟命"，这是对李说的维护。李说的合理性在于，在俟命之前人应当做一番抗争。更重要的是接下来的一句，"能受命者，而后可以造命"。诚如萧先生所说，是为造命设置了"受命"这一前提——先要能够接受天命，然后才可能积极有为。② 于是船山打开了"受命—造命—俟命"的人与命的互动模式。后面三段是在"受命—造命—俟命"的大框架下"推至其极"。其中第二段是理论推导，第三、四段则基于第二段建构的理论模型回过头来观照君相造命问题。

船山在材料一第二段给天命下了定义，"天者，理也；其命，理之流行者也"。人该如何应对天命呢？那就是"循理以畏天"，掌握与遵循规律，心存敬畏，这就是"受命"的内容。在船山看来，天无时不命于人，个人的夭寿祸福，乃至国家的治乱存亡等事态，无不受到天命的制约。这是说，外部世界有其自然而然的运行法则，也就是规律。命是理的展开，而理是可以认识与把握的。"理之流行"之所以被说成命，是因为人们不懂得循理，只好"束手以待之"，将不可解的事态统统托言为"天之命"。规律不为人的主观意愿所改变，因而，以为天有心、有喜怒、有偏私的错误观点为船山所批判。船山说"屑屑然以至高大明之真宰与人争蟪蛄之春秋"，与李泌批评的"纣曰：'我生不有命在天'"，针对的都是此类错误观点。

天既然"有理无心"，无喜怒、无偏私，便不是人格化的主宰

---

① 与天相争，在传统学术话语中出现极多，基本都是被批判的对象。例如，《荀子·天论》主张"不与天争职"，《史记·龟册列传》记有"桀纣之时与天争功，……固已无道矣"等。

② 萧萐父：《船山人类史观述评》，第145页。

者，意志之天从而退场，也就不存在与天相争的问题。至此，李泌"与天争权"的帽子才算是摘了下来，"君相造命"才具有合理性。所以船山在材料一第三段末说"故邺侯之言非大也，非与天争权"。材料一第四段的第一句"自知其藐然不足以当天之喜怒，而天固无喜怒，惟循理以畏天，则命在己矣"，是对李泌"非与天争"的进一步说明。"其"指的是李泌。船山认为李泌已然意识到不能与天相争，但还不够，必须要从"循理以畏天"的层面理解，"造命"才是真正恰当的。"命在己"与"天命之"正好相对，说的是懂得循理的人，可以能动地将理命流行带来的变故慨然接受下来，顺受天命。

　　正是在造命、俟命都必须首先受命这一理论前提下，士庶的穷通生死之类的为己的行为，才与君相造命的外向性行为具有一致性。在"修身以俟命，慎动以永命"一类进德修业、养生长生的为己行为中，主体也都有所作为，因此都是"与于命"的"有造"之举。值得注意的是，船山在这里说的是"与于命"和"有造"，并没有直接许"修身""慎动"以"造命"。这当然是出于措辞的严谨，同时也为材料二中"不能自造其命"的说法留出了空间。

　　"唯君相可以造命，岂非君相而无与于命乎？"萧、许二先生都认为这是将改变历史的特权从君相手中解放出来，许小民百姓造命之权，乃至将之作为材料一的主旨。这恐怕也非船山的原意①。船山将

---

　　① 许苏民先生说："李泌说'唯君相可以造命'，仿佛'天有私意'，仿佛历史只是君相所创造的，这就足见其眼光之狭隘了，'故邺侯之言非大也'。李泌之言既'大'又非'大'：是因为他肯定了人的'造命'的主观能动性；'非大'，是因为他仅仅承认君相的历史作用。把李泌的'唯君相可以造命'论发展成为'一介之士莫不有造'论，是王夫之的特识。"参见萧萐父、许苏民：《王夫之评传》，第259页。然而，"邺侯之言非大也"在第三段，这段所谈的是君相是否"与天争权"的问题。"一介之士莫不有造"在第四段，与"邺侯之言非大也"并无直接联系。可见，材料一中船山对李泌之言的这两次评价，与平民百姓在历史中的作用问题并不相关。

作为穷退之策的修身慎动与积极改造世界的造命归约到了同一平面，如何能得出积极有为地创造历史的结论呢？这反倒是削弱了李泌造命说中本来可能蕴含的通过主动以寻求突破命运的意义①。

材料二主要讨论"不能自造其命"，认为人不可能改变自身命运，原因是人有"意欲之私"②。船山指出，"自其造命"与"天造命""圣人造万物之命"是异质的两个命题。区别在于，天造命与圣人造命都是造他人之命，主旨是顺应规律，从满足受众的主观期待而言，只做到"规乎其大凡而止"；"自造"则是造一己之命，无法摆脱"意欲之私"，必将导致无视客观限制，罔顾规律，最终失败。"君相造命"之所以具有一定合理性，"足以警庸愚"，是因为居高位的君相所造之命本非一己之命，而是民物之命。但李泌毕竟没有点透"不能自造"这一原则，因此只是一偏之说，谈不上知命，否则就应当知道"弗能造也，受之而已"，即接受自身际遇中存在的限制，接受结果的不尽如人意。材料二相对于材料一的推进在于，明确将"君相造命"之"命"定义为他者之命，进而指出命运本身是不能改变的，只能寻求以适当的方式加以接受。两则材料共同主张的其实是受命说，而非"造命论"。

材料二和材料一在观点上具有一致性。材料一主张"天无心"，故无私意于主体，主体也不应以私意揣测天命；材料二认为，天无私

① 萧、许二先生都将人应当积极地参与历史创造当作材料一的主旨，将历史创造的主体是否是君相作为辨析的焦点。这样导致无法妥善安置第二段关于天命即理的讨论，这使得篇幅最长的第二段，梗塞在讨论造命主体问题的三段话之间；因此，二先生只能将这一段看作人发挥主观能动性的前提条件，在讨论完焦点问题之后补充说明。这显然有违材料一的行文次第。

② "意欲之私"兼指私欲与私意。关于私欲，前人所论已备。私意则是"一己之意见，非即天下之公理"。私意与公理相对，是认识论层面的概念，指的是不合乎规律的臆测与妄念。私意不能泛化地理解为主体的一切意图，也不必然与私欲相捆绑。参见王夫之：《读四书大全说》，第772页。

意故能造命，因此造命的主体也不能有私意。两则材料在对待"造命"的态度上也基本相同。材料一虽然肯定了人应当"有造"，做到"命在己"，但这是从先受命的维度上立论，主旨在于为造命设置受命这一前提。材料二多次提到"不能自造其命""弗能造也，受之而已""不造有""不造无""奚造哉"，强调不能造命，只能受命。二者都是在为"造命"设置条件与限制。

值得注意的是，造他人之命，严格来说根本就不属于创造命运的范畴。因为他人之命对于主体来说只是一般的事态，不是命运。"不能自造其命"，其实已经否定了人能改变命运的看法。因此，"君相造命"的"命"，其实只是主语切换之后的一种方便的表达。这一点，许、张、杨、周四位先生都未留意。

以上已将造命论所涉材料的主旨基本交代清楚，然而，仍有剩遗：其一，船山既然反对创造命运，何不直接批评李泌，而要兜一个大圈子？其二，"自造其命"和以"意欲之私"造命毕竟是两个命题。材料二将二者绑定，而实际论证的是人不能以"意欲之私"造命。那么，船山为何要旗帜鲜明地反对"意欲之私"？其三，由第二点可知，命运不能创造而只能接受在论证上并不充分，是否还有其他理据？其四，人力之于命，是否可以有所作为？要回答这些问题，需要梳理出船山"造命论"的语境，找到那些为船山所沿用、所批评而未尝明言的思想内容，两相参照才能展现出船山"造命论"的丰富意涵，进而发明其立论的旨趣与价值。

二、造命说的来源与船山"造命论"的语境

如前所述，其一，"命"往往被用来指称超出主体认知与把控的

外在力量。这种力量以事态、际遇的形式呈现在人们的生活中，影响其生活，甚至决定其行为的成败。因为不为人力所能改易，故而往往归之于天，称之为命。其二，命是可知的，主体面对命可以有所作为。这两种认识无疑存在矛盾，即命的不可抗逆、难以预测的属性与命的可知可控的属性之间存在冲突。在早期儒家文献中，关于人与命的关系，有知命、立命、俟命等说法，"造命"则较为晚出。"造命"一词通常被理解为创造和改变命运，与知命、立命、俟命一样，是主体应对命的方式，且是一种更为积极主动的方式。研究船山"造命论"的几位前贤均持这一理解。然而通过对概念史的梳理，我们可以发现，就其本义而言，造命不同于知命、立命、俟命，所造之命并不能直接理解为命运，而是特有所指。

"造命"二字连用最早见于汉代文献，意思是（使者）善于辞命。因与本文讨论的造命并无直接关系，在此不论①。魏晋以后"造命"出现了创造生命的意味，且造命者均为形而上者，这类材料较多，如"五祀配于五祥，则五灵钟秀于造命之初""又况五行造命五气孕行"②，"芒芒上玄，有物有则，厥初造命，立我艺则，爰兹族类，有觉先识，斯文未丧，诞育明德"③。到北宋时造命者才可以是人。如"何以见于相公造命之功，不使一物失所之德，而建中兴伟绩者，岂不在是乎？"④ 这里的"相公造命"尚难说是造生命还是造命运，但《资治通鉴》中的"君相所以造命"，可以确定是创造命运。值得注意

---

① 如，《说苑·奉使》有"使者以报楚王，楚王赦之，此之谓造命"。《毛传》描述大夫的九种德行，其中就包括"使能造命"（《国风·鄘风·定之方中》），孔颖达疏："使能造命者，谓随前事应机造其辞命以对。"

② 管辂：《管氏地理指蒙》，一苇校点，齐鲁书社 2015 年版，第 99、120 页。

③ 陆云：《答顾秀才》，《陆士龙文集校注》上册，凤凰出版传媒集团 2010 年版，第510 页。

④ 晁说之：《嵩山景迁生集》第 2 册，台湾学生书局 1975 年版，第 842 页。

的是，因为造命早先指创造生命，后来才引申出创造命运之意，所以
一开始总是与居高位者（如"相公"）相联系，李泌说"天命，他人皆
可以言之，惟君相不可言，君相所以造命也"，是出于那时的语言习
惯，并非特意将造命专属于君相。同理，造命活动最初就是指造他人
之命，而非造自己的命。所以，当船山就《通鉴》的这则材料谈"造
命"问题时，当是出于尊重文本原意，并未望文生义地将造命理解
为创造或改变命运而大加挞伐；同时，他借用文本语境对"造命"
意义的限制，进一步加强了人不能创造自身命运的观点。

如果说李泌是船山"造命论"的直接对话者，那么并未在材料
中出现的南渡时期学者林之奇就是船山的潜在对话者①。林氏最早对
造命问题进行系统的阐释，他在《尚书全解》中多次提到李泌的造
命说：

> 伊尹之相太甲，召公之相成王，不以天命归于自然之数，而
> 谓本于人君之德与不德者。盖谓君相造命，不可以言命也②。

> 人主造命而不可言命，……盖天之应物，祸福吉凶之来，皆
> 以类至而听其自取尔③。

> 民命虽禀于天，而君实制之。故天命谓之命，而君之教令亦
> 谓之命。……天之所畀而实自于造命者向而与之也④。

---

① 《尚书稗疏》云："汉孔氏以高祖洎玄孙之亲为九族，蔡氏用之，林少颖以为如此
止是一族，其说良然。"林少颖即林之奇，船山所述林氏"九族"之说见于林氏所著《尚
书全解》。足见船山确乎读过此书。王夫之：《尚书稗疏》，《船山全书》第 2 册，岳麓书
社 2011 年版，第 24 页。
② 林之奇：《尚书全解》第 1 册，山东友谊书社 1992 年版，第 927 页。
③ 林之奇：《尚书全解》第 1 册，第 990—991 页。
④ 林之奇：《尚书全解》第 2 册，山东友谊书社 1992 年版，第 1383—1384 页。

　　林之奇的观点可以总结为以下几点：其一，天造生万物，不以个体的福祸为意，只做到"以类至"，故而人面对天命应当顺其自然；其二，天命不可测，君主不应执着于祸福之数，造命的依据应在道德上；其三，于百姓而言，君相造命与天造万物之命是合而为一的，君相的所作所为即百姓所面对的命，这无疑是将高深莫测的天还原为实践生活中的事态。

　　林氏的说法丰富了李泌造命说，朱门后学蔡沈、陈大猷在各自的《尚书》学著作中均多次引用并赞同林氏的说法，可见林氏的造命说是理学界的权威观点。船山关于造命问题的讨论，对其说多有资取：其一，天命无心，不以人的祸福为意，从满足人的欲求的角度来看都只做到"以类至"，也就是船山所说的"规乎其大凡而止"；其二，天命泽佑下民与圣人造命具有一致性；其三，尽管天命无常，但人仍应有所作为。

　　船山与林氏也有一些不同之处，主要表现在两个方面：一方面，林氏认为主体面对命数可以有所作为，但其所承续的仍是儒家"天命靡常"（《诗经·大雅·文王》）、"惟德是辅"（《尚书·蔡仲之命》）的传统思维。船山却说天命"有理无心"，并以"尧舜能得之于子，则仲尼能得之于君"为例，说明道德高尚并不能为成功提供保证，成败的关键在于是否能循于理。另一方面，道德的行为包含善的目的，善的目的同样可能是"意欲之私"，所以材料二对"意欲之私"的批判，对林氏造命说也是同样有效的。

　　总而言之，船山批判地继承了林氏造命说，把造命说从传统的政权合法性问题中解脱出来，放到公理与私欲私意的对峙中加以讨论，打破了修德与造命之间并不必然存在的联系，为检讨其规律、意图，以及与不可知的外力之间的关系留出了空间。

三、人能改变命运吗？
——船山受命说与心斋造命说的分歧

如果说林氏的造命说是因循旧历，将造命视为君相的特权，造命的对象仍然是他者（小民），那么明末泰州学派创始人王心斋（艮）则是革命性地提出了新的造命说：

> 舜于瞽瞍，命也，舜尽性而瞽瞍底豫，是故君子不谓命也。陶渊明言"天命苟如此，且尽杯中物"，便不济。孔子之不遇于春秋之君，亦命也，而周流天下，明道以淑斯人，不谓命也。若天民则听命矣。故曰大人造命。①
>
> 我今得此沉疴之疾，我命虽在天，造命却由我。②
>
> 瞽叟未化，舜是一样命，瞽叟既化，舜是一样命，可见性能易命。③

心斋认为，作为普通人的"天民"与作为有德之士的"大人"面对"命"有不同的对待方式，"天民"只能"听命"，"大人"可以"造命"，所产生的结果当然也就不同。"大人"是道德的楷模，而非权力的顶点，可见，在心斋这里，造命已不是居高位者的特权。心斋所言之命，都是个人自身的命运。显然，心斋造命说并未承接宋代以来造命对象为民物之命的语境，他只使用了造命的字面意。对心

---

① 王艮：《语录》，《王心斋全集》，江苏教育出版社2001年版，第9页。
② 王艮：《尺牍密证》，《王心斋全集》，第53页。
③ 黄宗羲：《明儒学案》上册，中华书局1985年版，第411页。

斋所举事例稍作分析可以发现，这些被称作命的事态都可以随着主体积极的实践活动而发生相应的改变。如"舜尽性而瞽瞍底豫"，孔子"明道以淑斯人"，以及自己不被疾病拖累，奋发有为等。这相当于是说，人可以根据自身意愿打破一切现实制约，从而改变自己的命运。这一看法"带有明显的惟意志论倾向"①。心斋的学说在明末影响很大，代表与影响了时人对"命"的认定的看法，而他认为人可以根据自身意愿主动改变自己的命运的看法，可能正是船山在"造命论"两则材料中所着力批判的观点。②

人能否"自造其命"，是船山跟心斋的主要分歧。如前所述，船山坚称人不能改变自身命运，原因是造命说的传统语境已然将所造之"命"限定为民物之命。但这只是在文本诠释上的理由，心斋的支持者可以反驳说，只是在"造命"这一概念中，对"命"的限定才成立，若是将"造命"换成"易命"，船山的责难就无效了。抛开"造命"的原意不论，只看"自造其命"在理论上能否成立，二人的分歧在于：什么样的"节遇"才可以呼之为命。

所谓人能改变自身命运，其实隐含了一个悖论，即本文第二部分第一段提到的，命的不可抗逆性与命的可知可控性之间的矛盾。这对矛盾的关窍是，事态的演变是否在主体的控制之下。按照理学家通常

---

① 杨国荣：《外在天命与主体自由的二难困境——理学对力命关系的考察及其内蕴》，《福建论坛》(文史哲版)1993年第1期。

② 值得指出的是，船山在"君相可以造命论"开篇阐述圣人"不能自造其命"时，所用的例证是"能自造其命，则尧舜能得之于子；尧舜能得之于子，则仲尼能得之于君。然而不能也，故无有能自造其命者也"。这与王心斋"大人造命"那一段论述所用的例证在内容与形式上都十分相近。根据我们的观察，以舜和孔子的际遇来讨论人所遭值的命数在古籍中虽不少见，但往往和伯夷叔齐、颜渊、孟子等其他时命不济的人一同使用，且关于孔子，更常见的说法是"不得位"，而非"不遇"。仅以(尧)舜的父子关系和孔子不得于君来说明命数不济，在笔者所见的材料中，心斋所用是仅有的一例。在论证的开头不点名的引用批判对象的说辞，是王夫之作文的惯用手法。因此，有理由怀疑，船山借造命这一问题抒发己见，确是对心斋的造命说发难。

的对命的理解，只有人力所不能及处，才可以说是命。一个事态如果能为主体所控制，那么就不应称之为命；控制不了，才可以看作命。然而，既然命是控制不了的，又如何去"造"呢？心斋的"大人造命"显然没有遵循朱子对命的认定的看法，这就导致在命的认定上失去了制约，变得相当主观。心斋只是将命看作一定的限制条件，以及对限制条件中所蕴含的趋势的预期。例如，孔子不遇，心斋将其认作命，这是一种客观限制；但因为产生了"周流天下，明道以淑斯人"的新局面，就算是"大人造命"。但这里所改变的其实只是对孔子将要潦倒一生的预期。将预期看作命的做法，完全不必考虑被视作命的事态是否真的超出主体的控制。因此主体只需要通过些许努力打破所设想的限制与趋势，便可以自称造命了。其理论后果是，被认定为命的事态与造命活动都变得十分廉价。这将导致天命的公共性与权威性丧失，变成可以任意拿捏的玩物，使得信奉这一观点的人们缺乏敬畏、狂傲自大。材料二所批评的"意欲之私"正是为了对治这种廉价的命理论。

　　船山与心斋对命的认定之所以存在不同看法，源于二人对天、命的理解存在本质的不同。在心斋看来，"天命是人心"[1]，"良知即性，性即天"[2]，对于人而言天是"只在身边"[3] 的，人可以"知天""乐天""同天"等方式与天互动[4]。照此理解，心斋的天不离人而存在，既内化于人的心性之中，又投射于周遭的事物之上。因此，天于人而言是可知可感的。这一看法基本出其师王守仁，如果就此打住，其说尚能够自洽。但他将瞽叟化与不化看作两种命，认为舜尽性可以易

---

① 王艮：《诗附》，《王心斋全集》，第56页。
② 王艮：《尺牍密证》，《王心斋全集》，第45页。
③ 王艮：《诗附》，《王心斋全集》，第57页。
④ 王艮：《语录》，《王心斋全集》，第8页。

命，则难以成立。因为，性与良知都属于主体的内在世界，也就是孟子所说的"在我者"，并非能直接左右外界的力量。故而，"瞽瞍底豫"并非舜尽性就能保证的。心斋只是使用了一个看似对自己有利的例证，却不能给他的观点以逻辑上的支撑。同样是讨论舜的父子关系，船山将瞽瞍换成了未"底豫"的舜之子，这一例证就只能支撑船山的结论，而不能支撑心斋的结论了。

如前所述，船山在材料二开篇提到人"不能自造其命"，他所证明的是主体不能凭意欲造命，然而"自造其命"和以意欲造命并不等同。那么，船山是如何看待命之认定问题的呢？相关讨论可见于他对《孟子》"莫非命也"一章的阐发：

> 谓之曰"命"，则须有予夺。若无所予而亦未尝夺，则不得曰命。言吉言福，必有所予于天也；言凶言祸，必有所夺于天也。……死，命也；不死，非命也。天者之命因其死而言，寿者之命亦要其终而言也。……
>
> 举凡琐屑固然之事而皆言命，将一盂残羹冷炙也看得轰天动地，直惭惶杀人！且以未死之生、未富贵之贫贱统付之命，则必尽废人为，而以人之可致者为莫之致，不亦舛乎！[1]

船山对命的认定做出了限定，即"须有予夺"，相反，"若无所予而亦未尝夺，则不得曰命"。以人的"夭寿"为例，只有当人死了以后才可以说是命，活着的时候是"未尝夺"，因此不能算作命。不能因为某人在大家看来该死却没死，就将其说是命。也就是说，只有

---

① 王夫之：《读四书大全说》，第 1116 页。

当现实的境遇已然由于外力作用而发生了改变，主体才可以将这种改变看作天之所命。

如何理解"予夺"之为命呢？蔡仁厚先生指出命有二意：一是命令意，即天之所命；二是命定意，表示客观的限制。① "予夺"意味着事态发生变化，于变化之中方才见得天之所命，因此船山所取的是命令意。从命令意来考察造命、受命，能更为清晰地理解船山所说的"不能自造其命"。船山只将已发生的变化认定为命，这种认定方式所采取的是事后回溯性的解释。命既然只在事态结束之后被回溯性地解释出来，那么人又如何改变已经发生了的事态呢？以回溯性的态度看待命，而不是预先将某种可能的趋势理解为命，才有可能规避"改变命运"的悖谬，在逻辑上成立。将命视为"予夺"，保留了命具有不可抗逆性的解释维度。

另外，以"予夺"为命，还能够帮助我们理解材料一中的"与于命"和"有造"。"有造"的吊诡之处在于，既肯定了人力可以参与到命的创化之中，却又不将其算作创造（改变）命运。但是回溯性的解释模式为我们提供了这样的理解：一个事态已然完结，最终被认定为命，而这个事态有人力的参与，那么当然是"有造"之命；但在主体"有造"的过程中，这个正在进行的事态是不能被认定为命的。只有当其完结之后，才可以视作命，而这时事态已经凝固，不可改易了，当然也就无所谓"造命"了。这其实是玩了个概念游戏，船山以回溯性的态度理解命，使得命这个概念无法在一个完整的事态当中连续性地呈现，这不得不说是一种理论的偏执。②

---

① 蔡仁厚：《孔孟荀哲学》，台湾学生书局1984年版，第123—128页。
② 正如蔡家和先生所指出，船山将命视作命令，是从人出生那一刻算起的。一般认为人的出身也是命，这一点却被船山排除掉了，这种设计未必能让我们信服。蔡家和：《王船山〈读孟子大全说〉研究》，台湾学生书局2013年版，第122页。

既然只有变化才能被看作命，那么作为客观限制的命定意也就被排除在命的认定之外。客观的限制可否被视为命，这是船山受命说与心斋造命说的又一重大差异。船山批评"举凡琐屑固然之事而皆言命"，"固然之事"即是命定，而非命令，故不能视作命。心斋在对命的使用中并没有区分命令与命定，但在他给出的例证中，舜有瞽叟为父可以看作客观限制，这与船山的认定正好相反。①

以上是船山与心斋造命说之差异，也是船山"造命论"最直接的著述目的——驳斥那些在他看来不知敬畏、不尊重规律、将一己之意见看得比天高、自视无所不能的学说。这或许是王船山身处明清鼎革之际，总结明末学风空疏、士气狂傲的历史教训而做出的反思。船山对何者为命做出近乎苛刻的限定，所捍卫的是天命的权威性与公共性，以及规律的客观性，强调外部环境对个人的成长与实践所具有的强制力。其理论意义在于：剥除人为附着在天、命、天命等概念上的"意欲之私"，同时也切断了良善的意图与好的结果之间并不必然存在的联系。这也可看作对儒家"天命靡常""惟德是辅"，修身则自然能齐家治国平天下的由内圣而外王的思维方式的总的反思。

总而言之，船山的"造命论"是在继承与修正林之奇的造命说，批判以心斋为代表的认为人能根据自身意愿改变命运的俗见中展开的。其中《读通鉴论》中的材料主要的对话者是以林之奇为代表的天佑有德者的传统观念，意在强调天命无心，只是理之流行。《君相可以造命论》一文的主要对话者是以心斋为代表的俗见，旨在揭示改变命运之说的荒谬，以及以私心妄念附会命运的浅薄。两则材料共同的

---

① 这或是船山不愿使用瞽叟与舜的父子关系作为例证的原因，因为瞽叟先于舜而存在，对舜而言应被看作客观限制而非变化，不能称作命；而舜之子，则可以看作天之所予。

主张是推出以循理和敬畏为内容的受命说，取代在逻辑上存在悖谬的造命说。

四、受命说的理论意义

历史上思想家们对命与天命给出的定义十分丰富，但学界对什么样的际遇可以视作命却少有梳理。船山"造命论"两则材料以及本文所列的其他几则关于命的认定的材料，所共同讨论的是在具体的生活实践中何种际遇可以被视作"命"，以及人应如何处理与命运的关系。船山给出的答案是"受命"。在天命观的维度中，天命被还原为理之流行。因此，受命就要循理，主体因此可以跳出为己之学的框架，以客观的态度考察事物的规律，从而超越以德福关系论命的传统论域。

除了循理，受命说还主张敬畏天命，这可为主体应对不可测之外力提供启示。不同于程朱，船山以现实的际遇为命，将命看作理之流行。循理固然可以知命，然而，理的归纳常常是事后的，即当事态已然凝固、完结之后，一个事态当中的理才能完整地呈现；而任何事态在其进行时都无时不在向主体控制之外的领域敞开，不可预测的外力随时可能到来并影响事态的发展。因此，仅通过循理尚且不够，还需要敬畏。船山说"'畏天命'，畏其变也"[1]，他借用《周易》当中的"数"来解释命的不可测性，"变不可知者，天之数也"[2]。船山认识到，人的认识能力有限，而外力作用难以预期，因此后者也被称为天数、命数或者变数。命有其理，理可知可循；命又有其数，数则难测。因此，主体对于事态的发展只可能有相对可靠的预测，却不可能

---

① 王夫之：《诗广传》，第464页。
② 王夫之：《宋论》，《船山全书》第11册，岳麓书社2011年版，第46页。

有确信预期。譬如，通过总结规律，我们能够认识到闯红灯、超速与交通事故之间的强联系，因此遵守交规就是知命之举；但遵守交规仍可能遭受飞来横祸，对此我们只能作为偶然事件予以接纳，但并不妨碍遵守交规的意义；在遵守规则的同时仍要小心翼翼留有余地，这就是敬畏精神与忧患意识。船山循理与敬畏并重带给我们的启示是，不可测的外力无时无处不在，承认它并不会让人类生活陷入慌乱与无序。这无疑是对程朱以力之尽头为命之说的丰富与突破。并且，尽管外力作用无处不在，但主体在循理知命基础之上积极有为，恰恰可以缩减命的作用域，增加了人力所能控制的领域。船山的思考拿到当代伦理学的视域下，也非过时之论。

船山虽然以"受命"取代"造命"，但并非认为人面对外力只能被动接受，循理也不是当事后诸葛亮。船山借用孟子"君子不立于岩墙之下"的思想资源，提出正命与不正命一对概念。对于命，主体有顺受与桎梏之别，相应也就产生了正命与非正命。不论何者，船山认为都"无妨于天之理"。岩墙能压死人是理之必然，君子通过循理敬畏可以避害；然而，尽管明其利害，出于道义之责与现实的不得已，君子也可以选择不避其害，最终求仁得仁，如"夷、齐饿，比干剖，而乃以得其所求"[1]。因此，只要循理知命，就能做到顺受正命。这说明，正命与否并非由最终的祸福单向决定，而是由在一定的现实境遇之下，主体的权择能否收获预期的结果或是在限制条件下最好的结果而决定的。孔子不得行其道，顺受"师之命"，就是他所能收获的最理想的结果。一定的现实境遇，如孔子处春秋之世，为大夫之后，我们可以将之理解为时代环境意义上的广义的命运[2]；而使他颠

---

① 王夫之：《读四书大全说》，第 1117 页。
② 对于这类先于主体自身而存在的限制，船山是不将其认定为命的。

沛流离的种种现实际遇，则是具体的所值之命。这两层命运共同构成了主体做出抉择的客观条件，而主体所做的具体选择，仍由他的目的来决定。因为主体的抉择在"受命"的过程中具有决定性作用，所以"受命"不是消极的等候，而是要求主体对既成事实与无定之变数加以能动地接纳和转化。因此，正命或非正命固然取决于对客观规律的从违，但同时也包含目的与结果一致与否的维度，这为主体的自主性与能动性留出了空间；同时，在受命说中，主体的道德选择虽然无关成败，但作为选择其自身仍有价值。

受命说也是船山的人性日生日成说的重要一环，能丰富我们对船山人性生成学说的认识。[1] 所谓人性日生日成，是指个体之性不是在初生的那一刻就决定了，而是在后天通过"日受命"来逐渐实现，动态生成的。"日受命"是本体论层面的话语，落实到实践中，日受之命即后天的种种际遇。外部力量以际遇的形式，不断作用于个体之性，使其动态发展，船山称之为"日命于人"。除了外部力量，主体之于人性也是可以作用的。"君子之养性，行所无事，而非听其自然，斯以择善必精，执中必固"[2]，主体发挥自身"权能"，可以利用外部力量来不断丰富与发展自身。[3] 故而，虽然命是一过性的，不可改易的，人性却是"未成可成，已成可革"的。由此亦可见，船山虽然常常将"性""命"对举，但对"性"始终持一动态的、延续性的视角，而对"命"只以回溯性的视角加以确认，故而在实践领域

---

① 杨国荣先生已注意到了船山的"造命论"和人性日生日成说之间的联系，但他是从造命而非受命的角度做出诠释的。另外，杨先生还注意到了船山和心斋在造命问题上的相似性，但由于并未引用《君相可以造命论》一文，所以得出了二者相通的结论。

② 王夫之：《尚书引义》，《船山全书》第2册，第299—302页。

③ 总的来说，船山认为人性生成是"天予"与"人竭"共同作用的结果。吴根友先生《再论王夫之的"知行"观》一文所论甚详，参见吴根友：《再论王夫之的"知行"观》，《学术月刊》2015年第3期。

中并不可将他的"性""命"观念视为一体而笼统论之。

船山不以"固然之事"为命,可为反思道德运气提供借鉴。现代伦理学对行为进行道德评判时,必然将"控制"这一要素纳入考虑,也就是说,事态必须处于行为人的控制之下,他才应当对行为造成的结果负责,这一点与程朱理学以人力的尽头为命有异曲同工之处。然而,道德运气理论却指出,影响行为结果的因素众多,主体无法完全控制,包括行为结果的运气、生成的运气、所处环境的运气和行为原因的运气等。[1] 特别是后二者,渗透到主体自身之中,是主体成为其自身时就已然携带着的运气。这二种运气,不为程朱所重视,却为船山所留意,恰可对比于被船山排除出"命"的论域的"固然之事"。船山意识到,如果将人所处的环境,以及他从环境当中受到的影响均纳入"命"中加以理解,那么人从一开始就被决定了,他的自由与能动性将被消解,也将丧失突破环境限制的动力。对这两种运气,船山的处置方案是存而不论。[2] 船山受命说与道德运气理论所关注的问题高度一致,但前者从具有深厚解释传统的"命"的角度运思,结合其丰富的人性生成的思想,或可以为道德运气理论的推进提供新视角。

---

① 所谓道德运气,指不受行为人控制,但足以影响行为结果,进而影响道德评判的因素。托马斯·内格尔在《道德运气》一文中列举了四种道德运气。行为结果的运气指行为所受到的足以改变其结果的不可预知的外力影响;生成的运气指行为人身上不受意志控制的某些气质和性格特征,如暴躁、懦弱等;所处环境的运气,指行为人所处的环境对行为、行为人,或是行为结果的评价所产生的直接影响,如"二战"时期德国集中营的军官,如果身处他国,就可能度过平静无害的一生;行为原因的运气,指所处环境对行为人成为其自身所造成的影响,如人的出身、教育条件等。参见内格尔:《人的问题》,万以译,上海世纪出版股份有限公司2014年版,第29页。

② 这与内格尔对道德运气将会导致"应负责任的自我消失,淹没在一系列纯粹的事件中",因而"合理的道德判断范围"被"缩小成一个没有广延的点"的忧虑,具有相似性。参见内格尔:《人的问题》,第36—37页。

"信靠的宗教"与"觉性的宗教"
——以基督宗教与儒家宗教为对比

林安梧[*]

一、问题的提出

(一)宗教与权威的确认、权力的独占、神祇的安排、仪式的制定密切相关

宗教可以说是人们心灵内在根源性的理想呼唤,亦可以说是根源性、终极性的关怀,这理想的呼唤与终极的关怀,经由一种寄情的方式去体现其奥秘,并同时获得此奥秘的权力,畏惧之、礼敬之,从而经由人最内在而深沉奥秘的方式,想象之,再经由一符号或象征之方式表征之。① 起初,这自然是极为多元的,而且是以我们生活世界之任何相关的物象为符号、象征的。当然,这些符号、象征经由一相关的仪式,自必能发出一相当的力量,因而人们便在这样的历程中有着一种确定感,此

---

* 林安梧,山东大学易学与中国古代哲学研究中心特聘教授,台湾元亨书院院长。

① "终极关怀"(ultimate concern)一语乃保罗·蒂利希(Paul Tillich)在《爱情、力量与正义》(*Love, Power and Justice*)一书中所提出者,参见保罗·蒂利希:《爱情、力量与正义》,王秀谷译,三民书局1973年版,第111—126页。笔者此处也参酌了维柯(G. Vico)、卡西勒(E. Cassirer)的观点。参见维柯:《新科学》,朱光潜译,骆驼出版社1987年版,第537页,"神的理性与国家政权的理性";卡西勒:《论人》,刘述先译,东海大学出版社1959年版,第84—125页,"神话与宗教"。又笔者于此所运用之方法学,多受维柯《新科学》之影响。

即我们一般所谓的"信"。随着政治社会共同体的建立，人的交往互通声息到一地步，自也就有了所谓的共识（common sense），或者说是共信。共识与共信，一方面指的是理性的确认，另一方面则是共同权威的建立，由此共同权威可以发出一为大家所信守之权力来。

就宗教而言，这指向神祇的安排与仪式的制定；就政治社会共同体而言，则指向共同权威的确认，以及权力的独占。此时，这政治社会共同体的人们有了对世界共同的理解与诠释方式，以及信守不渝的指针、实践的法则，我们便将此种种称之为理性①。当然，不同的政治社会共同体也就有着不同的理性形态。这是与共同权威的确认、权力的独占方式，还有神祇的安排、仪式的制定等息息相关的。

（二）言说的论定下之权力、理性、结构样态与宗教之神之确立

如前所说，中国文化传统之基本建构乃是一"血缘性纵贯轴"②所开启者，这样所成的一政治社会共同体，是以气的感通的方式而凝聚其共识的，它预取其为一不可分的整体，而这不可分的整体有其共同的生命根源，此生命根源又不外于此整体，而即在此整体之中。③ 或者说，

---

① 杨向奎论及绝地天之通的神话时，便以为这便是独占了交通上帝的大权，认为此是权力的独占，参见杨向奎：《中国古代社会与古代思想研究》上册，上海人民出版社1962年版，第164页；马伯乐：《书经中的神话》，商务印书馆1937年版，第49—52页。

② "血缘性纵贯轴"是约略在20世纪90年代初，我提出用来概括中国传统政治社会的一个语汇，我以为它对中国文化方方面面都有着深切的影响。参见林安梧：《儒学与中国传统社会的哲学省察》，幼狮文化事业公司1996年版。

③ 若从民族学、人类学的角度而言，我们实可说中华民族乃是一统而多元形态或一体而多元的格局，费孝通即作此说，他以为它所包括的五十多个民族单位是多元，而中华民族则是一体。中华民族作为一个自觉的民族实体是在近百年来中国和西方列强对抗中出现的，但作为一个自在的民族实体则是在几千年的历史过程中所形成的。参见费孝通：《中华民族的多元一体格局》，费孝通等：《中华民族多元一体格局》，中央民族学院出版社1989年版。

在整个共同体凝固的过程里，并没有发展出一客观对象化的理性优位性，而一直是处在主体的情志之互动的优位性上；"言说的论定"一直未成为一优先性的原则，而是"气的感通"这一原则一直是具有优位性的。① 若是在一客观的对象化过程里，理性又取得优位，则推极而致，则有一超乎世上之绝对的客观对象。

再者，这样的一客观对象，它并不会停留在作为一对象的身份为己足，因为人们经由自家生命内在理想的呼唤，以及来自生命不可知的畏惧，转而为一深度的虔敬，他们会发现此呼唤有一极高的权能，由此权能转而使得他是至高无上的、能动的主体。那客观的对象即绝对的、能动的主体，两者看似相反却相合为一。就理性上来说，它是对象化所成的客观绝对者，是至高至善至美的纯粹形式，亦是无所遮蔽的实现。它看起来是一切理性与存在的基础，然而若论其发生的历程，则是经由理性化的过程，充极而尽所成就的。就政治社会共同体而言，它逐渐凝固聚结，就在这过程中，人类的理性伴随着权力达到一稳定的状态，至于其理性的状态则与其权力的状态是相吻合的，而这将与整个共同体之凝固方式吻合。权力、理性、结构之确定，宗教之神亦因之而确定，它们彼此是相吻合的。

或者，我们亦可说，要是吾人经由一"言说的论定"这样的方式来理解、诠释这个世界，我们亦用这样的方式来构造我们所处的生活世界，并因之而构造一政治社会共同体。这里所说的理解、诠释、构造，其实骨子里一定要涉及权力的问题，我们如何理解、诠释与构造，其实也就是指我们如何将权力伸展出去，而取得一恰当的确定性。再者，我们

① 关于"气的感通"与"言说的论定"之对比，乃笔者近十年来对中西宗教、思想、文化之整体概括，参见林安梧：《绝地天之通与巴别塔——中西宗教的一个对比切入点的展开》，《鹅湖学志》1990 年第 4 期。

一方面经由理解与诠释的历程而构作人间的政治社会共同体,同时,我们也在厘清我们与那冥冥中的神的关系。我们若用"言说的论定"方式去理解、诠释这个世界,那我们将发现上帝亦是经由"言说的论定"来创造整个世界。当然,我们用的若是"气的感通"的方式,则整个都不一样。

二、"绝对一神论"与"万有在道论"的对比

（一）"绝对一神论"

在西方基督宗教的传统中,上帝是由原先的希伯来之战神发展而来,配合着中东地区的集权官僚体制,而逐渐演变成一天上之王的最高神观念,这位最高的神从空无中将人类与世界创造出来,并且成为一超俗世的伦理支配者,他要求每一个被造物都要来做他的工。这里,我们可以了解到这样的政治社会共同体重在通过一种权力的约制而建立起来的,而且之所以能恰当地通过权力而约制起来,这必得经由一主体的对象化的历程,此即"言说的论定"。《旧约·创世纪》开头便说:"上帝说有光,就有了光,于是把它分成白昼和黑夜。""言说"乃是一主体的对象化活动,而"分"亦是一主体对象化活动所衍生出来的主客对立的活动。

在这里,显然地,我们发现"创造"与"支配"的观念是连在一起的。若落在宗教伦理的立场,我们亦可发现"爱"与"权能"是合在一起的。主体的对象化充极而尽的发展,一方面摆定了这个世界,另一方面则置立了一至高无上的上帝。这上帝便成了一切的起点,以及一切的归依之所,而且他是在这个世界之上的,因为他若不在这个世界之上,便不

足以显示其绝对的神圣性、绝对的威权性。再者,这样的政治社会共同体是由一个个原子式的存在,经由言说的论定、权力的约制而逐层扎合在一起,最后则统于一①。在每一层阶扎合所成的单元都有其自主性、圆足性以及独立性。

他们之所以扎合在一起,则是因为实际利害上的需要。这就好像逐层上升的共相一般,每一共相之统结扎合了许多的殊相,都起于彼此能统合为一个具有自主性、圆足性、独立性的单元,而且一旦成了一个单元,它就具有了本质性的定义。这样的过程看起来只是理性在作用,其实其中也包括了权力、欲求、利害等的作用。用佛教的话来说,凡是执着的,必然也是染污的,由执生染,似乎是不可避免的。佛教立基于"无执着性",此与西方之立基于"执着性",是迥然不同的。总的来说,中国本土所生的儒、道两家亦都具有此"无执着性"的特色在。②

如上所说,我们发现"绝对一神论"(absolute monotheism),与征战、权力、语言、命令、执着性、对象化、理性、约制、绝对、专制、共相等观念是连在一起的。

(二)"万有在道论"

相反的,如果我们在另一个政治社会共同体中,发现他们较为优先的概念是和平、仁爱、情气、感通、无执着性、互为主体化、道理、调节、和

---

① 费孝通即谓此为一"捆柴"型格局,而有别于中国之为一"波纹"型格局,参见费孝通:《乡土中国》,上海观察社1948年版,第22—30页。

② 笔者于此所论,显然是将哲学里所谓的"共相"之形成与社会权力、人群之组构等相关联来谈,这一方面是受近现代以来知识社会学的启发,而另一方面则是由佛学之"执"与"无执"、"染"与"无染"诸问题所引发而来的思考。为人群组构、社会权力的形态等之异同,我们实可说中国并无西方古希腊哲学所谓的"共相"观念。"太极""道"等与"共相"虽属同位阶之概念,但含义却颇为不同。

谐、根源、整体等，那我们就可以断定与他们相关的不是"绝对一神论"，而是一种天地宇宙万有一切和谐共生的根源动力，或者我们就将此称之为"道"。他们主张的是"万有在道论"（panentaoism）。

"万有在道论"一词乃笔者所拟构，意在强调"万有一切"咸在于"道"，如老子《道德经》所谓"道生一，一生二，二生三，三生万物"即可为证。"绝对一神论"所强调者在一超越的、唯一的人格神。就宇宙万有造化而言，前者多主张"流出说"或"彰显说"，而后者则强调"创造说"。① 更值得注意的是，我们甚且就将此和谐而共生的根源动力彻底地伦理化了。像这样的宗教，我们仍然可以归到"血缘性纵贯轴"这基础性的概念来理解。

相对于西方的征战与防御，在中国来说，其政治社会共同体乃因治水、农耕等而建立起来，自然他们的构造方式就与西方原来的方式不同，因而其共同体之最高的精神象征就不是绝对唯一的人格神。在中国传统里，最先由血缘性纵贯轴所开启的聚村而居，从事农业的生产，形成了氏族性的村落，他们的宗教或者说祭祀对象非常繁多，但大体离不开他们的生活世界所开启之象征、符号。② 他们大体都从日常生活的感应中，发现生命本身的奥秘，他们参与此奥秘，而希望能得其奥援。总的来说，泛灵的信仰仍到处可见，当然与此泛灵信仰相关的巫术自也就不在话下了。就这个层次，看起来好像还很原始，但我想要说，原始是原始，但原始并非就是落后。更何况，他们亦不只是这个较为原始的层次而已，他们还有许多更为丰富与可贵的向度，值得我

---

① 此又与天人、物我、人己之为"连续"与"断裂"有密切的关联，参见林安梧：《绝地天之通与巴别塔——中西宗教的一个对比切入点的展开》。

② 参见韦伯：《中国的宗教：儒教与道教》，简惠美译，远流出版公司1989年版，第二、三章。

们注意。①

（三）"上帝的言说"与"天的气运造化"

如果我们说原先西方政治社会共同体的建立在于"权力的约制"与"理性的确定"，那我们可以说原先中国传统政治社会共同体的建立在于"生命的感通"与"情志的相与"。前者，推极而尽必产生一至高的、理性的、绝对的权能；而后者，推极而尽则产生一整体的、生命的、情志的根源。前者是外在的，而后者则指向内在，此又与前者之共同体是一"外向型的共同体"，而后者则是一"内聚型的共同体"密切应和。前者之为一"契约型的共同体"，相应的是一最后的契约或者言说的命令者与创造者，后者之为一"血缘型的共同体"，相应的是一最后的根源或者生命之气的发动者与创生者。前者即一般所以为的 God（上帝），而后者即一般所以为的"天"。

上帝是通过"言说"的方式而创造这个世界的，但是"天"则不然，"天"是经由"非言说"、气的运化、默运造化之机的方式，而创造了天地万物的。《论语》中，孔子说"天何言哉！四时行焉，百物生焉，天何言哉！"，这与基督宗教的《旧约·创世纪》开首所说"上帝说有光就有了

---

① "泛灵信仰"与相关的"巫祝传统"一直是中国传统中极重要的组成，它与后来儒、道、佛教等信仰有着不一不异的关系。我们甚至可以说，泛灵信仰与巫祝传统形成了中国文化传统中极为重要的调节性机制，以及一切宗教、道德实践极为良好的生长土壤，而此即笔者所谓的"气的感通"所构成之传统。若以韦伯来了解便是所谓"宇宙非人格性的规范与和谐凌驾于众神之上"。参见韦伯：《中国的宗教：儒教与道教》，第95页。又此仍见于当今台湾地区，参见李亦园：《和谐与均衡——民间信仰中的宇宙诠释》，《文化的图像（下）：宗教与族群的文化观察》，允晨文化出版公司1992年版，第64—94页。吕理政以为中国文化传统有多重的宇宙认知，参见吕理政：《天、人、社会——试论中国传统的宇宙认知模型》，"中央研究院"民族学研究所1990年版。

光,于是把它分成白昼与黑夜"形成有趣而且强烈的对比。①

三、"神人分隔"与"天人不二"的对比

(一) 类型学对比方法之恰当理解

再者,须补充说明的是,我们之所以用对比的方式将两者做类型学的区分,是为了彰显两方的特质,并不是说凡属于中国的特点,西方就没有,凡属于西方的特点,中国就没有。其实,类型的区分重在怎样去区分何者真正具有优先性,至于其他即使有共同处,亦因彼是被导生出来的,而没有首出的地位。② 比如,前文所说的征战、权力、语言、命令、执着性、对象化、理性、约制、绝对、专制、共相等观念,在中国文化传统中仍然是有的,而且亦有其一定的重要性,但它们不是首出的,而是被导生出来的。相反的,在西方文化的传统中我们一样可以看到诸如和平、仁爱、情气、感通、无执着性、互为主体化、道理、调节、和谐、根源、整体等观念,当然,它们亦不是首出的,而是被导生出来的。

---

①　关于此对比,笔者于《绝地天之通与巴别塔》一文中论之颇详,参见林安梧:《绝地天之通与巴别塔——中西宗教的一个对比切入点的展开》。

②　所有类型学的对比,其所谓的"类型"乃如韦伯所谓的"理想类型"(ideal type),并不是从经验中综合而来,而是经由一心智的先验构作,而运用于经验之中的。当然,操作的过程,实必经由经验的理解与体会,而促动吾人心智的先验构作。参见林安梧:《方法与理解——对韦伯方法论的认识》,《鹅湖》1984 年第 110 期;Max Weber, "'Objectivity' in Social Science and Social Policy", *The Methodology of the Social Sciences*, 台湾虹桥书店 1983 年影印版;蔡锦昌:《韦伯社会科学方法论释义》,唐山出版社 1994 年版,第 77—86 页;顾忠华:《韦伯的社会科学方法论——价值问题与理念型方法》,《韦伯学说新探》,唐山出版社 1992 年版。

（二）"气的感通"的格局下强调调节性原理、互为主体性

换言之，中国历史传统亦自有其理性化的过程，然而此理性化的过程确有其独特处，它不同于西方的理性化过程。西方的理性化过程是连着征战、权力、语言、命令、执着性等而说的，而中国的理性化则是在气的感通的格局下，强调调节性原理，强调互为主体。①

理性化是伴随着政治社会共同体的建立而起的。就人与宗教的关系来说，原始的人们以为可以通过宗教的仪式或咒术，进入忘我神迷的状态，而去触动冥冥中的不可知，因而产生对现实人间世的直接干预。显然，这样的状态是还没有进到理性化状态的。理性化的特点在于人的心智作为一执着性的确定指向，自主做出了决定，而摆脱了宗教仪式及诸如咒术等种种神秘的沟通管道。在理性化以后，即使还有宗教仪式，那仪式也仅仅是被仪式化了的，并不需要当真，而只是被当成了"礼仪"罢了。或者，我们可以说，所谓的"理性化"就是解咒，就是断绝（或限绝）了人原先与冥冥中的不可知之间的神秘管道②，而诉诸人自身生命的力量。由于政治社会共同体建立起来了，人们开始有力量，足以确定其自身生命的存在，因而理性诞生了。

────────────

① 韦伯以为"儒教"与"清教"（基督新教）同样是理性主义者，只是前者强调理性适应于世界，而后者则强调理性支配世界。参见韦伯：《中国的宗教：儒教与道教》，第315页。笔者以为韦伯所言虽亦齐整而可理解，但见解未透，且多有基督宗教中心主义的倾向，故所见之儒、道、佛等难免问题丛生。又因韦伯颇有洞察力，故于世界宗教之理解与诠释多有"洞见"，但有时仍难免"洞"见。

② 笔者于此特地点出"绝"之有"断绝"义与"限绝"义是要说明因为理性化的差异，也就有着两个不同的"绝"的方式，参见林安梧：《绝地天之通与巴别塔——中西宗教的一个对比切入点的展开》。又任何类型的"绝"要求着另一"再联结"的可能性，其神秘管道虽绝而不绝，只不过是原先之神秘管道而已。

（三）"绝地天之通"与"理性"的诞生

理性的诞生是与共同体之能发出一确定指向的权力有着密切的关系，而这当然就与整个政治社会共同体的组构方式、符号象征有着密切的关系。一个具有教义且体制化了的宗教，定是在整个政治社会共同体建立起来，人们已走向理性化之后的产物。而这最明显的是告别其原始的巫术信仰，断绝（限绝）了一般人上天下地的管道，甚至没有任何条件地断绝了来自人生命原乡咒术般的权能。

在人类文化的发展史上，起初，人们与冥冥中的不可知之间的神秘管道之"绝"（断绝或限绝），在表面上好像是那政治社会共同体的统治者对此管道的"独占"，但骨子里，却就在这独占的过程中转化成另一非独占的形态。也就是说，统治者由于独占了此神秘管道，而开启了理性化，在他丧失其独占地位后，原先推展的理性化便全面展开了。理性原是这些独占者用来维持整个政治社会共同体而生之物，它将原先的共同体从浑沦未分的状态擘分成两个对立面，由某一对立面去宰控另一对立面，由主体去掌握对象，因而达到某一确定性。真正的宗教，在人类政治社会共同体中大家所相信的宗教，不是原始的巫术信仰，而是经由此"绝"之后的"再联结"。religion（"宗教"）这个词在古希腊时代其本义就是"再联结"①。

（四）"绝"与"再联结"的不同形态

"再联结"有不同的形态，而其形态之不同大体是随着原先"绝"的

① 罗竹风、黄心川以为："宗教一词，一说为拉丁语中的 religare，意为'联结'或'再结'，即'人与神的再结'；一说在拉丁语中为 religio，意为'敬神'。在汉字语源中，宗从'宀''示'，意为'宇宙神祇所居'。宗也有'尊祀祖先'或祭祀'日月星辰，江河海岱'之意。宗教是奉祀神祇、祖先之教。"参见罗竹风等编：《中国大百科全书》宗教卷，中国大百科全书出版社 1988 年版，第 1 页。

形态之不同而来的,亦即有什么样的"绝",就有什么样的"再联结"。大体说来,若是整个文化走向一神论格局,其"绝"的方式便是"断绝"的"绝";若是整个文化走向非一神论格局,其"绝"的方式便是"限绝"的"绝"。若是"断绝"之"绝",则此联结非人内在之力可以完成,因而须有外在之力,作为中介者,方有可能联结;若是"限绝"之"绝",则此联结多强调人内在之力可以完成,因此不需外在的第三者。前者可以西方的基督宗教为代表;而后者则可以东方的儒、道、佛三教为代表。前者最重要的观念是"上帝救赎";而后者最重要的观念是"自力成就"。但不管怎么说,一个政治社会共同体之由一个个原子式的存在逐层上升而统于一绝对的法则(或权威等),此自与政治社会共同体中的每一分子在生命的归依上皆统属于至高无上的"上帝"(God)是同一结构,是在同样的历史情境与过程中发生的。一个政治社会共同体由彼此生命声息的互动感通交融为一个整体,并在此血缘性纵贯轴的构组之下寻其生命的根源,在人间由于权力的轨持而有一至高的象征,在宗教层面则以为有一根源乃从属于整个政治社会共同体的,就名之为"天"。天是一共同体之至高象征,但并非超越的绝对者,而是人间的根源向往,人与天关联成一个不可分的整体。或者,我们可以说,前者采取的是"神人分隔",而后者则采取"天人不二"。

四、"存有的断裂观"
与"存有的连续观"的对比

(一)"断裂型的理性"与"连续型的理性"

如上所说可知,天人或神人的关系是和人与人的关系相应的,而这又和人对待天地事物的关系相应。简单地说，天人、物我、人己这三个面向是相应的。"天人不二"显示的是一连续观，其表现出来的理性，姑名之曰"连续型的理性"；"神人分隔"所显示的则是一断裂观，其表现出来的理性，则姑名之曰"断裂型的理性"。①

所谓"连续型的理性"，这里的"连续"指的是天人、物我、人己这三个面向中任何一个面向两端的连续。即天人、物我、人己，由连续而形成一连续体，或者说合一体，因而亦有名之曰"合一"的，亦有名之为"不二"的，其义并无不同。

理性乃是人们经由长久的历史摸索，逐渐形成一个社会总体，就此历史社会总体之构成而有此历史社会总体下的理性。换言之，理性不是一个悬空的东西，而是一历史社会总体的现实产物。即如我们所谓的"先验的理性"亦宜置于历史社会总体之中来加以审视，才能明确其所谓的先验究竟是什么意思。其实所谓的先验乃是就方法论层次而说的，若就存有论的层次，则无所谓的先验可言。

（二）与"连续型的理性"相应的是天人、物我、人己连续为一体

"连续型的理性"指的是以天人、物我、人己连续为一体所构成的理性状态。因为它是在所谓的"连续而为一体"的情况之下形成的理性，所以它在天人、物我、人己这三个面向的两端之间没有断裂，也因此，它不必有一个异质的东西作为两者的联结。甚至，我们可以说所谓的天人、物我、人己这三大面向的两端并非真正的两端，它们的两端只是方法上的

---

① 杜维明指出："这种可以用奔流不息的长江大河来譬喻的'存有的连续'的本体观，和以'上帝创造万物'的信仰把存有界割裂为神凡二分的形而上学绝然不同。"杜维明：《试谈中国哲学中的三个基调》，《中国哲学史研究》1981 年第 1 期。

论定而已,并不是存有上的论定。① 换言之,当我们一再强调天人合一、物我合一、人己合一时,其实在所谓的"合一"之前,已先预取了一"不二"的立场。就理论的构筑来说,"不二说"是先于"合一说"的。"不二说"是就理想的本原状态而说的,"合一说"则是就现实的实践与修养之要求而说的;"不二说"乃是就因位上说的,而"合一说"乃是就果位上说的。

（三）与"断裂型的理性"相应的是天人、物我、人己裂而为二

所谓"断裂型的理性"指的是天人、物我、人己这三个面向的两端不是连续为一体的,天人裂而为二,物我裂而为二,人己裂而为二。值得注意的是,虽然它们裂而为二,但是必然要有合而为一的要求。就此从裂而为二,到合而为一,便必须有一个独立于两端之外的第三者为中介,通过这样的中介才能将这两端联结起来。

无疑,断裂型的理性乃是以这个第三者为核心的一种理性,它具有统合两端为一个总体的作用。起先这个第三者是作为两端沟通及联结的一个中介而已,就理论的层次来说,它应只有方法上的意义,而没有本体上的意义。就好像只是一个转运站而已,它并没有自家的货品。换言之,起先它只是暂时的"假"而已,不是恒常的"真"。问题就在于,它"弄假成真""以假乱真"。其实,"断裂型的理性"之理性其最大的功能便是拧成一总体,在这过程中便不免有所谓的"异化"与"宰制"的情形②。

---

① 　如此之两端实可以如王船山所谓的"两端而一致",参见林安梧:《中国近现代思想观念史论》,台湾学生书局1995年版,第84—92页。

② 　笔者以为西方现代化的总体机制,若溯其源头,当可追溯至此,此问题之处理当可有助于西方后现代之种种问题。韦伯在《新教伦理与资本主义精神》一书中已隐然发其端倪,颇值得注意。又费尔巴哈在《宗教本质讲演录》中对上帝的理解亦与此可关联参会。而尼采之"反基督"更可视为来自生命内在深沉的呼唤,可以视为对"弄假成真""以假乱真"的颠覆性省思。

当然,前面,我们所提及的"连续型的理性"亦有"异化"与"宰制"的情形,只不过两者的类型及内涵有天大的差别。

就此连续型的理性而言,它预取的是"万有在道论"的传统,强调的是天人、物我、人己三者皆通统而为一,万有一切皆为道之流布,而且万有一切皆一统于道。若就其文化的基底而言,虽不再停留在原先的巫术信仰的层次,但它并不与之"断绝",而是与之"限绝",就在这限绝的过程中发展出其实践的理性。这样的理性可以说即是一"连续型的理性",或"合一型的理性"。这样的理性并没有一个所谓的"理体"作为核心,因而它也没有来自这理体核心所造成的宰制,同时也就没有一种理的偏至型的表现及一彻底对象化而客观的法。

连续型的理性乃是一兼容而互摄的理性,这理性并不形成总体的核心状态,而是连续的、气之感通的、合而为一的理性状态。这样的理性状态,是情、理、法三者互动而互涵的。[①]

(四)"因道而立教"与"立教以宣道"

在对政治社会共同体构造的方式、权力的控制方式、理性的生长方式以及神人(或天人)的问题做了一番对比的分解之后,我们可以更清楚地了解到为何中国的宗教是一种即伦理即宗教、即宗教即道德的方式,而且传统中国对宗教一直采取极大的包容,甚至被一些一神论的宗教徒误认为中国没有较高的宗教意识,所以信仰归属极为随意。[②]

---

① 就此而言,我们可以清楚地分别出儒家所谓的"道德实践理性"并不同于康德的"实践理性"。牟宗三先生虽力言康德哲学与儒家哲学之共通性,但彼于此亦有深切的拣别,例如,他在译著《康德的道德哲学》(台湾学生书局1982年版)中的小字注处就多有拣别;又其所著《圆善论》(台湾学生书局1985年版)第6章"圆教与圆善"对此论之甚详。

② 关于此,梁漱溟即以为中国是"以道德代宗教"的,参见梁漱溟:《中国文化要义》,问学出版社1977年版,第96—124页;牟宗三《中国哲学的特质》一书亦于此列有专章处理;唐君毅在其《文化意识与道德理性》(台湾学生书局1975年版)第7章"人类宗教意识之本性及其诸形态"中于此亦有所论。

其实不然，中华民族与其说是归属于某一言说层次的"教"，毋宁说是归属于另一较高层次、非言说层次的"道"。依中国传统来说，"道"是"一"，而"教"则可为"多"，是"因道而立教"，并不是"立教以宣道"，其实周代所形成的政治社会共同体即是这种"一统而多元"的状况。后来，传统中国走向帝皇专制，政治社会共同体看似大统一了，但骨子里仍然是这种一统而多元的状况，特别在宗教层面。中国历史上几乎没有什么大的宗教战争，这充分体现了传统中国对宗教的宽容度，这是其他民族中所少见的。这牵涉到的因素当然很多，特别是与其"因道以立教""一统而多元"的格局有着极为密切关系。

（五）"连续型的理性"是在"我与您"的存有样式下展开的

"道"是不离生活世界的，它所指即是此生活世界之根源性的总体，人即生活于此中，而且每一个人的生命都通极于此，其内在根源有同一性。若要显示其至高无上、广袤无边，则可用"天"这个字去称谓它。就此根源性之整体之流行不已，则吾人说其天命流行，此即所谓的"命"，"命"有命令义，有流行义，再引申之，则有其流行所成之定形，以其为定形而说其命限义。命令义、流行义、命限义，这三者是通而为一的。若落在人之所以为人上，则说其为"性"，"性"原指的是"生"，通泛平铺而言，当为"自然义"；若落实于人而言，特显其"自觉义"，以其自觉义，则说其为"创生"；若落在人间实践道德之根据上，则说其为"本性"。

再者，就"道"之开显于人、落实于人来说，则亦有以"德"字去说它的。此"德"字连着其所开显之根底的"道"，则合称"道德"。若将此"德"字连着落实于人间实践之本"性"而说，则合称为"德性"；若强调其必在一实践之行动中,则称之为"德行"。经由这些词汇的简易疏解,我们可以进一步指出中国文化传统中凡涉及道德实践的,必然由伦常日用调适而通极于道,此正可见即道德即宗教的义涵。

凡上所论,皆可归之于"血缘性纵贯轴"这一基本架构来理解,因为血缘性纵贯轴是以"气的感通"而不是以"言说的论定"为基本模态的。再者,其政治社会共同体之构成是以符号式的统治方式展开的。在宗教上成就了天人不二(或天人合一)的格局,强调"因道以立教",一统而多元;在理性上则是连续型的理性,是在"我与您"(I and thou)的存有样式下展开的。

五、结语:"信靠的宗教"
与"觉性的宗教"的对比

(一)宗教的人文化:从"帝之令"到"天之命"

中国儒家宗教的构成渊远流长,关联着夏商周三代的变迁,由"部落王权"走向了"普遍王权",这是由"质"走向了"文"的过程。原先由氏族之源的"帝"逐渐上升为一更抽象更普遍的生命之源,它具有主宰义、创生义等,进而由"天"这字眼取代了"帝"字。原先的"帝"之"令",到了周代则一转而为"天"之"命"①。"帝之令"所相应的是部落王权下的政治社会共同体,而"天之命"所相应的是普遍王权下的政治社会共同体。从血缘性纵贯轴的发展角度来说,在部落王权时代,血缘亲情逐渐走向权力化,由此部落王权逐渐转为普遍王权,与之相应的

---

① 参见傅斯年:《性命诂训辨证》,《傅斯年全集》第二册,联经出版公司1980年版。

是,血缘亲情经由权力化,再转而理性化,血缘性纵贯轴是到此阶段才彻底稳立。这正是中国古代之由商到周的发展。周公之制礼作乐,依宗法,行封建,置井田,标志着这个阶段的完成。

"帝"原先是"象花萼之形",说的是"万物始能之处",之后慢慢地有了主宰之义。"上帝"一词也有最高主宰之义,但并不同于西方一神论的最高主宰。因为他不是超越的、绝对的唯一人格神,不是用言说的论定去造物;他不是分说天帝万有,他是气的默运造化。在"气的感通"与"言说的论定"的对比下,我们要恰当地理解汉语中的"上帝"一词。我们是通过远古的祖先,到造化之源接近他的。他并不是在世界之外的发话者——去命令这世界如何存在;他是在这世界之内的生发者——去妙生这个世界。①

因为是妙生、默运,是"气的感通",是"存有的连续观"下的传统——即使《诗经》有"昊天上帝"这样的理解,即他可以是最高的主宰,也可以是最高的管理者,但最重要的是——他强调的不是刚性的话语控制,而是气的氤氲造化,是生命情感意志参与的柔性调节。人就是最重要的调节者,人参赞天地之化育是很重要的。重点在于"参赞"这两个字,而不是绝对的"臣服"或"顺服",这有着很大的不同。

（二）基督宗教重在"信靠",儒家宗教重在"觉性"

如上所论,我们可以说:基督宗教与儒家宗教的最大异同,是"绝对一神论"与"万有在道论"的基本区分。基督宗教为信靠的宗教,儒教为觉性的宗教。② 信靠的宗教重点在于主张一切归于至高无上的、

---

① 谢文郁:《敬仰与信仰:"敬仰"与"信仰":中西天命观的认识论异同》,《南国学术》2017 年第 2 期。

② 林安梧:《儒教释义:儒学、儒家与儒教的分际》,杨永明主编:《当代儒学》第 10 辑,广西师范大学出版社 2016 年版。

唯一的人格神,神人之间是断裂的。觉性的宗教重点在于主张天地六合通而为一,由"大道"之所生发。"大道"一词,原先是上帝,是天命,它们是通而为一的,天人是合德的。

基督宗教的一神论是"存有的断裂观"下的宗教,主张神人、物我、人己各个向度都分而为二。儒教的非一神论是"存有的连续观"下的宗教,主张天人、物我、人己各个向度都通而为一。可用"万有在道论"去称谓它。

当然,在人类文明的发展过程里,中西都会提到人与天地隔绝的问题。这隔绝是必要的,只不过,中国古代典籍如《尚书·吕刑》《国语·楚语》"绝地天之通"的神话,说的并不是断裂的断绝,而是限制的限绝。不同于基督宗教的《旧约·创世纪》中巴别塔神话所说的人是被逐出伊甸园的——神与神圣的家乡是彻底的断绝;儒家宗教的"绝地天之通"是限绝而不是断绝,为的是要彰显"民神异业,敬而不渎",但另一方面,人们仍可经由修行而与天地相通,这便是"天人合德"的传统。

敬仰与信仰：中西天命观的认识论异同

谢文郁

一、引言

儒家的天命观虽然在新文化运动中被深度破坏，但其生命力仍然存在，并深深地影响着当代中国人的思维方式和行为方式。简略而言，儒家天命观认为"天"高高在上，自由运行，主宰万物，令人敬畏；而人之正道是顺从天命，与万物并行不悖、和谐相处。在古代文献中，这种敬畏天地、顺应天命的情感是一种古老的情感。在解释周朝取替商朝的合法性时，周公提出了"以德配天命"这一说法，并警诫周朝子孙要"敬德"。在他看来，敬畏天地是在敬德中得以落实的。春秋时期，孔子提出以仁为本的君子理念，强调在修德中敬德，"始教于阙里"，于鲁都杏坛(今山东省曲阜市北)创办私学，引导学生进行内在的德性修养，目的是培养儒士这个知天命的群体。这个思路在思孟学派那里引申出"诚"这种情感在敬天修德中的关键作用，即诚实地面对并认识自己(与生俱来)的天命本性。儒家传统中的天命观是在"诚"(一种内向性情感)中被界定的。这是敬仰文化中的天命观。

* 谢文郁，山东大学哲学与社会发展学院教授。

基督教也敬畏全知全能全善并主宰一切的上帝。但是，基督教的上帝作为主宰者同时也是启示者，他会把自己的心思意念通过派遣先知的方式启示于人。面对上帝在先知中的自我启示，人只能在信任情感（信）中接受。信成为连接人与神之间关系的唯一纽带。在信中，基督徒放弃了自己的判断权，成为一个接受者，相信耶稣基督，在基督教里领受神的恩典，寻求并遵循神的旨意。换句话说，神的旨意就是天命，是通过信而进入人的思想并被人理解的。这是一种信靠、顺服的生存状态，也称信仰生活。在这里，神的旨意（天命）是在信仰中呈现并被界定的。

从认识论的角度看，在"诚"中呈现并认识天命本性，与在"信"中接受并理解上帝旨意，乃是两个不同的认识进路。为了展示情感的认识功能，本文试通过对比感官这种认识器官，指出情感的认识功能的原始性，并根据相关文本呈现儒家和基督教各自的天命观及其关键分歧点。

二、作为认识器官的"情感"

中西天命观的核心问题，是人如何认识天命或神意。也就是说，天命观的认识论问题，将是本文的关注点。就人的认识工具而言，研究者可以通过感觉经验来获得关于经验世界的知识；在经验知识基础上，则可以通过论证（命题演算）来呈现思想对象。但是，对于那些情感对象（非感觉对象，如恐惧对象、信仰对象等）的认识论问题，学术界的关注和讨论都显得不足。感觉经验来自感官，因而感官这种认识器官是人们认识经验世界的工具。关于感官以及感觉经验在认识世界中的作用，以往已经有了很多的讨论。但是，对于"天命"这种非感觉对象，人们在多数情况下仍在使用"情感"这种认识器官，这就需要对此做出分析。

情感是一种认识器官，就像感官提供关于感觉对象的知识一样，情感提供关于情感对象的知识。天命是一种情感对象，不同情感呈现的天命是不一样的。缺乏对情感的认识功能之分析，就没有途径去理解天命这一情感对象。感官和情感都是人类原始的认识器官，既不能相互取代，也不能混淆使用。

（一）感官作为认识器官

在当代认识论主流意见中，感官往往被认为是唯一可靠的认识器官。因为，人在与周围世界打交道时，首先是通过感官来接受外界信息的，并通过记忆把这些信息（感觉材料）储存在大脑里，作为进一步建构感觉对象（经验世界）知识的原始材料。人们称这种知识为经验知识。感官在与周围世界交往时呈现了感觉对象，即所谓"眼见为实"。在感官中呈现的所有对象都是实在的，或者说，感觉对象具有实在性。人们不可能把自己看见、摸到的东西当作虚幻的存在。因此，建立在感觉经验基础上的知识，无论其形态如何，都是有根有据的。唯名论—经验论对于这个认识论的基本事实做了一个极端的推论：经验世界是唯一的实实在在的认识对象，是人们建构知识的可靠基础。人们只要对经验世界做出准确的描述，所获得的经验知识就是可靠的。在这个思路中，感官是人们认识外部世界的唯一通道。①

近代经验论关于感官的说法可以归结为如下三点。其一，感官的

_____

① 当代认识论研究的主流仍然是唯名论—经验论。就思想史而言，英国经验论者洛克（《人类理解论》，1690 年原版，商务印书馆 1957 年关文运译本）、贝克莱（《人类知识原理》，1710 年原版，商务印书馆 2010 年关文运译本）、休谟（《人类理解研究》，1748 年原版，商务印书馆 1997 年关文运译本）等人的工作已经稳固地奠定了经验论思路。

可靠性在于它们是原始的感觉材料提供者，称为感觉的直接性。人们是通过感官和外界打交道的。没有感觉，则无法形成关于外部世界的任何认识。人们一睁开眼睛，便可以看到周围事物的各种形状和颜色；伸手去摸它们，就有了软硬的触觉；通过耳朵，听到各种声音；鼻子嗅味；口舌品味；等等。这些都是第一手的关于外部世界的认识。

其二，感官提供的感觉材料具有稳定性。比如，这棵树在这个地方已经很久了。我每次看见它的时候，它都向我呈现了基本相同的形象。这就是说，眼睛这个认识感官向我提供的关于这棵树的信息是稳定的，因而是可靠的。因此，当我在记忆中拥有了关于这棵树的感觉材料之后，我就可以使用这些感觉材料来建构关于这棵树的知识体系。只要我提供了关于这棵树的准确的描述，我就拥有了关于它的可靠知识。

人们也许会提出所谓感觉的不稳定性或多变性问题。比如，一根棍子，在空气中看是直的，但有一半入水时，看上去是曲的。究竟这根棍子是直的还是曲的？又如，一个物体，远看为圆，近看为方。究竟这个物体是圆是方？有一种看法认为，这些现象表明，在感觉中呈现的物体是不可靠的。在古代，一些古希腊哲学家用它来作为否定感觉可靠性的例子。经验论在回答这个问题时指出，这个问题混淆了经验观察和理论解释的区别。理论解释是建立在经验描述基础之上的。在相同的经验观察基础上，可以有不同的理论解释。当人们提出棍子本身的直曲这样的问题时，实际上是引入了"本质"概念，即这根棍子的本质是什么？但是，对于棍子的经验描述并不一定需要引入本质概念。人们完全可以采取如下更为精确的描述：在空气中看，这根棍子是直的；在一半插入水中的情况下看，这个根子是曲的。因此，这提供了两个经验观察，形成了两个经验描述（事实）。这些经验描述可以有精确度上的差别，但没有对错之分。因此，这里并不存在感觉的不稳定性或多变性问题。

其三，感官的可靠性还在于感觉的相似性和共同性。知识并不是建立在单个感觉经验基础上的，而是建立在共同的感觉经验基础上的。感觉的共同性可以从两个方面考虑。一方面，在身体健全状态下，人在使用自己的某一感官时，在不同时段但相同环境中可以重复获得相似感觉。由于人的记忆力，人使用感官而获取的感觉以记忆的形式存留在大脑中。人可以对这些记忆进行比较而呈现它们的共同性。另一方面，在身体健全状态下，不同的人使用同类感官时所获得感觉具有共同性。比如，我与张三、李四等人在观看一棵树，并给出对这棵树的描述时，我们的描述虽然不可避免有个人色彩，这里或那里不相一致，但是，我们会同意，我们都在观察一棵共同的树，而且即使在描述细节上有差异，主要特征仍具有共同性。

不同的人使用各自的同类感官，并认为他们获得的感觉是相同或相似的。这一认识论事实反过来加强了人们的这样一个信念：通过感官而获得的感觉是可靠的。个人在意识中已经认定了自己的感觉是可靠的；现在，他人也获得了同样的感觉；这等于说，自己的感觉得到了他人的证实，因而是可靠的。人们常常会遇到这种情况，自己看见了某个事物，并且十分肯定没看错；但是，如果有人同在却没有看见它，往往就会怀疑自己所见是否真实。一般来说，越多的人对同一个对象获得相同或相似的感觉，则这个感觉在人的意识中就越被认为是可靠的。

感官及其所提供的感觉之可靠性对于认识者来说是切身的，也是认识者建构知识体系的原始材料。但是，由于不同认识者的观察角度不同，他们获取的感觉不完全一致，当认识者以此而建构知识时，所形成的体系并不相同。反过来，从不同的知识体系出发，人们对同一感觉对象的描述和解释就会出现差异。这种差异往往被归为感觉的不可靠性。比如，古希腊哲学关于感官和感觉经验之不可靠性，中国思想史上的佛教提供了很多论证来否定感官和感觉经验的可靠性等。不过，描述和解释的不一致性来自知识构造，涉及经验观察的角度和精确度，与感官及感觉之可靠性无关。

（二）情感作为认识器官

哲学上，唯名论-经验论关于感官和感觉在认识论中的地位和作用的分析讨论是相当充分的。然而，人在与周围世界打交道时，并不仅仅依靠感官，还用情感与周围世界发生关系。虽然人们从未间断过关于情感如喜怒哀乐等的讨论，对情感在人的生活中的作用和影响也完全认可，但在经验论思路中，这些讨论大多是把情感当作一种感觉对象进行研究，所获得的也不过是关于情感的经验知识。而把情感作为一种认识器官进行分析，研究和讨论并不太多。① 因此，这里与感官的认识功能为对应，即从直接性（原始性）、稳定性和共同性这三个方面展开对情感的认识功能的分析。

情感是人与外界发生关系时出现的一种倾向。比如，在"喜欢"这种情感中，人对某物有了肯定性倾向，愿意与之同在，甚至想要占有它；而在"厌恶"中，人对某物是否定的、排斥的，甚至想要毁灭它。这种倾向是价值性的。也就是说，作为生存倾向，人在情感中

---

① 近年来西方学术界开始有人重视情感的认识功能研究，如普兰丁格（《基督教信念的知识地位》，2000 年原版，北京大学出版社 2005 年邢滔滔等译本）对信念这种情感的认识论分析引起人们的重视。国内也曾经有人涉足对情感的认识论分析，如周启杰、王春林的《论情感的认识论意义》（《求是学刊》1993 年第 6 期），可惜再无后续。

具有价值取向。这里，作为情感对象的某物可以是感性事物，并在感官中呈现为感觉对象。但是，在情感中，同样的感觉对象可以是完全不同的情感对象。比如，对于一条黑狗，在喜欢情感中，它是可爱的；在厌恶情感中，它是丑恶的。可见，感觉对象和情感对象不是一回事。

人的价值取向直接影响人的生存选择和方向，因此，对于任何一个人来说，情感在人的生存中乃是出发点。拥有什么样的情感，往往就会做出什么样的选择，从而在选择中进入某种生存方式。情感在生存中的这种作用是可以直接感受的、实实在在的，并且情感有很多功能，如行动动力、主体间纽带、主体间冲突等等。不同的情感指向不同的对象，肯定或否定，追求或逃避，这些对象都会直接作用于人的生存。这里不再展开对情感在人的生存中的其他功能分析，只从纯认识论角度分析情感的认识功能。

1. 情感对象具有实在性。情感总是指向一个对象，有时这个对象比较模糊，有时则比较清晰；而且，情感对象既可以是感性对象，也可以是非感性对象。比如，一个人在恐惧中，他直接面临着一个可怕的损害性力量。这种力量可能是非常模糊的，如恶鬼等；也可以是附在某个感性对象上，如可怕而神秘的黑猫等。又如，一个人在信任情感中，依靠着一种能够给他带来祝福的力量。它可以是某个具体的人物，如父母等；也可以是某种从来没有见过的力量，如某种神秘力量等。再如，在热恋中，恋人都在爱情中认为对方是完美无缺的，尽管在现实生活不存在完美无缺的对象。这些情感对象都是在情感中呈现的。但它们是不是实在的呢？

关于"实在性"一词的使用，我们先看看在感官中呈现的感觉对象。对于一个感觉对象，如一棵树，只要被感觉，它的实在性对于当事人来说乃是显而易见的。如果有人问他，这棵树是实在的吗？当事人可以毫无犹疑地做出肯定回答。有人故作深奥地要求给出论证：凭什么说它是实在的？比如，古代怀疑论在考察感觉时指出：这根直棍是实在的吗？这个方石是实在的吗？等等。在响应怀疑论关于感觉对象的实在性这一点上，人们在自己的感觉经验中有一个挥之不去的意识：在感觉中的感觉对象对于任何知识来说都具有原始性。实际上，在剥夺它的原始性情况下追问它的实在性，显然是不合理的。论证或根据问题都属于命题演算，属于派生的知识。在感官中呈现的感觉对象是原始的，因而对于知识来说具有实在性。否定感觉对象在知识中的原始性，等于抽空知识的根基。

但是，对于一个情感对象，如恐惧情感中的恶魔，由于它不是感觉对象，因而它的实在性常常受到质疑。在人的生活经验中，恶魔仅仅是在这个人的恐惧中出现的。一旦恐惧消失，它也就无影无踪了。因此，从感觉经验的角度看，人们往往认为，这个恶魔其实并不存在（缺乏实在性），而只是恐惧者的幻觉。考虑到有些情感对象不与任何感觉对象发生关系，甚至没有任何想象中的形象，在当代经验论思路中，人们以感觉对象为标准对情感对象的实在性加以否定。也就是说，只要把感觉对象当作唯一的实在性，以此为标准，任何非感觉对象的东西都可以归为缺乏实在性。当然，这种做法是不合适的。因为，情感也是人们与外界发生关系的通道，在情感中呈现的情感对象也是原始的，情感对象的原始性与感觉对象的原始性是平行的。既然如此，如果感觉对象在知识上的原始性肯定了它的实在性，那么，情感对象的原始性也表明了它的实在性。

2. 情感对象依赖于情感。一旦情感消失，相应的情感对象也消失。情感对象的这种存在特征也培养了这样一种想法：情感的不稳定性决定了情感对象的不稳定性；因此，情感对象缺乏实在性。这种想法的背后有一个预设，那就是，实在的必须是稳定的。当然，这个预设是不成立的。稳定性可以加固人在意识中对对象的实在性的肯定，但稳定性不是一物之实在性的决定性因素。在情感中，其指向的对象对于当事人来说是完全实在的。不错，情感对象随着情感消失而消失。然而，情感所指向的对象是外在于情感的存在，因而对它来说是实在的。离开情感，当然无法谈论情感对象及其实在性。但是，就情感和情感对象的关系来说，其中的联结是实实在在的。作为一个对照，任何一个感觉对象是不能脱离感官来谈论的。感觉对象直接呈现于感官，因而对于感官来说是实在的。如缺乏相应的感官，则无从谈起相应的感觉对象。感官是人与外界发生关系的通道，情感也是与外界发生关系的通道。感觉对象对于感官来说是实在的，与此同理，情感对象对于情感来说也是实在的。

从这个角度看，人们不能因为情感的不稳定性来否定情感对象的实在性。与情感相比，感觉具有持续的稳定性。感官只要在健康状态下使用，就能够稳定地始终如一地呈现感觉对象。不过，感官也不是绝对稳定的。比如，人在病态时，其感官呈现的感觉对象也会出现变异。而且，人的感官在一些情况下还会被剥夺。也就是说，在这种情况下，当某种感觉不能行使正常功能时，其相应的感觉对象也是会消失的。

3. 情感是可以持久地维持的。有些人在相当长的时间内处于某种情感中，从而持续地与在这种情感中呈现的情感对象发生关系。对于当事人来说，这种持续存在的情感对象绝不是虚无的，而是他必须每天要面对的。比如，对于一个敬畏"天"的人来说，"天"作为一种独立自主的巨大力量，违背它的运作就必然损害自己的生存，而符合它的运作就能够得到它的福佑。他必须每天都与在敬畏中呈现的"天"发生关系。对于他来说，只要他生活在敬畏中，"天"这种敬畏对象就是实实在在的，且与他的生存休戚相关的。因此，他在长时间内拥有敬畏情感，因而作为情感对象的"天"对他来说是实实在在的。

4. 情感的个体性不否定情感对象的实在性。人们往往会从情感的个体性出发来否定情感对象的实在性。由于在许多情况下，人在同一环境中，对于同一事件会出现不同的反应、不同的情感，情感具有显著的个体性，不同情感呈现不同的情感对象；因此，尽管在同一环境中，人们在不同情感中看到的是不同的情感对象。比如，在一个计划实施受阻时，悲观的人看到的是失败的计划，而乐观的人看到的是成功的计划。由于情感的个体性，人们无法谈论情感对象的共同性；个别的情感对象谈不上实在性，或者说，由于缺乏共同性的对象，其实在性无从谈起。对于某个个体来说，它是实在的；但对于他人来说，它的实在性毫无根据。

在逻辑上，当人们缺乏某种情感从而无法谈论这种情感所指向的情感对象之实在性时，也同样没有根据否定它对于那些拥有相应情感的人来说具有实在性。情感对象是在情感中呈现的。如果可以肯定某人拥有某种情感，即使他人不拥有它，也无法否定此人在这种情感中指向某个对象。比如，一个人在恐惧中惧怕某种力量。对于他来说，这种力量是实在的。其他人作为旁观者，并不恐惧，因而无法理解他为什么惧怕；如果想要安慰他，简单地否定那种感受不到的力量是无济于事的。当然，其他人也可以采取一些方法，如与他同在并安慰他，消除他的恐惧，从而让那种可怕的力量在他的世界中消失；但同时也可能会感染他的恐惧，从而直接地感受到那种可怕的力量就在眼前。

5. 情感可以感染别人并在人群中产生共鸣。当一群人共同拥有相同的情感时，对他们来说，他们在情感中就会指向共同的情感对象。换句话说，这个情感对象对于这群人来说具有共同性，并非仅仅个人所有。他们可以在共享情感中谈论同一情感对象之实在性与意义。在基督徒的基督信仰以及儒士的"诚"这种情感中，都可以看到情感共鸣导致人们分享共同的情感对象。一般而言，在任何宗教团体中，都可以找到至少一种共享情感。因此，情感对象不仅仅属于个人而拥有个体性，在共享情感中，它也可以是共同的。

（三）情感在认识活动中的作用

情感对象具有实在性，并且作为外在存在而对人的生存发生影响和作用，认定这个事实具有重要意义；否则，情感对象就会通过情感而盲目地引导人的生存。也就是说，必须把情感对象当作认识对象，并加以认识和界定，揭示它在生存中的作用，从而让情感对象成为引导人们生存的有益力量，而不是相反。情感对象是在情感中呈现的，因而情感不但呈现了情感对象的实在性，而且还是人们认识情感对象的必要途径。因此，情感具有认识功能。

为了了解情感对象是如何在情感中呈现并被认识的，需要拿感觉在认识中的作用与之对比。

首先，在感觉活动中，不同感官呈现不同感觉对象。人们在使用感官时，用听觉（耳朵）来呈现声音这种感觉对象，用视觉（眼睛）来呈现可见事物，等等。听觉在呈现了声音后就开始对它们进行区分、命名和分类；视觉对于可见事物的认识过程也是如此。听觉不能呈现可见事物，视觉不能呈现声音。人们关于声音的知识只能通过听觉而不是视觉来获得。不同的感官呈现不同的感觉对象。人们不能用视觉来肯定或否定听觉对象；反之亦然。因此，人们通过不同感官分别地认识各自的感觉对象。

同样，不同情感也呈现不同的情感对象。不拥有某种情感，就对它所呈现的情感对象没有任何知识；或者说，它所呈现的对象就不是人们的认识对象。不同情感呈现不同的情感对象，信任情感呈现信任对象，厌恶情感呈现厌恶对象，等等。换个角度看，厌恶情感不呈现信任对象，因而在厌恶情感中，信任对象不存在。如果人们企图通过厌恶情感来认识信任对象，无论作何努力，都是徒劳的。举个例子来说，你讨厌某人，在讨厌情感中，这人不是你的信任对象，因而你就不会把他当作信任对象而加以认识。情感对象只能在相应的情感中呈现，并在这情感中成为认识对象。

其次，感官对自己所呈现的感觉对象进行赋义。以视觉为例，人是在时空中观看对象的。在视觉中，人把对象呈现为一种具有空间形式（广延）的对象，使得对象显现为一个样子或空间结构，并采用几何学的描述方式。由于对象是在时间中观看的，因而它在时间中的不同表现就被描述为变化中的样子。对于视觉对象的样子或空间结构的具体描述，便形成了关于可见事物的经验知识。

情感也对其呈现的情感对象进行赋义。① 设想一个人在某环境中面对着一个恐惧对象，出现恐惧情感。它可以是某一感性事物，也可以是一种无形存在。对于他来说，这个对象是可怕而巨大的力量，实实在在地就在他面前，令他恐惧。这里的"可怕""巨大"是对这个力量的描述。对于一种有害的东西，如果人有能力控制它，它也许令人讨厌，但不会是可怕的。只有可怕的巨大力量才能使人恐惧。他在

① 参见谢文郁：《语言、情感与生存——宗教哲学的方法论问题》，《宗教与哲学》2014年第3期。

恐惧中认识到这个力量之后，为了避免受到它的伤害，他会动用各种认识工具进一步认识它的各种属性，寻找免受伤害的途径。

人们也许会认为，这个"可怕而巨大的力量"并不存在，而是恐惧者的幻觉。当人们使用"幻觉"一词时，是从自己的感觉经验角度来谈论情感对象的存在，所依据的标准是自己的感觉，即任何缺乏感觉经验的事物都是虚幻的。但是，情感所呈现的对象与感官所呈现的对象是两类不同对象。以感觉为标准来判断情感对象的实在性，或以情感为标准来判断感觉对象的实在性，都是不合适的。因此，"幻觉"一词在这里不适用。

人们还会提出问题：究竟是恐惧赋义于这个力量，还是这个力量作用于人而引起恐惧？提问者企图脱离恐惧情感来谈论恐惧对象。然而，缺乏恐惧情感是无法谈论恐惧对象的。或者说，如果根据感觉经验来谈论恐惧对象的话，只能误解恐惧对象，因为恐惧对象不是感觉对象。因此，这个问题本身是不合适的。在恐惧情感中，恐惧对象呈现了；恐惧对象一旦出现，一定是人恐惧了。恐惧情感与恐惧对象属于同一个认识活动。人们关于恐惧对象的认识，除了通过恐惧情感，别无他途。

三、在敬仰中呈现的天命

通过对情感认识功能的了解，可以使接下来对儒家和基督教的天命观的分析拥有便捷的工具。

先从儒家开始。在儒家经典中出现的"上帝""天"是一种最高存在，是不可感觉的存在。究其原始含义，上帝指的是远古的祖先。在原始社会中，人类与自然争斗，也彼此相争。在这过程中，有些部落消失了，有些则存留下来。关于这一现象的解释是多种多样的。不过，从存留部落的角度出发，能够存留下来，祖先肯定是关键性因素。许多存留下来的文明，都有明显的祖先崇拜痕迹。中国古代文献中的祖先崇拜，可以在"上帝"一词的使用中表现出来。

"上帝"一词在古文中兼有远古祖先(起源)和当下主宰(维护)的意思。"帝"字在甲骨文中状如"蒂"，指花朵或果实与树枝的节点，意思是养料的供给环节。用在社会生活中，"帝"就有主宰的意思。"上"在汉语中可以表示空间关系中的上，也可以表示时间关系的过去，如上代人。因此，"上帝"可以是当下的最高主宰(在天上)，也可以是上古或原始的祖先。在这个意义上，"天"与"上帝"在当下的最高主宰这层意义上可以相互通用，如《诗经》常用"昊天上帝"的说法。就古代文献而言，使用"上帝"时包含两种含义，而使用"天"时则强调当下的最高主宰和管理者。

作为人之生存源泉和生命主宰，上帝或天乃是敬畏对象。《诗经》在谈到上帝或天时总是带着敬畏情感，如"皇矣上帝，临下有赫""畏天之威，于时保之"等。① 这里，试分析《大雅·荡》有关上帝的文字，来展示《诗经》对上帝的敬畏。这一章的开头文字是："荡荡上帝，下民之辟。疾威上帝，其命多辟。天生烝民，其命匪谌。靡不有初，鲜克有终。"句中的"荡荡"和"疾威"，在唐朝大儒孔颖达的理解中，在词性上有贬义的倾向，因而不能与"上帝"合用。在《毛诗正义》中，他谈道："上帝者，天之别名。天无所坏，不得与'荡荡'共文。"进而，他认为，这里讲的"上帝"其实是"以托君王"。考虑到《荡》乃召穆公所作，而当时的周厉王无人君之道，因

---

① 《诗经》，上海古籍出版社2006年版，第384、465页。

此，孔颖达认为："故穆公作是《荡》诗以伤之。"我认为，这段诗句其实表达了一种怨气，是当时在周厉王统治下的社会失序状态和人民怨声载道这一社会现实的情绪反应，是一种泛指。从这个角度看，用现代汉语来翻译这一段就是："上帝不设秩序，人民无所适从。上帝只行己意，命令怪异无常。上帝生产万民，命令缺乏诚实。既然开始如此，结果也就如此。"可以感受到，这里要表达的是一种对无良现状的抱怨，直指在时空中的最高主宰——上帝。

然而，《荡》在陈述这个抱怨之后，马上用周文王批评殷商纣王的口气，响应这种缺乏敬畏的态度，并在涉及上帝时特别指出："匪上帝不时，殷不用旧。虽无老成人，尚有典刑。曾是莫听，大命以倾。"召穆公是要消除人们对上帝的怨气，强调当下社会失序状态与上帝无关。当年上帝弃绝殷商纣王，正是因为纣王不承祖先传统，因而失德无道。召穆公要说的是，那时的情况和现在一样啊！因此，关键在于，人们要遵守祖上的规矩（"老成人"的教训与智慧和祖先留下的"典刑"），这样就会知道天命，进而听从上帝安排，恢复秩序，管理好社会。可以看到，这种观念与周公的"以德配天命"思路是完全一致的。

《尚书·召诰》还记载了周公在周武王建设新都时的一段谈话。周公反复强调"敬德"的关键性，认为夏殷未能继续得到天命佐佑的原因在于"不敬厥德"。相应地，周朝之建立乃在于周文王的"敬德"得到了天命的佐佑。因此，在他看来，周朝要想延续，"敬德"就是当务之急了。

这里，周公在处理上帝/天与人的关系时注意到了两个方面：一方面，他强调天命的绝对性。一个王朝能否延续，关键在于统治者是否遵循天命。在周公看来，天是主宰，他拥有自己的意志；同时，他也是按照秩序（时序）来管理这个世界的。因此，他必须得到足够的敬仰。但是，另一方面，如何保证自己的所作所为是在遵循天命而不是相反呢？周公谈道："王先服殷御事，比介我有周御事，节性惟日其迈。王敬作所，不可不敬德。"这里涉及的"敬德"具体指善待并敬重那些"御事"之人，包括前朝和本朝的官员。善听人言，遵守传统乃是《尚书》强调的"敬德"。

在总结殷商王朝灭亡的原因时，《尚书·西伯戡黎》谈到了天人关系。纣王在面临被推翻时感叹说："呜呼！我生不有命在天？"纣王认为，天命就是祖先的保佑，一旦降临到自己身上，就永远不会丧失。然而，祖伊跟他说："非先王不相我后人，惟王淫戏用自绝。故天弃我，不有康食。不虞天性，不迪率典。"纣王刚愎自用，不听人言，无视祖先留下的传统，所以天命竟去。在纣王的感叹中，不难看到，纣王对"天命"还是持有一定意义上的敬畏的。不过，纣王认为，祖先的保佑（天命）一旦赋予即可随便使用，而且永不丧失。在这种思路中，纣王的敬畏情感在他的言行中是逐步减弱的，以至于随后走向自以为是，敬意尽失；没有敬畏情感，把自己的想法等同于天命，从而无视天命（因为天命不存在了）。这便是纣王的悲剧！周公认为，这个教训需要特别重视。不难看到，在这个教训中，传统和天命是联系在一起的。"敬德"就是敬畏天命。这样，对"天命"的敬畏情感就转变为对祖训或传统的敬重情感了。

需要注意的是，"敬畏"作为一种情感，指向一种外在的不可抗拒的强大力量。在敬畏情感中，敬畏对象当然是实实在在的，它独立自存，力量巨大而不可抗拒。纣王在敬畏天时也是有这一点认识的。不过，纣王对天命的认识是不充分的。在他关于天的理解中，天的力量通过血缘关系而赐给他之后，他可以随便使用。显然，一个可以被自己随意使用的力量是不值得敬畏的。因此，主政期间，纣王占用并使用这个力量，但同时，也疏于对它的敬畏。当祖伊告诉他，天放弃了他而不再保佑他，他看到众叛亲离而无法使用这个力量时，他的敬畏情感被重新唤起，并感受到天命的力量。这时，他隐约认识到，天命并不总是和他一致的。不过，为时已晚矣。

周公发现，并非像纣王所想的那样，以为无论自己怎么做，都会得到上帝的保佑。在敬畏中，上帝呈现为一种自行其是的力量：他既可以保佑人们，如果人们思想和行为合他意；同时，他也可以惩罚人们，如果人们悖逆了他的旨意。一个只会保佑人们的力量是不值得敬畏的。正是他既可以保佑也可以惩罚，所以他才值得敬畏。在周公看来，如果在敬畏中的上帝是独立自行的力量，那么，人就必须时时保持敬畏之心，努力使自己所思所想和所作所为都符合上帝旨意或天命（即符合祖先传统），求得他的保护；同时，小心谨慎，莫违天命。只有这样，天命才在人们这一边，上帝才会保佑人们。这里，善听人言，遵守传统，从而持守天命，就是所谓的"德"。

在周公的思路中，敬天和敬德是一回事。"德"字在古代文献中通"得"，含义是拥有、获得、可以使用等。"得"适用于所有可以获得的事物，但"德"则限于对上帝的旨意或天命及做事方式的把握。甲骨文的"德"字，形如眼睛望天而摄入心中，其他写法如"悳"也表达了这层意思。因此，有德之人乃是顺从天命的人。

谁知道天命呢？谁能成为有德之人呢？显然，天命不是感觉经验对象。天命高高在上，是上帝对万物的安排，是人的感觉所不能及的。如果缺乏敬畏情感，人完全可以根据自己的感觉经验而否定天命的存在。周朝文献对于"德"的理解还是相当一致的，那就是，祖先是人们的生存之源，人们作为后人承受祖先祝福而生存至今，这是值得感恩的。但是，如果不继承祖先传统，人们就无法继续领受祝福。这个祖先传承本身就是天命所在。因此，遵守祖先传统就是知天命，就是有德。在这个思路中，敬德就是要尊重并遵守先人的教训、智慧和规范，尊重那些对祖先传统拥有知识的人，并听从他们的教导。当人们这样做时，就知天命了，就是有德之人了。

由此看来，祖先传统可以通过两条途径传给人们：一条是听从那些对传统拥有知识的人的教导；一条是通过了解并遵守先人传承下来的各种典法。不过，换个角度看，拥有关于传统的知识就是知道各种典法，承传祖训，从而知天命。因此，这两条途径可以归为一条，即听从那些知道传统的人的话。这些知道传统（典法和祖训）的人称为"儒"。在儒家传统中，所有称为"儒"的人都是有德之人，他们掌握了关于典法和祖训的知识。因此，他们是敬德的对象。

于是，敬德的关键点在于"儒"或儒士。一个社会有儒士，并且统治者听从了儒士的教导，这个社会就是有德的，是承继了天命并得到上帝的保佑；否则就是无德的，是背离天命、自取灭亡的。可见，对于任何一个社会来说，培养儒士乃是敬德、承继天命的关键所在，因而也是社会秩序和安康的保障。春秋以降，即孔子所在的时代，礼崩乐坏，儒士不出，社会失序。孔子对此有深刻认识。顺着周公的思路，孔子认为，儒士不出乃是天命淹没而社会动乱之根源。于是，他开办学校，广收学生，培养儒士，承续天命；同时，他还整理典籍，修订"六经"，提供儒士培养的原始读本。孔子一生从事的工作，就是要建立一个儒士培养机制，为社会培养知天命的儒士。

在儒士培养过程中，阅读学习祖传文献如孔子所整理的"六经"是关键环节。在孔子看来，这种阅读的目的并非简单地增长知识，而是要在阅读中认识天命。"学而时习之"的真正意图是深入体会并把握这些文献中所隐含的天命。值得注意的是，孔子强调"有教无类"。也就是说，任何人都可以通过读经典的方式来体会天命，并因此成为知天命的儒士。但是，阅读这些经典文献，不同的人有不同的阅读和理解，并非每个人都能体会到其中的天命。孔子弟子中就有不肖者。也就是说，一个人仅仅依靠阅读经典还不足以使自己成为知天命的儒士。因此，还需要审查个人成为儒士的内在因素。

《礼记·中庸》对这个内在因素进行了详细分析和展示："天命之谓性；率性之谓道；修道之谓教。"第一句意为，每个人都有内在的本性，出生即拥有；它推动人的生存，使人形成独特性格，并规定了人的生存方向。这个本性虽然肉眼不见，但可以通过人的思想和做事方式来表现。重要的是，人的本性就是天命。第二句意为，按照自己本性去生存，乃是人的生存之道，才是正道。第三句意为，就人的生存而言，每时每刻都必须在判断中选择，人是在判断选择中进入生存的。但是，人的判断可能出差错，因而需要不断纠正。判断的差错来自人对自己天命本性的错误认识。正确认识自己的天命本性而不断地纠正观念上的错误，才能使自己走在正道上。这个纠错过程便是"教"，包括外在匡正和内在自纠。在儒家传统中，这个"教"称为修身养性。

"天命之谓性"这种说法和天命即传统的思路并不完全一致，但有内在联系。如果天命不在人的本性中，追本溯源，上古的祖先（他们也是人）如何能够把天命传承下来呢？在《中庸》看来，天命是人在出生时就给予了每一个人的，换句话说，与生俱来而人皆有之。古代圣人的高明之处就在于他们能够体会并把握自己的天命本性，并用语言加以表达，而平民百姓虽有天命在身却惘然不知。对于任何儒士来

说，体会并把握自己的天命本性，以此教导世人，谏言君王，造福于
社会治理，乃是他们崇高责任所在。

但是，如何才能体会并把握自己的天命本性呢？对于儒家的儒士
培养机制来说，这是一个必须回答的问题。《中庸》提出"诚"一字
来处理这个问题。诚是一种内向性情感，它指向的对象是什么呢？或
者说，诚这种情感所呈现的对象是什么呢？《中庸》谈道："诚者，天
之道也。"也就是说，诚作为一种情感是连接人与天的通道。人天生
就有天命在身。因此，诚所指向的对象就是人自身所拥有的天命本
性。《中庸》认为，只要在诚中，人的天命本性就会作为一个情感对
象而呈现于人的意识中。

由于天命是与生俱来的——"天命之谓性"，它存在于每一个人
的生存中，却无法在感觉经验中呈现（非感觉对象）。然而，在诚这
种内向性情感中，天命是实实在在地存在于自身之中，作为自己的生
命动力和支撑，推动人的生存。它是纯善的。当然，对于那些缺乏诚
这种情感的人来说，天命无法呈现，"不诚无物"，天命在他们的意
识中被遮蔽了，视为"无物"。因此，他们往往无视天命的存在，当
然也就不会遵循天命。在诚中，儒士能够认识、把握并遵循天命。因
此，儒士培养的关键点是培养诚这种情感。

关于诚这种情感，儒家用如下词语来界定它："真实无妄""毋自
欺""主静"。人一旦进入这种情感，就处于一种不受任何观念影响
的生存状态，既不受外在的权威观念的影响（"无妄"），也不受自己
过去生活中通过接受他人想法和自主经验而积累起来的主观观念的影
响（"毋自欺"），同时还处于一种无外倾向即静的状态。① 总之，在

---

① 谢文郁：《君子困境与罪人意识》，《哲学门》2012 年第 2 期。

诚这种情感中，人直接面对真实的自己，而与生俱来的天命本性就完全敞开并呈现在意识中。

由上可以发现，儒家的天命观呈现出这样一种发展线索：从敬畏天命（敬重传统），到敬德（知天命），最后归结为在诚中与天命同在。在这条线索中，敬畏情感是主导性的，在诚中呈现的天命也是令人敬畏的。可以这样说，儒士在诚中看到的天命是属于他个人的，是与生俱来的，但它来自外在的高高在上的天或上帝。因此，他在诚中仍然对自己的天命本性保持敬畏。诚作为一种内向性情感，引导儒士对天命的敬畏。可见，儒家的天命观，归根到底乃是在敬畏中呈现并界定的。孔子在谈到这一点时说，自己在五十岁的时候才知道天命。孔子体会到的天命，其实在出生时就赋予了他，并伴随了他一生，但孔子并不因为天命是自己的而对它缺乏敬畏。虽然人的天命与生俱来，但是，人若对它缺乏敬畏，不去认识它（敬德），就可能违背天命，从而在现实生活走向灭亡。因此，敬畏天命，并在诚中呈现它、认识它、把握它，然后在生存上遵循它，以此造福社会，这就是"儒士"这个称号的界定。

天命观内含着儒家的宇宙观和人生观。简单来说，天是时空中万物的主宰，拥有更大的经纶或计划。它在每一个人身上都赋予了天命。也就是说，天命既是个人的，也是众人的、社会的、宇宙的，是一个整全的安排。《中庸》认为，如果万物（包括每个人）都顺从天所赐予的本性，那么，万物就能和谐相处，相辅相成。至于个人，认识并顺从自己的天命乃是一种天人合一的状态。

四、信仰与神的启示

　　基督教在进入希腊思想界之后，西方的天命观就由基督教的天命观所主导了。在基督教话语体系中，天命也就是神的旨意。神是一个独立自主的绝对主宰，他全知全能全善，有自己的意志和计划，并按照自己的意志安排宇宙中的一切，包括人类。当人的心思意念与神的意志一致时，神的力量就成了他的力量，他将所向无敌。当人违背神的意志时，神的力量就是他的阻拦，他将一事无成、烟消云散。如果停留在这里，与儒家的天命观作简单比较，那么，基督教关于神的这些说辞与儒家的用词看上去并无太大差别。但是，基督教又进一步认为：人们在面对如此独立自主而强大无比的力量时，往往从自己的理解角度出发去琢磨神的旨意，从而把自己的意志强加在神的头上，制造了各种各样的偶像，并在自己制造的偶像中生存。因此，如果神不自我启示而彰显于人，人就永远无法知道神的旨意。于是，基督教与儒家的区别就出现了：基督教的神是启示的神，是自己主动地彰显于人面前，人只能通过神的自我彰显来认识神。

　　根据认识论的要求，无论谈论什么事物，必须清楚地知道自己的认识途径或根据。儒家在谈论天命时，强调祖先的传统（包括先人智慧、事迹、典法等），而祖先传统是通过经典文献流传于世的，孔子把这些文献编订为"六经"，提出在诚中认识人与生俱来的天命本性，强调儒士培养需要摆脱观念的束缚而直接面对自己的天命本性。就认识途径而言，这是有道可循的。那么，基督教的天命观，具体到神的旨意问题上，又是凭什么去认识的呢？

　　基督教强调，人们是通过《圣经》来认识神的。《圣经》分为《新约》《旧约》。《旧约·创世记》是从天地之初谈起。故事的内容大概是：起初，神从无到有创造世界。神在混沌中创造光，分开天地，显露并且植被陆地，设立星宿以定时辰，造水陆动物，按照神的形象造人，然后在第七日安息。七日创世是《创世记》故事。这里涉及一个不能避免的认识论问题。如果说，在第六日造人之后，人开始感觉经验这个世界，从而把自己的感觉经验以某种方式世代相传，那么，人们还是可以在这传递的信息中知道这些事情的。但是，在人类尚未出现之前，是如何知道前五日的那些事件呢？这些事件没有人看见过，人凭什么谈论它们？严格来说，关于上帝创世的故事，人是无法从感觉经验去知道的。

奥古斯丁（354—430）在追求真理过程中曾深陷怀疑主义泥坑，对真理的认识论问题有深刻体会。在阅读这个创世故事时，他问道：摩西讲的这个故事是真的吗？根据是什么？[①] 因为，在创世故事中，"神说"是引导词。每一个创造动作都是在神说中进行的。"说"这个动作发生在两个主体（说者和听者）之间的交往中。如果在这个动作中，说者是在主动传递信息，把听者不知道的事告诉听者，那么，对于听者来说，假设听者想了解说者所说的事，他不过是被动的接受者；如果听者自以为是，对说者的话进行判断，那么，听者就无法接受并理解说者所说的。这种说—听的关系称为"启示"。因此，"神说"这种语言表达方式隐含着神的启示这层含义。神就是创造者，是创造活动的设计者和执行者，因而完全知道这个创造事件。但是，如果神不把创世事件告诉人，人就没有任何途径可以知道这个创世事件。在叙述创世故事时，对于摩西来说，整个故事的情节都是神告诉

---

① 奥古斯丁：《忏悔录》，周士良译，商务印书馆1963年版，第11章第3节。

他的。如果不是"神说"，摩西就是在胡说。神把这件事告诉了他，摩西就知道了，并且有根有据地记叙了创世故事。因此，整个创世活动都是神说的，在神说中世界被创造了；同样，在神说中创世事件被描述了。换句话说，在神的启示中，摩西的创世故事是真实的了。

"神说"对于摩西来说是神对他的启示，是神把一件人凭自己感觉经验而无法知道的事告诉了人。通过神的启示，摩西知道了神的创世活动。对于"摩西凭什么知道神的创世活动"这样的问题，答案就是：神的自我启示。摩西是领受了神的启示之后知道了创世事件，进而写下了创世故事。因此，摩西的故事不是虚构。对于摩西《创世记》的读者来说，在"启示"这个思路中，他们只能相信摩西所写，并从中领受神的启示。很显然，神把创世故事向摩西启示了，并没有向其他人启示。不相信摩西，就无法知道创世事件。或者说，相信摩西领受了神的启示而记叙成文，是人们知道创世事件的唯一途径。奥古斯丁在提出创世故事的认识论问题之后，马上指出，他必须相信摩西，相信他是在神的启示中记载下这个故事的。在信中，奥古斯丁发现，自己在创世问题上完全没有判断权，在摩西面前只能是一个简单的接受者。作为接受者，他只能承认，摩西记叙的创世故事是真的。于是，他知道，神无中生有而创造了这个世界。

奥古斯丁在阐释创世故事中所展示的认识论称为"启示认识论"。这是基督教认识论的主导思路。不难看到，这个认识论有两条基本原则。首先，神是启示的神，愿意向人自我彰显。启示者向什么人启示、启示什么内容、以什么方式启示等，都是由启示者自己来决定的。启示者选择摩西并向他启示的，是启示者已经做过的事。启示者是否可能采取其他方式来自我彰显？——回答是肯定的。但是，启示是一个历史过程。就认识论而言，对于启示者尚未启示的，人们无法获得知识。也就是说，启示是历史性的。根据《圣经》，神自我彰显的方式是这样的：他拣选摩西并向之启示创世故事。

其次，面对神通过摩西而发布的启示，读者只能在相信中接受创世故事。由于神没有向其他人启示创世故事，对于任何人来说，如果他想了解创世故事，他就必须相信摩西所写。如果他想避开摩西，他就不可能知道创世故事。或者，如果他不相信摩西所写，他就无法知道创世故事。在奥古斯丁的启示认识论中，相信先知，是人领受神的旨意的必要条件。

在这个思路中，神是通过派遣先知来表达自己的旨意的。在《旧约》中，神的启示方式是：当神就某件事要对以色列人说话时，就派遣先知就事说事，向人表达神的旨意。所谓先知，就是指那些被耶和华的灵充满，受耶和华派遣，并仅仅按照神的旨意说话做事的人。就这件事而言，先知说的话就是神要说的话。先知是否被圣灵充满，只有先知自己才知道，任何其他人都无从断定。显然，断定者必须知道神的旨意，才能断定他人是否被圣灵充满。然而，神只通过先知来传达他的旨意，其他人无他途知道神的旨意。神—先知—人之间的关系是这样的：先知是神与人的中介。对于以色列人来说，相信先知乃是知道神的旨意的唯一途径。

不过，当先知完成了他的使命之后，耶和华的灵会离开他，他与其他人就没有什么区别了。因此，先知的职分并不是先知自己通过任何努力而获得的，也不能通过自己的努力维持到永久。一个人成为先知以及维持他的先知职分，其决定权完全在耶和华手里。但是，对于众人来说，一旦某人曾成为先知，他们就会赋予他以先知职分。于是，有些拥有先知职分而无耶和华之灵充满的人便会利用自己的头衔发布预言。这种人在《旧约》中被称为假先知。①

　　因为出现了假先知，对于当时的以色列人来说，辨认真假先知就成了他们面临的一个重大生存困境，这里称之为"先知困境"。本来，先知由神派遣，向人传达神的旨意；面对先知，人只能在相信中从他那里领受神的旨意，先知只能在信中接受。但是，当假先知自称为先知时，如果不加分辨，就可能被假先知欺骗。问题在于，人能够分辨真假先知吗？神之所以派遣先知，是因为以色列人违背神的旨意；因此，先知所说的话往往是人们不爱听的。在这种情况下，人们自然而然地会拒绝真先知。所谓假先知，他们往往都顺着人们的意愿说话，因而深得听者的喜爱。于是，人们在分辨真假先知时，会拒绝真先知，接受假先知。先知是人与神之间的中介。没有人能够直接知道神的旨意，而在信中接受先知所传递的信息，是领受神的旨意的唯一途径。在真假先知的分辨中，要想辨认真先知，就必须拥有关于神的知识；但是，离开先知，人无法拥有关于神的知识。或者说，如果人拥有了关于神的知识，人就不必通过先知来知道神的旨意了。由于人不拥有关于神的知识，所以就无法分辨真假先知。实际上，只要人们开始去分辨真假先知，就只能接受假先知而拒绝真先知。于是便产生先知困境：人无法分辨真假先知；但由于假先知的出现，人却不得不去分辨真假先知；而一旦开始分辨，人只能拒绝真先知，接受假先知。

　　从另一个角度看，要求人分辨真假先知，等于要求人放弃信，这在逻辑上等于宣判启示认识论的失败。实际上，《旧约》的先知困境是人的罪性的一种表现。假先知妄说预言，是违背神的旨意的；而众

―――――――――――

① 《旧约》中有很多关于假先知的记载，可在《列王纪》第20章略见一斑。

人按照自己的心思意念去分辨真假先知，则必然拒绝真先知。分辨真假先知问题，是先知困境的关键环节。可以看到，人凭自己是无法解决先知困境的。在启示认识论思路中，先知困境之解决取决于启示者。在《旧约》中，启示者在派遣先知时往往是：哪个方面有需要，就让先知说哪方面的话。先知完成使命后便失去先知身份。要消解先知困境，启示者需要派遣一位全方位的使者，在任何时候和事情上都不会丧失其使者身份。对于这样一个使者，人们不需要做任何辨认，只需要完全的相信。这便是弥赛亚盼望。

《新约·约翰福音》对弥赛亚（基督）的身份进行详细界定，并在恩典真理论的说法中指出了一条走出先知困境的现实道路。[①] 在这个说法中，耶稣的独子身份十分突出。[②] 恩典真理论认为，耶稣是神的独子，是神赐给人的恩典。"独子"中的"独"可以从两个方面看。一方面，神派遣耶稣作为全方位的使者。神把一切都向耶稣展示了，并且只让耶稣来彰显真理（神的旨意和荣耀），说神要说的话，做神要做的事。而且，神不会再派遣其他使者了。另一方面，耶稣完全凭着天父说话做事，只说天父要他说的，只做天父要他做的；除此之外，他不说其他的话，不做其他的事。因此，面对耶稣只能完全相信接受，无须进行任何的分辨。耶稣说话做事就是神在说话做事。在相信耶稣基督中，人就能够知道神的旨意。恩典真理论在逻辑上贯彻了启示认识论，消解了先知困境。基督教的恩典真理论展示了一条独特的认识神的旨意（天命）之路。

恩典真理论中的信，就其具体内容而言，指的是相信耶稣基督，

---

① 谢文郁：《恩典真理论》，《哲学门》2007 年第 1 期。
② 谢文郁：《道路与真理——解读〈约翰福音〉的思想史密码》，华东师范大学出版社 2012 年版，"导论"第 1 节。

相信耶稣是神的完全启示者。在信中，人完全交出了判断权，使自己成为一个简单的接受者。这种完全的信所指向的神一定是全知全能全善的。设想神是有缺陷的，而人用完全的信去面对神，那么，当人在信中接受神的缺陷时，人的生存就必遭损害。而且，这个神必须为信徒提供完善的个人计划。设想神没有对信徒设计完善计划，那么，信徒在信中接受神的给予时，就必然带来生存上的损害。可见，信这种情感指向一个全知全能全善的信任对象（上帝）。在信中，信徒接受神的给予，理解神的旨意，认识神在自己身上的美好安排。这是一种"信"中的天命观。

五、结语

以上分析表明，以儒家为主流的中国传统天命观是建立在"敬仰"这种情感基础上的。在敬仰中，天命是一种不可抗拒的力量；但是，如果人们能够顺从天命，就能得到它的祝福。顺从天命需要知道天命，认识并把握了天命便是"德"，因而需要敬德。在"敬德"这个思路中，把自己的本性归为天命；在"诚"中呈现并认识自己的本性，就是知天命；知天命而顺从之，就是德。相比之下，基督教主导的西方天命观则是建立在"信仰"这种情感上的。信仰指向全知全能全善的神；这个神是"启示"的神，在基督里得以完全彰显；信徒在信中放弃判断权而成为接受者，领受神在基督里的自我彰显，从而认识并遵循神的旨意（天命）。

从儒家和基督教都在敬畏情感中面对天命或神的旨意这一点来看，两者确实有着某种共通之处。许多基督教人士在谈论儒家的"上帝"时，认为他与基督教的上帝是同一个上帝。然而，一旦进入到认识论，就会发现，其实是两种思路：儒家追求在"诚"这种情感中呈现并认识天命，是一种内向而求的进路；基督教则教导在"信"这种情感中成为接受者，是一种外向依靠的进路。由于进路不同，儒士和基督徒关于天命的认识也就不同。

儒耶终极信仰该如何比较

张　俊[*]

一、中西"天命观"比较的意义

自晚明西方天主教传教士入华以来，关于 Deus（译作"上帝"或"天主"）与汉语"上帝"或"天"异同的讨论与论争，就从来没有止息。这段中西宗教文化交流公案虽未最终定谳，但其作为基督教西学东渐的历史成果却无疑是举世瞩目的。经过四百多年基督教文化潜移默化的渗透影响，今日之国人多不知中华之"上帝"，凡论"上帝"皆以为基督教之"上帝"。当年传教士（如利玛窦）以儒家经典中的"上帝"格义 Deus，本身是以中华神祇体系中的至上神含义去诠解亚伯拉罕宗教唯一神的含义，此种格义方式虽有功于信仰文化交流，能促进基督信仰的处境化与本土化，但毕竟不是完全精确的译名。然而，文化交流史的吊诡之处在于，这个不精确的译名却最终"鸠占鹊巢"，使亚伯拉罕宗教唯一神含义覆盖了汉语"上帝"这一概念。由于中华古典文教传统的一度中断，今天学界甚至有人本着亚伯拉罕宗教唯一神含义的"上帝"概念去反向格义中国古代典籍中的"上帝"。于是，本来暧昧的信仰文化交流中的格义问题变得愈加

---

* 张俊，湖南大学岳麓书院教授，比较宗教与文明研究中心主任。

扑朔迷离。

明清之际的"译名之争"是中西宗教文化交流中的一个典型个案，与之相关的文化反思也一直是儒耶比较与对话研究热衷的题域。从此中西信仰文化的根基入手，往往被视为揭橥中西宗教文化异质性或相似性最直接的论证。近年在此题域涌现出不少优秀论著，但对中西信仰文化本质进行深入哲学思辨的学术成果却为数不多，其中谢文郁教授的雄文《"敬仰"与"信仰"：中西天命观的异同》算得上是较具代表性的论作之一。①在该文中，谢文郁宣称必须从情感认识功能的原始性出发，根据儒家和基督教的文本所呈现的天命观来展示二者的差异。在"天人关系"或"神人关系"问题上，他认为儒家是以"敬仰"的情感对待独立自行的终极实体（上帝或天）的，基督教是以"信仰"的情感面对终极实体（上帝或耶稣基督）的。"敬仰"主体与其对象之间是一种权威服从的关系，"信仰"则是主体与其对象之间的敬畏关系，此外还存在一种"启示"与相互信任的关系。就终极实体的认识论进路而言，儒家追求在"诚"这种情感中呈现并认识天命，是一种内向而求的进路；基督教则教导在"信"这种情感中成为接受者，是一种外向依靠的进路。

谢文郁使用"信仰"概念来笼统描述基督徒对于耶稣基督的所谓情感态度，同时为了区别于基督教信仰，以"敬畏"或"敬仰"概念来笼统描述儒家乃至中国人对天命（上帝、天、天理）的态度。实际上，这一核心观点在 20 世纪多多少少已被学界先贤讨论过了。譬如，牟宗三（1909—1995）就讲，敬畏和虔敬、信仰一样都属于宗教意识，但儒耶二教本质不同，基督教属于典型的"宗教"（religion），

---

①　谢文郁：《"敬仰"与"信仰"：中西天命观的认识论异同》，《南国学术》2017年第 2 期。

而儒家则属于带有超越性精神维度或宗教意识的"人文教"（teaching）。对于基督教而言，信徒面对终极实体的主体精神状态可以用"信仰"来概括。"信仰"就是"皈依"，其往往源于宗教的"恐怖意识"，而最终表现为主体精神的放弃以及对超自然力量的依赖。"因此，恐怖意识为宗教意识中典型的皈依意识，皈依便是解消自己的主体，换句话说，就是对自己的存在作彻底的否定，即作一自我否定（self-negation），然后把自我否定后的自我依存附托于一个在信仰中的超越存在——上帝那里。"① 而对于儒家而言，类似的主体精神状态用"敬"（"敬畏""敬德"）来概括。"敬"是由中国人"生于忧患""临事而惧"的忧患意识所引发的宗教意识，并最终由戒慎虔谨之"敬"发展为一种正面的道德意识——"敬德"。如其所讲："中国上古已有'天道''天命'的'天'之观念，此'天'虽似西方的上帝，为宇宙之最高主宰，但天的降命则由人的道德决定，此与西方宗教意识中的上帝大异。在中国思想中，天命、天道乃通过忧患意识所生的'敬'而步步下贯，贯注到人的身上，便作为人的主体。因此，在'敬'之中，我们的主体并未投注到上帝那里去，我们所做的不是自我否定，而是自我肯定（self-affirmation）。"② 在牟宗三看来，儒家的天人关系强调人的主体性，重点不是天道，而是正视人自己之觉悟，"重视如何通过自己之觉悟以体现天道——性命天道相贯通的天道"③；基督教的神人关系却以神为中心，天人殊途，其天命"对于人类是永恒地可望而不可即"④。因此，儒家与基督教的本质区别在于，基督教为"依他之信"，儒家为"依己之信"。"依他之信"

① 牟宗三：《中国哲学的特质》，上海古籍出版社 2007 年版，第 14 页。
② 牟宗三：《中国哲学的特质》，第 15 页。
③ 牟宗三：《中国哲学的特质》，第 24 页。
④ 牟宗三：《中国哲学的特质》，第 18 页。

即靠外在超越的他力，遥契终极实体的唯一途径就是无条件的信仰、信靠。"依己之信"即靠自力内在地实现天人合一，"从自己之心性上，根据修养之工夫，以求个人人格之完成，即自我之圆满实现，从此得到解脱，或得安身立命"①。

钱穆(1895—1990)晚年也谈到儒耶二教在信仰文化上的区别，不过他没有用"敬仰"和"信仰"的类似概念来区分中西。他认为中国没有自发生成的宗教，中国的宗教皆属于外来之文化，宗教信在外，中国人信在内，所以中国人讲"信"不同于西方宗教讲的信仰。他讲：

> 宗教重信，中国人亦重信。如孝、弟、忠、信，五常之仁、义、礼、智、信。惟西方宗教信在外，信者与所信，分别为二。中国则为人与人相交之信，而所重又在内。重自信，信其己，信其心。信与所信和合为一。②

不同的信仰文化最终体现在天人关系上。钱穆认为，天人关系是合是分决定了中国人"信其己"和西方人"信在外"的文化区别。中国人不似西方人只讲天人之别，也讲道器不二、天人合一，所谓"通天人，合内外"③ 是也。钱穆讲："中国人乃于和合中见分别，亦即于分别中见和合。虽有分别，仍浑然和合为一体。西方人天与人别，内与外别，仅主分别，不复和合。"④ 钱穆的反思，实际已经溯源到

---

① 牟宗三：《中国哲学的特质》，第139页。
② 钱穆：《略论中国宗教》，《现代中国学术论衡》，生活·读书·新知三联书店2001年版，第1页。
③ 钱穆：《略论中国宗教》，第22页。
④ 钱穆：《略论中国宗教》，第2页。

中西智思方式的一个明显区别，用佛教的说法，西方人的思维是分别说法，中国人的思维是非分别说法，而后者可以涵摄前者。当然，关于中西智思方式的反思，牟宗三有更加系统而深刻的著述，此不赘述。[1]

可见，谢文郁关于儒耶比较的深刻洞见跟钱、牟二先生的观点是"英雄所见略同"，并无本质性差异。不过，自梁漱溟（1893—1988）《东西文化及其哲学》以降，百年来中国学界的中西比较或儒耶比较，似乎皆有"大而无当，往而不返"之嫌，立论执于一端、偏然一侧或囿于一隅，难得周全之论。个中缘由，相信也不难理解。毕竟，无论中国还是西方，儒家还是基督教，在文化上都是一个内部源流错综复杂的集合体，要从其中抽绎出其普遍的文化特征或精神本质，往往执其一端而不及其余。纵使博学广识者，也难免有所疏失。下文将试就《"敬仰"与"信仰"》一文引出的若干问题略作探讨。

二、中国或儒家的天命观辨疑

首先，虽然百年来中国传统的信仰文化已被西方所谓现代性文化（如唯科学主义、无神论等）严重破坏，但谢文郁依然肯定了当代中国社会文化中的超越性维度——儒家天命思想。作为一位具有深厚基督教神学背景的哲学家，此种见地不仅深中肯綮，而且表现了学术客观性的担当勇气，实属难得。然而，中国社会对昊天上帝的敬仰，不论是现代还是古代，都不能等同于儒家天命观。

实际上，儒家、墨家、法家、道家（道教）等学派都有相应的天

---

[1]　张俊：《牟宗三哲学体系中的分别智与圆融智》，武汉大学哲学学院编：《哲学评论》第 14 辑，中国社会科学出版社 2014 年版，第 116—141 页。

命思想。如唐君毅(1909—1978)所讲：

> 中国先哲言命之论，初盛于先秦。孔子言知命，墨子言非
> 命，孟子言立命，庄子言安命、顺命，老子言复命，荀子言制
> 命，易传、中庸、礼运、乐记言至命、俟命、本命、降命。诸家
> 之说，各不相同，而同远源于诗书中之宗教性之天命思想。①

诸子学派的天命观都曾对后世民间的昊天上帝文化产生过影响。然而
这些天命观与中国社会对昊天上帝的敬仰却并不是简单的源与流的关
系。事实上诸子哲学的天命观与民间社会的帝天信仰皆源于殷周的昊
天上帝宗教思想，并在历史的长河中交互影响、塑造。尽管如此，今
天学者们从古代文献中析出的天命观念，与民间的天命敬仰还是存在
距离的。后者如果通过社会科学的实证手段加以取样鉴别，未必与所
谓儒家的天命观完全一致。所以，在这个意义上，儒耶"天命观"
(暂且假设基督教的上帝观等同于所谓"天命观")的比较，存在一个
不对等的情况。

　　西方基督教的信仰对象是三位一体、道成肉身、神人二性、死而
复活且永生的人格神上帝。② 这个结论是基督教经过千百年的教义论
争与宗教政治斗争，挫败各种异端(如阿里乌斯派、撒伯流派、诺斯
替派、孟他努派、诺瓦提安派、多纳图派、佩拉纠派等)后获得的共
识，无论是天主教、新教还是东正教都是认可的，其教理与信仰实践
也是基本一致的。基督教深深植根于西方社会的信仰实践和文化，所

---

① 唐君毅：《中国哲学原论·导论篇》，中国社会科学出版社 2005 年版，第
322 页。
② 参考《使徒信经》《尼西亚信经》《迦克顿信经》和《亚他那修信经》，参见尼科斯
选编：《历代基督教信条》，汤清译，宗教文化出版社 2010 年版，第 1—15 页。

以把西方的上帝信仰化约为基督教的"天命观",很大程度上是可以被接受的。但回到比较的另一极,中国社会的天命敬仰却绝不能化约为儒家的天命观(尤其是儒家古代文献中的天命观)。更何况,儒家文献中的天命思想也不是完全统一的。

本文这里所说的儒家天命思想"不统一",不是指那些细枝末节的内涵差异,而主要是指方向性的根本区别。譬如汉代以降,儒家学者讲"天命",通常都遵循《易经》《中庸》及思孟学派的路径,信奉"天人合一"的先验预设,而自觉排斥荀学传统所推崇的"天人相分"思想路径。

荀子(前313—前238)倡"天人之分",堪为儒学史第一异数。他讲:

> 天行有常,不为尧存,不为桀亡。应之以治则吉,应之以乱则凶。强本而节用,则天不能贫;养备而动时,则天不能病;修道而不贰,则天不能祸……受时与治世同,而殃祸与治世异,不可以怨天,其道然也。故明于天人之分,则可谓至人矣。(《荀子·天论》)

荀子的天,完全颠覆虞夏商周流行的昊天上帝信仰,排除了其超越性的神性含义和经验性的情感含义,还原为纯粹自然之天。故"天人之分",将天人界限拉开到不同层面,天人不相预,就是彻底否认超自然的绝对精神力量的存在,只承认人的精神作用。荀子甚至提出"制天命"的思想,将人的理性安放到自然天道之上。当人的经验理性被提升到前所未有的新高度,先秦儒家也就开出了人文主义的新境界。所以,荀子提倡"天人之分",其于儒家相当于第二次"绝地天通"。

　　当然，从思孟学派尤其是宋明儒学的立场看来，荀学无疑代表了先秦儒家人文主义的一个极端。荀学秉持现实主义与经验主义的立场高扬自然理性时，难免忽视了价值理性于社会伦理与精神信仰的人文意义，从而最终与儒家理想主义的思想主流分道扬镳，滑入旁支。然而不可否认的是，荀学尽管在儒学史上遭遇了隐而不彰的待遇，但其影响仍或潜或显地影响了整部儒学史。在天人关系问题上，后世王充（27—约97）、刘禹锡（772—842）、柳宗元（773—819）、王安石（1021—1086）乃至叶适（1150—1223）、王夫之（1619—1692）都有受其影响。[1] 面对这样一个显赫的学术思想脉络，今天的儒家天命研究如何能够回避？如果承认荀学的天人相分思想也是儒学的重要组成部分，那么，所谓"儒家天命观"无论如何都不能看作一个单数的概念，而必须视为一个复数的概念。

　　退一步讲，即使将荀学天人观念视为儒家异类弃置不论，只讲"天人合一"的儒家天命观，其内部亦有宗教性的天命与人文性的天命观念的显豁区别。而且，这种根本差异严格讲起来甚至并不是儒家原生的。如陈来所说："整个周文与周道是儒者之学的根源。"[2] 孔子自己也讲："殷因于夏礼，所损益，可知也；周因于殷礼，所损益，可知也。"（《论语·为政》）"周监于二代，郁郁乎文哉！吾从周。"（《论语·八佾》）儒家天命观就是继承西周天命思想而来的。西周天命思想的形成，又可远溯虞、夏、商的"帝""天"信仰。当然，作为政治伦理宗教概念的天命思想，可以确定形成于西周初年。关于这

---

　　[1]　张俊：《儒家自然理性主义传统中的德福思想》，《浙江大学学报》(人文社科版) 2013 年第 1 期。
　　[2]　陈来：《古代宗教与伦理——儒家思想的根源》，生活·读书·新知三联书店 2009 年版，第 358 页。

一点，唐君毅早讲过："中国宗教思想中之天命观之具体形成在周初。"① 而这种天命思想，正是儒家天命观的源泉。西周的天命思想，一定程度上已经堪称政治伦理神学了。之所以称其为神学，是因为周人的昊天上帝信仰具有明确的人格神特征。如《尚书》周公讲"天降割于我家……矧曰其有能格知天命"（《尚书·大诰》），"时怙冒，闻于上帝，帝休，天乃大命文王"（《尚书·康诰》），"我闻在昔，鲧堙洪水，汩陈其五行。帝乃震怒，不畀'洪范'九畴，彝伦攸斁"（《尚书·洪范》）；《诗经》中也记载"有周不显，帝命不时""上帝既命，侯于周服"（《诗经·大雅·文王》），"皇矣上帝，临下有赫；监观四方，求民之莫"（《诗经·大雅·皇矣》），"卬盛于豆，于豆于登。其香始升，上帝居歆"（《诗经·大雅·生民》）。由《尚书》《诗经》中的记载来看，周人的昊天上帝不仅具有主宰人间事务（主要是政治事务）的绝对能力，还有类人的情绪及感官能力，极似西方基督教的上帝，区别只在于位格属性的差异，简单讲，即属于至上神还是唯一神的差异。就这一点而言，中西上帝敬仰或信仰是具有比较的可能性的。

不过儒家典籍所载的西周天命信仰主要属于一种政治伦理神学思想，其核心命题主要有三："天命靡常""惟德是辅""敬天保民"。② 周公建立这套信仰论述的目的，在于论证周代殷命、革故鼎新的政治合法性，以及劝诫周族统治集团内部要"勤用明德""明德慎罚"，即"以德治国""以德配天"，从而"享天之命"，使天命不移，国祚长久。可见，西周政治伦理神学建构的出发点是极其功利

---

① 唐君毅：《中国哲学原论·导论篇》，第324页。
② 张俊：《周人的天命政治神学三命题》，《福建论坛》（人文社科版）2012年第8期。

的，是直接服务于现实政治的。而王朝统治的秘诀，在西周圣王口中虽是神授的"天命"，却又最终归结为尘世的道德。王朝统治成败的"天命"，在于统治者的政治道德。所以对于统治者政治道德的评价，名义在天，实际在民。这正是伪古文《尚书》所讲的政治道理："皇天无亲，惟德是辅；民心无常，惟惠之怀。"（《尚书·蔡仲之命》）高高在上、玄虚缥缈、喜怒无常的天命是他们无法理解的，经验使他们意识到，"天视自我民视，天听自我民听"（《尚书·泰誓》)[①]，"民之所欲，天必从之"（《尚书·泰誓》)[②]，所以周初统治者一再告诫后世子孙："无于水监，当于民监。"（《尚书·酒诰》）天命作为政治道德的终极依据，最后必须通过尘世的道德评价来呈现。此即陈来所谓的"天意的民意化"。[③] 因此"以敬事天""以德配天"，最终必须落实为"敬天保民"，从而成为儒家民本主义思想的滥觞。

可见周人的昊天上帝信仰，一方面是人格神化、宗教化的，另一方面却又是道德化、尘世化的。天命并非超绝的存在，相反，是被深深锚定在现实政治伦理的经验世界里的。故《礼记》讲："周人尊礼尚施，事鬼敬神而远之，近人而忠焉。"（《礼记·表记》）西周天命神学与生俱来的世俗性，为春秋战国时期中国天命观念的道德化、民本化、人文化、形上化奠定了思想发展基础。[④]

所以，当天命信仰发展到先秦诸子那里，天命开始从独断论的神学领域进入思辨性的哲学论域，于是宗教性的人格之天、神性之天渐让位给人文性的自然之天、命运之天、道德之天、形上之天。天命观念也溢出政治伦理信仰范畴，除了泛化为命运，也开始抽象为道德哲

---

① 《孟子·万章上》引文。
② 《左传》昭公元年、襄公三十一年引文。
③ 陈来：《古代宗教与伦理——儒家思想的根源》，第 201 页。
④ 参见张俊：《德福配享与信仰》，商务印书馆 2015 年版，第 95—101 页。

学或形而上学范畴。

在孔子那里，"性与天道，不可得而闻也"（《论语·公冶长》），先秦儒家追求的是"反求诸己，行心所安，依仁修德之教"①。儒家成德之教使天命思想进一步道德化、内在化、哲学化。尤其是在孟、荀著作中，这种人文性的天命观念开始占据绝对主流地位。天命即形而上的天道，宋明理学所讲的义理之天已初见雏形。所以，在先秦儒家著作中，宗教性的天命观念被排斥到儒家思想体系的边缘位置。尽管如此，孔孟也并未彻底否认宗教性的天命信仰。譬如孔子适陈，为匡人误拘，情况危急，孔子宽慰众弟子："文王既没，文不在兹乎？天之将丧斯文也，后死者不得与于斯文也；天之未丧斯文也，匡人其如予何？"（《论语·子罕》）孔子适宋，遭司马桓魋伐树之辱，众弟子惊惧，孔子同样宽慰大家说："天生德于予，桓魋其如予何？"（《论语·述而》）孔子明示众弟子他负有传承三代文统和道统的天命，自有天佑，匡人、桓魋奈我何！此天命即为神性之天。孟子讲，"且天之生物也，使之一本"（《孟子·滕文公上》），"天之生此民也，使先知觉后知，使先觉觉后觉也"（《孟子·万章上》），"天不言，以行与事示之而已矣"（《孟子·万章上》），"乐天者保天下，畏天者保其国"（《孟子·梁惠王下》）。这里孟子所讲的也是神性意义的天，其包含有创生之天、启示之天、主宰之天等多种宗教含义。尽管孔孟著作中残留的神性之天，其人格神特征已基本消退，但仍然为先秦儒家保留了殷周以来天命思想的宗教性维度。后来汉儒以阴阳五行与谶纬学说复兴儒学，将式微的西周天命政治伦理神学重新拾起来，并开展出系统的儒家宗教思想。这样，宗教性的天命观在春秋以来一泻千里

①　唐君毅：《中国哲学原论·导论篇》，第332页。

的颓势中才再度站稳脚跟，并依仗儒家典籍与礼祀制度的支撑成为儒学中不容忽视的组成部分。总体来看，儒家天命观的哲学进路与宗教进路，在思想史上是并行不悖的。①

可见，儒家天命观至少包含了宗教性与人文性两种不同属性的思想脉络。所以，儒家天命观是个复数的概念，而不是单数的概念。

由于儒家天命观只是中国天命思想的一个面向，就算其能够代表中国天命思想与西方"天命观"进行对比的话，它也根本不是一个可以用作简单比较的统一对象。如果比较的对象都是不清晰的，那我们该如何来做中西"天命观"的比较或儒耶"天命观"的比较呢？除非我们能够找出这些不同思想属性的"天命观"的内在统一性，否则任何比较研究都是片面的、漫画式的，不仅无助于我们理解中西信仰文化的异同，反而极可能会产生误导。

三、基督教的"天命观"及中西比较辨疑

"天命"，显然是一个典型的中国宗教和哲学的概念，包含了多重意义，以致在西方宗教与哲学中很难真正找到一个概念与之对应。

在中国古代文献中，"天命"既可以表示作为绝对超越实体意志的"上天命令"，如攸关统治者命运及合法性的政治天命；也可以表示内在化的先天禀赋；还可以表示自然的规律、个体的宿命乃至地上君王的意志和命令；等等。

基督教没有"天命"的概念。首先，"天"（heaven）在《圣经》中

---

① 参见张俊：《儒家天命信仰的两种进路》，袁行霈编：《国学研究》第35卷，北京大学出版社2015年版，第89—118页。

并不等于神。根据《创世纪》第一章可知，天只是上帝的创造物，是自然之天，即思高本所译之"苍穹"。不过苍穹因其高远浩渺，常常被犹太先民认为是上帝的居所。如《诗篇》中所讲："上主住在自己的圣殿，上主的宝座设立于天：他的眼睛垂视下地，他的目光细察人子。"（《旧约·诗篇》11：4）于是上帝统治的国度（βασιλεία τοῦ θεοῦ，kingdom of God）被理所当然视为"天国"（βασιλεία τῶν οὐρανῶν，kingdom of heaven，《旧约·玛拉基书》3：2）。经过这样的意义转换，"天"被赋予上帝神圣空间的救赎内涵，具有一切神性的伟大特征，如理性、秩序、正义、恩典、复活、永生、博爱、纯洁、荣耀和喜乐。但是，这个"天"（heaven）并不等于神，尽管它作为上帝宝座所在的地方被赋予了神圣空间的意义（如"天堂""天国"等），它也只是属于神的创造之物，而非神本身。而中国古代文献中的"天"，尤其是周人的"天"，除自然苍穹的含义之外，无疑还具有最高神的含义。

基督教中与中国的"天命"最为接近的概念是"圣言"（λόγος，word of God）。"圣言"就是"上帝的话语"，《新约·约翰福音》（和合本）开篇所讲"太初有道"（θεὸς ἦν ὁ λόγος），其中所谓的"道"（λόγος）即是"圣言"，上帝的旨意和命令（debar Yahweh）。此处使用的希腊文λόγος，其词根来自动词λέγω（言说）。所以思高本《圣经》直接将其译为"圣言"："在起初已有圣言，圣言与天主同在，圣言就是天主。"（《新约·约翰福音》1：1）圣言代表着神创造和救赎的大能，也代表着神对信徒的召唤和启示。"对《圣经》来说，'上主的话'决定世界和历史：从一开始，上主以他的'圣言'创造了天地（创 Gen 1：2 等）并引到人类历史直到最后，'直到上主的话完全应验为止'（默 Rev 17：17）。历史的高峰和枢纽是基督，而他是'上主的圣言'

（若 Jn 1：14）。"① 譬如，在《旧约·创世纪》中，圣言是上帝创造天地万物的力量，其体现了上帝物随心转、充满生命力量的绝对命令；在"摩西五经"中，圣言则是颁布律法（如"十诫"）的绝对权威命令；在先知书中，先知口传的圣言则是上帝唤醒世人悔改的教训；而在《新约》中，圣言则主要代表着天国的福音和启示，耶稣基督是最大的圣言，他的道成肉身就是"圣言降生为人"。

圣言是上帝给世人最重要的启示，也是最终极的启示。所谓启示就是上帝主动向世人揭示自己的奥秘。从基督教神学的角度看，没有源自上帝恩典的启示，人神之间就不可能有沟通。之所以说耶稣基督是最终极的启示，是因为他是道成肉身，他自己就是圣言，是上帝"现身说法"的自我启示（self-revelation）。如《罗马书》所讲："这奥秘从永远以来，就是秘而不宣的，现今却彰显了，且按照永恒天主的命令，借着先知的经书，晓谕万民，使他们服从信德。"（《新约·罗马书》16：25—26）《希伯来书》也讲："天主在古时，曾多次并以多种方式，借着先知对我们的祖先说过话；但在这末期内，他借着自己的儿子对我们说了话。天主立了他为万有的承继者，并借着他造成了宇宙。"（《新约·希伯来书》1：1—2）

耶稣基督当然是上帝最大且最终的启示，不过之前上帝也在不停地启示尘世的愚人。在《旧约》中我们可以看到，上帝借着他创造的万有，如自然物象、圣殿、梦境、历史事件、天使、先知，乃至他自身的行动和言语，一直在启示人们。所以，启示（revelation）也是一个可以跟"天命"类比的概念。

除"圣言"和"启示"外，基督教与"天命"具有一定关联的

---

① 雷立柏：《基督宗教知识辞典》，宗教文化出版社 2003 年版，第 93 页。

概念还有"神的旨意"（will of God）、"天意"（providence）、"召唤"（vocation or calling）和"预定"（predestination）等。神的旨意，这在《圣经》中是屡见不鲜的："我不寻求我的旨意，而只寻求那派遣我来者的旨意。"（《新约·约翰福音》5：30）"上主所造的，各有其用意，连恶人也有不幸的一日。居心傲慢的，上主必厌恶；这一类的人，逃不掉惩罚……世人的行径，若中悦上主，他必使仇敌，再与他和好。"（《旧约·箴言》16：4—7）这讲的都是上帝的人格神意志，一种能够赏善罚恶的绝对正义的意志。这与周人所讲的意志之天、赏罚之天，从宗教道德信仰的角度看，原理是一致的，都是将世间德福一致的终极依据交托给超自然的终极实体。至于"召唤"和"预定"，《罗马书》中讲："天主使一切协助那些爱他的人，就是那些按他的旨意蒙召的人，获得益处，因为他所预选的人，也预定他们与自己的儿子的肖像相同，好使他在众多弟兄中作长子。天主不但召叫了他所预定的人，而且也使他所召叫的人成义，并使成义的人，分享他的光荣。"（《新约·罗马书》8：28—30）"召唤"是基督教特有的概念，中国宗教思想中没有此类范畴。"预定"的概念虽然也是基督教特有的，但中国有从"天命"概念中衍生出来的"宿命"概念，与之类似。

而中国的"天命"，是个极其复杂的概念，基督教真正能够与之对应比较的概念主要有"圣言""启示""神的旨意""预定"等。不过细究起来，这几个概念都与"天命"存在具体的差异。譬如就天命的意志性、主宰性和启示性来讲，中国天命观与基督教的"圣言"有相通之处，而且《诗经》中也有"帝谓文王"（《诗经·大雅·皇矣》）的记载，但中国绝对没有圣言成了肉身、降生为人的思想，基督教《圣经》中的"圣言"也没有关涉王朝政治合法性的君权天授内涵。某种程度上，儒家也深信上天启示，且不说主张"天人感应"与"符瑞灾异遣告"的汉代儒学，就是孟子也讲"天不言，以行与事示之而已矣"（《孟子·万章上》）。不过，基督教的启示是终极实体的自我揭示，其目标是指向超越界，指向上帝本身的，而儒家讲启示，其指向的是经验世界，其目的主要是指导人的俗世道德行为。基督教讲"预定"虽然本身也算一种宿命，但跟中国人讲的"宿命"并不完全是一回事。中国人讲宿命类似希腊人讲命运，其虽云"天注定"，但此天并非人格神的意志之天，而是冥冥中抽象的命运之天，它并不像基督教"预定"有个具体而明确的行为主体——天主。因此，比较基督教与儒家的"天命观"，只有针对中国"天命"神性含义维度中的意志性、主宰性、启示性时，二者才有一定相似性和可比性。然而这只是中国天命思想宗教性维度中的一个面向而已，中国的天命思想远比这复杂。对于儒家而言，天命可能更多时候是指人文化、道德化甚至形上化的天命，这些含义与人格神的"圣言""启示""预定"思想可谓格格不入。所以用"天命"一词去格义基督教的"圣言""启示""预定"诸概念是不准确的，而且极易造成概念混淆。

考虑到汉语的"上帝"概念已经"基督教化"，"天命"一词目前还没有被"基督教化"，既然是要比较中西的信仰文化，最好就不要节外生枝，将中西概念纠缠在一起，所以谢文郁此文论述的主题立意应该更清晰地表述为"敬仰天命与信仰上帝"，而不是"中西天命观"。

四、儒耶信仰文化的区别

由于中西方宗教文化的根本差异性，以"敬仰"与"信仰"区分儒家与基督教的宗教精神的确是一种方便法门。使用这两个概念，既能体现儒耶类似或共通的宗教意识——对某种超越性力量的敬畏、奉仰、信服或依赖（"仰"），也能以"敬"和"信"来区别儒耶宗教感的差异性。因此，提出这两个概念来区分儒耶信仰文化的显性特征是具有学术思想价值的。但是，一旦深入分析，很容易就会发现有些概念术语的内涵其实远比其字面意义丰富或复杂，于是难免给儒耶信仰文化的比较造成困难。

对不可知力量的敬畏或恐惧（fear）是一切宗教意识的起源和共性，不管是哪种形式的宗教，都产生于敬畏的心理，区别只在于其敬畏对象及其与人的关系。基督教作为亚伯拉罕一神教的典型形态，其敬畏对象就是宇宙的唯一主宰"上帝"（God），作为人格神的超越实体。几乎从《创世纪》伊甸园叙事开始，敬畏天主（fear of God）就已是《圣经》的一个核心教义，如《诗篇》中讲："你们敬畏上主的人，请赞美上主，雅各伯所有的后裔，请光荣上主，以色列的一切子孙，请敬畏上主！"（《旧约·诗篇》22：24）虽然相比《旧约》突出上帝的威权和惩罚，基督教的《新约》更热衷宣扬上帝的恩典和爱，常常安慰信众不要恐惧上帝，但使徒们有时也不忘告诫信众"敬畏天主"（《新约·彼得前书》2：17），甚至福音书中耶稣也同样讲过："你们不要害怕那杀害肉身，而不能杀害灵魂的；但更要害怕那能使灵魂和肉身陷于地狱中的。"（《旧约·玛拉基书》10：28）在基督教的话语系统中，敬畏天主就是信靠耶稣基督，跟随他，侍奉他，成为一个忠诚而善良的基督徒从而避免末日来自天主的永罚。"诱以天堂""怖以地狱"[1]，此种源自中亚二元论宗教的心灵操控手段，基督教不仅从未放弃，反而是驾轻就熟、更上层楼。因此，基督教的"信仰"最终

---

① 道安：《三教论·教指通局十一》，《广弘明集》卷18，《四部丛刊初编》第82册，上海书店1989年版。

还是以"敬畏天主"为基础的。这个基础，就是牟宗三所说的"恐怖意识"，一种对外在的绝对超越者的恐惧敬畏心理。没有这个心理基础，基督教宣扬的恩典和圣爱的力量都无处伸展。敬畏，是基督徒宗仰、信靠上帝的前提。

反观儒家对天命的敬畏，道理看似一样，实际却不同。如前所述，儒家敬仰天命的思想源自周人的昊天上帝信仰，但其发展演变情况远比基督教复杂。周人对昊天上帝的敬畏，颇类似亚伯拉罕宗教对唯一神的敬畏。"天命无常"，正因为存在这样一个不可捉摸的上天意志，所以他们的观念里存在有敬天畏命的维度。《诗经》中所讲"畏天之威，于时保之"（《诗经·周颂·我将》），"小心翼翼，昭事上帝"（《诗经·大雅·大明》），即此之谓也。他们也像其他多数宗教一样，以祭祀侍奉天神："卬盛于豆，于豆于登。其香始升，上帝居歆。"（《诗经·大雅·生民》）"我将我享，维羊维牛，维天其右之。"（《诗经·周颂·我将》）然而不同于亚伯拉罕一神教一味信靠神，中国人似乎很难把精神完全托付给彼岸世界的超越力量，他们总是要在此岸世界中去寻求经验的印证，所以他们对昊天上帝的敬畏一开始就不纯粹。一旦昊天上帝的公正在现实世界得不到印证，他们很容易就开始疑天、怨天乃至詈天。因此谢文郁说《诗经》在谈到上帝或天时总是带着敬畏情感①，并不十分确切。《大雅》《小雅》中此类证据很多，甚至直接就喊出："不愧于人，不畏于天。"（《诗经·小雅·何人斯》）"浩浩昊天，不骏其德。降丧饥馑，斩伐四国……凡百君子，各敬尔身。胡不相畏？不畏于天！"（《诗经·小雅·雨无正》）此种大不敬之语，堂而皇之地出现在周人的正声雅乐中，这在亚伯拉罕

---

① 谢文郁：《"敬仰"与"信仰"：中西天命观的认识论异同》。

一神教的语境中是不可想象的。就算如义人约伯那样遭受接连不断的极端苦难，心里产生了怨愤和怀疑，其对上帝的责难依然没有动摇信仰的根基，所以最终约伯还是选择主动承担了苦难，以此证明其信仰的坚定。现实的苦难于是在《圣经》中顺利转化成了信仰忠诚度的考验。

在殷周鼎革之际，西周统治者祭起天命政治伦理神学的大旗为其政权合法性张本，他们从历史经验中认识到"汤武革命，顺乎天而应乎人"（《易经·革·彖辞》），"殷人尊神，率民以事神"，然而"尊而不亲"（《礼记·表记》），故致天命旁落。所以，他们一方面在宗教上拉近天人关系，周天子直接祭祀昊天上帝，以图获取"君权天授"的合法性和正当性；另一方面却又并不把国祚完全放在敬天事鬼的宗教祭祀活动上。因为他们早已认识到，"天视自我民视，天听自我民听"，"民之所欲，天必从之"，天命在于民心向背。此即所谓"天命无常"，"惟德是辅"。天命成为尘世道德的神圣象征。在周人的政治伦理宗教话语体系中，"敬天保民"就等同于"敬德保民"。按《左传·僖公三十三年》的讲法，"敬，德之聚也，能敬必有德"，"以敬事天"本质就成了"以敬事德"。如《尚书》所言，"王敬作所，不可不敬德"，"不敬厥德，乃早坠厥命"。（《尚书·召诰》）在他们的信仰逻辑里，敬德就是敬天。周人贵德，重人事，"近人而忠"，"事鬼敬神而远之"。相比面向超越界敬天，他们可能更加关注现实经验世界。这种"尽人事而听天命"的思想直接影响并塑造了儒家的天命观及宗教意识。

譬如，孔子讲："君子有三畏：畏天命，畏大人，畏圣人之言。小人不知天命而不畏也，狎大人，侮圣人之言。"（《论语·季氏》）此"畏"与其说畏惧（fear），不如说是敬畏或敬服（respect）。"何胤云，

在貌为恭，在心为敬。"① 郑玄曰："心服曰畏。"② "畏，亦敬
也。"③ 王夫之因此诠解此章为君子、小人对天命、大人、圣人之言
的不同态度——"敬""肆"有别。④ 如安乐哲（Roger T. Ames）所
讲，儒家的宗教感是以人为中心的⑤，"畏天命"在儒家这里本是敬
德之"畏"，是对人内在力量（内在天命）的敬畏，而非对外在不可知
力量的恐惧，这跟基督教所讲的掺杂了恐惧心态的"敬畏上帝"有
很大差异。某种程度上可以讲，除儒家继承的殷周神性天命观念中还
保留有恐惧性的敬畏外，在其人文性的天命思想里面，敬畏天命其实
都趋向"敬服"而非"畏惧"。

　　所以这里必须区分儒家宗教性的天命观和人文性的天命观；否
则，儒耶信仰文化的比较将无从谈起。

　　关于儒家是否是宗教的问题，百年来聚讼纷纭。这个问题其实也
源自近代以来西方宗教的文化挑战。一开始尚有学者努力发掘儒家的
宗教要素，以求应对基督教在信仰文化上的优越感。但后来主流的儒
家学者大多抛弃这一立场，不再讲儒家是西方所谓"宗教"（reli-
gion），只承认儒家是"成德之教"、"人文教"（teaching），而其宗教
要素则被归结为人文教、道德教里面包含的"宗教感"或"宗教意
识"。今日虽然也有李申、牟钟鉴、杨庆堃、陈明、蒋庆、李向平、
李天纲、谢遐龄、韩星等一干学者，从不同的学术视野或政治立场去

---

① 《礼记正义》卷1，《十三经注疏》下册，阮元校刻，中华书局1980年版，第
1231页。
② 《礼记正义》卷1，第1230页上。
③ 《大戴礼记·卫将军文子》"畏天而敬人"王聘珍解诂。参见王聘珍：《大戴礼
记解诂》，中华书局1983年版，第114页。
④ 王夫之：《读四书大全说》下册，中华书局1975年版，第456页。
⑤ 安乐哲：《儒家角色伦理学——一套特色伦理学词汇》，孟巍隆译，田辰山等校，
山东人民出版社2017年版，第231—284页。

诠释儒家为现代宗教意义的"儒教"，但这种主张在短时期内似乎还很难获得主流的认同。历史地看，儒家是一个非常复杂的思想传统，无论站在哪一边，恐怕都很难被确切地归纳。所以，李泽厚讲儒家"非哲学非宗教""半哲学半宗教"①，彭国翔说"儒家非人文主义非宗教，而亦人文主义亦宗教"②，绝不是和稀泥，他们都认识到了儒家精神本质的复杂性。儒家的宗教维度，绝不能简化为一种精神性的"宗教意识"。《论语》中讲："祭如在，祭神如神在。"（《伦语·八佾》）商周的宗教思想，并没有被孔孟全盘否定，甚至到了汉代还为儒家所发扬光大，敬天、祭祖、崇圣也一直为儒家所推重，儒家不仅参与了商周宗教思想诠释与建构，也广泛参与了朝野的祭祀实践。③总之，历史上儒家有一套完整的"政教相维"或"政教一元"的祭祀礼仪系统，在国家的政治与日常生活中扮演着宗教的角色。所以在中西信仰文化的比较中，有必要区分宗教的儒家和人文的儒家，尽管这种区分在儒学史上并不能完全体现为泾渭分明的两条思想路线之分别。

　　简单地说，《中庸》所谓"天命之谓性"与《尚书》《诗经》所谓"天命靡常"根本就不是一种"天命"，《论语》所讲的"畏天命"与《尚书》《诗经》所讲的"畏天"也不是一种"畏"。就儒家宗教性的

---

① 李泽厚：《论语今读》，安徽文艺出版社1998年版，第6页。

② 彭国翔：《儒家传统：宗教与人文主义之间》，北京大学出版社2007年版，第11页。

③ 敬天最具宗教仪式感的是郊社之礼中的祭天，这是由皇帝主持的国家祭典。西周以来，只有天子才有资格祭天。传统社会百姓不能直接祭祀昊天上帝，但允许敬拜天地（如大婚、入学），一般是敬拜"天地君亲师"的牌位，也可在中庭焚香祈告上苍。崇圣，主要指祭祀、敬拜孔子，文庙、孔庙皆是祭祀孔子的官方场所，另外国子监、翰林院乃至各级学府也都设有孔子牌位或画像供儒生祭祀、敬拜。祭祖，正式的仪式一般在宗祠、家庙中举行，普通人家中往往亦设有祖像牌位供日常祭拜，重要的祭日（如清明）亦会扫墓祭拜。另外，儒家也祭祀社稷山川神祇，某种程度上还保留着原始的自然崇拜和鬼神崇拜。

天命观而言，其云"敬畏天命"与基督教讲"敬畏上帝"或有可通之处。但就人文化、内在化的天命思想而言，儒家讲的"敬畏天命"却是"敬服"的意思，而非一般宗教所讲的"畏惧"之"敬畏"，二者绝然不同，难以通约。谢文郁从周人"敬德保民"中看到了"敬德"向儒家内在化天命观念转化的思想线索，却忽视了宗教性天命观在儒家中保留下来的思想史事实，因此，他对此二者未做区分，以致其比较对象混淆不清。

谢文郁在比较儒耶信仰文化的异同涉及儒家天命观时，前面谈到周人宗教性的政治天命思想（且不论其将天命理解为祖先传统是否正确），后面又故意不做区分地将重心放在《中庸》人文性的"天命之谓性"的诠解上，并抓住"诚"字这一《中庸》枢纽来描述儒家的"敬仰文化"，其实不知不觉中已造成论述的前后矛盾。

在《中庸》中，天命的人格神宗教实体含义已被基本涤清，已然转化为一种超越而内在的形上实体，即后世宋儒所谓"天理"。"天命之谓性"，讲的是"性自命出，命从天降"[①]，天命下贯为人性，此性即为"天地之性"或"义理之性"。所以儒家形上天命思想与人性论是自然关联在一起的。而《中庸》的"天命之谓性"，经由孟子性善论道德化为"诚善之性"[②]，再与孔子之"仁"、《大学》之"明德"相融汇，至宋明心性之学中遂先后开出程朱之理与性、象山之心、阳明之良知，等等。天命所赋予人之"性"，因此被思孟学派、宋明理学乃至当代新儒家诠释为具有道德向善禀赋的人性论。

《中庸》讲："诚者，天之道也；诚之者，人之道也。诚者不勉而

---

① 《性自命出》，参见荆门市博物馆编：《郭店楚墓竹简》，文物出版社1998年版，第177页。

② 焦循：《孟子正义》，中华书局1987年版，第509页。

中，不思而得，从容中道，圣人也。诚之者，择善而固执之者也。"
思孟学派对于"诚"和"诚之"的区分，常为后世学者所忽视、混
淆，这两个范畴一本一末，实有天、人之别。朱熹集注曰："诚者，
真实无妄之谓，天理之本然也。诚之者，未能真实无妄，而欲其真实
无妄之谓，人事之当然也。"①"诚"这个范畴本是就天道而言的，讲
的是真实无妄的天道自然，其于人而言则特指纯粹道德本体的自然呈
现，即良知良能，如"百姓日用而不知"的爱亲敬兄、恻隐之
心。②"诚"为天之道，亦是圣人之德，因为圣人之德上达天德、遥
契天理——内在超越的遥契，非基督教那种外在超越的遥契。"诚
之"为（贤）人之道，因为人不能免于私心杂念，不能企及圣人道德
境界的纯粹性，不能做到"不勉而中，不思而得，从容中道"，只能
依循人的天赋本性，"择善而固执之"，以求"下学而上达"。——可
见其实严格讲来，不是《中庸》讲的天道论层面的"诚"，而是作为工
夫论层面的"诚之"（"思诚""明诚"）才是与基督教的"信仰"对
应的比较概念。在儒家看来，即使不是圣人，普通儒者从下学亦可以
上达："由至诚而有明德，是圣人之性者也；由明德而有至诚，是贤
人学以知之也。"③正如牟宗三所讲："只须努力践仁，人便可遥契天
道，即是使自己的生命与天的生命相契接。"④《中庸》之"诚"为天
道、天性、圣人之德，本质上就如同牟宗三所讲，不过是"仁"的
另一种表达罢了。⑤所以《中庸》之"诚"，与哲学化的儒家所讲的
"敬"内在相通，故常常合称"诚敬"。儒者言"存诚主敬"，本质就

---

① 朱熹：《四书章句集注》，中华书局1983年版，第31页。
② 陈淳：《北溪字义》，熊国祯、高流水校，中华书局2000年版，第33页。
③ 《礼记正义》卷53，《十三经注疏》下册，阮元校刻，中华书局1980年版，第
1632页。
④ 牟宗三：《中国哲学的特质》，第32页。
⑤ 牟宗三：《中国哲学的特质》，第39页。

是"存仁主敬"。仁为体，敬为用，"诚"与"敬"对于心而言就是体用的关系，所以孔子讲"修己以敬"，宋明儒讲"涵养须用敬"。"敬"是由"诚"发动的由内而外的一种道德情感态度，它是"诚"的外化表现。尽管如此，它指向的仍是一种内在的超越对象——象征道德的天命或天理。但无论如何，"诚"与"敬"在儒家人文化和形上化的天命观念下，早已没有外在他律的畏惧含义——作为道德形上实体的天道不是畏惧的对象，所以其与周人的天命信仰敬畏文化根本是两回事。"诚"与"敬"，是生命的主观性原则，是由主体精神所透显出来的道德原则。这种主观性原则，决定了儒家形上天命观（天道观）的一个根本思想，即"人能弘道，非道弘人"（《论语·卫灵公》），而基督教则正如牟宗三所分析的，他们只愿意讲"道可弘人"，而难以赞同"人能弘道"的观点。①

所以，儒耶信仰文化的根本差异，关键还是在天人关系或神人关系中如何定位主体精神的地位。简单说，即是否以人为中心。儒家弘扬主体精神，外在超越的天命可以转为形上实体，并进一步内化为道德本体，从而儒者可以通过"明诚""敬德"，尽性践仁，在人内在的道德精神中找到"天人合一"的途径。而基督教将上帝的客观精神绝对化，忽视主体精神的潜能，侧重于强调基督徒对上帝的皈依、信靠。在此进路中，虽然基督徒的信仰（崇拜、祈祷）被视为获得启示不可或缺的要素，但信仰并不是救赎的决定性力量，最后人的拯救只能透过上帝的恩典来实现。这是儒耶信仰文化最大的差异。

① 牟宗三：《中国哲学的特质》，第40页。

五、面向终极实体的"情感"：
认识抑或体验

　　谢文郁从所谓情感认识论的立场上去比较"中西天命观"，其哲学基础亦大有可以商榷之处。在他看来，中西天命观的核心问题是人如何认识天命或神意，认识天命或神意不是通过感觉经验，而是通过情感——情感也是一种认识器官，所以天命是一种情感对象。① 也即是说，情感可以为我们提供其对象——天命的知识。

　　尽管儒家讲"知天命"，基督教也讲"认识神"，但这种"知"或"认识"不能归结为一个纯粹的认识论问题。这种"知"或"认识"的本质其实是一种遥契式的道德体认或信仰体认。无论这种体认的对象是外在的超越性实体，还是内在的道德性实体，都不是一般认知理性所能企及的。正如康德（Immanuel Kant，1724—1804）早年的著作所讲："人们相信上帝的存在是绝对必要的，但人们证明上帝的存在却并不同样必要。"② 实际上，在后来的《纯粹理性批判》中，他就完全否认了从认识论角度证明上帝存在的可能性。在他看来，从思辨理性来认识上帝，无论是经验性的途径（自然神论进路和宇宙论进路），还是先验的途径（本体论进路），都是认知理性的僭妄，因为人的认知力量无法真正超越于感官经验世界之上。人除了诉诸实践理性的假设来确信上帝的存在别无他途。"因此我不得不悬置知识，以便

---

　　① 谢文郁：《"敬仰"与"信仰"：中西天命观的认识论异同》。
　　② 康德：《证明上帝存在唯一可能的证据》，李秋零译，《康德著作全集》第2卷，中国人民大学出版社2004年版，第167页。

给信仰腾出位置。"① 对于康德来说，只有主观上和客观上都是充分的那种"视其为真"才叫知识，而只在主观上充分、客观上却不充分的"视其为真"是信念或信仰。②《希伯来书》也讲："信德是所希望之事的担保，是未见之事的确证。"(《新约·希伯来书》11：1) 有关上帝存在的学说在学理上都属于信仰论，基督教所谓"属灵的知识"根本与哲学上讲的一般认识论无关。

信仰的本质是一种情感体验与生命实践，而非知识，牵强附会地去强调信仰的认识论属性，容易造成混淆，效果可能适得其反。就像牟宗三所说的："这种与超越者的相知，绝不是经验知识(empirical knowledge)或者科学知识(scientific knowledge)的知，这样的知愈丰富，人便愈自豪，愈缺乏对超越者的敬畏。"③ 在新儒家看来，天命绝不是一个孤立的认识的对象，它只能是一种体验、体证的对象，"知天命"靠的是相继不断的修身践仁、成德工夫。君子为仁由己，存其本心以涵养正性，以仁合天，以德事天，所谓"知天命"就是在尽心尽性的思诚行仁过程中遥契天命或天理这个普遍的道德实在。此正是孟子所讲的："是故诚者，天之道也；思诚者，人之道也。"(《孟子·离娄上》)"尽其心者，知其性也。知其性，则知天矣。存其心，养其性，所以事天也。夭寿不贰，修身以俟之，所以立命也。"(《孟子·尽心上》)

对于基督教而言，信仰是个体参与无限、参与永恒的生命实践，其意义也远不止于"认识"。"这是大家所称为宗教经验的东西的本

---

① 康德:《纯粹理性批判》，邓晓芒译，人民出版社 2004 年版，第 22 页。
② 康德:《纯粹理性批判》，第 623—625 页。
③ 牟宗三:《中国哲学的特质》，第 33 页。

质，即某种无条件的东西超越于我们所认知的知识和行为。"① 就算是为现代神学奠立信仰情感论基础与主体性原则的施莱尔马赫（Friedrich D. E. Schleiermacher，1768—1834），其将基督教信仰定义为对上帝的"绝对的依赖情感"②，也是将信仰视为一种作为"自我意识"存在的宗教情感领悟，而不是以所谓情感的认识功能来诠释人与终极实体之间的关系。总之，信仰属于体验和实践，不属于认识，以认识论来置换体验论、实践论，不仅在儒家天命观里毫无理据，在基督教信仰学说中也同样讲不通。

　　谢文郁将中国人对天命的敬仰与西方人对上帝的信仰归结为情感认识作用，可能也存在对敬仰或信仰的狭隘化或矮化理解的问题。敬仰或信仰，本质属于一种宗教体验与实践（或道德信仰实践）。按照康德所说，一切实践的东西，就其包含动机而言，无疑都与经验性的情感有关。③ 所以，敬仰或信仰本身包含情感维度以及情感价值判断，这点应该是毫无疑问的。但是否能把敬仰或信仰化约为情感作用，却大可存疑。就算是像爱德华兹（Jonathan Edwards）这样高擎宗教情感学说的清教宗师，他把真正的宗教视为由神圣情感构成的，也没有直接宣布"真正的宗教只是情感的问题，只是与爱恨有关，仿佛信念和理解并不需扮演什么角色似的"④。谢文郁为论证信仰的认识功能而援以为据的普兰丁格《基督教信念的知识地位》（*Warranted Christian Belief*）一书，也从未在情感与信仰之间划过等号。敬仰或信

　　① 蒂利希：《基督教思想史》，尹大贻译，道风书社2004年版，第504页。
　　② Friedrich Schleiermacher, *The Christian Faith*, Edinburgh: T. & T. Clark, 1960, p. 16.
　　③ 康德：《纯粹理性批判》，第21页。
　　④ 阿尔文·普兰丁格：《基督教信念的知识地位》，邢滔滔、徐向东、张国栋、梁骏译，北京大学出版社2004年版，第326页。

仰，植根于情感，但同样植根于意志与理智，并超越于这三者——这种超越本质是对人的有限性即经验的局限性的超越。

近些年来，儒家哲学尤其是儒家道德哲学和美学中，一种情感主义的诠释进路日渐风行。但在天人关系与终极关怀领域，所谓的儒家情感哲学并不能解释一切。这里权且先搁置儒家宗教性的天命思想不论（与基督教上帝信仰类似，详见于后），重点考察人文性的天命思想。儒家人文哲学中的天人关系，说到底是心与天（天命或天道）的关系。所以孟子讲尽心知性知天、存心养性事天。

心，作为主体精神能力，按照康德的划分，包含知、情、意三个维度，即认识能力、情感能力、欲求能力。古代儒家虽没有这样清晰细致的横向划分，但也比较明确地纵向区分了"性"与"情"。张载（1020—1077）讲心兼性、情："心统性情者也。有形则有体，有性则有情。发于性则见于情，发于情则见于色，以类而应也。"[1] 性为心之本，情为心之动；性为体，情为用；性指向形而上的维度，情指向形而下的维度。因此，单拎出情感来谈终极关怀明显不合儒家哲学宗旨——且不论儒家所谓之"情"（情实、情理、情感）远比基督教或现代流行哲学所谓之"情感"（feeling/emotion）复杂，更不用说谢文郁误用的 sentiment 概念了。[2] 在儒家哲学中，性命天道是贯通的，如程颐所讲："在天为命，在义为理，在人为性，主于身为心，其实一

---

[1] 张载：《正蒙》，《张载集》，中华书局1978年版，第374页。
[2] 18世纪启蒙运动时代，感伤主义（sentimentalism）流行，但在浪漫主义思潮兴起之后，作为情感概念的 sentiment（"感伤"）逐渐变成一个贬义词。所以，经过启蒙运动和浪漫主义双重洗礼的现代新教神学，其视为基督教信仰核心内涵的"情感"（feeling/emotion），绝不是谢文郁所讲的 sentiment。sentiment 作为情感是向内塌缩、先下沉坠的，而信仰的情感必然是一种指向超越界的、向上翻的激情（passion），类似柏拉图所讲的eros（欲爱）。参见蒂利希：《基督教思想史》，第485页。

也。"①《易传》讲："一阴一阳之谓道，继之者善也，成之者性也。"
（《易经·系辞上》）"穷理尽性，以至于命。"（《易经·说卦传》）再
结合儒家哲学的经典文本《中庸》所谓的"天命之谓性，率性之谓道，
修道之谓教"，可见心对天命、天道、天理的体证，主要是通过对人
本身禀受之性来体认来实现的。朱熹认为，"天命之谓性"，性即是
天理，从宇宙创生的角度看，"天以阴阳五行化生万物，气以成形，
而理亦赋焉……于是人物之生，因各得其所赋之理，以为健顺五常之
德，所谓性也"②。而人要体证天理、天道、天命，就可以体究自身
内在的自然善性，正心诚意，并于日常生活中修身践仁。所以朱熹
讲："达道者，循性之谓，古今之所共由，道之用也。"③

　　再回过头来看儒家哲学中所讲的情，其作为道德哲学概念主要是
表现心性的作用这一形下维度，如孝悌之情、亲亲之情、博爱之情、
喜怒哀惧爱恶欲之情、恻隐之心、羞恶之心、辞让之心、是非之心。
儒家讲的这些道德情感，皆是心性感物而动的作用，与"性"根本
不是一个层面的东西。如程颐就批评过韩愈以博爱为仁，混淆性情体
用的关系："爱自是情，仁自是性，岂可专以爱为仁？……仁者固博
爱，然便以博爱为仁则不可。"④ 又云："盖仁是性也，孝弟是用也。
性中只有仁义礼智四者，几曾有孝弟来？"⑤ 当代学者论"情"经常
援引郭店楚简的"道始于情，情生于性"。⑥ 其实此简所谓之"情"
同样是形下层面的情感，是从天赋人性中生发出来的；这里肇端于情

---

① 程颢、程颐：《二程集》，中华书局1981年版，第204页。
② 朱熹：《四书集注》，中华书局1983年版，第17页。
③ 朱熹：《四书集注》，第18页。
④ 程颢、程颐：《二程集》，第182页。
⑤ 程颢、程颐：《二程集》，第183页。
⑥ 《性自命出》，第177页。

感的"道"，也无关通常我们所谓的"天道"，而主要是指流行于社会世间的人伦之道，简称"人道"。所以情感可以通经验世界的人道，却不可能直接上贯超越世界的天道。

《中庸》讲"诚者，天之道也"，儒者对天道诚体的觉解，不是单靠情感，而是要靠慎独、靠正心、靠诚意、靠存养，以诚来体证天道性命：

> 唯天下至诚，为能尽其性；能尽其性，则能尽人之性；能尽人之性，则能尽物之性；能尽物之性，则可以赞天地之化育；可以赞天地之化育，则可以与天地参矣。（《中庸》）

在儒家哲学中，只有通过道德心的涵养操存，达到心与万物合一即心物一体的境界，即宋明儒所讲的"自明诚"或"自诚明"状态，才可以体究天道、天命。所以，理学和心学都极其重视"诚"在修养工夫论上的核心作用。周敦颐讲："诚者，圣人之本。大哉乾元，万物资始，诚之源也。"[1]"诚，五常之本，百行之源也。静无而动有，至正而明达也。"[2] 邵雍讲："至诚可以通神明，不诚则不可以得道。"[3] 张载讲："性与天道合一存乎诚。"[4]"儒者则因明致诚，因诚致明，故天人合一，致学可以成圣。"[5]"'自明诚'，由穷理而尽性也；'自诚明'，由尽性而穷理也。"[6] 朱熹讲："诚则无不明矣，明则

---

①　周敦颐：《周子通书》，上海古籍出版社2020年版，第33页。
②　周敦颐：《周子通书》，第34页。
③　邵雍：《皇极经世书》，中州古籍出版社2007年版，第518页。
④　张载：《正蒙》，第20页。
⑤　张载：《正蒙》，第65页。
⑥　张载：《正蒙》，第21页。

可以至于诚矣。"①　王阳明也讲："是故不欺则良知无所伪而诚，诚则明矣；自信则良知无所惑而明，明则诚矣。明诚相生，是故良知常觉常照。"②　由"诚"而遥契天道，本质是良心仁体内在的超越，是牟宗三所谓的道德心体的"智的直觉"。

基督教重视情感的作用，将其放在信仰内涵的核心位置，是基督教神学的一条重要思想脉络。现代情感信仰论一般都会回溯到西欧浪漫主义对启蒙理性宗教观的反拨。谢文郁把思想源头直接追溯到奥古斯丁（St. Augustine，354—430），当然有其内在逻辑和合理性。③　不仅奥古斯丁应该被提及，中世纪真正情感主义路线的集大成者波纳文图拉（St. Bonaventure，1221—1274）更应该被重视。但是，现代基督教神学的情感主义与教父神学和中世纪神学中的情感主义主张是有明显区别的，那就是现代神学是把信仰的基础直接放置在主体情感范畴上面的，而古代和中世纪的基督教思想家则会在情感的前面安排恩典、启示及圣灵作用作为基本前提。根本上讲，教父时代和中世纪神学家讲的情感概念不是纯粹主体性的范畴，因此不具有调校启蒙理性信仰的现代性价值。所以，当代学者谈论这个问题梳理神学思想史时，回溯到浪漫主义神学，回溯到其代表人物施莱尔马赫，并不算是故意漠视情感主义信仰论的古老传统。当然，是不是施莱尔马赫和浪漫主义神学就是现代情感信仰论的真正起点，这个思想史问题还可以进一步深究。

经院哲学将神视为最高存在，世界是神圣逻各斯的呈现，所有受造物都按照某种理性秩序排列，人因此可以通过理性来认识神。在经

---

① 朱熹：《四书章句集注》，中华书局1983年版，第32页。
② 王阳明：《传习录》，《王阳明全集》上，上海古籍出版社1992年版，第74页。
③ 谢文郁：《偶态形而上学：问题的提出和展示》，《世界哲学》2013年第4期。

院哲学中，情感的地位是远低于理性的，托马斯·阿奎那（St. Thomas Aquinas, 1225—1274）认为情感只是灵魂中的被动潜能，本质属于"感性欲望"（sensitive appetite）。但唯名论革命摧毁了经院哲学的实在论根基，唯名论否认了共相的实在性，颠覆了中世纪鼎盛时期人们对人、神、自然的看法，在存在论层面最终落实到一种较为彻底的个体主义。于是，在唯名论那里，没有启示，就不存在人可以理解的自然秩序或理性秩序，也不存在关于神的知识。神与受造物之间的鸿沟是不可逾越的。神在唯名论那里变成了一个无法被人理解的全知全能且无法捉摸的神，人无法通过自己的理性来认识神。中世纪的神学形而上学及价值世界由此面临巨大危机。① 以彼特拉克（Francesco Petrarca, 1304—1374）为代表的意大利人文主义者，尽管没有完全放弃信仰，但已经不再看重恩典与救赎，而是倚重人的个体性以及道德意志，希望通过人的意志来实现道德的自我完善，重建崩塌的价值世界；而北方温和的人文主义者，如伊拉斯谟（Erasmus von Rotterdam, 1466—1536）以及稍早的"共同生活兄弟会"这样的现代虔信派（devotio moderna，如库萨的尼古拉［Nicholas of Cusa, 1401—1464］），对人的道德意志就没有那样信任，而是希望把虔信与道德结合起来。他们对于信仰有更深的眷恋，他们认为信仰的本质无关理性也无关意志，而是充满灵性与宗教情感的生活方式。所以，基督教对于主体性情感的主张，在14世纪虔信派那里便已经发端了。② 这种对宗教的主体内在维度的强调，对于传统天主教会来讲是极具挑战性的，这种挑战通过伊拉斯谟等北方人文主义的影响直接为路德继承，由此产生宗

① See Michael Allen Gillespie, *The Theological Origins of Modernity*, Chicago & London: The University of Chicago Press, 2008, p. 35.

② Ibid. , p. 93.

教改革。通过爱和恩典，路德把唯名论那种抽象的、遥不可及的神，转变成为一种充满个人的内在力量。他讲因信称义，不过在他看来，信仰只有通过恩典的灌注才能实际产生。所以，在北方人文主义那里发轫的信仰情感论，在宗教改革中并没有被光大，反而被遮蔽。不过它的影响通过一种较为隐蔽的方式被虔信派传承下来，直到被施莱尔马赫及浪漫主义神学所发扬光大。

　　启蒙思想家对于基督教理性化或道德化的诠释，将基督教信仰抽象化、哲学化，将人神关系主客分裂，忽视信仰的情感经验与超越维度，以及满足信众心灵慰藉的意义，这在当时许多神学家看来是不可容忍的。所以，他们借助浪漫主义思潮举起"情感"的大旗，强调以宗教经验为中心，借以恢复基督教信仰的具体性、丰富性和完满性。其中，施莱尔马赫是最重要的代表人物，他的神学思想通常被视为信仰论现代转型的重要里程碑，甚至他本人也被尊为"现代神学之父"。他在《论宗教的本质》中讲："情感被扭曲错误了；你们要把它带回给宗教，这个宝物只属于它，而作为这个宝物的女主人（Be-sitzerin），相对于伦理和所有别的作为人的行为对象的东西而言，它不是女仆，却是不可缺少的女友，是它在人性上完全合适的女代言人和中介者。"①

　　施莱尔马赫影响最大的神学观点就是把基督教的本质视为无条件的依赖的情感。这也是现代神学中信仰情感论的一个重要理论源头。然而，在蒂利希（Paul Tillich，1886—1965）看来，施莱尔马赫用以超克启蒙理性神学主客分裂的同一性原则所使用的"情感"（Gefühl，feeling）一词，却是一个绝大的失误。因为这个词为后来将信仰拉低

①　施莱尔马赫：《论宗教》，邓安庆译，商务印书馆2011年版，第64页。

到心理学功能解释开了方便之门。他认为，施莱尔马赫《基督教信仰》一书中所讲的"无条件的依赖的信仰"带有康德绝对命令式的特征，超越了心理学的领域，不应被理解为主观意义的情感。尤其是面对上帝时，仅仅把信仰理解为情感是不够的，因为本质上它涉及"宇宙的直觉"，属于信仰主体内在的觉醒。蒂利希建议用"神化"（divination）一词来表示主客二分的认识论无法企及的体验。所谓"神化"，就是对上帝的直接体认。① 施莱尔马赫自己使用的词当然不是"神化"，而是"直观"。他讲，宗教的本质既非思维也非行动，而是情感和直观。② 其中，对宇宙的直观"是宗教最普遍的和最高的公式"，"宗教的本质和界限可以据此得到最准确的规定"，"一切直观都来自被直观者对直观者的影响，来自被直观者之本源的和独立的行动，然后由直观者合乎其本性地对之进行摄取、概括和理解"。③

实际上，在施莱尔马赫的神学概念中，表达"绝对的依赖感"的德文 Gefühl 一词远比英文的 feeling（情感）一词深刻，因为"一切宗教情感都是超自然的"，"只有在直接经受宇宙的作用这个条件下，它们才是宗教的"。④ 有时候施莱尔马赫所讲的"情感"可以等同于古人所讲的"虔敬性"⑤，其本身包含着"神性意识"（God-consciousness）在里面，即他讲的"在自我意识中包含了神性意识"⑥。他还说："如果将其自身呈现为神性意识，绝对的依赖感就是最高程度的当下自我意识，它也是人性的本质成分。"⑦ 这种论述，在逻辑上颇

---

① 蒂利希：《基督教思想史》，第 501—502 页。
② 施莱尔马赫：《论宗教》，第 30 页。
③ 施莱尔马赫：《论宗教》，第 33 页。
④ 施莱尔马赫：《论宗教》，第 69 页。
⑤ 施莱尔马赫：《论宗教》，第 64 页。
⑥ Friedrich Schleiermacher, *The Christian Faith*, p. 17.
⑦ Friedrich Schleiermacher, *The Christian Faith*, p. 26.

类儒家讲"天命之谓性"，人的自性是天命之性，性即是理。对基督教信仰情感化的批评，牟宗三的观点也颇能与施莱尔马赫的观点相应。他讲："纵使以人格之神为信仰之对象，然若有心性之学以通之，则其信必更能明彻健全而不动摇。如此方可说自拔于陷溺，腾跃而向上，有真的自尊与自信。否则自家生命空虚混沌，全靠情感之倾注于神而腾跃，则无源之水，脚不贴地，其跌落亦必随之。"①

总之，宗教的神圣经验远比情感丰富。信仰经验作为人的整体体验的一部分，必然包含情感的维度，某种程度上它也必然依赖情感并表现为情感，但其本质却始终超越于情感。一句话，单纯主观意义的情感并不能规定信仰的本质，或宗教的性质。

最后，谢文郁强调情感是一种"认识器官"，"情感具有认识功能"②，这个作为中西"天命观"比较立论依据的观点，在康德和牟宗三那里恰恰有截然相反的论断。众所周知，在康德知、情、意三分的主体能力结构中，情感明显是区别于认识能力的，各有其领域。情感是一种不同于认知理性的主体能力，其运作机制不同于认识，它是一种指向好恶或愉快与否的实践体验。康德讲："一切实践的概念都是指向合意或讨厌，也就是愉快和不愉快的对象的，因而至少是间接地指向我们的情感的对象的。但由于情感不是对物的表象能力，而是处于全部认识能力之外的，所以我们判断的要素只要与愉快或不愉快相关，因而作为实践的判断要素，就不属于先验哲学的氛围，后者只与纯粹的先天知识相关。"③ 牟宗三进而言认知理性体现的是认识主体能力，意志与情感本质则是实践主体能力。实践主体高于认识主

---

① 牟宗三:《中国哲学的特质》，上海古籍出版社 2007 年版，第 134 页。
② 谢文郁:《"敬仰"与"信仰"：中西天命观的认识论异同》。
③ 康德:《纯粹理性批判》，第 609 页注释。

体，如其所言，"唯有一点可说者，即认识主体必是下级的，而实践主体——意与情，则是上级的"[①]。所以情感，无论是道德情感还是宗教情感，都与认知理性无关。情感是超越于认知理性的一种实践，本质是一种生命体验能力。

六、结语

康德以后，情感属于实践主体，属于生命体验的活动，不属于认识活动，已普遍为学界所接受，主张情感的认识功能缺乏传统哲学依据，现代认知心理学（cognitive psychology）也不支持这一主张。将信仰的本质规定为情感，虽然明显受到新教敬虔主义与浪漫主义神学观念的影响，但恰恰是新教神学真正的代表人物施莱尔马赫和蒂利希，明确反对将信仰限定在主观意义的情感。信仰是主体灵魂深处内在的觉醒，是对终极实体的超知性直观，即对上帝的直接体认。在儒家哲学中，心统性情，性为体，情为用，情感属于人的本质力量的形下维度，其通经验界（人道），却无法直接向上贯通超越界（天道）。所以，儒者对天命、天道的体究，不是单靠情感，而是要靠尽心尽性，以诚来实现内在的超越，体证天道性命，达到天人合一的"诚明"境界。总之，以情感认识作用来解读中国人对天命的敬仰与西方人对上帝的信仰，是一种狭隘化甚至错误的理解。本质上，信仰也不是一种认识活动，而是一种生命实践。

中西文化或者儒家与基督教的比较研究，之所以往往大而无当、浮游无根、不得要领，其实根本的问题出在方法论上。因为无论是儒

---

① 牟宗三：《生命的学问》，广西师范大学出版社2005年版，第17页。

家还是基督教，中国文化还是西方文化，都是错综复杂的文化集合体，其中派系纵横、盘根错节，不同思想流派或立场，其对同一事物往往有截然不同的解释，因此不作任何限定的中西比较或儒耶对话，总是顾此失彼，难得周全之论。譬如中国民间社会对昊天上帝的信仰，并不能直接等同于中国古代文献中的天命观；中国文化中的天命观，也不等同于儒家天命观，因为道家、墨家、法家等诸子学派皆有天命思想；儒家天命观首先有孟、荀"天人合一"与"天人相分"的思想脉络区分，即便只讲儒家"天人合一"的大传统，亦有人文性的天命观与宗教性的天命观的区分。倘笼统言中国天命观或儒家天命观，并视其为单一思想体与西方基督教所谓"天命观"比较，则难免陷于粗疏、混乱的局面。

中西比较必然涉及"格义"的问题。中国的"天命"概念内涵丰富，在古代文献中既可以指神性之天的命令，指统治者的政治天命，也可以指内在化的先天禀赋，还可以表示尘世君王的意志与命令、个体宿命乃至自然规律等等。在西方基督教传统中，根本找不到一个概念能够与之对应。所以严格意义上，所谓基督教的"天命观"是不存在的。就算只比较神性意义的"天命"，基督教也不能用"天命"这个概念，因为"天"在基督教文化中只是神的创造物，而非神自身。当然，这里也不是说儒家与基督教完全不能进行相关思想的比较，不过前提一定是要对比较对象作严格限定。如果只限定在神性意义的"天命"思想的比较上，基督教的"圣言""启示""神的旨意""天意"和"预定"等概念倒可作为中西比较对话的资源。

使用"敬仰"与"信仰"两个概念来区分儒家与基督教信仰文化的显性特征，是一种方便法门，但也有其学术思想意义。一切宗教意识都起源于对不可知力量的敬畏或恐惧，基督教的"信仰"也是以"敬畏天主"为基础的。周人对昊天上帝的敬畏与此类似，但中国人从未产生对彼岸超越性力量的绝对依赖，他们对昊天上帝敬畏从来都受制于现实经验世界，甚至带有世俗功利色彩。因此，周人信仰文化的真正本质是"事鬼敬神而远之""近人而忠"。这种信仰文化直接影响了儒家以人为中心的宗教意识，并促成了人文性的天命思想的产生。在儒家人文性的天命思想里，"畏天命"之"畏"其实是"敬服"之意，而不是基督教那种对上帝的"畏惧"。因此，区分儒家宗教性的天命观和人文性的天命观，是儒耶相关思想比较必须要做的前提性工作。《中庸》所谓"天命之谓性"与《尚书》《诗经》所谓"天命靡常"不是一种"天命"，《论语》所讲的"畏天命"的"畏"与《尚书》《诗经》所讲的"畏天"的"畏"也不是一种"畏"。就儒家宗教性的天命观而言，其云"敬畏天命"与基督教讲"敬畏上帝"或有可通之处；但就人文化、内在化的天命思想而言，儒家讲的"敬畏天命"却与基督教扞格不通。儒家内在化、道德化的天命，不能通过基督教那种自我否弃的"信仰"方式，只能通过"存诚主敬""尽心尽性"，以内在超越的方式去体认，它彰显的是生命的主体性原则。就这个部分而言，儒耶天命观的区别或许才可以简化为向内求与向外求、自力与他力的区别。

"一天各表"：儒家宗教性与儒耶对话

肖清和[*]

儒学宗教性的问题，学界讨论由来已久，众说纷纭。[①] 但毫无疑问，儒学中存在某种"宗教性"（religiosity）的内容与特征，至于此种宗教性是否就是宗教自身，或者程度如何，则仍存疑。本文所谓的"宗教性"是指崇敬某种超越性、具有人格神特征的外在对象。[②] 其核心是认为此外在对象具有赏善罚恶之功能。如果按照此种定义，先秦以降，儒家经典与思想中即有宗教性的表述。如果我们根据利玛窦等传教士对儒家所做的区分，那么我们就可以发现先儒文献中的宗教性表述，更加倾向于人格神特征；而后儒尤其是宋明理学当中的宗教性表述，则明显趋向于道德化与伦理化。换言之，先儒的宗教性表述

---

* 肖清和，北京大学哲学系长聘副教授。

① 有关儒家宗教性的讨论起源于明末利玛窦（Matteo Ricci, 1552—1610）。在中国礼仪之争中有关儒家宗教性的讨论更为具体而集中。当代的讨论主要围绕儒家是否是宗教而展开的，参见陈明主编：《激辩儒教》，贵州人民出版社 2010 年版。主张儒家是宗教的代表人物为任继愈先生及其弟子，参见李申主编：《中国儒教史》（全 3 卷），江苏人民出版社 2018 年版。此书有多个版本。反对者曾编批判文集，参见鞠曦：《〈中国儒教史〉批判》，中国经济文化出版社 2003 年版。另参见任继愈主编：《儒教问题争论集》，宗教文化出版社 2000 年版；韩星：《儒教问题：争鸣与反应》，陕西人民出版社 2004 年版；Lionel M. Jensen, *Manufacturing Confucianism: Chinese Traditions and Universal Civilization*, Durham, North Carolina: Duke University Press, 1998; Yong Chen, *Confucianism as Religion: Controversies and Consequences*, Leiden: Brill, 2013; Anna Sun, *Confucianism as a World Religion: Contested Histories and Contemporary Realities*, Princeton: Princeton University Press, 2013。

② 关于人格神的定义，参见傅佩荣：《儒道天论发微》，中华书局 2010 年版，第 6—7 页。

与基督教的一神论比较接近，而后儒的宗教性表述常常变成道德论述的工具。① 在此意义上，本文尝试通过以"对越""昭事""事天""临格"等关键词探讨儒家与基督教就宗教性方面所形成的交流与对话。本文尝试指出：儒家一方面本身存在着宗教性的表述，另一方面此种宗教性表述可以成为儒耶对话的基础，并为明末清初耶稣会士、儒家基督徒所广泛使用，最终形成儒耶对话的产物：儒家一神论（confucian monotheism）。正是因为儒耶在宗教性上的某些共同立场，使得晚明基督教为诸多士大夫所认同，并对李颙、许三礼、王启元等士大夫推动复兴"宗教的"儒家产生直接或间接的影响。宋明理学中的"无神论"倾向虽然被传教士所拒斥，但在企图通过超越性"他者"（上帝、天）来强化道德教化的张居正、康熙皇帝那里，传教士们发现了与宋明理学不同、而与基督教的上帝观相一致的地方。因此，当康熙皇帝向传教士赠予"敬天"匾额之时，传教士就将其理解为崇敬天地万物之根源即天主；康熙本人也认同传教士的理解。由此可见，在康熙所认可的庙堂理学与传教士所理解的儒家一神论之间形成了某种默契。而这种默契随着礼仪之争而被迫打断，"一天各表"的诠释进程也被迫中断，清初中西文化之间的交流与诠释也就不复可能。但"一天各表"的思想遗产对于晚清以及现当代的基督教产生了深远影响。学界有关儒家宗教性、明末清初天主教译名研究较多，但未有文章对"一天各表"进行专门分析。本文认为，"一天各表"较为准确地概括了明末清初儒耶对话及其贡献，应该引起学界以及教界的重视。

---

① 当然也有部分儒者将儒家视作一种宗教予以奉行与实践。本文此处主要是从主流儒家的角度而言的。

一、宗教之天：先秦儒家文献中的
"宗教性表述"

在古代儒家经典中，"对越""临格""昭事"等词汇带有明显的宗教性特征，因为这些词汇的对象是指超越性的，甚至具有人格神特征的外在对象，具体来说就是上帝或天或鬼神，以及祖先、宗庙等，有时直接以更加具体而明确的"事天"等形式出现。[①]

在先秦文献中，"对越"仅在《诗经·周颂》中出现了一次，即"济济多士，秉文之德。对越在天，骏奔走在庙"。关于"对越"的诠释，郑玄之后的注疏家的解释不尽相同。据相关学者的研究，主要有两种观点：第一种观点将"对"理解为"配"，"越"理解为发语词。"对越在天"，郑玄即理解为"济济之众士，皆执行文王之德。文王精神，已在天矣，犹配顺其素如生存"[②]。换言之，即使文王已经"在天"了，但是"多士"仍然像文王活着时候一样，执行"文王之德"，"配顺其素如生存"。宋明时期的注疏家，虽然也沿袭郑玄的思路，但在诠释之时走向了道德的"配天"说，即指文王之德可以"配于在天之帝"。第二种观点将"对"理解为"答"，"越"理解为"扬"。宋明时期的注释家如严粲、牟庭等多持此说。有学者认为第一种观点"有着很强的宗教祭祀意义"[③]。但实际上，按照郑玄以及朱熹等人的解释，"配天"是从政治或道德层面上来讲，并非有

[①] 关于《诗经》《书经》时代的商代宗教之特征，参见傅佩荣：《儒道天论发微》，第1—19页；李杜：《中西哲学思想中的天道与上帝》，联经出版事业公司1978年版。

[②] 李学勤主编：《十三经注疏·毛诗正义》，北京大学出版社1999年版，第1282页。

[③] 翟奎凤：《"对越上帝"与儒学的宗教性》，《哲学动态》2017年第10期。

非常强的宗教意味。尤其是郑玄的注释，实际上开创了后世将上帝、天作为道德或伦理上最高典范之先河。

这一点成为宋明理学颇为重要的主题：即将具有某种宗教意味的帝或天，作为道德或伦理上的最高典范，但同时也不过分强调或申述帝或天的宗教色彩。儒家在道德论证方面所存在的张力或悖论显露无遗：一方面继承了《诗经》《尚书》等经典中具有宗教性的上帝与天之思想，另一方面则继续儒家的人文主义取向，而淡化此种宗教性；一方面强调帝或天在道德说教方面的最终权威与赏善罚恶的特征，另一方面则强调人的道德自主与自律，并不取决于外在的赏罚与否。道德自律与他律之间的权衡与取舍，在不同时期的儒家表现不尽相同。诸如董仲舒的天人感应，更加倾向于他律；而王阳明的"人人皆可为尧舜"则倾向于自律。而儒家的他律又与基督教的他律不尽相同：前者更多的是一种工具论，后者则是目的论。因此，由于在他律方面的不足或陷入工具主义，儒家在道德论证方面存在不足，甚至引发了一些道德困境，如"盗跖寿、颜渊夭"和所谓的"司马迁之问"；或者直接援引释、道为之辅助，借助佛教、道教的阴骘文、功过格、感应故事作为劝善惩恶之具。

先秦文献中的"昭事"亦不是很多，如在《诗经》中出现了1次，《尚书》1次，《国语》1次，《礼记》1次，《春秋左氏传》3次。《诗经》所出现的即为"维此文王，小心翼翼，昭事上帝"；《尚书》为"惟时上帝集厥命于文王。亦惟先正，克左右昭事厥辟"；《国语》为"上所以教民虔也，下所以昭事上也"；《礼记》则是引自《诗经》。关于《诗经》中的文王"昭事上帝"，一般将"昭"理解为"明"，即"明事上天之道"，"既维恭慎而明事上天，述行此道，思得多福，其德不有所违"。①

----

① 李学勤主编：《十三经注疏·毛诗正义》，第967页。

《毛诗正义》将"昭事上帝"诠释为"明事上天之道"，其宗教性并不十分突出。此种"世俗化"（或人文主义）的解释在《毛诗正义》中比比可见，如将"文王在上"理解为"文王在民之上"，将"文王陟降，在帝左右"理解为"文王升接天，下接人也"。而《尚书》《国语》中的"昭事"对象并不指"上帝"。而先秦文献中"昭事"涉及"帝""天"之时，注疏家常常将其理解为"德"之最高规范，以"配天""配帝""配德"来进行解释，即"圣人与天地合其德"。

"事天"在先秦文献出现次数较多，如《礼记》："非礼无以节事天地之神也"，"是故仁人之事亲也如事天，事天如事亲，是故孝子成身"，"昔三代明王，皆事天地之神明。无非卜筮之用。不敢以其私亵事上帝"。《礼记》中不仅出现了"事天"，还有"事上帝""事天地山川""事天神与人鬼""事地"等等。这里的"事"同"奉"，有"事奉""崇敬"之义。因此，《礼记正义》曰："事亲、事天，孝、敬同也。"《孝经》："昔者明王事父孝，故事天明；事母孝，故事地察。"虽然后代儒家对此处的解释不尽相同，但均认为孝能通天地，且能产生"感应"，"必致福应"。① 《孝经》讲"事天""临格"的宗教性色彩颇为浓厚。

但主讲心性论的孟子，却将外在的天与内在的心性统一起来。《孟子》有"存其心，养其性，所以事天也"。《孟子注疏》解释得比较清楚，认为"知存其心，养育其性，此所以能承事其天者也。以其天之赋性，而性者人所以得于天也，然而心者又生于性"，"是所以事天者也，是性即天也。故存心养性，是为事天矣"。《礼记》《孝经》《荀子》通过外在礼仪行为来"事天"，在孟子这里变成了通过存心、

<hr>

① 李学勤主编：《十三经注疏·孝经注疏》，北京大学出版社1999年版，第51页。

养心即可事天，因为人之心即性由天所赋予。可以发现，孟子心性论的"天"比《礼记》《孝经》中的"天"更加具有道德或伦理意味，而宗教性比较弱。

相反在被孟子视作"无父""禽兽"之墨子，却将天视作赏善罚恶的超越的外在对象。墨子的"事天"也就充满了宗教意味。《墨子·法仪》："今天下无大小国，皆天之邑也。人无幼长贵贱，皆天之臣也。此以莫不牛羊、豢犬猪，洁为酒醴粢盛，以敬事天，此不为兼而有之、兼而食之邪？天苟兼而有食之，夫奚说以不欲人之相爱相利也？故曰：'爱人利人者，天必福之；恶人贼人者，天必祸之。'"在墨子那里，天就承担了赏善罚恶的功能，具有人格神的特征："故夫爱人利人，顺天之意，得天之赏者，既可得留而已。夫憎人贼人，反天之意，得天之罚者谁也？""今人皆处天下而事天，得罪于天，将无所以避逃之者矣。"（《墨子·天志》）

与"对越""昭事""事天"相对应的则是"降格""临格""临"。"对越""昭事""事天"是指圣人、君子或普通人朝向超越的外在对象的"崇敬"（抑或"配顺""对扬"），是从下到上的；而"降格""临格""临"则是超越的外在对象对人的亲近，是从上到下的。如《尚书》："惟帝降格于夏。"《尚书正义》谓"降格"为上帝降下灾异以"谴告"。[①]《尚书》又有"有夏不适逸，则惟帝降格。"除了"降格"，还有"陟降""降"等等。《诗经》则有"上帝临女，无贰尔心""无贰无虞，上帝临女"。虽然对"贰心"的解释有所不同，但均认为"临"是"上帝"的"临视"[②]，有"看护""看视"等义。

---

① 李学勤主编：《十三经注疏·尚书正义》，北京大学出版社1999年版，第457页。

② 李学勤主编：《十三经注疏·毛诗正义》，第975页。

此处与《尚书》的"天视"含义颇近："天视自我民视，天听自我民听。"

先秦文献中诸如《诗经》《尚书》《孝经》《礼记》以及《墨子》中的"天""上帝"带有某种人格神的特征。[①] 因此，"对越""昭事"以及"事天"均有宗教性内容；但孟子开始将天作为心性本源，具有道德规范的意义。此两种路径在后世儒家思想中均有所体现。

二、天即理：宋明儒学的"去宗教化"

汉代董仲舒所创立的天人感应学说，具有一种宗教神学气质。虽然有论者否定天人感应为宗教神学，而认为天人之间存在同构关系，因此可以产生同振共感的效应。但此说并未解决天为何与人具有同构关系的问题。如果将天视作与人同构，那么正说明天被拟人化、具有人格神特征，否则作为自然之天，是无法与人产生交相感应的。

宋明理学将孟子心性论与道德修养工夫结合起来，将天、上帝的角色置于工夫论的终点，成为道德修养中的重要枢纽。宋明理学家虽然引用先秦儒家经典，但多发明己意，而与经典本义业已有所不同。在宋明理学当中，依然存在着上述所谓的张力：一方面无神论以及物质主义、人文主义的理解蔚为主流，但另一方面则又强化超越的外在对象在道德修养方面的作用。但与基督教不同的是，后者往往需要内化为修养的境界或内心的"道德律令"，而不是一个独立存在的人格神。

《二程遗书》中出现了两次"对越"："忠信所以进德，终日乾乾。

---

① 陈梦家认为先秦时期的天不是一位人格神，但傅佩荣对此进行了否认，参见傅佩荣：《儒道天论发微》，第7页。

君子当终日对越在天也！盖上天之载，无声无臭，其体则谓之易，其理则谓之道，其用则谓之神，其命于人则谓之性，率性则谓之道，修道则谓之教。孟子于其中又发挥出浩然之气，可谓尽矣！故说神如在其上，如在其左右，大小大事而只曰：'诚之不可掩如此夫。'彻上彻下，不过如此。形而上为道，形而下为器，须着如此说：器亦道，道亦器，但得道在，不系今与后，己与人。"① 程子的"对越在天"与郑玄的解释不同，而变成了君子"终日乾乾"的主要对象，意即君子常瞻对上帝，战战兢兢，如临深渊，如履薄冰，不敢懈怠，不敢有私。但同时，此时的瞻对又并非将眼光置于超越尘世的高高在上的天或上帝，因为人之性由天所赋，日用之间，无非天理，所以对越在天，即循于天理而已。② 此种解释与宋明理学的思路完全一致："圣人之道，贯彻上下，自洒扫应对，以至均平天下，其事理一也。"③

《二程遗书》亦有"毋不敬，可以对越上帝"，《程氏粹言》作"无不敬者，对越上帝之道也"。程子首次将"对越在天"改造成"对越上帝"，在宋明理学中具有开创之功。④ 但若因此就认为程子的"对越"具有宗教性，可能会有误读之嫌疑。对于"二程"而言，先秦儒家经典中的"上帝""天"所具有的人格神特征被抽出，变成了"道"或"理"。"天者理也，神者妙万物而为言者也。帝者以主宰事而名。""问：'天道如何？'曰：'只是理，理便是天道也。且如说皇天震怒，终不是有人在上震怒，只是理如此。'"⑤

程颐还认为《春秋》所载灾异，皆天人回应。程颐指出很多人对

　① 程颢、程颐：《二程集》，中华书局1981年版，第4页。
　② 翟奎凤：《"对越上帝"与儒学的宗教性》。
　③ 王廷相：《慎言》卷3，《王廷相集》第3册，中华书局1989年版，第760页。
　④ 翟奎凤：《"对越上帝"与儒学的宗教性》。
　⑤ 程颢、程颐：《二程集》，第132、290页。

这些灾异现象疑而不信，但其实这些"回应"都是真实存在的。换言之，程颐将这些灾异当作上天的赏罚之结果。而只有人格神的天才具有如此功能。

朱熹的《朱子语类》（卷六十九、八十七、九十五）中出现的"对越"，主要是在解释程子。朱熹认为"对越在天"是在解释君子"终日乾乾"。但朱熹又认为"人心苟正，表里洞达无纤毫私意，可以对越上帝，则鬼神焉得不服？"① 此处的"对越上帝"与程子一致。如果仅从表面意思上理解为"向上帝敞开"，可能有所偏颇。因为对于朱熹而言，帝、上帝、天等均是理，并否超越的人格神。因此，此处的"上帝"毋宁说是一个超越的存在，不如说是君子修养的最高规范而已，如朱子所谓的天，"便是那太虚，但能尽心知性，则天便不外是矣"②。

"事天"也在《二程遗书》中出现，如"问：天地明察，神明彰矣。曰：事天地之义，事天地之诚，既明察昭著，则神明自彰矣。问：神明感格否？曰：感格固在其中矣。孝弟之至，通于神明"③。学者认为此处程子所谓的"事天"即指"事奉那能够明察的神明"④。但实际上此处是讲以义、诚来处理人与外物之间的关系；而所谓的"神明"并非指宗教上的"神明"，而是指"孝弟之至"所达到的境界。因此，程子批评王安石将人道与天道进行区分，而认为"道未始有天人之别，但在天则为天道，在地则为地道，在人则为人道"⑤。王安石将治人与事天截然二分，而"道一而已"相悖。如果按照

---

① 黎靖德编：《朱子语类》卷87，中华书局1986年版，第2262页。
② 黎靖德编：《朱子语类》卷60，第1428页。
③ 程颢、程颐：《二程集》，第224页。
④ 李申：《中国儒教论》，"导论"，河南人民出版社2005年版，第13页。
⑤ 程颢、程颐：《二程集》，第282页。

"天人合一"的境界论来看，程子的"事天"强调的是人与天（外物）之间的一种关系，而所谓的"主敬"则是对此种关系的一种界定。程子又将"事天"解释为"奉顺之"，其中"天"为"天道""天理"的含义更加明显。

程子又谓："圣人'修己以敬，以安百姓''笃恭而天下平'。惟上下一于恭敬，则天地自位，万物自育，气无不和，四灵何有不至？此体信达顺之道，聪明睿智皆由是出。以此事天飨帝。"①　此处仍是强调以"敬"来"事天飨帝"。因此，朱熹解"此"为"敬"。

朱熹将"事天"理解为存养心性，"存之养之，便是事；心性，便是天，故曰：所以事天也"，并进一步解释道，"天教你父子有亲，你便用父子有亲；天教你君臣有义，你便用君臣有义。不然，便是违天矣"。②　换言之，朱熹此处的"天"指"天道"，而所谓"事天"是指"顺天之道"，即其所谓："事天只是奉顺之而已，非有他也。"③　朱熹又以"事天""事亲"来解张载《西铭》，认为"西铭本不是说孝，只是说事天，但推事亲之心以事天"，"事亲底道理，便是事天底样子"。④　因此，在朱熹这里，讲事天实际上是在讲事亲，亦即"奉顺"。

朱熹门人蔡传将《尚书·洪范》的"五福""六极"解释为"人感而天应也"。后世将"五福""六极"常与佛教的因果报应等同，从而赋予天或上帝以人格神的特征，否则就不会产生"五福""六极"之效应。当然，朱熹、蔡传等人强调"感应"，主要基于政治

---

①　程颢、程颐：《二程集》，中华书局1981年版，第81页。
②　黎靖德编：《朱子语类》卷60，第1428页。
③　黎靖德编：《朱子语类》卷60，第1433页。
④　黎靖德编：《朱子语类》卷98，第2522、2526页。

儒学的立场，强调对天或上帝的敬畏之心，从而有利于道德修养。①

　　"对越""事天"成为宋明理学修养工夫论的重要内容。虽然不能将之完全归结为内在超越论，但是与基督教的"外在超越"不可同日而语。陆九渊的"完养工夫"即为"上帝临汝，无贰尔心。战战兢兢，那有闲管时候"，"无事时，不可忘小心翼翼，昭事上帝"。但陆九渊的"上帝"实际上即指"天"，"惟皇上帝，降衷于下民。衷即极也。凡民之生，均有是极，但其气禀有清浊，智识有开塞"。②"昭事上帝"，亦即"对越在天""事天"。陆九渊强调通过己之一性以事天，因为己之性由天所赋，虽然人之形体与天地不同，但尽性可以知天、事天，"诚以吾一性之外无余理，能尽其性者，虽欲自异于天地，有不可得也"③。

　　另外如真德秀亦将事天与事亲结合起来："夫人有此身，则有此心；有此心，则有此性，此天地之所与我者也。""所以事天也，即是而观事父母事。天地岂有二道乎？"④ 真德秀对《西铭》的解释可为具体而精微："天之予我以是理也，莫非至善，而我悖之，即天之不才子也。具人之形，而能尽人之性，即天之克肖子也。祸福吉凶之来，当顺受其正。天之福泽我者，非私我也。予之以为善之资，乃所以厚其责。譬之事亲，则父母爱之喜而不忘也。天之忧戚我者，非厄我也，将以拂乱其心志，而增其所不能。譬之事亲，则父母恶之惧而不怨也。即此推之亲即天也，天即亲也，其所以事之者，岂容有二

----

① 吴震：《德福之道——关于儒学宗教性问题的一项考察》，《船山学刊》2012年第4期。
② 陆九渊：《象山先生全集》卷23，商务印书馆1935年版，第280页。
③ 陆九渊：《天地之性人为贵论》，《陆九渊集》卷30，中华书局1980年版，第347页。
④ 真德秀：《大学衍义》，福建教育出版社2005年版，第72页。

哉？夫事亲如天孝子事也。而孔子以为仁人，盖孝之至则仁矣。"① 真德秀亦是从"奉顺"的角度来理解"事天"。

从工夫论的角度，真德秀对"事天"之道进行了详细申述："然则人主之事天，果何道乎？诗曰：上帝临女，无贰尔心。又曰：无贰无虞，上帝临女。夫无贰者，一也。主一者，敬；而能一者，诚也。汤之所以事天，曰：顾諟明命尔。文王之所以事天，曰：翼翼小心尔。夫岂求之外哉！人主知此，则土木不必崇，仪物不必侈，懔然自持，常若对越，则不待聆音旨、睹仪观、受符契，而游衍出王，无非与神明周旋者矣。"② 此为真德秀之奏疏，但从中可见真德秀的"事天"不是自外求，而是从内在的敬、诚出发，"懔然自持，常若对越"，从而"游衍出王"。

三、敬天思潮：明末清初儒学的宗教化复兴

可以发现，先秦时期文献中的"对越""昭事""事天""临格"所带有的某种人格神的宗教性，在宋儒那里几乎隐微不见；相反，宋儒将孟子心性与事天之说进一步发挥，从而形成修养工夫论与境界论。为了道德修养之需要，宋儒虽然承认主宰之上帝或天，但是已经丧失了人格神的特征。但有论者认为儒学对《尚书·洪范》"五福""六极"的诠释传统中存在着宗教的维度，包括宋儒在内的儒者认为"五福""六极"实际上就是因果报应，因此此种诠释实际上就是一

---

① 真德秀：《大学衍义》卷6，钦定四库全书本。另参见钟文荣：《真德秀〈大学衍义〉研究》，黑龙江人民出版社2011年版，第58页。
② 真德秀：《大学衍义》卷13，钦定四库全书本。

种宗教思想。① 但此种诠释带有强烈的人文主义色彩，缺失类似于基督教的人格神特征。

此种缺失导致儒家在面对佛教、道教以及民间宗教的兴起时，缺乏必要的竞争资源，并使得儒家在面对商品经济发展而道德沦落、秩序崩解之时，在道德论述与说教方面更显得孱弱无力，以至于高攀龙如此说道，（儒家）"本不须二氏帮补"②。另外，在约束皇权方面，全然依据国君的自律似乎难以令儒家完全自信，因此不得不诉诸比皇权更高的天或上帝，诸如天人感应、君权神授。此两种针对儒家宗教性的缺失而做的反应在晚明均有典型的案例。

张居正在解释"鬼神"之时与朱熹不同。朱熹引用"二程"、张载，认为鬼神为二气之良能。但张居正认为鬼神是祭祀的鬼神，包括天神、地祇、人鬼。张居正认为鬼神虽然无形无声，却"昭著于人心目之间"，无所不在，无时不在。因此，需要对鬼神"畏敬奉承"。③ 我们可以发现张居正的注解比朱熹更加具有宗教性。"郊社之礼，所以事上帝也。"张居正的理解与朱熹相同，即认为是祭祀天地，但张居正在解释此段经文之时又指出："盖幽明一理，而幽为难知，神人一道，而神为难格。既能通乎幽而感乎神，则明而治人，又何难之有哉？"④ 张居正认为"神人"之间可以"感应"，明于"幽"则明于治人。张居正对《尚书》中"天""上帝""帝庭"等的解读颇具有宗教性特征，"天"可以"降威罚于人""阴鸷下民""大降灾

---

① 吴震：《德福之道——关于儒学宗教性问题的一项考察》，《船山学刊》2012年第4期。

② 高攀龙：《与管东溟二》，《高子遗书　高子遗书未刻稿》，《无锡文库》第4辑，凤凰出版社2011年版，第168页。

③ 张居正：《四书直解》，九州出版社2010年版，第32页。

④ 张居正：《四书直解》，第37页。

害"，"天命""天意"与人君之间有互动的关系，"人君欲天命之永久，惟在以德祈之，不在乎祷祀以徼福也"。① 张居正将"上帝""人"描述成具有人格神的特征，在下述对《尚书·多士》一段经文的解释中体现得尤为明显：

> 上帝与人以善，使之反己自修，是乃引之安逸之地也。夏桀乃丧其良心，自趋于危，不肯往适于安逸，其昏德如此。上帝犹未忍遽绝，于是降格灾异以示意向于桀，使知恐惧修省，桀乃犹不知警畏，不能敬用上帝降格之命，大肆淫泆，有日亡乃亡，矫诬上天之词，天用不善其所为，弗念勿听，遂废其大命，降致诛罚而夏祚终矣。②

此处的"上帝"不仅赋人以善，而且还主动"降格"，以"灾异"来警告夏桀，但夏桀并没有改过，"犹不知警畏"，因此，上帝最终"废其大命"，降致诛罚而终结夏朝的"天命"。此种有关"上帝""天"的赏善罚恶的描述在张居正的解释中历历可见。

康熙在阅读张居正《四书直解》后曰："朕阅张居正尚书四书直解，义俱精实，无泛设之词，可为法也。"③ 康熙不仅赞赏张居正的解释，而且在其御纂儒家经典注疏中，也体现出与张居正类似的思想，如《日讲〈书经〉解义》对"多士"同一处经文的解释，与张居正完全一致。康熙《日讲〈四书〉解义》等著作中注重突出"天""上帝"之赏善罚恶，亦多次出现"对越""事天""降格"等词。《日讲〈书经〉

---

① 张居正：《四书直解》，第231页。
② 《张居正讲解尚书》，陈生玺等译解，上海辞书出版社2013年版，第310页。
③ 赵尔巽等：《清史稿校注》第1册，台湾商务印书馆1999年版，第202页。

解义》指出："圣人事天治民，不出钦敬之心而已。敬天之心，严于历象；勤民之心，严于授时。圣人于事何往不敬，而况于事天治民之大者乎？故曰帝王以敬为修身出治之本。"①《日讲〈礼记〉解义》又谓："一如君之事天，功罪既昭，而黜陟惟命。"② 换言之，"天"对人的功罪予以赏罚。同时代的李光地在其著作中亦对赏罚之"天"多有论述。③ 而陆陇其通过向"城隍之神"发誓，以提醒自己勤政爱民。陆陇其将城隍之神与上帝之间的关系，理解为臣与君之间的关系。④

　　除张居正、康熙之外，明清之际诸多士大夫亦在尝试恢复或突出儒家的宗教性，并在日常生活中予以实践，诸如李二曲、文翔凤、许三礼、谢文洊、钟芳等，而王启元则试图构建宗教式的儒家即孔教。⑤ 同时，与复兴儒家宗教性有关的"敬天"思潮亦在明清之际广为流行。⑥

　　晚明葛寅亮对宋儒将"上帝"化约为主宰之"帝"以及无神论解释的做法，提出了严厉批评："古人举动俱仰承上帝，而与天相对越，自后儒不信鬼神，遂以上帝为乌有。既不信上帝，遂以下民为可虐，而三代以上之治不复可见于世矣。"⑦ 葛寅亮认为正是因为宋儒

---

① 爱新觉罗·玄烨钦定，陈廷敬等编：《日讲〈书经〉解义》，中国书店2016年版，第3页。

② 爱新觉罗·玄烨钦定，陈廷敬等编：《日讲〈礼记〉解义》，中国书店2016年版，第73页。

③ 参见李光地：《尚书七篇解义》，钦定四库全书本。

④ 参见陆陇其：《三鱼堂文集》卷12《誓神文》《告城隍祷雨文》等，钦定四库全书本。

⑤ 参见王汎森的相关研究成果，如王汎森：《晚明清初思想十论》，复旦大学出版社2004年版。

⑥ 刘耘华：《依天立义：清代前中期江南文人应对天主教文化研究》，上海古籍出版社2014年版，第11—19页。

⑦ 葛寅亮：《孟子湖南讲》卷2，《四书湖南讲》，《四库全书存目丛书》经部第162册，齐鲁书社1997年版，第483页。

不信鬼神，因此不信上帝；而不信上帝，就不会有敬畏之心，是故为所欲为而以"下民为可虐"，三代之治就不会实现。换言之，葛寅亮将晚明礼崩乐坏、天崩地解归结为因为不信上帝所导致的"敬畏之心"之缺乏。葛寅亮强调作为绝对"他者"的上帝在道德教化方面的作用，是对儒家过分强调自律或对"人人皆可为尧舜"过分乐观的一种反思。又如黄宗羲对宋儒之天进行了类似的批评："今夫儒者之言天，以为理而已矣。《易》言天生人物，《诗》言天降丧乱。盖冥冥之中，实有以主之者。不然，四时将颠倒错乱。人民禽兽草木，亦混淆而不可分擘矣。古者设为郊社之礼，岂真徒为故事而来格来享，听其不可知乎？是必有真实不虚者存乎其间，恶得以理之一字虚言之也？"① 黄宗羲虽然反对人格神的"天"，但也反对被化约为"理"的"天"，而认为"冥冥之中，实有以主之者"。黄宗羲反对荀子、朱熹等以世俗主义的方式解读郊社之礼，而主张郊社之礼必有其崇敬之对象。如果否定其存在，那么郊社之礼就将沦为"故事"，徒为表演，实则与儒家所强调的知行合一相悖。

孙奇逢则提出"法天之学以为学"，主张人与上帝（天）之间有着互动关系，"享帝而帝俨然临之"，"其能享帝者是惟仁人，合四方万国之和气，以昭事上帝，而上帝岂有不昭格者乎？"② 但孙奇逢更加强调与天地相"对越"："今古人物总在天覆地载、日月照临之中，而实能与天地相对越。"③ 孙奇逢突显"天"在儒学中的地位。④

---

① 《黄宗羲全集》第一册，浙江古籍出版社1985年版，第195页，转引自王汎森：《晚明清初思想十论》，第87页。

② 孙奇逢：《孙徵君日谱录存》卷15，《续修四库全书》史部第558册，上海古籍出版社1995年版，第902—903页。

③ 孙奇逢：《孙征君日谱录存》卷21，《续修四库全书》史部第559册，上海古籍出版社1995年版，第159页。

④ 参见孙奇逢：《四书近指》，钦定四库全书本。

东林党魁高攀龙在给万历皇帝的奏章中，以"天人感应"提醒万历要注意"操存此心"："人君之心，与天为一，呼吸相通。一念而善，天以善应之；一念不善，天以不善应之，如影之随形，纤悉不爽。是以古之圣王终日乾乾，操存此心，以对越在天，故曰昊天，曰明及尔出王，昊天曰旦"；"吾心之有主，即上帝也。故曰：上帝临汝，无贰尔心；故曰：小心翼翼，昭事上帝。此心一刻放失，即贰其心，非所以事上帝矣"。[①] 在这里，高攀龙所谓的"天"不仅仅只是宋儒修养工夫的"天"，而且是带有赏罚的角色，且"如影之随形，嫌隙不爽"。高攀龙也强调对"天"的敬畏之心："今人见大宾，无敢不敬。岂有与上帝相对越而不敬者乎？故曰：终日乾乾，终日对越在天。小人不知天命而不畏，故闲居为不善，无所不至，何足怪哉？学不知天，即勉强为善，非诚也。"[②] 王夫之则强调要以"精白之心，与神明相对越。直道而行，何所容媚奥？……此心此理，上帝鉴观焉。工于媚者，获罪于天矣"[③]。

晚明清初士大夫的敬天、畏天、吁天，以及慎独（刘宗周）、谨畏（薛瑄）等，尝试还原或强化宗教性的天在儒家思想体系中的地位。儒家宗教性的复兴，一方面与晚明的社会背景有着密切的关系，另一方面则与此时期西方天主教的进入有关。诸如文翔凤、葛寅亮、高攀龙等人与天主教之间都有直接或间接的交往。

换言之，晚明天主教的进入一方面将儒家当中已有的宗教性表述借为己用，改造成为儒家一神论；另一方面，天主教对儒家宗教性的

①　高攀龙：《今日第一要务疏》，《高子遗书》卷7，钦定四库全书本。
②　高攀龙：《书周季纯扇》，《高子遗书　高子遗书未刻稿》，《无锡文库》第4辑，凤凰出版社2011年版，第397页。
③　王夫之：《四书训义》卷5，《船山遗书》第4卷，北京出版社1999年版，第1707页。

借用反过来刺激了晚明清初士大夫对天、上帝的宗教性的思考与实践。综言之，儒家经典尤其是先秦经典中的宗教性表述成为晚明清初儒耶对话与融合的基础。

四、天即天主：明末天主教对先秦儒家
"宗教性表述"的发现与改造

晚明入华的利玛窦敏锐地觉察到先秦儒家经典中的宗教性表述，以及当时士大夫对宋明理学物质主义解释的不满。利玛窦以一种试图恢复儒家宗教性的"天"的姿态出现在晚明士大夫面前。因此，利玛窦的论述不仅带有一种"复古"的倾向，同时又带有批判的色彩，是故迎合了当时不少士大夫的心态。

利玛窦最大的贡献是提出这样一个命题，即"吾国天主，即华言上帝"，开启了融合儒耶的汉语神学诠释历程。[①] 利玛窦所做的工作是通过自己的理解或诠释，将先秦儒家文献中的"上帝"改造成一神论，并对宋明理学当中的伦理化、道德化的天或上帝进行批判。利玛窦的诠释是从经典本身出发，并直接跳过后世注疏而直接做出自己的解释。如利玛窦认为"郊社之礼，以事上帝也"。朱熹以及张居正的注释都认为是"上帝"已经包含了"后土"，但没有提到"后土"是"省文"。但利玛窦根据《诗经》《易经》《礼记》《尚书》等经典，得出结论："窃意仲尼明一之以不可为二，何独省文乎?"[②]

①　参见纪建勋：《明末天主教 Deus 之"大父母"说法考诠》，《道风：基督教文化评论》2012 年第 37 期。
②　利玛窦：《天主实义》，李之藻编：《天学初函》第 1 册，台湾学生书局 1965 年版，第 415 页。

在论证天主的存在时，利玛窦诉诸经院哲学尤其是阿奎那的资源，而表现出与中国传统迥异的推理与思辨。利玛窦尤其注重使用类比的分析模式，使得其论述非常具有说服力，如"一家止有一长，一国止有一君，有二，则国家乱矣；一人止有一身，一身止有一首；有二，则怪异甚矣。吾因是知乾坤之内，虽有鬼神多品，独有一天主始制作天、地、人、物，而时主宰存安之。子何疑乎?"①

利玛窦将宋明理学当中的"天"恢复到"六经"中的"上帝"，又将"六经"中的"上帝"诠释成"天主"。因此，对于利玛窦而言，"天""上帝""天主"三者之间是等同的关系。而宋儒如朱熹、"二程"以"理"解天、以"形体"解天都是错误的。

先秦儒家经典中的宗教性表述为什么在孔孟以及宋儒那里表现得比较弱？因为宗教性的表述会涉及赏善罚恶的问题。而一旦涉及赏善罚恶就意味着功利性的劝善惩恶，此与儒家的修德主张不一致，即如利玛窦借中士之口所言："圣人之教，纵不灭意，而其意不在功效，只在修德。故劝善而指德之美，不指赏；俎恶而言恶之罪，不言罚。"② 换言之，如果用赏善罚恶来劝善阻恶，实际上是用一种功利的思想来"诱导"，不是为了善而善。是故在宋明理学当中，我们可以看到"对越""昭事""敬天"等表述，朱熹亦曾撰《敬天箴》，但我们比较少看到他们所"对越""昭事"的对象即天本身具有何种特征、是否能够赏善罚恶。宋儒所谓的"对越"更多的是一种境界，"居敬"则是一种修身养性的工夫，所谓"敬以直内，义以方外"。但利玛窦列举《尚书》引文以证明"圣人之教在经传，其劝善必以赏，

---

① 利玛窦：《天主实义》，第393—394页。
② 利玛窦：《天主实义》，第530页。

其沮恶必以惩矣"①。

因此，儒耶之间在道德修养方面的根本差异在于自律与他律之间的对立。自律是为了善而善，或者达到君子境界后自然为善；他律是为了赏报而为善，畏惧惩罚而去恶。自律在道德论述方面颇为纯粹，但在实际的修养过程中则存在诸多困难，尤其对于普通百姓来说，纯粹为善的道德说教可能没有太大的效力。利玛窦一针见血地指出："吾窃视贵邦儒者病正在此，第言明德之修，而不知人意易疲，不能自勉而修，又不知瞻仰天帝以祈慈父之佑，成德者所以鲜见。"②

徐光启在入教（1603）之前的作品中就已经阐述赏善罚恶之上帝："吾观《皇矣》之上帝也，其位穹然居人之上，若悬耳目于视听之表；其精穆然寄人之中，实俨灵威于陟降之际。临汝之明，虽极之出王游衍，无所不炟赫；而监观之远，虽极之大荒穷徼，莫之能遁逃。"③ 徐光启为何要强调上帝的赏善罚恶？因为徐光启对儒家缺乏宗教性的他律、在劝善方面的无力而深有不满："古来帝王之赏罚、圣贤之是非，皆范人于善、禁人于恶，至详极备。然赏罚是非，能及人之外，不能及人之中情。又如司马迁所云颜回之夭、盗跖之寿，使人疑于善恶之无报。是以防范愈严，欺诈愈甚。一法立，百弊生。空有愿治之心，恨无必治之术。"④ 在此情况下，儒家借助佛道来"帮补"，但"佛教东来，千八百年，而世道人心，未能改易"；而主张他律的天主教，则可以"必欲使人尽为善，则诸陪臣所传事天之学，

————————

　　① 利玛窦：《天主实义》，第530页。
　　② 利玛窦：《天主实义》，第592页。
　　③ 徐光启：《诗经传稿》，《徐光启全集》第3册，上海古籍出版社2010年版，第79页。
　　④ 徐光启：《辨学疏稿》，吴相湘主编：《天主教东传文献续编》第1册，台湾学生书局1966年版，第24页。

真可以补益王化，左右儒术，救正佛法者也"。① 此或许是徐光启受洗入教的原因之一。

冯应京非常自然地就接受了利玛窦的论证："天主何？上帝也。实云者，不空也。吾国六经四子、圣圣贤贤曰畏上帝，曰助上帝，曰事上帝，曰格上帝。"② 汪汝淳也认为利玛窦所讲的"天主"，与"吾儒大中至正之理，不券而符者也"③。李之藻也如此认为："昔吾夫子语修身也，先事亲而推及乎知天。至孟氏存养事天之论，而义乃綦备。盖即知即事，事天事亲同一事，而天其事之大原也。知天事天大旨，乃与经传所纪如券斯合。"④ 郑鄤认为三代之教皆事天，后儒解"天即理也"，那么祭天即是祭理，此则不合三代之教："然则祭天乃所以祭理欤，言不几于不顺乎？嗟乎！此学术之所以不古若也。"⑤

郑鄤的好友王徵认为天主教所讲的赏善罚恶的天主，与儒经所讲的相同："此正与吾书所言：'惟上帝不常，作善降之百祥，作不善降之百殃。'其义适相吻合，可以窥赏罚之大指矣。"⑥ 王徵又阅读了力主"克性之谓道"的《七克》，之后决心受洗入教。备受晚明士大夫（如谢文洊）推崇的《七克》，正是对儒家基于自律的存养工夫的一种弥补或反其道而行之。受洗之后的王徵发现自己真正地理解了天命可畏的含义："余始知天命之有在矣，余始知天命之果不爽矣，余始知天命之真可畏矣。向者诵吾孔子之言，曰：'君子有三畏。'以为此学

① 徐光启：《辨学疏稿》，第24—25页。
② 冯应京：《天主实义序》，《天学初函》第1册，台湾学生书局1965年版，第359页。
③ 汪汝淳：《重刻天主实义跋》，《天学初函》第1册，第374—375页。
④ 李之藻：《天主实义重刻序》，《天学初函》第1册，第351—354页。
⑤ 郑鄤：《畏天爱人极论序》，《王徵全集》，三秦出版社2011年版，第117页。
⑥ 王徵：《畏天爱人极论》，《王徵全集》，第121页。

者摄心法耳，而孰知千古作圣之心法也。"① 换言之，经过天主教以宗教性改造的"天"或"上帝"，成为王徵从义理上理解敬畏天命的关键，"实以畏天主之赏罚而怀天刑之念，正其畏天命之实功耳"②。对于王徵而言，如果天没有如人格神那样具有赏罚功能，那么所谓的知天、事天、畏天就无从谈起，也无法对存养工夫起到真正的作用。如同利玛窦、徐光启，王徵也将道德崩溃归结为后儒没有从赏善罚恶即宗教性的角度去解释天：

> 惟其不知天上有主，故谬为之说，有指天为积气者，有指天地为气机之自动、自然而然者。因不知主，并不知有赏罚，遂指一切福善祸淫之应与灾祥之示，率诿之天行、天运、天数之适然。或且妄谓并天不自由，而皆出于天命之自然、当然，其势不得不然，而莫测其所以然。一似苍苍之表，冥然空虚，全无一主宰之者。长天下后世无忌惮之习，皆此说恣之也。③

王徵认为宋儒以气理解天，认为天命为自然、当然之理或规律或天道，缺乏赏善罚恶之功能，从而导致世人"无忌惮之习"。儒家虽然讲福善祸淫与灾祥之示，但不讲其背后是否有神在赏善罚恶，因此并不起到道德说教的作用。王徵也同样认为儒家不讲赏罚的为善并不能引人于善，"而其实使人怠于修德，诱人恣行诸恶者也"，因为"非望福，安能策怠励行德之苦，谢随世之乐？非畏害，安能去恶、

---

① 王徵：《畏天爱人极论》，第 121 页。
② 王徵：《畏天爱人极论》，第 122 页。
③ 王徵：《畏天爱人极论》，BnF, Courant chinois 6868，第 10—11 页。

克己乎哉?"①

因此，对于天主教徒来说，儒经中的"对越""昭事"实际上就是崇敬天主，天主教徒开始将"对越"与"天主"并用，如杨廷筠："世人泛祀无考之百神，反使对越天主之虔有缺不全，吾不知其可也。"②"持此不专不笃，如何对越上主?"③"亥息寅兴，每旦对越，每时功课，应酬作务，无复停晷。"④"以敬天地之主为宗，即小心昭事之旨也。以爱人如己为事，即成己成物之功也。"⑤朱宗元："西士终身童贞，克己励行，一昼夜间，对越强半。"⑥

朱宗元曾撰专文论证"郊社之礼所以事天"是指崇敬上帝，并不包括祭地。朱宗元认为儒家的"对越"是一种单向的关系，而天主教的"对越"则是人与上帝之间的"心神默契"，"真心吁主，非徒见之空言，实能邀主福庇。则不出户庭，而德日成于己，功日加于人矣"⑦。朱宗元认为天主教与古儒一致，都是敬天事天。正因如此，朱宗元认为尊奉天主即是敬天事天，正是与孔子相一致："今试取孔子之书读之，其所诏人凛凛昭事者何物？小心钦若者何物？尊奉天主，正践孔子之言，守孔子之训也。乃猥云儒说已足，不待天学，非特天帝之罪人，实孔子之罪人也。"⑧

徐光启的"补儒易佛"是促使晚明士大夫"受洗"儒家的重要

---

① 王徵：《畏天爱人极论》，第 132 页。
② 杨廷筠：《代疑篇》，BnF, Courant chinois 7093，第 5 页。
③ 杨廷筠：《代疑续篇》上卷，BnF, Courant chinois 7111，第 32 页。
④ 杨廷筠：《代疑续篇》下卷，第 1 页。
⑤ 杨廷筠：《代疑续篇》下卷，第 9 页。
⑥ 朱宗元：《答客问》，《梵蒂冈图书馆藏明清中西文化交流史文献丛刊》第 1 辑第 25 册，大象出版社 2014 年版，第 672 页。
⑦ 朱宗元：《拯世略说》，BnF, Courant chinois 7139，第 52 页。
⑧ 朱宗元：《答客问》，第 578 页。

因素。儒家本身在宗教性方面的欠缺，使得士大夫信徒认为天主教可以弥补儒家之不足，并可以成全儒家。朱宗元认为"在儒书多未显融，独天学详之。况今人读书，往往浑帐过去。一领天教，而后知我《六经》、《四书》中，句句皆有着落、句句皆有把柄，浅儒诚未得其解也"，"唯得此天教，而修身养性之法，复命根归之业，始益备"。①

张星曜则明确指出天主教要超越于儒教，原因就在于孔子无赏罚之权："吾惟心存敬畏，令此心纯粹无私，则动无过举，稍有违离，速行告解，时时与天主相为对越，较之儒教欺孔子无赏罚之权者远矣。此天教之超于儒者又一也。"② 他还认为儒家事天之学并不完备："孟子言存心养性以事天，最为明通。但孔孟之时，天主尚未降生，故事天之学隐而未详。"③ 张星曜认为孔子无赏罚之权，因此孔子之教不能有效地劝善阻恶，反而要借助于佛老，而天主教不仅补助儒家而且还要超过儒教："使人人、家家、日日、念念、事事一以孔子为法，则孔子之教不疏略矣。而今之人能之乎？而孔子之教能及于人人、家家、日日、事事、念念乎？""夫孔子之道既无不足，而何借资于佛老？为世之人皆借资于佛老矣，则人皆以孔子为疏略故也。"④ 对于张星曜来说，天主教的宗教性是天主教超越于儒教的关键所在。

五、余论："一天各表"

晚明入华的天主教将带有一定宗教性表述的"对越""昭事"

---

① 朱宗元：《答客问》，第 453—454 页。
② 张星曜：《天儒同异考》，法国国家图书馆藏，BnF, Courant chinois 7171，第 60 页。
③ 张星曜：《天儒同异考》，第 61 页。
④ 张星曜：《天儒同异考》，第 26 页。

"事天"等改造为一神论思想。[①] 在汉语天主教著作中，我们可以看到类似的来自儒家的术语，但含义已经发生了转变。《口铎日抄》记载："教外之人，见予辈时对越靡喧也、时诵谢不辍也、时仆仆躬往主堂也，实嗤予，谓予苦也。""若夫心、行双净，以虔对越，痛悔自改，依规祈赦。此乃真切工夫，升天正路。"[②] 此处的"对越"实际上已经变成了宗教术语，与本义迥异。《口铎日抄》又记载："事天主，一如孝子之事父母也。"[③] 此处则将儒家的"事天如事亲"进行了改造。而福建天主教徒张赓入教后取号为"昭事生"。天主教内重要经文《天主经》将 adveniat 译为"临格"（今基督教译为"降临"），很明显采取了儒家固有术语，而将其改造为天主教术语。《解罪时经》则有"吁告"，《早课》有"皇皇圣三"等词。

除天主教之外，清初回儒也在进行同样的诠释工作。刘智在其著作《天方至圣实录》中即用"对越""昭事"指崇敬真主："对越真主，亲聆妙谛"；"吾与主对越也"；"于九霄之上，对越真主"；"曰礼五时，密于昭事之功也"。刘智认为伊斯兰教与"尧之钦若昊天、汤之圣敬日跻、文之昭事上帝、孔子之获罪于天无所祷"相同。[④]

传教士以及儒家信徒对儒家宗教性的发挥与利用，固然有着经典的基础，但利玛窦之后的传教士以及信徒不再局限于介绍一神论，而

---

① 关于晚明天主教"天主"术语的由来及意义，参见纪建勋：《明末"天主"考》，《世界宗教研究》2019 年第 2 期。

② 李九标：《口铎日抄》，《罗马耶稣会档案馆明清天主教文献》第 7 册，台湾利氏学社 2002 年版，第 415—416、501 页。

③ 李九标：《口铎日抄》，第 460 页。

④ 刘智：《天方至圣实录》卷 20，《续修四库全书》子部第 1296 册，上海古籍出版社 1995 年版，第 466 页。另外，关于晚明清初回儒的合儒工作及其与儒家基督徒的比较，参见金刚：《回儒与西儒比较研究：明末清初之儒家型穆斯林和儒家型基督徒》，山东大学未刊博士学位论文，2009 年。

且还在引入基督论。① 天主教的"三位一体"教义逐渐广为人知。天主教所谓的"天"曾降生成人，且为救赎人类而被钉死。此类教义日益让士大夫难以接受，诸如蒋德璟、黄宗羲、钱谦益等均对此表示异议。

而天主教强调道德他律在劝善方面的作用也被士大夫理解为邀福之举。朱宗元曾为人讥笑："客有诮予者，谓祸福予夺，出于天主。何不使事之者，蒙富贵福泽耶?"② 同样，天主教对天的改造与诠释被人理解为"谤天""讥天"。反教者即指出："如今日妖夷淋圣水，擦圣油，运十字刑枷以自桎梏其身心，暗招密诱，男女混杂，始为事天乎哉?"③ 反教者对于天主教混杂儒家的天、上帝与天主可谓洞若观火，指责传教士是"诬天"，"独托事天、事上帝之名目，以行其谬说"，"彼玛窦诸夷，真矫诬上帝，以布命于下，固当今圣天子所必驱而逐也。耳食者，徇事天事上帝之名，而不察其实，遂相率以从之，悲夫!"④ 又如反教所谓："彼窃附儒教昭事、钦若之说，恣逞凶毒奸巧，陈水石兄谓其于吾教中做鼠入强出之贼，旨哉言也。"⑤ 黄宗羲亦认为天主教的三位一体，是以"人鬼"当"天"，从而"并上帝而抹杀之矣"。因此，黄宗羲认为天主教对"天"的诠释，与儒家迥异，与佛教一样，均为"邪说"。不过，黄宗羲认为将天诠释为人

---

① 参见白晋、马若瑟等索隐派传教士的著作。

② 朱宗元：《拯世略说》，《梵蒂冈图书馆藏明清中西文化交流史文献丛刊》第1辑第14册，大象出版社2014年版，第314页。

③ 黄贞：《尊儒亟镜叙》，《明朝破邪集》卷3，《四库未收书辑刊》第10辑第4册，北京出版社2000年版，第370页。

④ 陈侯光：《辨学刍言自序》，《明朝破邪集》卷5，《四库未收书辑刊》第10辑第4册，第401、405页。

⑤ 黄贞：《请颜壮其先生辟天主教书》，《明朝破邪集》卷3，《四库未收书辑刊》第10辑第4册，第365页。

格神，并非来自佛教、天主教，而是儒家自身，"未尝非儒者开其端"。尽管黄宗羲反对天主教、佛教有关"天"的诠释，黄宗羲仍认为天具有主宰性，并非"理而已"。① 四库馆臣亦认为西学长于测算，而短于"崇奉天主以炫惑人心"，认为天主教与"与六经相龃龉，则傎之甚矣"。②

　　天主教在康熙时期的发展"如日中天"，其中具有标志性的事件是 1671 年康熙皇帝赐给天主教"敬天"匾额。传教士将此匾额悬挂在各地的天主堂上。白晋撰《古今敬天鉴》引用康熙《日讲》，以此发明"敬天"之义。天主教徒李祖白亦认为"真学者，则为敬天者矣"。1700 年，因为礼仪之争，传教士向康熙皇帝上疏表示"敬天"即是"祭天地万物根源主宰"。康熙御批："这所写甚好，有合大道，敬天及事君亲、敬师长者，系天下通义，这就是无可改处。"③ 但是，随着礼仪之争的白热化，"一天各表"的可能性也不复存在。教宗宣布禁止中国礼仪、禁用上帝、天等儒家术语，而康熙皇帝则下令禁教。④ 清初中西之间、儒耶之间的对话与融合就此中断。⑤

　　对于儒家宗教性以及是否借用基督教来对儒家进行宗教性的改造，此在现当代新儒家那里都有不同的讨论。⑥ 其中是非曲直、功过利害，有待于进一步验证。而明末清初儒耶之间的"一天各表"，则

---

① 黄宗羲：《明夷待访录·破邪论》，中华书局 2020 年版，第 265—269 页。

② 关于反教者反对传教士对于天的解释，参见《圣朝破邪集》；孙尚扬：《基督教与明末儒学》，东方出版社 1994 年版，第 248—256 页。

③ 《熙朝崇正集　熙朝定案（外三种）》，韩琦、吴旻校注，中华书局 2006 年版，第 363 页。

④ 后来的传教如龚当信仍将天理解为天主，并将雍正祭天解释为祭祀天主，但是受礼仪之争以及禁教的影响，儒耶之间的对话已不复存在。

⑤ 晚清新耶稣会进入中国，以及民国时期天主教的本土化，仍然在继续着"一天各表"，甚至对于今天的基督教中国化具有重要影响。

⑥ 如波士顿儒家，参见 John H. Berthrong, *All Under Heaven: Transforming Paradigms in Confucian-Christian Dialogue*, Albany: State University of New York Press, 1994.

为我们今天思考基督教中国化以及文明互鉴提供了有益参考。基督教中国化最重要的内容是核心神学概念的本土化、汉语化，"一天各表"意味着基督教中国化应该采取中国文化中的最高范畴，并予以基督教化的解释。此种中国化路径效果可能会比较好。对于文明互鉴而言，首先，"一天各表"提供了文明互鉴的诠释方法，即在双方经典与诠释传统中"求同"。对于明清儒家而已，"天"是四书五经中的天或上帝，而对于基督教而言，"天"则是天主，是 Deus。其次，"一天各表"又表明文明互鉴在"求同"的基础上又需要"存异"。虽然双方都将"天"作为最高范畴，但双方的诠释有所不同。因此，不同文明之间虽然存在种种差异，但差异不应当成为冲突的根源，而应该成为交流、对话与融合的基础。

明末"天主"考

纪建勋*

一、引言

学界一般习惯于用唐代的景教、元代的也里可温教、明末清初的天主教、清末民初的基督教、新中国成立后基督教的中国化这五个阶段来概括中国基督教的发展。此种划分大体上是准确的，也有其无可替代的优越性：它比较清楚，易于让研究者从整体上宏观把握中国的基督教历史，然后各取所需，迅速进入相应领域专门史的研究；可是，此种划分无形中遮蔽了各个时期之间的衔接、过渡及其互相影响。在各个阶段之间，基督教仍然在发展，并且各个阶段之间也并不是绝缘的。五阶段的分期容易导致研究者画地为牢，在实际的研究中忽略前面阶段的基督教史留给后来阶段的"遗产"与影响。学界对于中国基督教史的书写有时会忽视对五阶段"之间"关系的考察，这就有可能把诸阶段间实际存在的有意无意的种种牵连消弭于无形。

这种划分容易忽略以上各个阶段之间的间隔带。因为以上五个阶段在时间与朝代的传承上并不连续，给人们造成的一大错觉就是这五个阶段之间是彼此独立、截然分开的。实则不然。就现在的研究来

---

* 纪建勋，上海师范大学人文学院教授，国际比较文学中心主任。

看，明代以前的基督教研究或许比较"小众"一点，但在时间上却是延绵不断。站得更高一些来看的话，中国基督教史实际上是一个几乎不存在断续的有机整体。如唐代的景教与元代的也里克温教就有很大的关系，即使中间隔了宋朝，其基督教的发展也有不断被发现的史料所佐证，更何况还有始于北宋徽宗年间的开封犹太人这一个重要阶段；其影响也未必小，唐代的景教就有对"法流十道，寺满百城"盛况的可靠记载，只是由于年代比较久远加之史料发掘上的困难，深入研究尚存障碍。①

在五个阶段"之间"有很多过渡阶段，它们从时间上来讲更为漫长，其传教成绩和影响有时容易被低估。譬如明末清初的天主教，在康熙禁教后的雍、乾两帝为代表的清前中期的研究就表明基督教在中国的信徒人数不降反升，一直发展到与下一阶段清末民初的基督教联结在一起。②譬如"大秦景教流行中国碑"在明末的一次施工中被发现，这一事件对明清天主教带来了很大的正面影响。在当时，对于基督教在中国发展的前史还一直停留在传说与猜测阶段。景教碑的发现，把中国基督教的信史一下子上推了接近一千年，对教会的发展起了很大的推动作用。李之藻就在《刻天学初函题辞》中自述"天学者，唐称景教。自贞观九年入中国，历千载矣"③，当时不少的入教文人

---

① 明清之前更早的中国基督教史的研究，长期以来一直踯躅不前，近年有一些新的动向和进展，譬如对开封犹太人中国化以及"回归以色列"的关注。关于景教的研究可参见林悟殊：《唐代景教再研究》，中国社会科学出版社2003年版。另外，近些年受到新发现"霞浦文书"的刺激，对包括景教在内的三夷教以及民间宗教的研究有所推动，相关研究有林悟殊：《中古三夷教辨证》，中华书局2005年版；马小鹤：《霞浦文书研究》，兰州大学出版社2014年版。

② 参见 Nicolas Standaert, ed., *Handbook of Christianity in China, Volume One: 635-1800*, Leiden: Brill, 2001, pp. 382-383, 555-575；张先清：《清前期天主教在华传播特点分析》，《世界宗教研究》2006年第3期。

③ 李之藻：《刻天学初函题辞》，李之藻编：《天学初函》第1册，台湾学生书局1965年版，第1页。

在诗文中自称为"景教后学",社会上甚至还形成了以景教来代称天主教的习惯。明清天主教的传入还引起了传教士乃至欧洲对开封犹太人"一赐乐业教"（在民间又称"挑筋教"）研究的关注。[①]因此,对于中国基督教史不同阶段的"遗产",尤其是那些在历史上对后续的基督教在中国的传播已经产生实际重大影响"遗产"的研究,更应该引起学界的关注,因为这些"遗产"正是今天我们推进基督教中国化的根本前提与出发点。本文所要重点讨论的基督教神"天主"名称考诠即为其中一个典型例证。

Catholic Church 有时候被译成"大公教会""公教"或"普世教会"。这比较符合 Catholic 一词"统括一切、包罗万象"的本意,但相较而言,在中国,Catholic Church 却更多地被称为天主教会。与此相应,Catholicism 也更为经常地被翻译为"天主教"。这是为什么?相较于拉丁文 Deus、英文 God,基督教至上神的中文说法"天主"的来历和源流是怎样的?这是本文主要想探讨的问题。

基督教至上神的"天主"说法是怎么来的?与唐代的"阿罗诃"、元代的"也里可温"等基督教神名不同,后者迄今已经完全淹没在历史的尘烟里。时间来到明末清初,情形则完全不同。实际上,基督教自明末就已经开始传播几个相对稳定且影响深远的中国式神名:"天主""天地的主""上主""大父母""上帝"以及"天",这些神名大部分仍然活在中国基督徒的口口相传里,是中国基督教的一笔宝贵财富。

直至今天,无论是官方、民间还是学界,各方面对"天主"说

---

① 利玛窦:《利玛窦中国传教史》,《利玛窦全集》第 1 册,辅仁大学出版社、光启出版社 1986 年版,第 82 页。关于景教尤其是景教碑、开封犹太人等中国古代基督教之于明清天主教的影响,笔者拟另行撰文,此处不赘。

法的使用似乎过于自然而然以至于心安理得，还少有学者去仔细爬梳
"天主"的来历和中西源流。一提到"上帝"，大家首先想到的会是
基督教的至上神，而不是在中国古已有之、四书五经中在在皆是的
"上帝"；同样，一提到"天主"，大家首先想到的也还是基督教的至
上神。在基督教入华以前，"天主"一词在中国典籍中是否也已经古
已有之？"天主"这一汉语词汇作为基督教神名，是中国基督教的
"借用"还是"创造"？如果是"借用"，那么在一定程度上，如同
"上帝"一样，"天主"这一非常具有中国化色彩的基督教神名，在
汉语语境里已经发生了古今含义上的嬗变。如果"天主"一词是被
"创造"出来，那么又是谁、在何时何地，创造出这一在今天已经被
普遍接受与广泛使用的中国化神名？柯毅霖著有《晚明基督论》来回
应今人认为明清传教士不重视宣讲基督论的批评，与之相应，本文以
"明末天主考"为题来尝试回答以上提出的系列问题。

需要特别说明的是，中文学界迄今还没有对"天主"神名的专
门研究，最早注意到中文语汇"天主"说法在明末的含义嬗变及其
影响的人是法国耶稣会士夏鸣雷神父（Henri Havret, 1848—1901），他
在 1901 年去世之前以 *T'ien-Tchou*（《天主考》）之名发表了他的研究。
关于夏氏，人们更多记住的是他另外一种同样也是以法文撰写、在
1895 年出版的研究 *La Stele Chrétienne de Si-ngan-fou*（《西安府景教碑
考》），其对于"天主"的研究反而不彰，一直到今天也还没有引起
太大的关注。主要原因应该是夏氏把讨论的重点放在了"天主"说
法的佛道渊源以及对于民间宗教传统的关注上面，这应该与当时来华
的法国汉学家们重视以今天所谓"比较宗教学"和"人类学"等相
对"科学化"的方法来考察中国的民间崇拜与迷信活动的做法很有
关系。譬如由另外一名法国耶稣会士禄是遒所撰写的皇皇 18 卷巨著

Recherchessur les Superstitions en Chine(《中国迷信研究》),就与夏鸣雷的几种研究一同辑入土山湾印书馆的《汉学丛书》出版。[①] 说他们的研究相对"科学",是因为当时的耶稣会神学家难免怀着基督教中心主义的倾向。其根本目的是希望通过他们自己研究来证明中国的民间宗教甚至囊括佛、道两教在内都为异端,为其贴上迷信甚至邪教的标签,最终以作为高级宗教的天主教来取而代之。因此,夏鸣雷的"天主"研究以今人的眼光看来难免偏颇,也很不全面,亟待完善与超越。

尤其是伴随着近些年来与中国基督教史相对应的一系列成果的不断涌现,如戚印平关于日本耶稣会的"遗产"的研究以及宋黎明对戚氏结论的反动、柯毅霖关于罗明坚所作教理书版本以及中国诗集的讨论、张西平关于罗明坚《葡华字典》散页的价值、梅谦立关于《天主实义》文献来源与内容分析等,诸多从中西交流的视角展开的新发现表明,今天的中文学界已经有条件在夏鸣雷的研究之上来考镜"天主"的中西源流,辨章"基督教神名的中国化"之于"基督教中国化"的意义。[②]

本文拟在学界新研究的基础之上,着重利用一手的新材料,首先从"欧洲人在中国出版的第一本书"谈起,通过仔细考察利玛窦的《天主实义》、罗明坚的《新编西竺国天主实录》《葡汉辞典》《中国诗

① 禄是道这套书的法文原版在 20 世纪 10—30 年代被译成英文,合并为 10 卷。近些年有中国学者以英文版为底本译为中文,以《中国民间崇拜》之名出版,参见禄是道:《中国民间崇拜》10 卷,李天纲等译校,上海科学技术文献出版社 2009 年版。

② 戚印平:《"Deus"的汉语译词以及相关问题的考察》,《世界宗教研究》2003 年第 2 期;柯毅霖:《晚明基督论》,王志成等译,四川人民出版社 1999 年版,第 109—121 页;梅谦立:《〈天主实义〉的文献来源、成书过程、内容分析及其影响》,利玛窦:《天主实义今注》,梅谦立注,谭杰校勘,商务印书馆 2014 年版,第 1—66 页;张西平:《〈葡华辞典〉中的散页文献研究》,《北京行政学院学报》2016 年第 1 期;夏鸣雷(P. Henri Havret, S. J.):《天主考》('T'ien-Tchou'),土山湾印书馆 1901 年版。夏鸣雷的研究是用法文撰写的,笔者所使用的文献版本来自法国国家图书馆(BnF)的加利卡(Gallica)数字图书馆。

集》与范礼安的《日本要理本》（或称《基督宗教信仰的要理本》）等著作所存有的一种特别的三角关系，来分别清理并交代它们与"天主"间的联系。进而尝试以"天主"译名考诠作为一经典案例，来发掘其对于当今比较宗教学的方法论以及基督教的中国化等一系列重大问题的意义。

二、利玛窦与"天主"：《天主实义》并不是 "天主"说法的最早源头以及利玛窦的贡献

查考"天主"说法，首先能够想到的应该是从明末利玛窦所著《天主实义》中寻找答案。这一努力的方向当然是不错的。利玛窦这本书的名字就说明了一切。另外，讨论明末的儒耶对话也绕不开利玛窦，我们今天需要专题研究的基督教中国化神名"天主"，也与利玛窦这位传教士第一人有着千丝万缕的联系。在这本最负盛名的汉语基督教著作《天主实义》中，利玛窦将基督教至上神"陡斯"的拉丁文Deus 与"天主""上帝"对译并称：

> 夫即天主，吾西国所称"陡斯"是也。①
> 子欲先询所谓始制作天地万物，而时主宰之者。予谓天下莫著明乎是也。人谁不仰目观天？观天之际，谁不默自叹曰："斯其中必有主之者哉！"……吾因是知乾坤之内，虽有鬼神多品，独有一天主，始制作天地人物，而时主宰存安之。②

---

① 利玛窦：《天主实义今注》，第80页。
② 利玛窦：《天主实义今注》，第80—87页。

吾天主，乃古经书所称上帝也。①

吾国天主，即华言上帝，与道家所塑玄帝、玉皇之像不同。②

利玛窦的上帝论，主要体现在《天主实义》的首篇《论天主始制天地万物而主宰安养之》与第二篇《解释世人错认天主》上面。利氏对于"天主"的解释，可以分为三个层次：首先表明自己的立场，这里讨论的"天主"是"西国"的 Deus，是基督教的至上神，非佛道甚至民间信仰的诸种神灵所可比，不能错认；其次在首篇利用阿奎那自然神学的证明与认识论证明的基础之上，还凸显出了"天主"存在的本体论证明与道德论证。③ 在这个基础之上，利玛窦对"天主"概念给出了自己的定义与解释：所谓天主，即始制作天地万物，而时主宰存安之也；然后利玛窦给出了自己这一生在汉语神学上的最大贡献——"吾天主，乃古经书所称上帝也"，把基督教的神论与儒家的天学特别是先秦典籍中的上帝观联系了起来。

正是利玛窦首次将 Deus 对译为汉语的"上帝"，也是利玛窦首次将 Deus 译述为汉语的"大父母"，这些都是利玛窦独有的贡献，学界已有相关专门的研究。④ 与此相应，不少人想当然地认为"天

---

① 利玛窦：《天主实义今注》，第100页。

② 利玛窦：《天主实义今注》，第99—100页。

③ 纪建勋：《明末清初天主(上帝)存在证明的"良能说"——以利玛窦对孟子思想和奥古斯丁神学的运用为中心》，《北京行政学院学报》2014年第1期；纪建勋：《明末清初天主(上帝)存在的"道德论证"——以利玛窦的"良能说"及其对孟子思想的运用为中心》，《基督教文化学刊》2014年第2期。

④ 纪建勋：《明末天主教"Deus"之"大父母"说法考诠》，《道风：基督教文化评论》2012年第2期；《汉语神学的滥觞——明末"帝天说"与上帝存在的证明》，《汉语基督教学术论评》2014年第2期；梅谦立：《〈天主实义〉的文献来源、成书过程、内容分析及其影响》，第15页。

主"神名最早也来自利玛窦。不得不承认，利玛窦光环之强，所著《天主实义》影响之大，以致不少人用《天主实义》来笼统代表来华传教士的所有著述，用"利子"或"其徒"来泛指所有的来华传教士。① 到今天，学界关于利玛窦的研究已经蔚为大观。② 实际上，利玛窦的盛名无形中遮蔽了其他很多传教士的努力与成绩，"利学"的繁华无意中掩盖了其他传教士的大量汉语著述。回顾 20 世纪的明清天主教史研究，往往存在这样一种现象，但凡涉及传教士言必称利、汤、南（利玛窦、汤若望、南怀仁），关于儒家基督徒则离不开徐、杨、李（徐光启、杨廷筠、李志藻）。以上"圣教中西三柱石"总计六人的活动及其影响当然很重要，却也反映出学界对于此阶段史料掌握匮乏，视角与问题域开掘不足等问题。③ 必须承认，因为利玛窦的光环效应，罗明坚的中文造诣以及在传教事业上做出的成绩有意无意中遭到了忽视。有类似遭遇的还有龙华民、庞迪我等人。④ 学界新近的研究揭示了中国基督教史以往研究长期存在"追星"现象，并为

---

　　① 方豪：《中国天主教史人物传》上册，中华书局 1988 年版，第 72 页。

　　② 参见林金水、代国庆：《利玛窦研究三十年》，《世界宗教研究》2010 年第 6 期；学界新近的进展有：《利玛窦明清中文文献资料汇释》，汤开建汇释校注，上海古籍出版社 2017 年版。

　　③ 纪建勋：《迈向核心问题》，《道风：基督教文化评论》2017 年第 2 期。

　　④ 譬如张西平、梅谦立、柯毅霖等人对罗明坚其人中文造诣、传教成就的新近研究与评价。李天纲、魏明德等人对龙华民的新研究，参见龙华民：《论中国宗教的若干问题》，李天纲等整理，上海古籍出版社，待刊本；魏明德：《龙华民与中国神学的谱系学：译名之争、龙华民论文与中国自然神学的发现》，沈秀臻、陈文飞译，《基督教学术》2015 年第 2 期。对于庞迪我著述的整理、研究及其成果的文献综述，参见叶农、罗诗雅：《与巨人同行者——西班牙籍耶稣会士庞迪我及其中文著作》，《世界宗教研究》2015 年第 6 期。另外，近期由叶农等人整理的《耶稣会士庞迪我著述集》已经交付出版，或可提升学界对于庞迪我的兴趣，尤其是需要改变研究中惟重《七克》而轻忽庞氏其他著述的现状。纪建勋：《"谁的'上帝之赌'？——帕斯卡尔与中国"》，《华东师范大学学报》（哲学社会科学版）2018 年第 4 期。另外，新材料的不断发现亦有助于以往研究的更加深入，为传统的"中西三柱石"描绘出新形象或带来新思考。如宋黎明：《神父的新装——利玛窦在中国（1582—1610）》，南京大学出版社 2011 年版。

改变这种趋势做出了很大的努力。应该说，"天主"神名亦为其中一例。

　　不能简单化地将"天主"说法归功于利玛窦，《天主实义》并不是天主说法的最早源头。不应忘记，在《天主实义》之前，来华传教士所著的要理问答书籍还有罗明坚（Michele Ruggieri, 1543—1607）所著《新编西竺国天主实录》（以下简称为《天主实录》）。《天主实录》实际上还是"欧洲人在中国出版的第一本书"①。从书名就可以看出对于"天主"神名的使用。至于书内用到"天主"一词者，则不能胜数（在下文中，笔者将以第一章为例予以具体分析）。梅谦立近来的研究就敏锐指出了"天主"一词"并非利玛窦发明，而是从罗明坚处继承而来的"②。

　　罗明坚的《新编西竺国天主实录》于1584年11月出版，而利玛窦的《天主实义》最早出版则是在1603年底或1604年初。③ 因此，前者比后者差不多要早上二十年。所以，单就来华传教士而言，最早使用"天主"神名的不是传教士中名头最响亮的利玛窦及其影响很大的著作《天主实义》，而应该是资历更老一些的罗明坚。正是后者，率先用中文发表了"欧洲人在中国出版的第一本书"《新编西竺国天主实录》，罗明坚是在中国最早使用"天主"作为基督教神名的人。

　　顺便再说一下，利玛窦在《天主实义》中也有"贵邦儒者，鲜适他国，故不能明吾域之文语，谙其人物。吾将译天主之公教，以征其为真教"之语，也即利氏是否第一个把Catholic译成"天主之公教"，这是"公教"的最早源头吗？④ 就笔者目前的阅读来看，这个结论很

---

　　① 梅谦立：《〈天主实义〉的文献来源、成书过程、内容分析及其影响》，第3页。
　　② 梅谦立：《〈天主实义〉的文献来源、成书过程、内容分析及其影响》，第34页。
　　③ 梅谦立：《〈天主实义〉的文献来源、成书过程、内容分析及其影响》，第31页。
　　④ 利玛窦：《天主实义今注》，第79页。

可能成立。

　　不过，利玛窦在《天主实义》中仅仅初次提出了"公教"说法，并未对这一新概念做出任何解释。颇为有趣的是，后来在1640年（另一说是1637年）[1]，罗明坚的《新编西竺国天主实录》在重刻本中被改名为《天主圣教实录》。在该重刻本中给出了或许是迄今所能发现的最早对于"公教"说法的解释：

> 当信有圣而公之额格勒西亚诸圣相通功。额格勒西亚者，译言天主教会也。天主所立之教，绝不侔于人类所立之教，谓之圣教。又为天下之总教会，非一国、一方之教会也，谓之公教。[2]

　　短短的一句话，出现了"天主教会"的音译"额格勒西亚"，出现了"天主所立之教，绝不侔于人类所立之教，谓之圣教。又为天下之总教会，非一国、一方之教会也，谓之公教"，这已经与今天神哲学意义上对大公教会的理解很接近了。而此时罗明坚早已经在1588年返回了欧洲，是何人又是处于何种考虑把罗明坚的这本书修订后再版，这是一个值得我们进一步深究的问题。这也同样表明由罗明坚所著"欧洲人在中国出版的第一本书"，对于今天的学界来说很有重审其价值的必要。而面临的第一个问题就是应该先把罗明坚此著作的版本及其与《天主实义》间的渊源梳理清楚。学界的最新研究已经表明，利玛窦的《天主实义》在相当部分内容上"因袭"了罗明坚

---

[1]　关于罗明坚中文重刻本的发表时间，目前的研究还不统一。柯毅霖倾向于1637年出版，梅谦立则采用了1640年。柯毅霖：《晚明基督论》，第109页；梅谦立：《罗明坚的〈天主实录〉与利玛窦的〈天主实义〉》，第3页，注释2。

[2]　罗明坚：《天主圣教实录》，吴相湘主编：《天主教东传文献续编》第二册，台湾学生书局1966年版，第822—823页。

的《天主实录》以及范礼安的《日本要理本》。① 也就是说利玛窦充分继承了他的前辈(诸如罗明坚以及日本耶稣会)的"遗产",然后再在此基础上做出了自己的重大创新。譬如对先秦典籍所载"上帝"的发现。② 本文下面的主要任务是通过罗明坚此书的几个版本及其与利玛窦、范礼安著作间的关系来考察"天主"神名的起源。

综上,《天主实义》原名《天学实义》,尽管《天主实义》并非"天主"说法的最早源头,但利玛窦却是在前人的基础上,对于"天主"这一神学中的根本性概念又添新解,给出了自己认为"正确"并且"实在"的含义。相对于《天主实义》整本书使用"天主"达三百五十次,"上帝"的使用频率也高达九十四次,以"表达他所信奉的信仰不是新的,而是中国古人原有的信仰"③。从1588年起,利玛窦创造性地把中西"上帝观"整合在一起。

对于"天主"思想的贡献,我们应该把利玛窦的还给利玛窦,把罗明坚的还给罗明坚。

三、罗明坚与"天主":"欧洲人在中国出版的第一本书"以及《天主实录》的版本问题

近些年,随着陈伦绪、德礼贤、梅谦立、柯毅霖、张西平等人研究的不断深入,罗明坚其人其著的本来面貌与地位逐渐明晰起来。罗

---

① 对于罗明坚这本书和利玛窦《天主实义》间的渊源尤其是内容上的异同,梅谦立已经很详细地对照过了,此处不赘。详见梅谦立:《罗明坚的〈天主实录〉与利玛窦的〈天主实义〉》,利玛窦:《天主实义今注》,梅谦立注,谭杰校勘,商务印书馆2014年版,第3—9页。

② 纪建勋:《汉语神学的滥觞——明末"帝天说"与上帝存在的证明》。

③ 梅谦立:《〈天主实义〉内容分析》,利玛窦:《天主实义今注》,第34页。

明坚的《天主实录》有多个版本，这几个版本在书名和内容上都有所区别。首先就是在 1581 年就已经完成的题名为《关于神圣事情的真正及简略介绍》的拉丁文本。它与下文中将要讨论的被印刷出版的范礼安的《日本要理本》不同，罗明坚这本书的拉丁文本只是以手稿的形式被内部广泛传阅与修改。正是在使用拉丁手稿本广泛征求意见的基础上，《新编西竺国天主实录》于 1584 年 11 月在肇庆发表。这里，"新编"正是相对于手稿本而言，我们不妨称其为中文原刻本。作为"欧洲人在中国出版的第一本书"，这本书当时甚至印刷达 1500 册，遍传中、韩、越南、菲律宾数国。[①] 因为是首创，这本书在亚洲范围内有一定的影响。譬如西班牙多明我会传教士高母羡（Juan Cobo，约 1546—1592）在 1593 年针对马尼拉华侨出版了第一本用中文写作的自然神学著作《辨正教真传实录》，比利玛窦的《天主实义》还要早，高母羡的这本书对罗明坚的《天主实录》就多有吸收与借用。我们不难理解这"第一本书"也对利玛窦写作《天主实义》产生了很大影响。

只是由于此书面世时的背景在传教士入华未久，筚路蓝缕，在传教方针策略等最重要事情上尚处于摸索而未能统一的阶段。以现在的眼光看来，这本书具有明显的先锋实验性质，不足之处难免。该书尽管对于佛教持批判立场，却使用了大量具有佛教色彩的词语如在署名

---

① 这里的"1500 册"是依据了梅谦立的说法。柯毅霖的说法是《天主实录》"起初印行 3000 册"。梅谦立使用的是陈伦绪的资料，柯毅霖使用的则是德礼贤的意大利译本及其研究。宋黎明的说法则是"第一版印刷 1200 本，后来一版再版，总共发行 3000 多本"。综以上诸种说法，可以大致判断《天主实录》初版了 1000 多册，累计发行了 3000 多册。无论如何，考虑到当时的条件，这都是一个值得自豪的成就，《天主实录》是罗明坚一部成功的著作。梅谦立：《罗明坚的〈天主实录〉与利玛窦的〈天主实义〉》，第 4 页；柯毅霖：《晚明基督论》，第 110、118 页，注释 2；宋黎明：《神父的新装——利玛窦在中国（1582—1610）》，第 36 页。

中自称"天竺国僧"等；尤其是具有"要理问答"与"教理书"两种不同文风混融一体的特点。而教会出版物的这两种区分在后来的中国教区中得到了体现并贯彻了下来。这里需要注意"要理问答"和"教理书"两种教会出版物的区别：前者主要针对非基督徒，面对不同的受众宣讲者可以灵活选用不同的方法与材料，依据哲学论证和自然理性来讨论基督教信仰的理性基础，行文较为灵活，主要目的是引人入教；而后者主要针对基督徒，需要准确教导给他们关于基督教信仰的重要教条，注重启示和教会的信条，在内容上需要相应地严格遵循官方神学的拉丁文版本，主要目的是强调信仰的纯洁。当时传教士甫入中国，立足未稳，正是教会草创时期。不难理解罗明坚的行文较为粗糙，也由于当时还没有把两种出版物区分开来，所以《天主实录》实际上是两种风格兼而有之。[1] 利玛窦则将两者做了明显的区分，他先后写了两本书分别来替代《天主实录》混搭的两种风格，《天主实义》是"要理问答"，《天主教要》是"教理书"。于教会出版事业而言，这显然是一大进步，但罗明坚的创始之功却是不容抹煞。

1596 年，罗明坚因为《天主实录》初刻本的著作内容"不如理想"，为避免再版，而下令把原先印制的木版彻底毁坏。而令人费解的是，被损毁原版木刻的《新编西竺国天主实录》，在 1640 年却又奇迹般地得以修改后再度面世。书名也被改为《天主圣教实录》，我们称其为中文重刻本。

简单回顾罗明坚这本著作的三个版本：它们分别是 1581 年的拉丁文手稿本《关于神圣事情的真正及简略介绍》、1584 年的中文原刻

---

[1]　柯毅霖：《晚明基督论》，第3—7页。

本《新编西竺国天主实录》，以及 1640 年的中文重刻本《天主圣教实录》。另外，柯毅霖在其著作中提出了一个问题：谁，为什么在 1636 年左右修改了罗明坚的新编西竺天主实录并把其再版？李新德尝试给出了一个原因，认为重刻的目的是清除初刻本的佛教影响痕迹。[①] 这种解释有一定道理，但是还不能够完全回答柯氏的问题："罗明坚本人不可能作这么多的修改，因为他于 1588 年离开中国。他的作品不久被视为不合适的。印刷的木版 1596 年被毁，确切地说是为了避免再版。知道谁又是为什么（可能在 1636 年）修改一部已失宠的作品倒是挺有意义的。"[②] 柯氏的追问确实很有趣。与中文初刻本只有"天竺国僧"的署名不同，中文重刻本清楚地说明了是"后学罗明坚述，同会阳玛诺、费奇规、孟儒望重订，值会傅泛际准"[③]。罗氏这本著作能够重见天日必与以上几人很有关系，两个版本内容上的不同应该是阳、费、孟三人所为。然而三人毕竟没有撰写一个重刻序言之类的文字予以说明，背后真正的原因还是不详。

　　现在，让我们先来看看罗明坚依据什么在第一本要理问答中把神名称呼为"天主"？阅读《天主实录》，不难发现解释此问题的线索。相关内容主要集中在第一章，今据影印本转录如下，以便读解。

《新编天主实录》

天竺国僧辑

真有一位天主

　　或问："天下万物，惟贤才最为尊贵。盖以贤才通古今、达

---

　　① 李新德：《从西僧到西儒——从〈天主实录〉看早期耶稣会士在华身份的困境》，《上海师范大学学报》（哲学社会科学版）2005 年第 1 期。
　　② 柯毅霖：《晚明基督论》，第 119 页，注释 2。
　　③ 罗明坚：《天主圣教实录》，第 761 页。

事理也。故欲明理之人，不远千里而师从之。予自少时，志欲明理，故奔走四方，不辞劳苦。其所以亲炙于明师者诚不少；切磋于良朋者亦至多。孜孜为善，吾心犹未足也，何者？今世之事，虽可略明。死后之理，诚未知何如也。今幸尊师传授天主经旨，引人为善，救拔魂灵升天。予特来求教，希乞勿吝。"

答曰："僧生于天竺，闻中华盛治，愿受风波，泛海三载，方到明朝。今居于此，非为财利，惟奉祀天主而已。盖天庭之中，本有一位天主，制作乾坤人物，普世固当尊敬之。幸承贤友俯视，有何见教？倾耳愿闻。"

或曰："予平日所从有数位名师；所习有万卷诗书。未闻有一位天主，而能制作乾坤人物，兹者请教。果有一位天主否也？"

僧应之曰："人虽至愚，知有尊长在上，则奉敬之。只不知谁为尊长而奉敬之。予见贤友敏达，姑揭一二正理而言之。天庭之中，真有一位为天地万物之主，吾天竺国人称之谓了无私是也。吾且以理譬之。"[1]

《天主实录》开创了要理问答的模式，士人对基督教很感兴趣，但不明教理，需要传教士来答疑解惑，以引人入教。第一小节为士人提问，第二至六小节为神父的回答。在第一小节中，士人表明自己之所以需要向神父请教"天主经旨"，是因为自己对于"今世之事，虽可略明。死后之理，诚未知何如也"，希望自己在学习了天主教的要理以后能够"引人为善，救拔魂灵升天"。在接下来的回答中，罗明

---

① 罗明坚：《新编西竺国天主实录》，钟鸣旦、杜鼎克主编：《耶稣会罗马档案馆明清天主教文献》，台北利氏学社 2002 年版，第 9—11 页。按：原文不分段，为便于读解，今根据文意将首章分为 8 节。另外，也请读者注意区分本文对罗明坚著作中文初刻本和重刻本两种不同版本的引用。

坚首先用一句话解释了自己不远万里来到中国的目的："僧生于天竺，闻中华盛治，愿受风波，泛海三载，方到明朝。今居于此，非为财利，惟奉祀天主而已"，然后他用余下的篇幅说明了为什么"天主"存在。通过人君（天主）行政使权、良工（天主）制作创造、掌驾（天主）撑持掌握，这三种喻理来完成论证。这实际上是关于基督教最高神存在的一系列证明：

　　　譬有外国一人，游至中华广省，见其各处州县，俱事本府，府承事乎两司，而两司又承事乎两院。广省如是，则其余省亦可知矣。然两院独无所承事乎？原有一位人君，撑持掌握，固能如是之安泰也。他虽未常亲至京师，目见君王，然以理度之，诚知其有一位人君也。如此，乾坤之内，星高乎日，日高乎月，月高乎气，气浮于水，水行于地，地随四时而生花果草木。水养鱼虾，气育禽兽，月随潮水，日施光明。予忖度之，诚于天庭之中，必有一位天主，行政施权。使无天主，焉能使四时而不乱哉？此乃第一之喻理也。

　　　且物不能自成，楼台房屋不能自起，恒必成于良工之手。人必生于父母，鸟必出于其卵。知此，则知天地不能自成，必由于天主之制作可知矣。此僧所以知其原有一位之天主也。此乃第二之喻理也。

　　　且日月星宿，各尊度数。苟譬之以理，诚如舟楫之渡江海。樯舰航舵，百物俱备，随水之上下，江海之浅深，风涛之或静或涌，而无损坏之忧者，则知一舟之中，必有掌驾良工，撑持掌握，乃能无事。此固第三之喻理也。

　　　何况天地之间，事物如此其至众也。苟无一位天主，亦何以撑持掌握此天地万物哉？此僧所以深知其真有一位之天主也。①

这些证明一方面固然体现出中西两种文化在逻辑推理上的差异：西方更重视因果链条的逻辑进展，而中国显然更乐意用类比推理来完成说理的过程。将阿奎那《神学大全》中关于上帝存在的“五路证明”，与罗明坚《天主实录》首章甚或利玛窦《天主实义》首篇关于证明上帝存在的文字稍加比对，这种区别愈发鲜明。尽管中西双方在上帝存在的证明上存在若干有趣的差别，但是倘若细读罗明坚《天主实录》或者利玛窦《天主实义》相关章节，细心的读者仍不难体会到弥漫在字里行间的阿奎那“五路证明”和亚里士多德“四因说”的影响因子。

为什么把神称为“天主”，在前面罗明坚也有比较清楚的回答：“天庭之中，真有一位为天地万物之主，吾天竺国人称之谓了无私是也。”在罗明坚的笔下，天主概念的蕴涵及天主存在的证明进路如下：正因为“天庭之中，本有一位天主”，他“制作乾坤人物”，所以“普世固当尊敬之”。天主存在，天主创造世间万物，我们自然而然把这位基督教的最高神称为“天地万物之主”——简称为“天主”——所以，在中文语境下，“天主存在”与“把基督教最高神称为天主”就是一个由一而二，然后由二再回归为一的问题。

另外，本节的重点在于厘清并讨论罗氏这“第一本书”的版本尤其是两个中文版本之间的比较研究。中文初刻本与中文重刻本在内容上存在明显区别，后者“政治正确”了许多，却也掩盖了很多重要且有用的讯息。此正是本文所关注的重点之一，其背后掩盖了基督

---

① 罗明坚：《新编西竺国天主实录》，第11—13 页。

教神 Deus 的汉译史。囿于篇幅，这里仅撷取两种版本中互相对应的一句话作为例子来稍加说明。

　　　　天庭之中，真有一位为天地万物之主，吾天竺国人称之谓了无私是也。①
　　　　天地之中，真有一尊为天地万物之主，吾西国人所奉之真主是也。②

　　上面一句话，取自中文初刻版《新编西竺国天主实录》，下面一句话，取自中文重刻版《天主圣教实录》。这两句话共有四处改动："天庭"对"天地"、"一位"对"一尊"、"天竺国人"对"西国人"、"了无私"对"真主"。短短一句话的比较，揭示出的信息量可谓大矣！

　　第一，关于西学进入中国带来与翻译相关的语言学、概念史研究。关于基督教神 Deus 的汉译史，由"了无私"到"真主"，台湾学者古伟瀛近些年给出了一个有趣的发现：Deus 最早的汉译竟然是"了无私"。另外，初刻版在全书十六章的结尾处，还载有两个小小附录，分别题为《祖传天主十诫》与《拜告》。自第 82 至 85 页，短短的二百字左右的篇幅。前者当然是最早的白话文《天主十诫》，而尤其是《拜告》，仅两页纸，百余文字，仔细解读之下，依序竟然分别是我国最早的《圣母经》与《天主经》（即今日之主祷文）。③ 以往的学界认为两者已经遗失不传，仅凭这一点，罗明坚此著中文初刻版的意

_____

①　罗明坚：《新编西竺国天主实录》，第 11 页。
②　罗明坚：《天主圣教实录》，第 766 页。
③　古伟瀛：《430 年来被埋没的 Deus（上帝）名称及祈祷经文出土》，台大东亚文化研究论坛，见 http：//east-asia. blog. ntu. edu. tw/。

义已经足以彪炳史书。

已故著名天主教史家方豪自曾任徐家汇藏书楼馆长的徐宗泽神父处录有罗明坚该著的中文重刻本手抄，并为中文重刻本的影印出版作序。方氏在序言中比对了两版本的目录，并冀望日后能集齐两者，以进一步仔细对照它们在正文内容上的区别，"不仅可见本书原刻本与后刻本之异同，亦可见天主教初传我国时，采用名词递嬗之迹"①。只可惜方豪至去世也未能得见罗氏此著的中文初刻本。随着近些年中国基督教史研究的不断深入，尤其是大量珍稀汉语基督教文献先后被整理出版，今天的学界终于有机会实现当年方氏未竟的愿望。

两种版本，互有增删。以上两个附录，重刻本固然都已经删去不复出现。顺便说一句，中文重刻本也增添了"真主"的新说法。罗明坚中文重刻本《圣教实录》是否同时也为在今天所指与能指已经高度统一的伊斯兰教最高神中文称呼——"真主"说法的滥觞，还有待于进一步的研究。有一点可以确定的是，从罗明坚著作的上下文来看，"真主"说法的所指在今天已经变异，其或许也是天主教入华后所带来中文词汇含义嬗变的范例之一。

第二，教会草创早期，为在中国立足，其出版物难免在表述文字上带有粗陋与异教色彩。但惟其如此，才是基督教初入中国并努力发展的本来面目。如果不是今日的学界已经集齐两种版本并注意解读两者的异同，这些关乎中国古代基督教如何中国化的重要讯息必将被无情堙没于历史的尘烟里了！

由"天庭"改为"天地"，目录章十六"解释净水除前罪"改为"解释圣水除罪"，以及全篇的"僧"都改为"余"，由中文初刻本到

---

① 方豪：《影印天主圣教实录序》，吴相湘主编：《天主教东传文献续编》，第25页。

中文重刻本，内容变化上最大的特点应该就是擦除了早期教会出版物受佛道尤其是佛教影响的痕迹。对此，李新德的文章有颇为详细的考察。[①] 此外，上述两句话中，由"一位为天地万物之主"改为"一尊为天地万物之主"。通观罗氏全书，"位"字全书都做了适当修改，此种变化显然与"三位一体"教义在中国的萌芽和生成相协调。语词使用上的规范与成熟，其背后体现的是中国基督教会的教义表达及其艰难的中国化历程。

实际上，仔细玩味，Deus的最早译名"了无私"之所以被从历史上抹除，还是因为此种翻译难除佛道的色彩。"天主"说法的概念史考察涉及其背后的佛道渊源，还与我们的近邻日本早期的耶稣会史有关。

四、范礼安、《葡汉辞典》、《中国诗集》与"天主"：日本耶稣会与《日本要理本》是"始作俑者"？

本节首先要揭示并梳理罗明坚《天主实录》、范礼安《日本要理本》与利玛窦《天主实义》三者间所存有的一种复杂纠缠的三角关系。

上文谈及利玛窦的《天主实义》在内容上对罗明坚的《天主实录》、范礼安的《日本要理本》多有借用，并且表明罗明坚的《天主实录》作为"欧洲人在中国出版的第一本书"，才是"天主"神名在中国最早的使用者。本节要解决的问题是，既然日本耶稣会的经验对于中国教区在早期存在不小的影响，那么日本耶稣会有没有可能更早地使用了"天主"说法来称呼基督教的至上神？如果这种假设是真的，那么是

---

① 李新德：《从西僧到西儒——从〈天主实录〉看早期耶稣会士在华身份的困境》，《上海师范大学学报》（哲学社会科学版）2005年第1期。

谁、在何种情况下率先使用"天主"说法的？不过，无论日本耶稣会有没有更早地使用"天主"一词，都不会动摇罗明坚作为中国"天主"说法第一人的地位。

范礼安的《日本要理本》与罗明坚的《天主实录》并不存在内容上的承续关系。《日本要理本》写作时间为1579—1582年，写作时间上与罗明坚的《天主实录》大致平行，并且直到1586年才在里斯本出版，出版时间上要比罗明坚的《天主实录》晚。另外，范礼安的《日本要理本》一书是用拉丁文撰写的，是写给传教士看的，其目的是指导整个远东的传教事业。范礼安的这本书作为日本耶稣会史上"最后的定本和惟一被印刷刊行"① 的天主教要理书，实际上是被罗明坚严重忽视了。我们上文也已经论述过了，罗明坚的《天主实录》存在诸多难以避免的问题。正是因为没有"与时俱进"，或者是不同意，至少是与范礼安"补儒易佛"、区分"要理问答"与"教理书"等新的传教策略存在分歧，罗明坚被范礼安和利玛窦以"太老了"且"汉语也不够好"为由送回了欧洲，余生再也没能返回中国。范礼安后来决定让利玛窦重写一部新的更加适合中国教会使用的"要理问答"，也正因为如此，利玛窦的《天主实义》对范礼安的《日本要理本》在内容上倒是多有继承。②

但是，以上并不意味着明末"天主"的研究可以绕开范礼安的《日本要理本》以及日本耶稣会，因为或许正是他们首先在亚洲范围

---

① 戚印平：《日本早期耶稣会史研究》，商务印书馆2003年版，第226页。
② 相关研究：钟鸣旦首先注意到两种著作间的联系，参见 Nicolas Standaert, ed., *Handbook of Christianity in China, Volume one: 635–1800*, p. 613；乌尔斯·阿普通过研究进一步确定了这种联系，参见 Urs App, *The Cult of Emptiness: The Western Discovery of Buddhist Thought and the Invention of Oriental Philosophy*, Kyoto：University Media, 2012, pp. 94–95；梅谦立则通过出版《天主实义今注》的机会全面比较了两书中的文字，参见梅谦立：《范礼安〈要理本〉与利玛窦的〈天主实义〉》，利玛窦：《天主实义今注》，第10—24页。

内最早地使用了"天主"名称。要知道明末清初时期的日本，汉字的使用仍然非常广泛。来自中国的书籍在日本非常普遍，即使是日本人自己的著述也大都用汉语书写出版。这里还是要强调传教士入华初期对来自日本耶稣会成功经验的借鉴。

理由之一：根据学界已有的研究，耶稣会创始人之一，最早将天主教传播至日本的传教士方济各·沙勿略（François Xavier，1506—1552）在1552年1月29日致耶稣会总会长罗耀拉的信中就明确说"我们还用汉字写了相同的书，希望在去中国时，在能够说中国话之前，让他们理解我们的信仰条文"①。只是后来沙勿略出师未捷身先死，未能进入中国。沙勿略所提到的这本日本耶稣会所写的中文教理书也不知所终，迄今还没有找到，其是否影响了罗明坚的《实录》，目前还不得而知。但这件事表明日本耶稣会撰写有用中文书写的教理书籍，那么用汉语来对译Deus就不可避免，日本耶稣会就存在用"天主"来书写上神的可能。

理由之二：范礼安（Alessandro Valignano，1539—1606）是继沙勿略之后，又一位对中国的天主教传播产生重要影响的传教士。1579年身为耶稣会远东视察员的范礼安到达日本，在其后的日子里，范礼安的一系列举措为天主教在日本和中国传播的适应策略产生了重大影响。虽然范氏的《日本要理本》撰于1579—1582年，出版于1586年，与罗明坚撰于1581年的拉丁文手稿本和出版于1584年的中文原刻本，在时间上来看大致是同一时期。但是据日本学者及戚印平的研究，范氏的《日本要理本》还在初稿时期就有部分拉丁文手稿被粘贴在著名的"埃武拉屏风文书"上面。这些教理文字在1581年被编入

---

① 沙勿略：《沙勿略全书简》，河野纯德译，东京平凡社1985年版，第555—556页。

了供神学院使用的护教书，文中就使用"天主"这一汉语名词来对应 Deus。① 那么，根据这条材料来看，范礼安使用"天主"说法并不比罗明坚晚，两者基本持平，甚至范礼安还要略早些。

然而事情还没有那么简单。在 1583 年罗明坚等人初到肇庆之时，认识了一位名为 Cin Nico② 的年轻人。③ 后来，罗明坚发现这位年轻人把汉语的"天主"一词书写在一块木牌上面，并创造性地将其安放在祭坛上面用于祭祀，不立神像。"神父们回来，看到在这长久笼罩在精神的黑暗下的伟大民族中，至少有一个人向真天主祈祷，感到无限的安慰。"④ 实际上，即使以现在的眼光来看，这位名字为 Cin Nico 的年轻人的做法都是非常符合教义规定的。这启发了罗明坚。

因此宋黎明认为罗明坚中文著作《天主实录》对"天主"神名的使用是借鉴了 Cin Nico 的先进经验。宋黎明进而指出，戚印平所认为的"罗明坚等人使用的天主一词，可能不是他们自己的创造，而是援引范礼安以及日本同行的惯例"，无疑是一个根本性的错误判断。

---

① 参见土井忠生：《吉利支丹论考》，东京三省堂 1982 年版，第 33—34 页；戚印平：《"Deus"的汉语译词以及相关问题的考察》，《世界宗教研究》2003 年第 2 期。

② 关于 Cin Nico 姓名的音译，刘俊余、王玉川译为"陈尼各"，宋黎明译为"陈倪科"，柯毅霖则译为"秦尼科"。柯氏称其为中国最早正式受洗的两位天主教徒之一。柯氏的判断未必正确。根据利玛窦《中国传教史》的记载，中国最早的天主教徒是一位遭到遗弃的老人。他身患重病，奄奄一息，罗明坚把他带回教会，悉心照料，老人在受洗不久后去世。老人是单独受洗的，与柯毅霖的引文材料互相印证，这位在重病中的老人的确是当时国内第一位教徒。Cin Nico 后来也受洗入教，但并不是与老人一起受洗的，与 Cin Nico 作为同一批慕道者而受洗的另有其人。他是一位来自福建的秀才，教名保禄，后来还做了罗明坚和利玛窦两位传教士的中文教师。罗明坚的《新编西竺国天主实录》《中国诗集》《葡汉辞典》等中文著作或许经过这位教名为保禄的秀才润色。Cin Nico 取教名为若望，给两人施洗的是澳门公学的院长兼中国传教区会长卡普拉神父，他来肇庆的目的是视察刚刚开辟的中国传教区，为耶稣会年报的撰写搜集资料。柯毅霖：《晚明基督论》，第 119—120 页，注释 4；利玛窦：《利玛窦中国传教史》上，刘俊余、王玉川译，台北光启、辅仁联合出版 1986 年版，第 137—138、153—154 页。

③ 宋黎明：《神父的新装——利玛窦在中国（1582—1610）》，第 30—31 页，注释 3。

④ 利玛窦：《利玛窦中国传教史》上，第 130 页。

事情的真相是罗明坚的"天主"来自肇庆的年轻人 Cin Nico 的启发，并且时间上显然也早于日本，因而应该说日本的"天主"是抄袭自中国，而不是相反。①

然而，平心而论，宋黎明的论述尤其是针对戚印平耶稣会日本"遗产"研究的否定，其爱国之心拳拳，却不免武断之嫌。戚印平专治日本早期耶稣会史，其研究结论认为罗明坚在其系列中文著作里面对"天主"神名的使用系援引了日本耶稣会的先例；宋黎明《神父的新装》从大量第一手文献出发，提出了不少明清天主教尤其是关于利玛窦的新见解，为罗明坚正名，令人耳目一新。他认为罗明坚对"天主"的使用显然比日本早，针锋相对地直指日本的"天主"抄袭自中国。然而两相对照，宋黎明的材料时间为 1583 年，戚印平的材料时间最早为 1581 年，中国的"天主"之诞生并不比日本早，两者还是基本上平行。王铭宇的文章则以词典编纂与现代汉语溯源为旨归，在结语做出了调和之论，认为中日两国选择了"天主"来对译 Deus，或"有先后之分，但亦可能仅为巧合"②。三人的研究立场不同，竟然得出了"中国说""日本说"与"巧合说"三种迥异的结论，值得我们反思。因此，根据本文上面的观察，中日教会双方在初期对"天主"神名的使用，很难说是谁抄袭了谁。更进一步的判断也和下文的理由之三有关。

理由之三：基督教在亚洲传播，首先面临的就是两种异质文化的交流与冲撞，辞典编纂是必须之事，集中搜集译入语的双语辞典成为中外交流史研究的重要文献。就 Deus 词条而言，在 1595 年刊行的《拉葡日对译词典》中，与"天主"被一道使用的汉语神名就包括有

---

① 宋黎明：《神父的新装——利玛窦在中国（1582—1610）》，第30—31页，注释3。
② 王铭宇：《"天主"词源考》，《语文研究》2012第3期。

"天主""天道""天尊""天帝"等。1603 年刊印的《日葡辞典》也有类似表述。[①] 但是很多人不曾注意到，罗明坚也曾自 1583 年就已经开始编纂过一本《葡汉辞典》。1934 年汉学家德礼贤率先在耶稣会罗马档案馆发现已经在档案馆里沉睡了 400 年之久，档案编号为 Jap. Sin. I, 198 的《葡汉辞典》。这本辞典以在"中外交流史上的多个第一"很快引起了学者们的浓厚兴趣，陆续从文献的影印出版、辞典编纂学、语音学与历史语言学、辞典所附散页等多个角度跟进研究，逐渐为我们还原出一个整全的罗明坚。

这份 Jap. Sin. I, 198 档案自第 32—156 页为《葡汉辞典》手稿，此部分在 2001 年已经由澳门基金会联合各方影印出版。今人杨福绵、马西尼、杨慧玲、王铭宇等已经有较为深入的研究；档案的头尾两部分也即第 1—31、157—198 页，为罗明坚学习汉语及所撰书籍所留下的语言学、神学、科学笔记之手稿。张西平在其《欧洲早期汉学史》、《〈葡华辞典〉中的散页文献研究》等论作中也陆续将手稿散页整理后发表。[②] 经由以上已经出版的文献及其研究，不难发现罗明坚在《葡汉辞典》和手稿散页中对"天主"神名的使用情况。

查《葡汉辞典》与 Deus 有关的词条有两则：

其一：汉字词条"因为廖师（按：廖师两字原均有口字旁，表示音译）"，相应的葡文词条 Por merce de Deus（"上帝赐福"）；

其二：汉字词条"天主生万物"，相应的葡文词条 Criador（"创世者"）。

在罗明坚手稿中原先都带有口字旁的"廖师"，正是葡文（也是

---

① 戚印平：《日本早期耶稣会史研究》，第 233 页，注释 1。

② 张西平：《欧洲早期汉学史：中西文化交流与西方汉学的兴起》，中华书局 2009 年版，第 41—68 页；张西平：《〈葡华辞典〉中的散页文献研究》，《北京行政学院学报》2016 年第 1 期。

拉丁文）Deus 的音译。据王铭宇的统计，与"天主"在《葡汉辞典》及其散页、罗明坚诗词中的大量出现不同，"廖师"仅出现过一次，实际上这也是迄今所发现的明清天主教文献中唯一出现的一次。"廖师"有闽语的发音特点，为传教士初入中国时受到他们的通事或汉语教师的影响所致。而随着中国传教事业的进展，"廖师"为汉语基督教所不取，更加义丰典雅的"天主"被普遍接受而流播至今。①

在罗明坚手稿散页中，"天主"大量出现，仅举与本文主题相关者一例稍加说明，在书中有一句话：

> 混沌之初，未有人物，止有天主。无形无声，无始无终，非神之可比。②

在罗明坚《新编西竺国天主实录》初刻本"天主事情章之二"对应着这么一句话：

> 凡物之有形声者，吾得以形声而名言之。若天主尊大，无形无声，无始无终，非人物之可比，诚难以尽言也。③

由两句的相似性，可知此手稿散页部分文字是罗明坚《天主实录》的初稿。尤其是散页中的"天主……非神之可比"在《天主实录》中被改换成了"天主……非人物之可比"——众所周知"神"版

---

① 王铭宇：《罗明坚、利玛窦〈葡华辞典〉词汇问题举隅》，《励耘语言学刊》2014 年第 1 期；王铭宇：《"天主"词源考》。

② 罗明坚：《葡汉辞典》手稿散页，耶稣会罗马档案馆藏，档案 Jap. Sin. I, 198。感谢张西平先生把自己从海外收藏的罗明坚手稿散页文献慷慨相赠。

③ 罗明坚：《新编西竺国天主实录》，第 13 页。

Deus 也成了以后基督教《圣经》与"上帝"说法并列的重要版本——传教士初入中国，在他们起初的概念序列里，"神"显然是比"天主"低一级的存在，而在今天的基督教语境中"神""天主""上帝"俨然已经平起平坐，一起成了最为常用的基督教至上神的名称。此亦可见"天主教初传我国时，采用名词递嬗之迹"之一显例也。

至于罗明坚《中国诗集》，显然也是罗明坚学习汉语并尝试作诗的手稿，学术界先前的研究主要是用这 58 首中国古诗来证明罗明坚的汉语造诣，进而考察罗明坚在诗集中宣讲的基督论思想。浏览罗氏的这些诗歌手稿，其中吟咏赞颂"天主"及说明"天主"本性的亦不在少数，最典型者当数诗集中的《天主生旦十二首》组诗。限于篇幅，笔者引用其中第一首，以飨读者：

> 前千五百十余年，天主无形在上天。
> 今显有儿当敬重，唐朝何不事心虔？[①]

就现有的文献来看，范礼安《日本要理本》在日本最早使用"天主"说法来指称天主教的神，罗明坚《天主实录》则是在中国最早把天主教神名对译为"天主"。至于两者间的关联，可以这样认为，早一步建立的日本教会和新开辟的中国传教区一直是一个联系在一起的有机整体。自耶稣会亚洲传教以来，中日两国教会基本上隶属于同一主教区。特别地，因为日本教会的发展以及中国教会的初创，日本在1581 年成为耶稣会副会省，中国教区亦划归其辖制。并且范礼安作

---

① Albert Chan, "Michele Ruggieri, S. J. (1543-1607) and His Chinese Poems", *Monumenta Serica*, 41: 129-176(1993)；柯毅霖：《晚明基督论》，第 115—118 页。

为视察员曾经审查并批准罗明坚《天主实录》刊行。① 两者在传教策略与方法，对中国传统文化尤其是儒学和佛教的研究与批评，以及写作出版中包括 Deus 在内的汉语译词的使用等诸多方面存在，存在连续性与一致性，甚至是某种程度的互相援引与借用，应该是可以理解的普遍现象。

近代以来，日本接触西学较早，研究汉语词汇含义嬗变，日本的中介作用无法绕过。同样有趣的是，在明末，因为耶稣会到日本传教在前，彼时的日本也相应因缘际会地带来了一批汉语神名词汇含义的变异。这应该是明清中外交流史、中国基督教史以及汉语传播史研究中的一个新的重要研究领域。

五、余论：流传的情况及其影响

综上，《新编西竺国天主实录》作为"欧洲人在中国出版的第一本书"，也是中国天主教会第一本宣教出版物，尽管难免粗糙，后来甚至遭到毁版禁止的命运，但其筚路蓝缕的开创之功却是不容抹煞。它对今天研究中国古代基督教的中国化进程，尤其是在汉语译词嬗变、概念史、思想史等方面有着无可替代的重大意义。本文通过《天主实录》中文初刻本和中文重刻本的比较就很好地说明了这一点。利玛窦的《天主实义》在继承罗明坚《天主实录》的基础上，不仅纠正了《天主实录》的诸多偏颇，更因袭范礼安《日本要理本》，为中国教会的"适应策略"奠定了根基。然而罗明坚是在中国也仅仅是在中国

---

① 戚印平：《日本早期耶稣会史研究》，第3—4页；黄一农：《两头蛇——明末清初的第一代天主教徒》，上海古籍出版社2006年版，第442页。

最早使用"天主"说法的人。如若将"天主"考的论题放大到整个亚洲范围，日本耶稣会尤其是范礼安拉丁文版的《日本要理本》是否才是"天主"神名的"始作俑者"？也未必，问题的答案只能说在一定程度上如此。实际上，这更是中外交流史上一例典型的"双向交互影响"的比较研究范例。

1583 年 9 月上旬，传教士被邀赴肇庆建屋开教。这是中国教会最早的开创阶段，住处和教堂一经大致安排妥当，罗明坚和利玛窦两个人马上就投入了传教工作。这里，有一则材料，以前不被大家所注意，字里行间却透露出"天主"神名与中国教会的缘起：

> 神父的住屋是五间平房，左右各两间，中间为大厅，做为圣堂之用，大厅中前方设一祭台，祭台上方，悬挂圣母抱耶稣画像。神父们采用"天主"做为神的称号。这称号是最恰当不过的。因译音会增加困扰，此二字发音响亮，意义深长，听来有庄严肃穆之感。其实，在传教一开始，我们就用了这个名字，如今在谈话中及书籍中已经普遍采用，别的名字虽亦有时提及，但只是为解释及引伸之用。最常用的有"天帝"、"上帝"、"万有真原"等。至圣童贞女用为荣耀的天主之母。①

这段材料的信息量很丰富。首先，关于拉丁文神名 Deus 的翻译，音译原则之所以不被采用，是因为 Deus 最初音译为"陡斯"，不仅不易为中国人理解基督教最高神的蕴涵，更重要的原因是"陡斯"其读音在中文里听起来类似于"都死"，这个神名对非常重视吉利和

---

① 利玛窦：《利玛窦中国传教史》上，第 135—136 页。

彩头的中国人来说很难接受。① 其次，罗明坚无疑是我国第一个在正
式出版物中使用"天主"说法来对译基督教神 Deus 的人。那位第一
批受洗入教、名为 Cin Nico 的中国人，其创举或许对罗明坚有所启
发。"在传教一开始，我们就用了这个名字，如今在谈话中及书籍中
已经普遍采用"，据此不难得出这样一个结论：在 16 世纪 80 年代，
无论是书面上还是口头中，以"天主"来称呼基督教最高神的说法
开始在明末社会上使用开来，并最终被国人普遍接受从而流传至今，
就应该是更为接近历史真相的一个事实。再次，相较于其他在明末社
会因为基督教入华所带来的"上帝""天帝""大父母""万有真原"
等中国化神名的使用，"天主"神名的使用频率更加普遍与主流。实
际上，正是"天主"这一个在明清时期为中国教会最为经常使用的
中国化神名，才让天主教成为名实相副的"天主"之教。

　　放诸亚洲，日本在我国的中外交流史上占有特殊地位：一方面，
作为东亚国家，其时受华夏文化影响很深，汉字仍然是其主要书写文
字，另一方面，日本却比中国更早接触到基督教并建立教会，两方面
的影响合力造就了日本使用中文"天主"来对译 Deus。罗明坚《天主
实录》中大量使用"天主"这一汉语词汇作为神名来指称基督教至上

---

① 纪建勋：《明末天主教 Deus 之"大父母"说法考诠》。另请参见以下两则资料。
第一则材料："余曰：'所称天主即陡斯乎？'曰：'然。'曰：'奚不仍称陡斯，而胡易以
天主之名为？'曰：'此中难明陡斯之义，不得不借天地、人物之主而从其大者，约言之
耳。'"王微：《畏天爱人极论》，郑安德编：《明末清初耶稣会思想文献汇编》第 3 卷第 34
册，北京大学宗教研究所 2003 年版，第 14 页。第二则材料：西洋地方称呼天地万物之
主用"陡斯"二字，此二字在中国用不成话，所以在中国之西洋人，并入天主教之人方
用"天主"二字，已经日久。从今以后，总不许用"天"字，亦不许用"上帝"字眼，
只称呼天地万物之主。如"敬天"二字之匾，若未悬挂，即不必悬挂，若已曾悬挂在天
主堂内，即当取下，不许悬挂。参见中国宗教历史文献集成编纂委员会编纂：《东传福
音》第 8 册，黄山书社 2005 年版，康熙与罗马使节关系文书影印本（北平故宫博物院民
国二十一年［1932］陈垣编印影印本）第 14 通。

神，完全有可能是受到了日本教会的影响。所以，在亚洲范围内，或许是日本教会较早使用了"天主"作为基督教神名。然而，向东西双方两大传统文明的更深的源头处去回溯，我们却不能说日本教会或者是范礼安创造了"天主"神名。在漫漫历史长河之中，放诸整部中外交流史来考察，明末"天主"说及其流行更多的是属于这样一种情形：当两种异质文化遭遇并交流时，一种异质文化的关键词对另一种异质文化的关键词进行了"借用"与"改造"。具体到本案例，就是西方的 Deus 遭遇了东方的"天主"。这个来自东方的"天主"，不是日本的，而是中国的，或者从更根本的源头处来讲，它更可能是印度的。

有证据表明，"天主"本是佛教神祇。佛教中比较常见的一种说法认为"帝释天为仞利天之主，故称天主，又称天帝"。"天主"即是"帝释天"（梵文：Śakro devānām indrah）之别称，音译"释迦提桓因陀罗"，略称"释提桓因""释迦提婆"，又作"天帝释""天主"。[①] 因此，"天主"这一神名更有可能是来自更早的中外交流，即佛教在中国的翻译与接受史。那么我们是否可以说中国最早的佛经翻译者才是"天主"说法的发明者呢？还是应该将这第一的奖牌颁发给"天竺国"？颇具讽刺意味的是，罗明坚被毁版遭禁的那部"欧洲人在中国出版的第一本书"——《新编西竺国天主实录》，此"天竺"当然是指欧洲，却更容易让读者把它与佛教联系在一起——罗明坚在书中自称"天竺国僧"，其本意是用早已在中国被普遍接受的佛教来为天主教的传播之路遮挡风雨，其预言何其正确耶？因为传教士们在中国历尽千辛万苦所传播的宗教，其至上神的中文神名"天主"，从

---

① 丁福保编：《佛学大辞典》卷中，上海书店出版 1991 年版，卷上第 468 页"天主"条、卷中第 1571—1572 页"帝释"条、卷中第 1573 页"帝释天"条。

根本上来讲正是"借用"自西竺的佛教。传教士们对其涵蕴进行了改造，完全颠覆了"释提桓因"之"帝释天"本义，成了真真正正的天主教之"天主"。是耶？非耶？真可谓假作真时真亦假，真假难辨了。今天说起"天主"，有几个人还会认为是指佛教的"帝释天"呢？

传教士认为"天主""二字发音响亮，意义深长，听来有庄严肃穆之感"。确实如此，细味之下，"天主"二字不仅与华夏民族源远流长的"帝天崇拜"相关联，实际上还洋溢着庄严肃穆的宗教感，它甚至与中国传统的儒、佛、道三教都纠缠在一起。在道教中，"天主"说法甚至还被用来引申指道教中的真人。由明代清溪道人所著的小说集《禅真逸史》第二十二回有"上首金珠宝座之上坐着一个真人——即是天主了"之说，而第二十三回之回目即为"清虚境天主延宾，孟门山杜郎结义"。[①] 更重要的是，在儒家传统中，"天主"原为齐地的八种神祇之首。据《史记·封禅书》《汉书·郊祀志》等典籍记载，秦始皇东游海上时，曾行礼祠名山大川以及八神，认为"八神将自古而有之，或曰太公以来作之。齐所以为齐，以天齐也。其祀绝，莫知起时。八神，一曰天主，祠天齐"[②]。一般认为佛教入华在两汉之际，即公历元年前后。关于"天主"神名的使用，显然司马迁所记的时间要更早，彼时佛教尚未传入中国。如此看来，"天主"说法的真正源头竟然是汉代以前的中国传统宗教或者原始的儒家。至迟到明末，"天主"说法已经在社会上普遍流行激荡开来。其人格神

---

　　① 清溪道人：《禅真逸史》第22、23回，兑玉校点，齐鲁书社1986年版，第343、346页。笔者目力所及，宋黎明最先提出了这一观点，参见宋黎明：《神父的新装——利玛窦在中国(1582—1610)》，第31页。

　　② 司马迁：《史记·封禅书》卷28，中华书局1959年版，第1367页；班固：《汉书·郊祀志》卷25上，中华书局1964年版，第1202页。

蕴涵，不仅儒教、佛教、天主教甚至包括道教在内当时华夏大地上的诸种宗教都在使用。它甚而影响了坊间通俗的文学书写，可说已经到了国人"日常习用而不自觉"的地步。讨论至此，明末"天主"考渐趋深入与复杂。这说明了对于明末"天主"说法的讨论不仅需要与 Deus 翻译史的综合考察结合起来，也需要对中西两大文化传统里的"天主/Deus"说法做一番更深入的词源学/比较宗教学之考察。①

考镜明末"天主"源流，还可以窥见中西文化成功融合与反思认知的若干基本规律。我们做中外交流史的"影响研究"，往往容易考察单线的发展，从渊源、媒介、流传等方面强调两种异质文化相遇时，来自一种文化之"影响因子"对另外一种文化单向的发送及其接受的研究。这正是"影响研究"的局限，也很容易造成"影响研究的神话化"。② 明末的"天主"神名，其最早的源头，既不是范礼安的《日本要理本》，更非利玛窦的《天主实义》，甚至也不属于罗明坚的《天主实录》《葡汉辞典》与《中国诗集》。它历经漫漫岁月的洗礼，由佛教的"帝释天"最终蜕变为基督教的"天主"，其本质上是经由佛教的中国化发展到了基督教的中国化。明末"天主"考是中国、欧洲、印度三大文明之间多向交互影响的好例，也是中外文学文化关键词与概念史研究可以进行中西互训、循环阐释的典范。

关于中梵建交，学界应首先做好准备，以实际行动助推其早日实现。具体到本研究来看：与基督教之 Lord 对译称"主"不同，"主"前加"天"，"天主"则又和传统的天信仰相接榫。正类同于用"上帝"来对译 God，可以与中国古已有之的帝崇拜相接轨，这样，"上

---

① 关于这一点尤其是对"天主"在西方文化传统里的词源学/比较宗教学考察，笔者已另有长文论述，将要发表，在此不宜赘述。

② 纪建勋：《中国比较文学复兴四十年学科方法论整体观》，《学术月刊》2018 年第10 期。

帝"和"天主"这两个较为主流的基督教神名称，就和中国古代地位最重要、规格最高级的"帝天崇拜"联系在了一起。这一史实为我们今天发展中国传统文化与基督教神哲学对话提供了广阔的空间，也大有利于我们发展自己的汉语基督教神学。有鉴于此，我们推动基督教的中国化工作首先就应该是大力发展基督教神名的中国化及其研究。进而及时梳理本土基督教神学，由"争论"到"本土化"，最终深入"中西礼学"的沟通与对话。①

中国传统信仰的核心——帝天崇拜，与其相关最为核心的两个概念"上帝""天主"，在明清天主教适应策略的解构之下都已经发生了实质性意义嬗变。今天的国人，说起"上帝"，固然是基督教意义中的至上神而不再是先秦典籍原初意义的"上帝"；谈到"天主"，也俨然是天主教语境里的大主宰而不复是佛教经论里转译而来的"释提桓因"。就好的一方面来看，我们可以说明清时期基督教的中国化尤其是基督教神名的中国化是相当成功的；然而就不利的一方面来看，既然基督教神名的中国化在明末清初就已经取得了如此大的成绩——把中国传统信仰的两大本根"帝"与"天"都进行了颠覆性的"借用"与"改造"——那么，今天的中国想要重建并赓续传统信仰，就更加任重而道远了。

----

① 纪建勋：《迈向核心问题》。

重建信仰：明清之际儒者的上帝观

韩　星[*]

一、明清之际的儒耶会通

中国古代上帝名称有帝、天帝、昊天上帝、皇天、皇天上帝、天皇大帝等，其渊源甚古，殷商已成熟，西周发生了由"帝"而"天"、由神而人的重心转移。"六经"中多处可见"上帝"，但从春秋开始，孔子创立，儒家以人文理性为主导，使中国文化精神发生了根本性转变。汉代又有宗教复兴的趋势，但董仲舒仍然保持儒家人文理性的基本精神，以伦理道德为依归。宋儒更多地讨论天道性命的形上之学，即使提到"上帝""鬼神"，也多是哲学的理性解释，上帝隐遁了。明清之际以儒家天主教徒为代表的儒者反思和批判道、佛与宋明理学，面对天主教传入，有重建上帝信仰的意识。[①]

晚明，中国思想界由"王学所促成的思想开放性，已走向既有的价值体系崩溃、观念多元与形骸放浪，而引起晚明士林反省并起而纠弹"，"晚明思想的裂变，其结果是道德精神的失落，价值观念的迷离，并直接呈现为社会生活的极端感性化、个体化，颓波靡风，无

　＊　韩星，中国人民大学国学院教授。
　①　韩星：《上帝回归乎？——儒家上帝观的历史演变及对儒教复兴的启示》，《世界宗教文化》2015 年第 2 期。

所不及"。① 在三教合一的背景下，很多儒者受王阳明影响，由儒入佛，流于狂禅，更加剧了主体价值观的失落。嵇文甫对这段转型期思想特征做出了这样的描述："晚明这短短数十年，一方面是从宋明道学转向清代朴学的枢纽，另一方面又是中西两方文化接触的开端。其内容则先之以王门诸子的道学革新运动，继之以东林派的反狂禅运动，而佛学、西学、古学，错综交织于其中。这一幕思想史剧，也可算得热闹生动了。"②

明清之际，中国进入了一个"天崩地裂"的转型时期，各种社会矛盾错综复杂，尖锐激烈，历史走到了一个新的十字路口，处在由传统社会向近代社会过渡的关键时期。无论是在政治、经济领域，还是在思想、文化领域，旧的传统的思想观念与新的先进的价值理念在这一时期发生了激烈的碰撞，社会面临着一系列令人瞩目的价值冲突和社会转向。明清之际的思想家自觉对秦汉以来，特别是宋元以来的文化传统及价值观念进行深刻反省和理性批判。在反思和批判过程中，学术思潮的变迁发生了"由虚转实"的演化，逐渐产生了一股提倡经世致用的实学思潮。这种新的学风萌芽、发展，逐渐成为与理学、心学相并立的新的思想观念和价值形态。这是一种积极进步的、有前途有活力的、适应社会发展需要的新的思想观念，因而成为一种新的社会时尚、新的学术精神。此时天主教进入中国，带来了西学，为儒家士大夫打开了一个崭新的世界，开启了中西文化接触交流的大门。这方面过去学界研究很多，但对宗教信仰层面关注不多。当时，出现了一批儒家天主教徒，他们在对晚明世风纠偏之时，以儒为主，以"天学"补儒学，在中西文化会通的基础上，试图通过整合中西

---

① 何俊：《西学与晚明思想的裂变》，上海人民出版社1998年版，第136、151页。
② 嵇文甫：《晚明思想史论》，河南大学出版社2008年版，"序"，第1页。

文化，以天主教精神重建中国人的信仰体系。

要把握儒家天主教徒的思想动向，首先得明白利玛窦和耶稣会士的"传教策略"。这一问题中外学者已有足够的探讨，总结起来不外以下几点：（1）传教士以学者面目出现，入乡随俗、穿儒服、说汉语，尊重所在地区的传统；（2）献奇器，打通官场关节，特别是向明朝皇帝进献《坤舆万国全图》、八音钟、自鸣钟等，积极在上层社会活动，取得官方支持；（3）在文化上，采"习华言，易华服，读儒书，从儒教，以博中国人之信用"①；（4）与徐光启等儒家士大夫结交甚厚，"其传道之际，多取径于教义和儒学的沟通"②；（5）通过介绍西方自然科学、哲学、逻辑学和艺术等知识文化，吸引中国官员和士人，使他们信服欧洲文明；（6）对中国人的道德价值和一些礼仪实践保持开放与宽容的态度，允许中国教友保留祭天、祭祖、祭孔的礼仪。这一传教方式与策略，被康熙称为"利玛窦规矩"，当代学者概括为"由上至下，学术前导，合儒辟佛"③。

传教士带来的学问在当时被称为"天学"。此"天学"非中国古代"天学"④，实际上就是明朝末年由西方传教士带来的包括神学、伦理、哲学、科学、技术等的作为一个整体的"西学"⑤，这是此时期广义的"天学"。此时期狭义的"天学"就是天主教神学。作为天

①　柳诒徵：《中国文化史》下卷，东方出版中心1988年版，第661页。

②　顾卫民：《基督教与近代中国社会》，上海人民出版社1996年版，"自序"，第3页。

③　王晓朝：《基督教与帝国文化》，东方出版社1997年版，第127页。

④　按照著名的中国古代"天学"研究专家江晓原教授在《天学真原》中的界定，"天学"不是指中国古代天文学，而是旨在揭示中国古代"天学"的政治性质、文化功能和社会角色的带有科学社会学和文化人类学色彩的学问，"中国古代天学主要由两部分组成，其一为星占，其二为历法"。中国古代天学家专管的天文、历谱、五行、蓍龟、杂占、形法六类数术之学是以"天学为主干与灵魂"，"天学"是"通天、通神之学"，参见江晓原：《天学真原》，辽宁教育出版社2007年版，第54、123页。

⑤　王晓朝：《基督教与帝国文化》，第214页。

主教"三大柱石"之一的徐光启把"天学"理解为由形上之道和形下之器两部分组成："道之精微，拯人之神；事理粗迹，拯人之形"①，包括"事天爱人之说，格物穷理之论，治国平天下之术，下及历算、医药、农田、水利等兴利除害之事"②，这显然是广义的"天学"。

传教士传教策略主要是以作为狭义"天学"的天主教神学与作为中国文化主体的儒学进行比附、调和，集中在通过引证儒家经典来说明中国古代早就有"上帝"。利玛窦说"吾天主，即华言上帝"，并具体论证说：

> 吾天主，乃古经书所称上帝也。《中庸》引孔子曰："郊社之礼，以事上帝也。"……《周颂》曰"执竞武王，无竞维烈，不显成康，上帝是皇"；又曰"于皇来牟，将受厥明，明昭上帝"。《商颂》云"圣敬日跻，昭假迟迟，上帝是祗。"《雅》云"维此文王，小心翼翼，昭事上帝"。《易》曰"帝出乎震"。夫帝也者，非天之谓。苍天者抱八方，何能出于一乎？《礼》云"五者备当，上帝其飨"，又云"天子亲耕，粢盛秬鬯，以事上帝"。《汤誓》曰"夏氏有罪，予畏上帝，不敢不正"，又曰："惟皇上帝降衷于下民，若有恒性，克绥厥猷惟后。"《金縢》周公曰"乃命于帝庭，敷佑四方"，上帝有庭，则不以苍天为上帝，可知。历观古书，而知上帝与天主，特异以名也。③

---

① 徐光启：《泰西水法序》，《徐光启集》上册，上海古籍出版社1984年版，第67页。
② 徐光启：《辨学章疏》，《徐光启集》下册，上海古籍出版社1984年版，第434页。
③ 利玛窦：《天主实义》，朱维铮主编：《利玛窦中文著译集》，复旦大学出版社2001年版，第21页。

他认为儒家经典中的上帝与天主教的天主是名异而实同，这样"天学"与儒学之间就有了共同的基点。正如谢和耐所指出的："利玛窦的全部策略实际上是建立在中国古代伦理格言基督教教义之间的相似性和上帝与天主之间的类比关系上的。"[1] 在这个基础上进一步就可以推衍出"天学"与儒学两大体系是同源同本、同体同用的，这样通过寻求"天学"与儒学之间的"同"，以赢得中国士大夫对天主教的认同，以利于借用士大夫来传播天主教。因为利玛窦经过逐渐深入中国社会内部，特别是在研读儒家经典以后，深知儒家经典和儒家士人在中国社会中的主体地位，不取得他们的认同，在中国的传教事业就不可能成功。

在传教士看来，原始儒学的基本精神与天主教并无二致，儒家经典中的"天"（帝）与天主教中的"天主"（上帝）一样。他们用中国典籍中的"上帝"来表述天主教的 Deus 时，"实际上是借此名相进行内涵的根本改造，即把上述'造物主''格神''三位一体''道成肉身'以及恩典、慈爱、末日审判等义项统统纳入到此名相之下"[2]，让中国士大夫知道从尧、舜、禹、汤、文、武、周、孔以来圣圣相传的"尊天、畏天、事天、敬天之学"与天主教的基本精神若合符节。他们看到原始儒学与汉唐、宋明儒学有很大差异，进而指出"先儒是真儒，后儒是伪儒、俗儒或拘儒。后儒不察正理，专于虚句，而曲论古学之真意，虽与佛老不同，实则殊途而同归"，"中国文化的发展应该是批判后儒而返于先儒，进而再通过对先儒精义的阐释与重建，最终达到超儒，以建立中国文明的新体系"[3]。为此，

①　谢和耐：《中国和基督徒：中国和欧洲文化之比较》，耿升译，上海古籍出版社1991年版，第47页。
②　刘耘华：《诠释的圆环》，北京大学出版社2005年版，第115—116页。
③　庞朴主编：《中国儒学》第1卷，东方出版中心1997年版，第311页。

他们严厉批判汉以后的儒学，特别是宋明理学，认为宋明理学受到了佛道"邪说"的污染，把儒学往形而上学方向发展，以"天理""太极"取代了"天"和"上帝"，背离了先儒的思想，造成当时"凡是受过一点教育的人中间最普遍为人接受的意见是：三大教实际已合为一套信条，它们可以而且应该全都相信……他们相信能够同时尊奉所有三种教派，结果却发现自己根本没有一种，因为他们并不真心遵循其中的任何一种。他们大多公开承认他们没有宗教信仰，因此在佯装相信宗教以欺骗自己时，他们就大都陷入了整个无神论的深渊"①。传教士在批评后儒的同时，也对原始儒家的理论进行修正。他们认为，原始儒学主要涉及的是有形世界，缺乏超乎有形世界的更高级学说。因此，他们提出，原始儒学如果能与天主教教义相结合，有选择地吸收天主教"天学"观念，就能够使原始儒学得以复兴到尽善尽美的境地。这就是所谓"合儒、益儒、补儒和超儒"②之说。此说对当时接触天主教、对天主教抱有好感的士人，特别是儒家天主教徒来说影响很大，使他们接受了传教士的策略，自觉不自觉地按照此说反观、审视儒家传统，在坚持儒家主体性的前提下，试图用天主教教义和教理来会通、改造、补充甚至超越儒学，在正统的理学僵化、主流的心学狂禅的情况下，探索儒学发展的方向和道路。可惜的是，随着"礼仪之争"的爆发，"天学"与儒学之间本质性的差异暴露出来，清初全面禁教，以利玛窦为代表的"天学"与儒学会通的努力付之东流。

---

① 利玛窦、金泥阁：《利玛窦中国札记》，何高济等译，广西师范大学出版社2001年版，第78页。

② 庞朴主编：《中国儒学》第1卷，第312页。

二、儒家天主教徒的上帝观

对于明末清初之际的儒家天主教徒，比利时汉学家钟鸣旦（Nicolas Standaert）将其划分为三类：第一类学者，对"天学"实用的方面非常有兴趣，徐光启、李之藻是其中佼佼者；第二类学者，最注重的是基督教的道德观，王徵就是一位主张实用的伦理学家，他不但写过《畏天爱人极论》，还组织了仁会，以基督教的善行作为行动的基础；第三类学者，以对天主教至高存在的回应为主，像杨廷筠那样，这种特征在他广泛讨论基督教义及西洋哲学的作品中显示出来。① 他们当时大都对"天学"感兴趣，试图以"天学"解决中国文化乃至他们个人遇到的问题。如孙尚扬所说："他们中有的认为可以在'天学'中得到解决生死大事等问题的答案；或认为'天学'可以帮助儒学建立一种绝对至上，因而普遍有效的道德规范体系，有的则认为'天学'中的'因性'与'超性'之理，可以满足人们在形而上方面的理论需求和宗教需求；有的认为对天主教的信仰可以在理论和实践中解决生活、存在的意义问题；等等。但他们对'天学'的接受和理解又具有相似的归趣，即最初努力寻求儒学与'天学'的结合点，又各各赋予'天学'以实学的意义。"② 显然，此时儒家天主教徒欲借用"天学"即天主教神学更新、发展儒学成为一个共同的思想趋向和理论自觉。当然，具体到每一个儒家天主教徒，他们的观点也不尽相同。

---

① 钟鸣旦：《杨廷筠：明末天主教儒者》，香港圣神研究中心译，社会科学文献出版社 2002 年版，第 268 页。

② 孙尚扬：《利玛窦与徐光启》，新华出版社 1993 年版，第 5 页。

　　李之藻（1565—1630），字振之，又字我存，号凉庵居士，又号凉庵逸民，浙江仁和（今杭州）人，学识渊博，娴于天文历算、数学，精于西学，与徐光启、杨廷筠齐名。万历二十六年（1598）进士，跟随利玛窦学习西方科学，接受天主教教义，于万历三十八年（1610）受洗入天主教。翌年奔父丧回乡，邀郭居静、金尼阁两教士同往杭州。万历四十一年（1613），任南京太仆寺少卿，奏上西方历法。崇祯二年（1629）朝廷开设历局，与徐光启同为监督，和龙华民、汤若望等教士译书修历。李之藻主持辑刊的《天学初函》史称"中国天主教第一部丛书"，刊刻问世之后，影响颇大。李之藻接受了利玛窦关于儒家经典中的"天"即"天主"的观点，他在为《天主实义》重刻本所撰的序中指出："昔吾夫子语修身也，先事亲而推及乎知天；至孟氏存养事天之论，而义乃綦备。盖即知即事，事天事亲同一事，而天，其事之大原也。说天莫辩乎《易》。《易》为文字祖，即言'乾元''统天'，'为君为父'，又言'帝出乎震'，而紫阳氏解之，以为帝者，天之主宰。"[1] 这里提出儒家以天为其伦理道德的本原，上帝则是天的主宰。他还说："其教专事天主，即吾儒知天、事天、事上帝之说。不曰帝、曰主者，译语质，朱子语曰：'帝者，天之主宰。'以其为生天、生地、生万物之主也，故名之主则更切。而极其义，则吾六合万国人之一大父母也。我有父母，可不爱不敬事乎哉！则人人有大父母，又可不爱不敬事乎哉！由生身之父母，悟及生天、生地、生万物之父母，而中间一邑、一郡、一国之父母，以至华夷共主之父母，可知义同逃雨，无之非是，总之，尊则统卑，其大较然也。"[2] 李之藻认为天主教专事天主，与儒家知天、事天、事上帝之

---

① 李之藻：《天主实义重刻序》，朱维铮主编：《利玛窦中文著译集》，第99页。
② 李之藻：《刻圣水纪言序》，《李之藻集》，中华书局2018年版，第78—79页。

说是一回事，天主就是六合万国人之一大父，我们每个人爱敬生养自己的父母，也应该爱敬华夷共主之大父母。这就把儒家世俗伦理与天主教信仰伦理结合了起来，同时更重要的是天主教打开了他的视野。天主教认为的天主是世间万事万物的创造者、主宰者，乃人类之大父，使得李之藻觉得天主乃"华夷共主之大父母"。这就冲破了中国士大夫几千年来的"华夷之辨"思维模式的局限，使他的精神世界进到了天下一家、世界大同的境界。尽管这里他还是用了"夷"字，但这"夷"在共主之大父母下则是自家兄弟，这与儒家"四海之内皆兄弟"的天下一家的大同精神相吻合。这种天下一家的大同精神是建立在人类共同的心性和理性基础之上的，李之藻说，天主教"大约使人悔过徙义，遏欲全仁，念本始而惕降监，绵顾畏而遄澡雪，以庶几无获戾于皇天上帝……余为僭弁数语，非敢炫域外之书，以为闻所未闻，诚谓共戴皇天，而钦崇要义，或亦有习闻而未之用力者，于是省焉，而存心养性之学，当不无裨益云尔"①。这就肯定了天主教与儒家是东海西海、心同理同，有利于道德教化，归本于皇天上帝，试图为世俗化伦理原则奠定一个坚实而神圣的基础。当然，李之藻也从儒家的立场上意识到，天主教有关天堂地狱之类的说法可能有人是不信的，但他从教化功能上指出天主教的宗旨不外是"福善祸淫"，而此为"儒者恒言"②，因为《尚书·汤诰》说"天道福善祸淫"。显然，李之藻通过对天主教儒家化的解释，把天主教神学与儒家信仰传统会通，试图重建民族信仰，挽救晚明社会于危机之中。

李之藻认为天主教为"天学"与儒家"六经"主旨不矛盾，致

---

① 李之藻：《天主实义重刻序》，第99—100页。
② 李之藻：《天主实义重刻序》，第100页。

力于"天儒合一"。李之藻说，"天学要于知天事天，不诡六经之旨"①，天主教不仅"于知天事天大旨，乃与经传所纪，如券斯合"，而且"与上古《素问》、《周髀》、《考工》、漆园诸编，默相勘印，顾粹然不诡于正"②，即天主教教义与儒家"六经"主旨没有冲突。李之藻跟利玛窦的交往，使他对天主教教义有深入了解，认识到儒家学说存在某些方面的不足，认为泰西"天学"可"夺而归之吾儒，以佐残缺，而振聋聩"③。为此，他在《译寰有诠序》中还发挥说："昔吾孔子论修身，而以知人先事亲；盖人即'仁者人也'之人，欲人自识所以为人，以求无忝其亲。而又推本知天，此天非指天象，亦非天理，乃是人所以然处。学必知天，乃知造物之妙，乃知造物有主，乃知造物主之恩，而后乃知三达德、五达道，穷理尽性以至于命，存吾可得而顺，殁吾可得而宁耳，故曰儒者本天。然而二千年来推论无征，漫云存而不论，论而不议。夫不议则论何以明？不论则存之奚据？蔽在于蜗角雕虫既积锢于俗辈，而虚寂怪幻复厚毒于高明，致灵心埋没，而不肯还乡本始一探索也。"④ 可以看出，李之藻认为儒家讲修身为本，以人伦道德为主，而又推本知天、下学上达、学必知天，可以说"儒者本天"⑤；但后儒对"天学"多有歧义，流于汗漫，结果"天学"不明，固陋自闭，虚寂怪幻，灵心埋没，不能还乡本始、返本开新。因此，李之藻试图通过吸收天主教"天学"，在"合儒"的基础上实现"益儒、补儒"，化解儒学形而上的危机，从信仰

---

① 李之藻：《刻天学初函题辞》，《天学初函》第 1 册，台湾学生书局 1965 年版，第 434 页。

② 李之藻：《天主实义重刻序》，第 100 页。

③ 李之藻：《畸人十篇识》，朱维铮主编：《利玛窦中文著译集》，第 510 页。

④ 李之藻：《译寰有诠序》，《李之藻集》，第 106—107 页。

⑤ 程颐说："圣人本天，释氏本心。"程颢、程颐：《二程集》，中华书局 1981 年版，第 274 页。

维度更新、发展儒学。

徐光启（1562—1633），字子先，号玄扈，天主教圣名保禄，上海县法华汇（今上海市徐家汇）人，官至崇祯朝礼部尚书兼文渊阁大学士、内阁次辅，毕生致力于数学、天文、历法、水利等方面的研究，勤奋著述，尤精晓农学，译有《几何原本》《泰西水法》《农政全书》等著述。万历三十一年（1603）在南京由耶稣会士罗如望（Jean de Rocha）受洗加入天主教，获教名保禄（Paul）。崇祯六年（1633）病逝，崇祯帝赠太子太保、少保，谥文定。

徐光启处在中国文化开始转型、西方文化初入的时代，从布衣至卿相，从小受到良好的儒学教育。《明史·徐光启传》说他“雅负经济才，有志用世”，具有“拯时救世”的社会责任感，立下了“明学致用”的理想，后来信奉天主教，但并没有放弃儒家，而是成为一位“儒家天主教徒”。徐光启受利玛窦的影响，认为天主即中国儒家经典中的上帝。利玛窦在《天主实义》一书中，大量引用儒家经典，证明“吾国天主，即华言上帝”“吾天主，乃古经所称上帝也”[1]。徐光启受其影响也这样认为，在《答乡人书》中说“天主即儒书所称上帝也”[2]，又在《造物主垂象略说》中云：“造物主者，西国所称‘陡斯’，此中译为‘天主’，是当初生天、生地、生神、生人、生物的一个大主宰。且道天主为什么生天？天有两件。一件是我们看得见上边有日月星辰的天。造这天与我们作盖覆，造这日月星辰与我们照光。此乃是有形的天，为我们造的。一件是我们如今看不见的，叫作天堂，乃是天神及诸神圣见天主，享受无量无限的年，正福乐的居处，我们做好人为天主所爱，后来命终，身形造土，其灵魂亦得居于

---

① 利玛窦：《天主实义》，第21页。
② 王晓朝：《基督教与帝国文化》，东方出版社1997年版，第163页。

天堂，与天主神圣同享无边无量永远真正福乐也。这就是看不见的天，是我们做好人才上得去的。"① 从中我们看到徐光启接受了天主教的天堂说，他认为有两个"天"：一是"有形之天"的自然之天，一是"无形之天"的神灵之天。前者是科学探究的对象，后者是宗教构建的天堂。这就体现了他对宗教与自然关系的正确认识，同时二者在他的身上既矛盾又和谐地统一在一起，这在当时实属难能可贵。他批评佛教"且欲抗佛而加于上主之上"②，"夫教人敬天者，是教人敬天主以为主也，以为主者，以为能生天地万物，生养我教我，赏罚我，祸福我，因而爱焉、信焉、望焉，终身由是焉，是之谓以为主也。主岂有二乎？"③ 其意是说"上主"是独一至尊的，能生天地万物，能主宰人们的赏罚祸福，不可能有两个，说明徐光启对唯一主宰"天主"的信仰，这与中国传统多元上帝观不同，表明他基本上接受了天主教的上帝观。徐光启写有《耶稣像赞》："立乾坤之主宰，肇人物之根宗。推之于前无始，引之于后无终。弥六合兮靡间，超庶类兮非同。本无形之可拟，乃降生之遗容。显神化以博爱，昭劝惩以大公。位至尊而无上，理微妙而莫穷。"④ 这首赞辞名为《耶稣像赞》，但并没有出现"耶稣"字眼，而是以中国传统辞赋为描述天主教中的"上帝"，把天主与耶稣交混使用，原因就是在中国典籍与文化传统中找不到与之相对应的象征符号。他赞美耶稣会的传教事业："传

① 朱维铮、李天纲主编：《徐光启全集》第9册，上海古籍出版社2010年版，第380—381页。
② 徐光启：《辨学章疏》，第432页。
③ 《复莲池大和尚〈竹窗天说〉四端》，朱维铮主编：《利玛窦中文著译集》，复旦大学出版社2001年版，第664页。该篇原见《天学初函·辨学遗牍》，旧题利玛窦撰，但据孙尚扬考证，应为徐光启作品，参见孙尚扬：《明末天主教与儒学的互动：一种思想史的视角》，宗教文化出版社2013年版，第28—32页。
④ 朱维铮、李天纲主编：《徐光启全集》第9册，第419页。

教士舍西顾东，九万里过海飘蓬。不辞披星戴月，何惮宿露餐风。惟愿人人各正性命，惟愿人人体道归宗。渊微莫测，细味其中。"① 批评儒、道、佛三教，认为中国文化"立多教而逐各异，信孔孟略知根宗，笑李老烧丹炼汞，叹释迦暮鼓晨钟"②，试图把中国文化中的多元信仰统一到天主教一神教的"正道"上来。

徐光启为什么入天主教？何俊说："徐光启之入教，盖缘于他对处于裂变了的晚明思想之不满，对以传统儒家思想于佛教来整饬晚明社会的失望，以及由此而促成的对如何使晚明社会走出困境的思考。"③ 就是说，徐光启皈依天主教是由于社会转型所导致的思想转向，他在重视、实践实学的同时也考虑到了信仰重建问题，在"天学"与儒学的会通中归本于儒，更新、发展儒学。入教以后，"徐光启开始把天学的意义系统调和到儒家的意义系统之内，试图以天学的意义系统来改造明季儒家中消极的部分"，"他将天学的作用归于'易佛补儒'，但对于他来说，天学无疑比儒学更有实际的价值，他一生勤勤恳恳的翻译西学正是对这种实际价值的利用，而他无疑也赋予了这种翻译活动一种神圣的含义"，"徐光启的儒学不再是纯粹意义上的儒学，而是融合了天学的儒学，徐光启所接受的天学也不是完全意义上的天主教的意义系统，而是在儒家框架之内的天学"。④ 他在《辨学章疏》中指出，传教士"教人，皆务修身以事上主，闻中国圣贤之教，亦皆修身事天，理相符合，是以辛苦艰难，履危蹈险，来相印证，欲使人人为善，以称上天爱人之意。其说以昭示上帝为宗

---

①　朱维铮、李天纲主编：《徐光启全集》第9册，第421页。
②　朱维铮、李天纲主编：《徐光启全集》第9册，第420页。
③　何俊：《西学与晚明思想的裂变》，上海人民出版社1998年版，第133页。
④　肖清和：《社会转型与信仰转向——对徐光启皈依天主教的宗教社会学考察》，《维真学刊》2003年第4期。

本，以保救身灵为切要，以忠孝慈爱为工夫，以迁善改过为入门，以忏悔涤除为进修，以升天真福为作善之荣赏，以地狱永殃为作恶之苦报，一切诚训规条，悉皆天理人情之至"，"必欲使人尽为善，则诸陪臣所传事天之学，真可以补益王化，左右儒术，救正佛法者也"。① 在沈㴶发动"南京教案"时，徐光启毅然挺身而出进行辩护，向皇帝上书时言语恳切，以儒家的修身之道和圣贤之教会通天主教。他认为天主教虽然"以事上主""上帝为宗本"，但其行事旨在劝人为善、保救身灵，提倡忠孝慈爱、迁善改过，讲究忏悔涤除、善恶果报，与以儒为主、三教合一的中国文化基本精神相符合，有益于晚明社会教化，能够成为辅助儒家的左右手，救正佛法似是而非的一面。针对明代中叶以来程朱理学、陆王心学虚玄蹈空之弊，徐光启指出天主教"所教戒者、人人可共由，一轨于至公至正，而归极于'惠迪吉、从逆凶'之旨，以分趋避之路"②。正如有学者所云："明代末年正值正统儒家信仰已发生危机，多元化社会思想泛滥之际，事实表明，徐光启与这些社会思潮均有密切的联系。"③ 可以看出，徐光启试图在明末儒学积弊、中国文化危机的情况下，吸收西方天主教神学，"补儒易佛"，重塑中国文化，实现儒家理想中三代之治。"倘蒙圣明采纳，特赐表章，目今暂与僧徒道士一体容留，使敷宣劝化，窃意数年之后，人心世道，必渐次改观。乃至一德同风，翕然丕变，法立而必行，令出而不犯，中外皆勿欺之臣，比屋成可封之俗，圣躬延无疆之遐福，国祚永万世之太平矣！""若以崇奉佛老者崇奉上主，

---

① 徐光启：《辨学章疏》，第431—432页。
② 徐光启：《泰西水法序》，第66页。
③ 沈定平：《明清之际中西文化交流史——明代调适与会通》，商务印书馆2001年版，第713页。

以容纳僧道者容纳诸陪臣，则兴化致理，必出唐虞三代上矣。"① 可见，徐光启的基本思路是沿循传统儒家重视社会教化的做法，"神道设教"，发挥天主教"补益王化"的政教功能，以使晚明世风大变，实现唐虞三代的理想之治。正如孙尚扬所说："徐光启在宗教上虽成为一名虔诚的天主教徒，但其目的则是欲借助他认为切实可行的天主教道德体系，'补益王化，左右儒术，救正佛法'，以达到儒家理想中的三代之治……这种借耶补儒的方法及最终目的的传统特色，均表明他仍是在儒学的框架内接受、容纳西学的，而不是完全抛弃作为他赖以理解、接受西学的前提的儒学。"② 也就是说，他以儒为本，来吸纳天主教神学，以解决儒学自身问题，乃至当时中国面临的社会政治问题。

杨廷筠（1562—1627），字仲坚，号淇园，洗名弥格尔（Michael），笔名弥格子。浙江仁和（今杭州）人，1592 年进士，曾任监察御史，早年习王学和佛学，与袾宏大师交好，后经过李之藻介绍，洗归信天主教，与徐光启和李之藻并列，被称为中国天主教"三大柱石"之一。他也认为天主教教义与儒学"脉脉同符"，"吾人不必疑为异端"，他在为西班牙耶稣会士庞迪我所著《七克》所写的序里写道："纯是道心，道心即是天心，步步鞭策，着着近里，此之为学……与吾儒为己之旨，脉脉同符。"③ 杨廷筠说"三代之前，道统在上……三代之后，道统在下"，三代之后，因杨、墨、佛、老、缁黄而道统被混淆，"惟我西方天学，乃始一切扫除，可与吾儒相辅而行"。④ 对

---

① 徐光启：《辨学章疏》，第 433—434 页。

② 孙尚扬：《明末天主教与儒学的互动》，第 154 页。

③ 徐宗泽编：《明清间耶稣会士译著提要——耶稣会创立四百年纪念（一五四〇年——一九四〇年）》，中华书局 1989 年版，第 53 页。

④ 钟鸣旦：《杨廷筠：明末天主教儒者》，第 312 页。

于天主教的天主与儒家经典中的"天""上帝"，杨廷筠与徐光启、李之藻看法基本一致："西学以万物为本乎天，天惟一主，主惟一尊，此理至正至明，与吾经典一一吻合。"①天主教"大指不越两端：曰钦崇一天主万物之上，曰爱人如己。夫钦崇天主，即吾儒'昭事上帝'也，爱人如己，即吾'儒民吾同胞'也"②。他认为，天主教的天主在中国古已有之，只是后儒、俗儒们遗失了儒学的本真，使儒家之"天"晦暗不明。他说："古来经典，只教人'钦天''奉天''知天''达天'，未尝明言何者为天。"③"儒者本天，故知天、事天、畏天、敬天，中华先圣之学也。诗书所称，炳如日月，可考镜也。自秦以来，天之尊始分；汉以后，天之尊始屈。千六百年天学几晦，而无有能明其不然者。利氏自海外来，独能洞会原道，实修实证，言必称昭事；当年名公硕士皆信爱焉。"④他认为，天主教来到中国，儒家本有之"天"的意蕴才又得以复明。儒家本有之"天"之复明是儒学近代转型的一个契机，杨廷筠正是看到了这一点才对"天学"倾心吸纳，借以弘扬儒家天道信仰的意蕴。杨廷筠在天主教天主创生教义的影响下，也为儒学补充了"创世纪"之说："洪荒之初，未有天地，焉有万物？其造无为有，非天主之功而谁功？古经云：天主化成大地，以七日而功完。时则物物各授其质，各赋之生理，予之生机，各畀天使，以保守之，引治之。"⑤中国文化中多宗教、多神灵，与

---

　　① 杨廷筠：《代疑续篇》，吴相湘主编：《天主教东传文献续编》，台湾学生书局1966年版，第241页。

　　② 王晓朝：《基督教与帝国文化》，东方出版社1997年版，第241页。

　　③ 杨廷筠：《代疑续编》，第223页。

　　④ 杨廷筠：《刻〈西学凡〉序》，徐宗泽编：《明清间耶稣会士译著提要——耶稣会创立四百年纪念（一五四〇年——一九四〇年）》，第292页。

　　⑤ 杨廷筠：《代疑篇》卷上，徐光启、李之藻、杨廷筠：《明末天主教三柱石文笺注——徐光启、李之藻、杨廷筠论教文集》，李天纲编注，道风书社2007年版，第254页。

奉行一神教的天主教截然不同，杨廷筠对此也进行了反思批判，他说："西学不事百神，非不敬神，正是敬神之至。今人漫信乡俗，或以意之所重，众之所推，使立为神。一时谬举，久作当然，慢神忽天，莫此为甚。"① 中国人信仰中的多神灵造成了"漫信乡俗""慢神忽天"、功利主义、实用主义、缺乏虔诚等现象。尽管如此，杨廷筠还是具有明确的中国文化主体意识，在中西文化比较中确立了统一性和终极性的"一"。"乃'维一'之义何如？儒书或并言'天地'，或单言'天'，或单言'命'。宋儒分别以形体言谓之'天'，以主宰言谓之'帝'。至《中庸》则曰：'郊社之礼，所以祀上帝也'。《易·系辞》：'帝出乎震'。朱子释之曰：'帝者，天之主宰'，则已显然。明有一主，而岂西儒倡为之说哉！"② 此"一"在西方当然就是"陡斯"，在中国则是"天地""天""命"，包括利玛窦批驳的宋儒所谓的"帝"也是这个"一"。他进一步把中国文化诸神都统摄其下："天神不可得而一一名姓，一一相貌，但所知者，亦另奉为陡斯之忠臣。惟是奉一主，即诸圣神在其中矣。"③ 这就以中国文化的思路很好地处理了"一"与"多"的关系，把天主教一神论与中国文化多神传统结合在一起，是以中国文化为主体的对西方文化的整合。

　　王徵(1571—1644)，字良甫，号葵心，又号了一道人、了一子、支离叟，西安府泾阳县（今陕西省咸阳市泾阳县）人。天启、崇祯年间，任直隶广平府推官、南直隶扬州府推官及山东按察司金事等职。从政后留心经世致用之学，后以经算教授乡里，致力于传授西方学

---

　　① 杨廷筠：《代疑篇》卷上，第266页。

　　② 徐光启、李之藻、杨廷筠：《明末天主教三柱石文笺注——徐光启、李之藻、杨廷筠论教文集》，李天纲编注，道风书社2007年版，第279页。

　　③ 徐光启、李之藻、杨廷筠：《明末天主教三柱石文笺注——徐光启、李之藻、杨廷筠论教文集》，第281页。

术。王徵早年信佛，但在其母于万历二十三年（1595）过世后，转笃信道教达二十余年，并编撰有《周易参同契注》《辨道篇》等道教书籍，同时也仍与僧人往来密切。万历四十四年（1616），王徵赴京会试，落第，却有机会接触天主教，习学天主教"畏天爱人"之理。后受洗入教，教名为斐理伯（Philippe），为陕籍最早的天主教徒之一。对于天主教的名称，王徵通过传教士的解释明白了"天主""陡斯""上帝"其实同实而异名，中国人"不尝曰帝者天之主宰乎？单言天非不可，但恐人错认此苍苍者之天，而不寻认其所以主宰，是天者似涉于泛。故于天加一主字，以明示一尊，更无两大之意……要之，果真知其为生天、生地、生人、生物之主宰而畏之，而爱之，而昭事之，则谓之天也可，天主也可，陡斯也可，上帝也亦可，而奚拘拘于名号之异同哉？"① 天主是至尊无二的，"主而冠之以天，则一尊而更无两大。讵但一人一家一国之主，莫之敢并，即一世之共主，千万世之共主，莫不在其统领纲维中，同受其赏罚也者"②，这就接近一神论了。在中国文化中，早期也有至上神帝（上帝），但也有其他众神，后来连"帝"都有五个，即东西南北中五帝。王徵受天主教影响，承认经典中的"上帝""天"的观念所对应的神灵是唯一的，天主是唯一的至高主宰。崇祯七年（1634），王徵在家乡建立天主教信徒慈善救助团体"仁会"。在《仁会约》中，王徵交代了立会宗旨："西儒所传天主之教，理超意实，大旨总是一仁。仁之爱用有二：一爱天主万物之上，一爱人如己。真知畏天命者，自然爱天主。真能爱天主者，自然能爱人。"③ "天主爱人，吾真爱天主者，有不爱人者

---

① 王徵：《畏天爱人极论》，《王徵全集》，三秦出版社2011年版，第121页。
② 王徵：《畏天爱人极论》，第123页。
③ 王徵：《仁会约》，《王徵全集》，第139页。

乎？此仁之德，所以为尊。其尊非他，乃因上帝。故曰：仁，天之尊爵也。"① 王徵把天主教的宗旨归结为"仁"。仁是儒家核心价值体系的核心，仁的基本含义是爱人②，王徵以儒家的"仁爱"和"畏天命"解释天主教，把"爱天主"和"爱人"结合起来，指出仁爱的根源是上帝，与传统儒家认为仁爱的根源是血缘亲情之爱截然不同，这反映了天主教给儒家思想带来的变化。遇到天主教后，王徵对儒家的"畏天命"有了新的认识，提出"畏天爱人"之说。他和庞迪我在京师晤面后，有一种"洗然自新"的感觉："余于是洗然若有以自新也，洒然若有以自适也，而又揪然若无以自容也，曰：'嗟乎！今而后余始知天命之有在矣，余始知天命之果不爽矣，余始知天命之真可畏矣。'"③ 是天主教使他认识到天命真可畏，更认识到"夫吾辈不知天命，不知真正大主之可畏，即妄自谓我为善而不为恶也，我不敢信。乃知既有天命之可畏也，而忽忽悠悠，日复一日，为善不诚且不坚，去恶不猛且不力者，正不知此身后天堂地狱，上无所望，下无所畏耳"④。中国传统儒家虽然有"畏天命"之说，但因为淡化了上帝，也没有天主教的天堂地狱之说，所以人们会流于缺乏敬畏，为善不诚且不坚，去恶不猛且不力，因而"怀刑者，不但畏世主之赏罚，实以畏天主之赏罚而怀天刑之念，正其畏天命之实功耳"⑤。先秦原始儒家有"畏天命"之说，宋明儒学以"理"释"天"，"居敬穷理"，对于"天"主要采取内在化的理性阐释，天的可"畏"就被消除了。明末清初儒家天主教徒反对宋儒的诠释，要返回本源，重新彰

---

① 王徵：《畏天爱人极论》，第 136 页。
② 韩星：《儒家核心价值体系——"仁"的构建》，《哲学研究》2016 年第 10 期。
③ 王徵：《畏天爱人极论》，第 121 页。
④ 王徵：《畏天爱人极论》，第 130—131 页。
⑤ 王徵：《畏天爱人极论》，第 122 页。

显先秦儒家创生之天、超越之天、人格神之天作为"天"的基本含义，以与天主教至上神对接，重建儒学的信仰维度，解决人们信仰混乱与精神迷失问题。

三、其他儒者的上帝观

还有其他入教或与天主教有一定联系的儒者，如韩霖（1596—1649），字雨公，号寓庵，教名多默，山西省绛州（今新绛县）人。天启元年（1621）考中山西乡试，但在明朝廷中并没有做官，曾随兄长韩云游历各地，结识了许多名士，并且跟随徐光启学习兵法。大约在泰昌元年（1620），耶稣会士艾儒略到绛州传教的时候韩霖入教，后来韩氏家族的其他人也先后加入了天主教。韩霖受天主教影响，认识到天主即是人的大父母："吾人要知，天为大父母。《诗》云：悠悠昊天，曰父母且。非苍苍之天也。上面有个主宰，生天、生地、圣神、生人、生物，即唐、虞三代之时五经相传之上帝。今指苍苍而言天，犹以朝廷称天子也。中也至尊居之，岂宫阙可以称天子乎？"[1] "大父母"的说法其实也来自天主教，利玛窦《天主实义》说："天主之为大父母也，大君也，为众祖之所出，众君之所命，生养万物。"[2] 韩霖接受了传教士的观点，但"大父母"一词却具有深厚的中国色彩，体现了儒家重视血缘亲情的文化底蕴。北宋张载《西铭》说："乾称父，坤称母。予兹藐焉，乃混然中处。故天地之塞吾其体，天地之帅吾其性。"意大利学者柯毅霖曾发表了这样的看法："在儒家思想中，'大

---

[1] 韩霖：《〈铎书〉校注》，孙尚扬、肖清和等校注，华夏出版社2008年版，第60—61页。

[2] 利玛窦：《天主实义》，第23页。

父母'一词与中国的宇宙创始论有关，这种理论是建立在阴阳观念基础之上的。把宇宙视为自己的父母，意味着这样的伦理意义，即把众人视为自己的兄弟姐妹。……'大父母'一词也有另外一层含义：父母与孩子之间的关系表达了天主和人类之间的关系：'天之养人如父母养子'。同样的关系也表达了与天主的密切性。"① 正因为如此，以"大父母"称谓天主得到了儒家天主教徒的一致接受。他又说："古今帝王圣贤，皆天所生以治教下在民者。"② 作为人格化的"天"，创造了世间万物，主宰着世间的一切，连古今圣贤都是"天"派到世间来教化民众的。显然，韩霖所说的"天"与天主教教义中的"天主"同义。

冯应京（1555—1606），字可大，号慕冈，安徽泗州人。进士出身，累官至湖广监察御史。冯氏品性端正，刚正不阿，为民请命，被害入狱，经多方营救才获释。《明史·冯应京传》说他"志操卓荦，学术有用，不事空言，为淮西人士之冠"。冯氏为邹元标门人，也是当时阳明派学者，《明儒学案》有传。后因利玛窦劝告，皈依天主教。冯应京说"天主何？上帝也……吾国六经四子，圣圣贤贤，曰畏上帝，曰助上帝，曰事上帝，曰格上帝"③。他回顾了中国思想史，认为佛教进来后与道教一起解构了中国古代的信仰传统，"中国圣远言湮，鲜有能服其心而障其势，且或内乐悠闲虚静之便，外慕汪洋宏肆之奇，前厌驰骋名利之劳，后慑沉沦六道之苦。古倦极呼天，而今呼佛矣。古祀天地社稷山川祖祢，而今祀佛矣。古学者知天顺天，而今念佛作佛矣。古仕者寅亮天工，不敢自暇自逸以瘝天民，而今大隐居

① 柯毅霖：《晚明基督论》，第342页。
② 韩霖：《〈铎书〉校注》，第61页。
③ 冯应京：《天主实义重刻序》，朱维铮主编：《利玛窦中文著译集》，第97页。

朝、逃禅出世矣"；他要"历引吾六经之语，以证其实，而深诋谭空
之误，以西政西，以中化中"。① 他批评道佛大炽，造成中国人遗失
了上古信仰传统，大隐居朝，逃禅出世，世风日下，他要以儒家经典
来与天主教会通以抵制这种空谈之误，以西政西，以中化中，在中西
文化比较会通中重建儒家的信仰世界。

此外，还有同情天主教的教外士人，可以邹元标和叶向高为代
表。邹氏在《愿学集》卷三《答西国利玛窦》赞赏"天主学"和儒学有
相近之处："欲以天主学行中国，此其意良厚。仆尝窥其奥，与吾国
圣人语不异"，但"吾国圣人及诸儒发挥更详尽无余"。叶向高也持
相同的论调："其言天主，则与吾儒畏天之说相类，以故奉其教者颇
多。"② 叶氏也曾和艾儒略讨论天主教教义，艾氏撰《三山论学记》，
主要部分记录了二人的对话。邹元标、叶向高都是东林派，与天主教
声气相应，可以看出东林党与天主教之间的思想联系。

黄宗羲有不少天主教徒好友，还有与耶稣会士的直接接触，尽管
在其著述中极少提到天主教，但他对天主教无疑是有了解的，并或多
或少受其影响。他也讨论"天"与"上帝"，在《破邪论·上帝》中提
出了他所理解的儒家"上帝"观："天一而已，四时之寒暑温凉，总
一气之升降为之。其主宰是气者，即昊天上帝也。"③ 显然，在黄宗
羲这里，"天""气""上帝"就是主宰，它们包含孕育了天地万物，
是最高本原的不同称呼。如果从哲学视角看，黄宗羲思想体系核心是
"气一元论"，从信仰视角看也就是"上帝一元论"。他说，天地间

---

① 冯应京：《天主实义序》，朱维铮主编：《利玛窦中文著译集》，第97—98页。
② 叶向高：《职方外纪序》，艾儒略：《职方外纪》，谢方校释，中华书局1996年
版，第13页。
③ 黄宗羲：《破邪论·上帝》，《黄宗羲全集》第1册，浙江古籍出版社1986年版，
第194页。

"全是一团生气，其生气所聚，自然福善祸淫，一息如是，终古如是，不然，则生灭息矣。此万有不齐中，一点真主宰，谓之'至善'，故曰'继之者善也'"[①]。这个主宰因其"至善"之本质，自然福善祸淫，化育天地万物。这种诠释显然是传统儒家的理路，又具有天主教的意味。他对理学家颇有批评："今夫儒者之言天，以为理而已矣。《易》言'天生人物'，《诗》言'天降丧乱'，盖冥冥之中实有以主之者，不然四时将颠倒错乱，人民禽兽草木亦浑淆而不可分擘矣。古者设为郊祀之礼，岂真徒为故事而来格来享，听其不可知乎？是必有真实不虚者存乎其间，恶得以理之一字虚言之也。佛氏之言，则以天实有神，是囿于形气之物，而我以真空驾其上，则不得不为我之役使矣，故其敬畏之心荡然。儒者亦无说以正之，皆所谓获罪于天者也！"[②] 黄宗羲又回到"六经"中找到了重建上帝信仰的根源，并批评理学家只把天看成"理"可能产生的弊端——使人们没有了敬畏之心，儒者们也失去了辩说的依据。

四、结语

明清之际天主教的东来，标志着西方知识、思想和信仰全面进入了中国，"中国才又一次真正地受到了根本性的文化震撼"[③]。但是，由于中国文化历史悠久、源远流长、博大精深，虽然从明末清初中国文化进入了秋冬之际，儒者们在感受到中国文化危机的同时受到西方

---

① 黄宗羲：《孟子师说卷三·道性善章》，《黄宗羲全集》第 1 册，浙江古籍出版社 1986 年版，第 77 页。
② 黄宗羲：《破邪论·上帝》，第 195 页。
③ 葛兆光：《中国思想史》第 2 卷，复旦大学出版社 2007 年版，第 329 页。

文化的震撼，但他们很快就能够平静下来，调动其知识储备，打开其思想空间，从容自信地开始了中西文化会通。在1631年上呈的《历书总目表》中，徐光启提出了"欲求超胜，必先会通；会通之前，必先翻译"①。翻译—会通—超胜，这是徐光启为学习西方文化划定的循序渐进三个阶段。三个阶段会通最为重要，而会通则主要就是求同。儒家天主教徒与天主教的会通是立足于他们当时主要看到的东西文化的"同"而不是"异"。徐光启说："三才既立，四海同风。"② 李之藻说："东海西海，心同理同。"③ 杨廷筠说："东海西海，不相谋而符节合。"④ 冯应京说："东海西海，此心此理同也。"⑤ 这种求"同"的精神是中西文化接触后进一步交流、融汇的前提和基础，也是中国步入近代化的曙光。儒家天主教徒就是在求"同"基础上重新审视和反思中国文化的内在精神和历史演变，在坚守中国文化主体性前提下吸纳西方科学技术及宗教神学的。除了从经世致用的实学角度直接采用西方的近代科技益儒、补儒，也考虑到以三教为主流的中国传统文化的当下境遇，以天主教化解儒学面临的危机，重建上帝信仰，从信仰维度更新、发展儒学，以会通实现超胜。

---

① 徐光启：《历书总目表》，《徐光启集》下册，第374页。
② 朱维铮、李天纲主编：《徐光启全集》第9册，第420页。
③ 徐宗泽：《明清间耶稣会士译著提要——耶稣会创立四百年纪念（一五四〇年——一九四〇年）》，第147页。
④ 徐宗泽：《明清间耶稣会士译著提要——耶稣会创立四百年纪念（一五四〇年——一九四〇年）》，第317页。
⑤ 冯应京：《刻交友论序》，朱维铮主编：《利玛窦中文著译集》，第116页。

哈茨霍恩与儒耶对话中的"内在与超越"

王计然*

一、引言

内在与超越是儒耶对话中一个持久的话题。"内在""超越"本非儒学之固有术语，却是基督教神学中的重要范畴。在接触到西方思想后，当代海外新儒家(本文主要指牟宗三、唐君毅、杜维明、刘述先)的一个特点是肯定儒家具有宗教性，坚持儒家传统中的超越维度。同时，为了将儒家的宗教形态与一神论(尤其基督教)的宗教形态区分开来，他们把儒家的超越视作一种"内在超越"，将基督教的超越界定为"外在超越"。以牟宗三为代表，海外新儒家又在这一区分的基础上做了判教。牟宗三分判儒家"内在超越"的无限智心与基督教"外在超越"的人格神，认为"此无限智心之为超越的与人格神之为超越的不同，此后者是只超越而不内在，但前者之为超越是既超越而又内在。分解地言之，它有绝对普遍性，越在每一人每一物之上，而又非感性经验所能及，故为超越的；但它又为一切人物之体，故又为内在的"①。在其判教中，牟宗三还不时暗示外在超越的人格神"高高在上"，内在超越的天、道则更加"亲切"。[①] 不过，对他而言，更主要的问题是内在超越更能肯定人的道德主体地位，肯定人具备由有限达于无限的道德生命。[②] 因此，内在超越的问题不仅是终极实在观的问题，也是人观的问题。

海外新儒家对基督教的判教吸引到一些基督教学者的回应。其中，一种回应基于新正统神学的主张，从 Wholly Other 的概念入手，澄清基督教传统中超越的含义。Wholly Other 是指完全相异者，而非分离、不相干。因此，基督教的超越并非指上帝"高高在上"、脱离世界。同时，在基督教传统中，超越的讯息更明显也有其优势。如它能使人对盲目自我无限化中包含的危险有所警惕。[③] 另一种回应希望打破由判教带来的分隔，为儒耶间真正深入的对话扫清障碍。这种回应认为，"超越者的内在性"的上帝观与"内在者的超越性"的人观是基督教主流神学传统所认可的，由这两个话题展开对话是可能的。[④] 除基督教学者的回应外，也有学者从语义分析的角度入手，指出"内在超越"之说存在逻辑上的矛盾。[⑤] 这种批评表明了在对话研究中细致辨析"内在与超越"的含义的重要性，但它却并不妨碍"内在与超越"的语言及由此展开的对话。因为：第一，这对范畴只

①　牟宗三：《中国哲学的特质》，香港人生出版社1963年版，第31、38页。
②　牟宗三：《现象与物自身》，台湾学生书局1975年版，第452—453页。
③　罗秉祥：《上帝的超越与临在》，何光沪、许志伟编：《对话二：儒释道与基督教》，社会科学文献出版社2001年版，第243—277页。
④　赖品超：《超越者的内在性与内在者的超越性——牟宗三之耶儒分判》，赖品超、林宏星：《儒耶对话与生态关怀》，宗教文化出版社2006年版，第1—42页。
⑤　冯耀明：《"超越内在"的迷思：从分析哲学观点看当代新儒学》，中文大学出版社2003年版，第177—248页。

是在某些特定理解下才会产生矛盾①；第二，由于海外新儒家与当代神学家对"内在—超越"的话语皆有强烈认同②，通过这对范畴来进行思想交流也是有实际意义的。

在内在与超越问题上，海外新儒家学者刘述先、杜维明承接了牟宗三的思路，并且与美国波士顿儒学（Boston Confucianism，后简称"波儒"）学者形成呼应。③ 波儒被视为"文明对话的成果之一"④。作为文明对话的成果，催生波儒的因素是多方面的，其中不可忽视的一个因素是当代美国的过程思想。如十分熟悉美国宗教哲学的刘述先认为，波儒乃过程思想之"亚流"或属于"'过程神学'的谱系"⑤。

当代美国过程思想代表人物颇多⑥，其中最为系统地发展了过程有神论，并因此在内在与超越的问题上与波儒关系最密切者是查尔斯·哈茨霍恩（Charles Hartshorne，1897—2000）。哈茨霍恩这个名字对于汉语知识界而言相对陌生。但他在过程思想中的地位是不可忽视

---

① 譬如，冯耀明承认，内在与超越会产生矛盾，是在超越取"外在"（beyond）、"分离"（separate）的定义时。在批评"内在超越"之余，他也认同，若把天—人关系中的"—"理解为"二者关系密切而不等同""相即不离"，是可以言之成理的。（冯耀明：《"超越内在"的迷思：从分析哲学观点看当代新儒学》，第181—182、228页）

② 事实上这个话题也得到一些大陆儒学者的关注，如汤一介：《儒释道与内在超越问题》，江西人民出版社1991年版。而在基督教方面，有学者以上帝与世界的内在、超越关系为主线，来贯穿当代神学的不同流派，参见 Stanley J. Grenz & Roger E. Olson, *20th Century Theology: God and the World in a Transitional Age*, Carlisle: The Paternoster Press, 1992.

③ 参见 Shu-hsien Liu, "Confucianism as World Philosophy: A Response to Neville's Boston Confucianism from a Neo-Confucian Perspective", *Journal of Ecumenical Studies*, 40: 65-68 (2003).

④ 杜维明：《儒家传统与文明对话》，彭国翔译，人民出版社2010年版，第141页。

⑤ 刘述先：《超越与内在问题之再省思》，东方朔编：《儒家哲学研究：问题、方法及未来开展》，上海古籍出版社2010年版，第133—134、141页。

⑥ 本文所谓"过程思想"是狭义的，特指始于怀海德，而后流行于北美地区的过程思想。

的。他追随怀德海（A. N. Whitehead，1861—1947），并将其思想融入自己的思考，其结果不仅使怀德海的思想产生广泛影响，而且真正促成了过程神学的产生。当代美国过程神学之引领者，如科布（John B. Cobb，Jr.，1925—　）和格里芬（David R. Griffin，1939—2022）等，均受到他的影响。他也因此被尊为"过程神学的奠基者"。

哈茨霍恩虽追随怀德海，但他对于过程思想的发展并非毫无创建。这种创建主要是在有神论领域。怀德海虽具有敏锐的宗教直觉并发展出系统的有机宇宙论，但他关于神圣的讨论却相对贫乏，未能发展出系统的有神论。与之不同，哈茨霍恩的主要学术旨趣和贡献皆在有神论。[①] 其有神论不仅在当代神学圈中引起广泛讨论，更在内在与超越问题上影响了波儒的代表人物——南乐山（Robert Neville，1939—　）和白诗朗（John Berthrong，1946—2022）。

目前汉语学界虽有学者零散提及哈茨霍恩与波儒在内在与超越问题上有所联系，但针对这种联系作深入讨论的研究不多，更未有人在这种联系的基础上进一步探究二者之间的差异。[②] 本文通过对思想史的梳理，结合相关海外新儒家学者的论述，主要在"内在与超越"这个问题上厘清哈茨霍恩与波儒的思想联系，并由过程神学的视角反思二者的不同。这一研究既可推进儒耶对内在与超越问题的认识，深化双方在这一问题上的对话，也可促进汉语知识界对过程神学有更全面的理解。

---

① 哈茨霍恩主要采用万有在神论（panentheism）、两极有神论（dipolar theism）和新古典有神论（neoclassical theism）这三个术语来指涉自己的有神论。后文依照不同语境，分别采用这三个术语指代哈茨霍恩的有神论。

② 儒耶学者刘述先、彭国翔、赖品超、郭鸿标都对这一问题有所提及，但他们未就这一问题作集中论述和反思。

二、哈茨霍恩的"双重超越"与白诗朗

在对话研究中,白诗朗坚信,儒耶之间在内在与超越问题上并非完全隔绝。[①] 在论及儒家传统中蕴含的内在与超越观念时,他通过分析荀子、朱熹、牟宗三、徐复观的思想,坚持认为儒家所理解的"道"既包括牟宗三所言之垂直式的超越这一层次,也包括欣赏人与人之间水平式的社会关系、人的自我修养这一层次。[②] 而"道"在儒家传统中包含的这些含义有可能与哈茨霍恩有神论中的双重超越(dual transcendence)学说形成呼应。这尤其体现为双重超越学说可以允许一位基督教神学家肯定儒家"人能弘道,非道能弘人"的格言。[③]

"双重超越"在哈茨霍恩那里主要是一个有神论的范畴。当白诗朗认为它能响应"人能弘道"时,他是将其转换为人观的视角来看的。为说明白诗朗为何做出这种判断,先需要简要陈述双重超越学说的基本内容,同时还可以参考刘述先的相关论述来拓展白诗朗的思路。在此提及刘述先的原因有二:第一,白诗朗对儒学的理解受到海外新儒家的影响,而刘述先是海外新儒家中最乐意参与儒耶对话者;第二,在海外新儒家学者中,刘述先最熟悉哈茨霍恩[④],他甚至坦言哈茨霍恩在对话研究领域对自己有所启发。[⑤]

---

① 白诗朗:《普天之下:儒耶对话中的典范转化》,彭国翔译,河北人民出版社2006年版,第200页。

② John H. Berthrong, *Expanding Process: Exploring Philosophical and Theological Transformations in China and the West*, Albany: State University of New York Press, 2008, pp. 27-28.

③ 白诗朗:《普天之下:儒耶对话中的典范转化》,第205、238页。

④ 刘述先对哈茨霍恩及其他过程思想家的介绍,参见刘述先:《当代美国宗教哲学》,《当代》1990年第49期。

⑤ 刘述先:《超越与内在问题之再省思》,第126页。

　　所谓"双重超越"是哈茨霍恩对自己有神论中上帝的属性的一种说明。"双重超越"之"双重"指多组两两对应的属性，"超越"指完美或卓越（eminent）。"双重超越"即上帝在多组两两对应的属性上都是完美的或卓越的。这种学说之所以可能认同一种"人能弘道"的人观，是因为它承认：上帝的属性与万物的属性，尤其人的属性是有连续性的。这种连续关系暗示，人在一些方面有可能由不完美不断迈向完美、卓越（即"双重超越"所定义的"超越"）。神圣与世界的这种连续性用过程神学家普遍坚持的一个原则来概括，即上帝是形而上学的典范而非例外。在基督教神学传统中，古典有神论对上帝与万物属性的连续性也有所肯定，这可以体现在阿奎那的宇宙论论证中。但哈茨霍恩所谓的新古典有神论和古典有神论之间在何为完美的问题上有所分歧。对前者而言，上帝的完美不只体现在不变性、永恒性、独立性上，而更是体现在上帝作为感受主体对万物的爱、同情、回应上，上帝与万物的亲密联系等。因此，在暗示人应该迈向怎样的完美时，哈茨霍恩提供了与古典有神论不同的方向。

　　海外新儒家讲内在超越，往往意在肯定人作为道德主体可以由有限达于无限。他们对基督教的批评也是因为认为，基督教没能肯定人在道德生命上有走向无限的可能。如牟宗三将基督教判为"离教"，其"离"是因为"众生无可以通过自己的实践，于上达天德之份，此即隔绝了众生的生命之无限性"[1]。然而，白诗朗意识到，哈茨霍恩的"双重超越"并不会在道德上"隔绝了众生的生命之无限性"，因为在"爱"等属性上，众生的有限与上帝的无限并没有完全的断裂。这使白诗朗认为，"双重超越"的有神论能使基督教神学向儒家

――――――――
[1]　牟宗三：《现象与物自身》，第453页。

内在超越的传统保持开放态度。

　　同时，海外新儒家不时强调"感通""共感"的伦理地位，这与哈茨霍恩在上帝论中推重"同情之爱"①的思路不乏兼容的可能。刘述先在接续白诗朗谈论"双重超越"的意义时指出："……，在基督宗教传统中，向来突出上帝的永恒性，只是其超越的一个面向而已！而耶稣基督降世，所突出的是另一种超越性，在有限之中显现出来的无限性。赫桑以此强调上帝的相关性、同情性，自然可以与儒家传统相通。"②刘述先并未进一步解释为何"强调上帝的相关性、同情性"便"自然可以与儒家传统相通"。他的话或可作此理解：哈茨霍恩肯定耶稣基督的爱，尤其耶稣基督在十字架上为全世界的受难，体现了上帝与万物的息息相关及与万有的共感关系，而这种宇宙性的同情恰好也是儒家理想人格的写照。

　　另一方面，刘述先对哈茨霍恩也有不满之处。哈茨霍恩虽然肯定人的属性与上帝的属性有连续性，但这是以坚持上帝属性的逻辑先在性为前提的。刘述先由此质疑哈茨霍恩说："而赫桑以神智为直解的，人智才是类比的（analogical）这样的说法也完全不能为新儒家所接受。儒家必以人为出发点，上通于天，不能倒转过来，由天到人，哈茨霍恩的思路仍有未能真正突出'主体'之嫌。"③刘述先对哈茨霍恩的理解是精准的。按哈茨霍恩的说法，上帝包括"爱"在内的各种属性（刘述先所说的"神智"）是纯粹的，表达了"爱"等概念的本意（刘述先所说的"直解"），而人的"爱"等属性（刘述先所说的"人

---

　　①　哈茨霍恩对"同情"（sympathy）一词的用法近似于"共感"（empathy）。若无特定说明，后文正文与引文均按哈茨霍恩与其他被引用者的习惯采用"同情"一词表达"共感"之意。

　　②　刘述先：《超越与内在问题之再省思》，第136页。引文中"赫桑"即哈茨霍恩。

　　③　刘述先：《超越与内在问题之再省思》，第144页。

智"）并非完美的、纯粹的，它只是在与前者的参照中才能说是表达了"爱"的含义（刘述先所说的"类比的"）。当我们说人有"爱"时，我们必须先肯定有纯粹的"爱"（刘述先所说的"由天到人"）。

哈茨霍恩上述思路体现的是基督教传统中"人按上帝形象（imago Dei）所造"这一教义包含的一个暗示。刘述先质疑哈茨霍恩"仍有未能真正突出'主体'之嫌"，这反映的是基督教和儒家的思维差异。对于基督教而言，突出人的道德主体地位并不需要预先否定一个完美的"神智"。相反，肯定一个完美而外在于人的，却又可以成为人效法对象的"神智"，恰好有助于反衬"人智"在实然状态中的不完美，时时提醒人将未实现的善不遗余力地发挥出来。

哈茨霍恩的有神论中还有另一个重要内容能支持人的道德主体地位。那就是，他不赞同预定论，不赞同上帝在宇宙进程中对万物的活动有具体干预。上帝并不决定世界中的每个细节如何发生，而是赋予万物自创的可能。因此，上帝对世界的影响体现在万物的自我实现和人自主承担道德责任的行动中。这种有神论为人的自主的道德实践预留了空间，也因此而得到一些新儒家的青睐。如唐君毅曾认为，怀德海与哈茨霍恩的万有在神论在西方哲学中最能折中人的自由与上帝的赋予；而且，在上帝与世界的关系上，万有在神论更是与他自己的思想相近。[①] 刘述先则讲得更清楚："赫桑的努力在于如何把上帝的完美、全知、全在与世间的偶然、有限、变化互相融贯调和起来。世间的一切绝非前定，人的确有自由意志，上帝不会横加干预，把一切化为一场傀儡戏。"[②]

---

① 唐君毅：《生命存在与心灵境界》下册，台湾学生书局1986年版，第19、226页。
② 刘述先：《由当代西方宗教思想如何面对现代化问题的角度论儒家传统的宗教意涵》，东方朔编：《儒家哲学研究：问题、方法及未来开展》，第103页。

综上,哈茨霍恩的有神论不排斥人在道德上有由有限迈向无限的可能、有创造性的自由。这是白诗朗和刘述先等人肯定哈茨霍恩的有神论能兼容儒家人观的原因。相比白诗朗,南乐山与哈茨霍恩的学术旨趣其实更为接近——二人皆致力于发展系统的终极实在论,但南乐山却并未如白诗朗那样明确提及哈茨霍恩对于儒耶对话的意义。下文将以白诗朗和刘述先所认为的南乐山属于过程思想谱系这一看法为立足点,分析哈茨霍恩对于南乐山的影响。

三、哈茨霍恩与南乐山"从无创有"的本体论

在对话研究中,南乐山的一个基本立场是认为儒家既有内在又有超越。这一观点得到杜维明、刘述先的认同,在美国学术圈中却与夏威夷大学的郝大为(David Hall)和安乐哲(Roger Ames)的观点相异。后两者否认从孔子到汉代的儒家传统中存在超越的维度。针对后两者,南乐山的辩护之一是强调对于超越的理解应该有多个层面。[①]

在解释超越时,南乐山指出:"如果所谓超越像一个神一样是一个明确的存在,那么中国思想的要点就是内在的。"[②] 他认为,超越并非一个明确的、具体的存在,而是所有具体存在的事物背后那个不确定、不受限定的"根据"。这一"根据"除了使万物存在,没有任何确定特性,因而我们只能从其发用(即世界万物)来反推这一终极实在。"如果人们从世界的偶然性向是其根据的创造性反推,那么不

---

① Robert Neville, *Boston Confucianism: Portable Tradition in the Late-Modern World*, Albany: State University of New York Press, 2000, pp. 148–151.

② 南乐山:《在上帝面具的背后:儒道与基督教》,辛岩、李然译,社会科学文献出版社1997年版,第74页。

确定的、不受限制和非真实的东西可以被称作对世界界限的超越。"①

"不确定"的超越并不决定万物具体以怎样的形式存在，但不论万物以怎样的形式出现，它们都表达并包含着使其存在的"根据"。相反，那个不确定的"根据"也只有通过具有确定性的万物来彰显自身的存在。在此理解下，南乐山勾画出一个从"不确定"到"确定"、从本体层面到具体事物层面的创造过程。他将这一过程称为"从无创有"（creatio ex nihilo）的本体论。"从无创有"之本体论的关键在于，它不是依时间先后理解创造，而是以上帝的内在性来理解创造的。在这种内在性中，创造者、创造活动和被创造的世界这三者不可分割，其中任意一者必须以另外两者为依赖。

南乐山以"从无创有"的本体论为基本范式展开对话研究，并坚持"从无创有"的中国式表达包括王弼的"体用"，周敦颐的"无极"和"太极"，朱熹的"仁说"等。② 但"从无创有"的本体论并非产生于南乐山接触儒家思想之后，这一观念在他 1968 年第一部著作《创造者上帝：论上帝的超越与临在》中已得到了详细阐述。③ 这部在美国宗教哲学的学术背景中诞生的著作对于过程神学的有神论多有参考。甚至，哈茨霍恩后来肯定这部著作，认为其观点可以与自己理解超越的原则相容。④

哈茨霍恩与南乐山最明显的相容之处在于上帝影响或作用于世界的方式。哈茨霍恩的上帝并非如同自然神论的上帝那样，在推动世界

---

① 南乐山：《在上帝面具的背后：儒道与基督教》，第 75 页。
② Robert Neville, *Boston Confucianism: Portable Tradition in the Late-Modern World*, p. 145.
③ Robert Neville, *God the Creator: On the Transcendence and Presence of God*, Chicago: University of Chicago Press, 1968.
④ Charles Hartshorne, *Creative Synthesis and Philosophic Method*, London: SCM Press, 1970, pp. 243-244, footnote1.

之后就脱离世界，也不是作为一个施动者（agent）具体操控万物如何自创，决定创造的一切细节。哈茨霍恩时而把上帝理解为终极的潜能（potentiality），它内在地赋予万物自我创造、自我实现的可能，为宇宙间一切具体创造提供基础。他如此描述上帝与万物之间的关系："……为何不能说一个潜能包含了所有潜能？这是一种能成为现实的力量（a power-to-be-come-actual），它包含或超过一切力量。"① 作为终极潜能，上帝并未居于创造过程之外，而是依赖万物来实现创造，通过万物来发挥和呈现。因此，哈茨霍恩也将上帝与万物视为合作创造者（co-creators）。② 这种有神论在一定程度上呈现出泛神论的特质，也与南乐山所谓的创造者、创造活动、被创造的世界三者互依的思路相近。

四、哈茨霍恩与波士顿儒学的区别

虽然波儒与哈茨霍恩有相近的一面，但双方也存在明显的分歧。

首先看南乐山。南乐山并不自视为过程神学家。他批评哈茨霍恩对上帝"不确定"特质的阐述不够彻底，也难以接受哈茨霍恩那个保留爱、同情等位格特征的上帝。③ 针对南乐山的批评，格里芬站在哈茨霍恩的立场上做了回应。按照格里芬的看法，南乐山与哈茨霍恩

---

① Charles Hartshorne & William L. Reese, *Philosophers Speak of God*, London: The University of Chicago Press, 1953, p. 5.

② Charles Hartshorne, *A Natural Theology for Our Time*, La Salle, Illinois: Open Court, 1967, p. 113.

③ Robert Neville, *God the Creator: On the Transcendence and Presence of God*, pp. 108, 119.

最基本的区别是南乐山不赞同两极有神论的后一极。① 格里芬的看法十分中肯。因为南乐山"从无创有"的本体论几乎只是在处理创造论的问题，而在哈茨霍恩的两极有神论中，上帝的创造性、上帝作为终极潜能影响世界这些问题多集中于前一极。相比之下，两极有神论的后一极多言上帝对世界的回应（包括以爱和知等方式）以及人的救赎等问题。在后一极的讨论中，哈茨霍恩对上帝位格性的肯定明显增加，因为以爱回应万有的上帝首先必须是一个感受主体。与前一极肯定万物都在上帝的创造之中不同，后一极突出万物都在上帝的同情之爱中。也可以说，后一极深化了"万有都在神之中"（即 panentheism 的字面意思）的含义。② 而且，对哈茨霍恩而言，上帝的后一极是不可取消的。因为上帝作为感受主体体验万物之苦乐是其万有在神论区别于泛神论的标志。③

　　南乐山强调上帝的内在性创造，这是他和哈茨霍恩的相似之处。但他只看重上帝的内在性创造而试图否定神圣还具有其他特质，这是他与哈茨霍恩的差别。这一差别导致他否认上帝作为感受主体与万有的互动关系，从而招致格里芬质疑其上帝"根本就不是一个经验的主体"，不能认识世界、爱世界，难以应对救赎与宽恕的问题。④

　　注重"创造论"而忽视诸如"位格性"在内的其他特质，这不只是波儒对待哈茨霍恩有神论的态度，更是当代儒家学者在与过程思

---

　　① 格里芬：《怀特海的另类后现代哲学》，周邦宪译，北京大学出版社 2013 年版，第 256 页。

　　② 需要注意，当表达万物都在上帝之爱中这层关系时，我们不用"内在"（immanence）一词。万物都在上帝之爱中是指，上帝通过同情之爱"内化"（internalize）万有，与万有建立一种"内在关系"（internal relationship）。因此，说上帝内在于万物与说万物内在于上帝是两个层面的意思，它们并非一种逻辑上的对立。

　　③ Charles Hartshorne & William L. Reese, *Philosophers Speak of God*, p. 22.

　　④ 格里芬：《怀特海的另类后现代哲学》，第 250、252、254—255 页。

想接触时呈现出的普遍倾向。譬如方东美曾设想认为，若怀德海进一步接触中国文明，他将会发现自己对宇宙盎然生意的理解与中国有所相同。① 其学生程石泉也接续了这种思路，认为创造是怀德海有机哲学的终极范畴，有机哲学也可以如哈茨霍恩那样被说成"创造哲学"；不过另一方面，程石泉又难以接受怀德海、哈茨霍恩、科布的有神论对上帝的位格性的保留与认为上帝有意识的观点。②

　　白诗朗曾表示一种重视内在论（immanentism）的创造观在东方宗教中甚为流行，这是东方宗教与过程思想的相容之处："从很多亚洲知识分子的视角看，对于过程或创造的强调是怀德海思想与儒、道、佛的比较中最吸引人的特征之一。"③ 这一看法简练概括了过程有神论所具有的会通儒耶的意义。然而，若因此而以为，内在论的创造观便是过程有神论的全部，则会对后者产生误读。在这一点上，白诗朗表现得十分熟悉过程有神论。他曾以创造论切入，比较朱熹、南乐山与怀德海的终极实在观。但他明确意识到在论及创造时，自己只是在处理过程有神论中的前一极——"对于怀德海，创造之无限性的象征位于上帝的原初本质中。"④

　　白诗朗对哈茨霍恩的理解虽无错误，但他认为"双重超越"与"人能弘道，非道能弘人"有所呼应这一评价并不一定能为哈茨霍恩所接受。首先，从创造论的角度说，哈茨霍恩主张的是上帝与万物的合作创造。脱离上帝的赋予，万物是没有自我实现的能力的。其次，

---

① 方东美：《中国的人生观》，冯沪祥译，幼师文化事业公司 1980 年版，"原序"第 3 页。

② 程石泉：《中西哲学合论》，上海古籍出版社 2007 年版，第 271—272 页。

③ John H. Berthrong, *Concerning Creativity: A Comparison of Chu Hsi, Whitehead, and Neville*, Albany: State University of New York Press, 1998, "Preface", p. viii.

④ John H. Berthrong, *Concerning Creativity: A Comparison of Chu Hsi, Whitehead, and Neville*, p. 182.

上帝能为人的道德行动提供终极的意义保证：人在道德上虽能努力向无限迈进，但人并非在每个方面都能成为无限。如人不能在时间中不朽，而上帝则是永存的。在论述两极上帝中的后一极时，哈茨霍恩认为，不朽的上帝通过涵摄（prehension）而内化万有，万有在时间中所创造的价值便在上帝中获得了一种不朽的意义。他还进一步断言，人有创造不朽价值的渴望——作为人，"我们需要的不是永恒（eternal）的价值。而是有机会创造一旦被创造就不可损毁（indestructible）的价值"①。能内化万有的上帝为人提供了这种机会：万有在时间中创造的价值并未随时间的流逝而消失，而是最终都能保留在神圣之中并对神圣有所贡献。这即过程思想通常所主张的在上帝中的"客体的不朽"（objective immortality）。出于上述两点，哈茨霍恩显然难以认同"非道能弘人"，而会坚持"道亦弘人"或"道更弘人"。

值得注意的是，在反思基督教对当代儒家有何借鉴意义时，刘述先也意识到，单向度地突出"人能弘道"存在一定局限——"'人能弘道，非道能弘人'，天通过人来表现固然是不错的，但往往造成一种结果，即人之无穷扩大，到了一种情况，根本就见不到天，而导致天（上帝）之隐退。"② 若按刘述先这种思路来看，哈茨霍恩的"客体的不朽"的观念对于儒家而言并非没有借鉴意义。实际上，刘述先还曾积极评价过哈茨霍恩这一观点："我们的有创造性的成果会在上帝的永恒的记忆之中保留下来；同时我们也要努力避免做坏事，不要遗臭亿万年，永远洗刷不了。"③ 不过，刘述先这一评述仍未完全

---

① Charles Hartshorne, *Insights and Oversights of the Great Thinkers: An Evaluation of Western Philosophy*, Albany: State University of New York Press, 1983, p. 238.

② 刘述先：《大陆与海外——传统的反省与转化》，允晨文化实业股份有限公司1989 年版，第 263 页。

③ 刘述先：《当代美国宗教哲学》。

切中要害。因为哈茨霍恩不仅是要提醒人们不要做"遗臭亿万年"的坏事，更是要说明倘若没有上帝，我们可能什么都遗留不下来，那样，人在践行道德时会陷入价值虚空，变得寂静、绝望、无所作为。

五、结语

本文并非系统展示哈茨霍恩，更非全面陈述波儒，而是通过详细考察二者的思想联系，阐明哈茨霍恩与当前儒耶对话中内在与超越这一主题的关系，以及他对这一主题的意义。具体来说，白诗朗意识到，哈茨霍恩有神论中的"双重超越"使基督教神学可以向儒家内在超越的人观开放；南乐山用于对话研究的基本范式——强调内在性创造的"从无创有"的本体论——与哈茨霍恩的有神论有相近的一面。但哈茨霍恩与波儒的相近只反应了其有神论的一个面向，在肯定上帝具有位格性以及有助于提升人的自我超越的方面，波儒与哈茨霍恩仍有分歧。

儒学"内在超越"说的跨文化考察
与批判重构

韩振华*

一、导语：理论反击与跨文化问题

20 世纪中叶以来，一批华裔学人以"内在超越"（immanent tran-scendence）来概括儒学甚至整个中国文化的精神特色。"内在超越"这一说法的产生，带有很强的应激性。换句话说，它首先是身处中西文化冲撞旋涡的中国学人，面对西人所持中国观念的冲击，进行的理论自卫、回应与反击。

考察这一问题的"前史"，我们须把目光投向 200 年前的欧洲。19 世纪初，以耶稣会士（Jesuit）为主的天主教传教士向欧洲传递的大量中国知识终于促成了"学院派汉学"的诞生：1814 年底，法兰西学院设立了"汉族和鞑靼-满族语言与文学讲座"（Chaire de Langues et littératures Chinoises et Tartares-Mandchoues）。特别值得注意的是，以"法国汉学"为代表的学院派汉学的诞生，其大背景是欧洲高等教育界出现哲学系，哲学史和欧洲个性在理念中融合为一。① 如果

---

* 韩振华，北京外国语大学中国语言文学学院教授，比较文学与比较文化研究中心主任。

① 程艾蓝：《"汉学"：法国之发明？》，杨贞德编：《视域交会中的儒学：近代的发展》（第四届国际汉学会议论文集），"中央研究院"2013 年版，第 15—42 页。

说，早期耶稣会士从一种准自然神论（或理神论［Deism］）的立场出发，在儒学中发现了充足的"自然理性"，进而将孔圣人称为"中国哲学家孔子"①；那么，到了19世纪初，欧洲高校哲学系对欧洲个性的构建，不再建基于宗教（基督教）的普适性之上，而是建基于哲学理性的普遍性之上，其结果则是孔子的学说在黑格尔（G. W. Friedrich Hegel）等人那里不再是"哲学"，而只是一位"实际的世间智者"说出的一些"善良的、老练的、道德的教训"②。黑格尔认为孔子的学说欠缺超越性、宗教性，身处"大家长的专制政体"下的中国人并不需要一位"最高的存在"，因而中国宗教在黑格尔那里仅属于低级的"自然宗教"，并没有迈进"自由宗教"的门槛。③ 黑格尔的以上观点绝非一家之言，其实是典型欧洲思想的一种折射。故而，这些观点甫一提出，便在西方引发了普遍的应和，其影响一直延续至今。

"内在超越"说常常与宗教性问题纠缠在一起。一直以来，儒学和中国文化往往被视为一种世俗文化。比如说，梁漱溟就认为中国人"最淡于宗教"，而浓于伦理。④ 在西方，马克斯·韦伯（Max Weber）的观点可以作为一个代表。在《儒教与道教》（1916）一书中，韦伯认为中国文化中没有超越尘世寄托的伦理，没有介乎超俗世上帝所托使命与尘世肉体间的紧张性，没有追求死后天堂的取向，也没有原罪恶

<hr>

① 1687年柏应理（Philippe Couplet, 1623—1693）等人编译出版的《西文四书直解》，拉丁文标题即为 Confucius Sinarum Philosophus（中国哲学家孔子）。耶稣会士翻译儒家经典时表现出很强的理性化倾向，这其实是中世纪后期经院哲学的"遗产"——"圣徒阿奎那（Thomas Aquinas）和其他经院哲学家思想的结合在基督教的理性和宗教性之间创造出了一种完全的和谐"，而"耶稣会士的学术性倾向比宗教神秘性倾向更明显"。参见孟德卫（Mungello E. David）：《奇异的国度：耶稣会适应政策与汉学的起源》，陈怡译，大象出版社2010年版，第309页。

② 黑格尔：《哲学史讲演录》第1卷，贺麟、王太庆等译，商务印书馆1959年版，第130页。

③ 黑格尔：《历史哲学》，王造时译，上海书店出版社2001年版，第130—133页。

④ 梁漱溟：《东西文化及其哲学》，商务印书馆1999年版，第200页。

根的观念。换句话说，儒学和中国文化是世俗性的，在这一点上它迥异于西方柏拉图主义-基督教文化传统的超越性传统。

　　至 20 世纪中叶，黑格尔、韦伯等人的观点在中国学人那里得到了一种反弹性的回应。1958 年，主要由唐君毅起草，唐君毅、牟宗三、徐复观、张君劢联合署名发表的《为中国文化敬告世界人士宣言》(以下简称《宣言》)，驳斥了黑格尔的观点。《宣言》指出，中国文化虽无西方制度化的宗教，但这并不能说明中国文化只重视伦理道德而缺乏超越性的宗教精神；实际上，中国文化中超越的宗教精神与内在的伦理道德浑融一体，所以，中国文化不同于西方宗教的"外在超越"，而是"既超越又内在"。之后，牟宗三、唐君毅又在《中国哲学的特质》(1963)、《生命存在与心灵境界》(1976)、《中国哲学十九讲》(1983)、《圆善论》(1984)等著作中反复申说这一层意思，遂使"内在超越"说成为现代新儒家论说儒学和中国文化特性的经典论述。除牟、唐之外，大部分现代新儒家(特别是梁漱溟、熊十力、刘述先、杜维明、李明辉)都专门论述过"内在超越"，主张儒学不同于西方的"外在超越"，而注重"内在超越"。有些亲近儒学的历史学者也持类似的观点：2014 年，历史学家余英时出版了《论天人之际：中国古代思想起源试探》[①]，从比较文化史的角度提出中国文化和思想在轴心突破之后就形成了重"内向超越"(inward transcendence)的倾向，追求"心与道的合一"这种最高境界。不难看出，"内向超越"的提法和"内在超越"具有一种家族相似性。

　　无独有偶，德国哲学家雅斯贝斯(Karl Jaspers)1949 年在《历史的起源与目标》一书中提出了"轴心时期"(Achsenzeit；the Axial Age)

---

　　① 余英时：《论天人之际：中国古代思想起源试探》，联经出版公司 2014 年版；中华书局 2014 年版。

理论，认为包括中国在内的四个地区（希腊、中东、印度和中国）的人类世界，在公元前 800 年—前 200 年的时期，全都开始意识到"整体的存在、自身和自身的限度"①。人类体验到世界的恐怖和自身的软弱，而开始探询根本性、超越性、普遍性的问题。轴心时期体现了人类哲学和思想的创造性，具有"哲学突破"的性质，换言之，一种文化只有当它发现了"超越性"，才可能在轴心时期完成向高等文明的转化。1975 年，汉学家史华慈（Benjamin I. Schwartz）发表了《古代中国的超越性论述》②一文，讨论了儒、道、墨三家在"超越"问题上的看法。史华慈认为，孔子、孟子通过聚焦道德精神生活的主体或内在面，关注伦理的内在源头这一内向超越维度，实现了道德规范的内在化（internalized），由此实现了对于外在社会-政治秩序的超越（孟子尤其如此）。

总之，中、西学人关于儒学和中国文化的"内在超越"论，并非产生于绝缘、孤立的文化语境，它从一开始便是中西"冲击—回应"思维模式的产物。从另一角度而言，它是跨文化理解与比较研究的结果；不仅此间的问题意识如此，其理论资源与论证话语也是跨文化的。这一"跨文化"特征为传统的儒学研究增添了新的质素，传统儒学蕴含的某些思想潜能借此得以发挥。但是，正如学者们指出的，"今天，在儒家脉络内外，'天命'与心性的存在与意义，已并非自明之理，而需要概念性、哲学性（而非局限于思想史、学术史）的厘清"③。"跨文化"也带来了前所未有的理论困难，"内在超越"

---

① 卡尔·雅斯贝斯：《历史的起源与目标》，魏楚雄、俞新天译，华夏出版社 1989 年版，第 8 页。

② Benjamin I. Schwartz: Transcendence in Ancient China, *Dædalus*, 104(2): 57-68 (1975).

③ 钱永祥：《如何理解儒家的"道德内在说"：以泰勒为对比》，《政治大学哲学学报》2008 年第 19 期。

说亦遭遇了来自多个思想阵营的质疑。

二、问题化的"内在超越"说

"内在超越"说提出后，完全赞同者有之，补苴罅漏者有之，批评质疑者亦不乏其人，而后者往往来自一批表面上非常讲求学理化的学者。今天我们讨论"内在超越"说，似乎首先应该将其问题化（problematize），而不是将其视为一个不证自明的观点而接受下来。我们首先从中、西学界三种有代表性的质疑观点说起。

第一种质疑的声音来自西方汉学家群体。谢和耐（Jacques Gernet）、安乐哲（Roger T. Ames）、朗宓榭（Michael Lackner）、朱利安（François Jullien）等学者认为，transcendence 这个词有很强的柏拉图主义和基督教背景，用它来表述儒学和中国思想，其实是格格不入的，而且很可能会引起概念上的混乱。安乐哲这样说时，主要针对的是史华慈和牟宗三。牟宗三在《中国哲学的特质》一书中曾经说："天道高高在上，有超越的意义。天道灌注于人身之时，又内在于人而为人的性，这时天道又是内在的（immanent）。因此，我们可以康德喜用的字眼，说天道一方面是超越的（transcendent），另一方面又是内在的（immanent 与 transcendent 是相反字）。天道既超越又内在，此时可谓兼具宗教与道德的意味，宗教重超越义，而道德重内在义。"① 尽管明白牟宗三其实很清楚 immanent 与 transcendent 的背反性，但安乐哲仍然认为牟宗三的这种做法不妥。有意思的是，安乐哲并不否认中国传统思想的宗教性，只不过安乐哲始终强调"诠释孔子思想的三

---

① 牟宗三：《中国哲学的特质》，台湾学生书局1985年版，第26页。

项基本预设假定",即"内在性"(immanence)与"超越性"(transcendence)的对比、"两极性"(polarity)与"二元性"(duality)的对比、"传统性"(traditional)与"历史性"(historical)的对比。在这种比较框架中,标示儒学与中国文化的是"内在性""两极性"和"传统性",而非"超越性""二元性"和"历史性"。倘若以后者来诠释儒学与中国文化,则必然产生圆枘方凿的后果。①　与"超越性"论述相对,安乐哲更偏爱"新实用主义"和过程哲学式的解读方案。②

　　值得注意的是,安乐哲等西方汉学家在质疑"内在超越"说时,除了遵循 transcendence 一词在西文中的严格用法,还往往延袭早期耶稣会士的做法,对轴心期以孔、孟为代表的原始儒学与汉代及汉代之后的新儒学(特别是宋明理学)做出严格区分。在儒学发展史上,汉代儒学将"宇宙论"纳入自身之中,宋明理学、心学则强化了儒学的"本体论"话语。从个体修养论(工夫论、境界论)的角度看,后世儒家强调人与宇宙的一体化,比如张载的"民胞物与"说、王阳明的"万物一体"说,都是这样。尤其从生命终极关怀(ultimate concern for life)的立场来说,儒学强调个体生命在世的德性修养("存神尽性"),可以在个体生命终散之后"利天下之生"。王夫之说:"是故必尽性而利天下之生。自我尽之,生而存者,德存于我;自我尽之,化而往者,德归于天地。德归于天地,而清者既于我而扩充,则有所裨益,而无所吝留。"(《周易外传·系辞下传》)他说的就是这样

---

　　①　安乐哲:《中国式的超越,抑或龟龟相耿以至无穷》,第 3 届新儒家国际学术会议论文集《儒学的现代反思》,文津出版社 1997 年版。后以"中国式的超越和西方文化超越的神学论"为题,安乐哲:《和而不同——比较哲学与中西会通》,温海明译,北京大学出版社 2002 年版。
　　②　关于英美汉学研究中的"新实用主义"倾向,参见韩振华:《"语言学转向"之后的汉语哲学建构——欧美汉学界对于先秦中国思想的不同解读》,《华文文学》2014 年第 2 期。

一种"终极关怀"意识。冯友兰说这是"事天"的"天地境界"，笔者认为这是一种类似于宗教情感的"精神转化/升华"（spiritual transformation）。而且，它首先是个体工夫修养领域的精神体验；至于是不是表现为对习俗的批判、超越，反而是一个次要的问题。这是大部分现代新儒家（不包括余英时）界定"内在超越"时的核心意义。由于安乐哲等人在质疑"内在超越"说时主要依从轴心时期的原始儒学理念，并不看重宋明儒家和现代新儒家发展和强化了的儒学精神性维度，这在一定程度上使得他们对儒学的理解是一种"以源代流"的简化主义见解。另一方面，由于对 transcendence 意涵的理解是提纯后的结果（所谓"严格的用法"），他们将西方思想与 transcendence 划等号的做法也是极为褊狭的。总之，安乐哲等人在对中、西思想传统双重简化的前提下进行中、西思想的比照研究，亦是问题重重的。

　　第二种质疑的声音来自分析哲学阵营。冯耀明在《当代新儒家的"超越内在"说》①一文中认为，在严谨的"超越性"意涵之下，"超越性"与"内在性"的概念是互相矛盾而对立的，绝不可能存在所谓"内在超越"。牟宗三所说"有绝对普遍性，越在每一人每一物之上，而又非感性经验所能及"者，实只是康德（Immanuel Kant）意义上的"超验"，只是就抽象的"普遍性"与"必然性"亦即康德所谓"客观性"的意义上而言之，实非真正意义上的"超越"。以"超越"之名来指称"超验"之实，只会导致概念混乱。后来，在《"超越内在"的迷思——从分析哲学观点看当代新儒学》一书中，冯氏进一步指出，熊十力、牟宗三、唐君毅等现代新儒家的"超越内在"说不仅不够"超越"，甚至也不能说是"内在"。这是因为，熊十力等人

━━━━━━━━━

①　冯耀明：《当代新儒家的"超越内在"说》，《当代》1993 年第 84 期。

的心性论,"背负有本体宇宙论的极沉重的包袱",而"对于概念或原理言,我们虽可以心理学地说'内化'或'内具'(internalized),却不能存有论地说'内在'"。① 冯氏进而分别列述南乐山(R. C. Neville)的"创生新说",李维(M. P. Levine)依据克逊(W. D. Hudson)及史麦特(N. Smart)而构想的"泛神新说",杜兰特(M. Durrant)和施士(J. Zeis)分别根据格奇(P. T. Geach)的"同一理论"而发展出的"化身新说"和"位格新说",说明这些比当代新儒家之论说远为深刻而新颖的"超越内在"说,也是难以证立的。

在冯耀明看来,主体心性是传统儒学的根本。而熊十力等人所持论的"这种'宇宙心灵'吞没了'个体心灵',它的'实体性'之义淹没了'主体性'之义,它带来的'气质命定论'将会使道德觉悟或自由意志成为多余之事,使良知或明觉在生命转化中扮演无可奈何的角色"②。而分析哲学便如同"奥卡姆的剃刀"(Occam's razor),本着"如无必要,勿增实体"(If not necessary, not by entity)的理念,可以去除跟儒学心性论捆绑在一起的宇宙实体论残余,恢复儒学的本真原貌。然而正如前述,心性论与宇宙论的合体绝非现代新儒家的向壁虚构,汉代以来的儒学理论建构多有致力于此者。2014年陈来先生出版的《仁学本体论》③,延续了宋、明儒直至现代新儒家的思路(所谓"接着讲"),以"仁体"打通原始儒学、宋明理学与心学、现代新儒学,仍以"形上学"建构为旨归,是统心性论和宇宙论于一炉的最新尝试。分析哲学是一种很好的理论分析工具,但它具有

---

① 冯耀明:《"超越内在"的迷思——从分析哲学观点看当代新儒学》,香港中文大学出版社2003年版,第190—191页。

② 冯耀明:《"超越内在"的迷思——从分析哲学观点看当代新儒学》,香港中文大学出版社2003年版,第231页。

③ 陈来:《仁学本体论》,生活·读书·新知三联书店2014年版。

很强的反本质主义、反形上学倾向。当下英美"盎格鲁-撒克逊"传统盛行的是分析哲学的理论方法，倘若不加分析地搬用分析哲学来处置、裁断传统儒学的所有问题，难免产生妄裁历史的反历史主义后果。

第三种质疑的声音来自现代新儒家内部，以及立场接近现代新儒家的学者。同为现代新儒家的徐复观，主张儒学是一种"道德性的人文主义"，"仁"（自觉的精神状态）引发"无限要求"，由此指向"忠"与"恕"（《中国人性论史》）。他复在《儒家政治思想与民主自由人权》一书中主张儒家持一种"道德内在说"，而不主宗教意义上的"超越"说。1958 年《宣言》发表前，徐复观曾向主笔唐君毅提出过两点修正意见，其中一条便涉及《宣言》中透露出的过浓的宗教意识：唐君毅在原稿中强调了中国文化的宗教意义，而徐复观则认为，中国文化虽原来也有宗教性，也不反宗教，然而从春秋时代起中国文化就逐渐从宗教中脱出，在人的生命中实现，不必回头走。徐复观修改了这一部分的原稿，但唐君毅并没有接受这个修正建议。余英时先生主张以"内向超越"而非"内在超越"来标示中国古代思想的起源特征，在理论初衷上与徐复观相同。① 针对牟宗三的"内在超越"说经由实体化的"心体"走向独断论，李泽厚先生亦曾撰文，明确反对任何形式的超越性，主张以"情本体"来取代超越性。②

儒学学者郑家栋在《"超越"与"内在超越"——牟宗三与康德之间》③一文中，尝试从语词概念的厘清切入来讨论"超越"与"内

---

① 参见余英时：《轴心突破和礼乐传统》，盛勤、唐古译，《二十一世纪评论》2000 年第 58 期；《论天人之际：中国古代思想起源试探》第 2 章。

② 李泽厚：《前言》，郑家栋：《当代新儒学论衡》，桂冠图书股份有限公司 1995 年版。

③ 郑家栋：《"超越"与"内在超越"——牟宗三与康德之间》，《中国社会科学》2001 年第 4 期。

在超越"的问题：康德将之前混用的 transcendental 与 transcendent 做了明确分辨，完全在经验范围之外的才是"超越"（transcendent）；而"先验"（transcendental）是指作为必要的条件以构成经验的基础之先验因素而言。与通常用法不同，牟宗三把 transcendent 译作"超绝"，transcendental 译作"超越"，因为他认为 transcendent 是与经验界完全隔离，一去不返，而 transcendental 则不能离开经验而反过来驾驭经验。牟宗三主张，在儒学传统中，宇宙万物都建基于一普遍的道德实体，而此一普遍的道德实体同时亦是人的本体——无限智心/仁体/智的直觉——所以是既超越又内在的。这样，牟宗三把神对于人而言之存有意义上的超越性扭转为人自身的超越祈向及其潜能。郑家栋认为，儒家内圣之学包括两条线索：以《中庸》《易传》为代表的宇宙本体论的系统，以及由子思、孟子一系发展而来的心性论的系统。在今天有关儒家思想"内在"与"超越"之关系的讨论中，人们常常是从前一线索提出问题，又自觉或不自觉地转到后一线索去说明或回答问题；亦即从认定"天命""天道"的超越性内涵始，而以肯定吾人的道德心性具有自我超越的内在祈向和无限潜能终。这样一种思路犯了"存有"与"价值"相混淆的谬误。而牟宗三思想的发展，可说是典型地体现了上述理路。[①]

　　在郑家栋之前，台湾学者李明辉已经指出牟宗三把 transcendent 译作"超绝"，而把"超越"留给 transzendental；transzendental 意指

――――――――――

　　① 无独有偶，学人陈振崑在评论唐君毅的"天德流行"论时，亦指出：虽然唐君毅有意要开展一个"乾坤并建"，"天命"与"性命"并存之"既超越又内在"的天道观（这在天人关系的阐发上无疑具备了高度的价值，启发了现代人融合宗教精神与人文价值的超越向度），但却只成就了一种内在于人的主体的超越性。虽然他在理想上挺立了人的孤峭的道德主体性，却同时遗忘了天道涵藏万有、生生不息之动力的开显。参见陈振崑：《论天德流行的超越性与内在性——唐君毅先生的天德流行论初探》，《哲学与文化》1999 年第 8 期。

先验，并非"超乎经验"，所以与immanent（内在性）并非矛盾。① 只不过，李明辉出于护教心态，仅仅揭出牟宗三未按康德原意来立论，而安乐哲对牟宗三的理解是错误的；所以未能如郑家栋那样继续指陈牟宗三思想中的断裂之处。

郑家栋没有像安乐哲、冯耀明那样明确地点出自己运用的理论方法，但是其与安、冯的前提预设和论证结论是近似的。概括地说，他们的预设和结论都共享了"现代性"境遇的一些典型特征：知识的独立性，存有与价值的分立，主体性的张扬以及宗教信仰的扬弃。然而，从宏观视角来看，现代新儒家的兴起，因应的正是现代性的大背景；亦即，现代新儒家是世界范围内"反思现代性"思潮的一部分。相应地，以"现代性"的眼光来分析、评判现代新儒家"内在超越"说的自相矛盾，是从一开始便已注定结局的理论演练。这也让笔者想起史华慈在《中国古代的超越》一文中所揭示的，先秦儒、道两家的超越主义都表现出保守、反动的（reactionary）面相，然而认为超越性元素就是要对抗静态的、缺乏反思的传统主义观念，那也是错误的。"超越主义"也可能部分表现为对于高等文明的理性化（韦伯意义上的）、"进步主义"（progressive）倾向的反动。现代新儒家所倡导的儒学"内在超越"说，同样也具有较强的保守（或曰"守成"）主义色彩，此点本不必讳言。

三、突围路径："内在超越"说的理论潜能

对于身处现代性语境的普通读者而言，读懂现代新儒家所讲的

---

① 李明辉：《儒家思想中的内在性与超越性》，"中央研究院"中国文哲研究所1995年版。

"内在超越"说，有一个基本的繁难，即如何才能理解心性论与宇宙论的合体问题。或者用牟宗三《心体与性体》中的话，如何才能理解"道德的形上学"。个中关键之处在于，儒家的道德形上学可以在人的道德性体、心体与宇宙的性体、心体之间建立一体必然之联系，而此点何以可能？即便对于现代学术体系中的专家学者而言，理解此点也属不易。例如，前引钱永祥论文即称，"阅读牟宗三著作的过程中，笔者感到最困难的地方，即在于确定他心目中此处的联系（按，即人之道德性体、心体与宇宙的性体、心体之间的'联系'），应该如何理解。"牟宗三"道德的形上学"最终落脚点在"形上学"，而钱永祥"道德内在说"所讲"道德的实践之可能性与条件"，在整体思路上似乎属于牟氏所谓的"道德的形上学"（康德）范围，因此是歧出的。"万物一体之仁"是钱氏"感到最困难的地方"，认为"道德内在说涵蕴着什么样的形上学结论"，"陈义太高"，"是很棘手（但也有趣）的问题"，最终存而不论。这似乎是一块概念式"论证"永远无法自行抵达的领域，而只能诉诸"体证"或所谓"智的直觉"。"内在超越"说的精微之处，有点拒斥概念式论证，而更多指向儒学的工夫论、境界论，有自我神秘化之嫌，这在一定程度上冲击了学术界和一般读者对其的理解与诠释。

　　另一方面，如前文所述，如果说"内在超越"说之提出，主要是要反驳黑格尔、韦伯等西方学者对儒学和中国文化缺乏超越性的批评，那么，现代新儒家学者理应依循批评者所使用的"内在""超越"之定义来做出反驳；若随意变换批评者所使用的定义，则难有反驳可言。但事实是，西文严格定义中的"既超越又内在"必不能证立，而牟宗三为代表的现代新儒家并未严格依循康德等西方哲人的定义，这难免有偷换概念之嫌。既如此，以儒学与中国文化的"内在超越”回应西方的“外在超越”，便成了鸡同鸭讲，无法构成真正的比较研究和对话，而只是一场虚拟的自说自话而已。用安乐哲的话来说，“超越性”话语是毫无生气的。就此而言，提出“内在超越”说其实甚无必要。

然而，“内在超越”说因此便是无效的累赘话语吗？笔者的回答是否定的。

首先，“内在超越”说固然有其因应西方批评的面向，但同时亦有其源于儒学自身思想传统的强大概括力。不管是儒学的哪个流派，都强调主体心性的重要性；不管是哪个时代的儒学，亦多强调主体心性与道德宇宙的沟通、联结。尽管心性与宇宙的连续性在今天已不再是一个不言自明的命题，但“内在超越”说所指涉的“万物一体”观念是儒学史上无法抹煞的一种重要存在。就此而言，“内在超越”说有其阐说立论的有效性。当我们论说传统儒学的“形上学”思想时，“内在超越”尤其是无法避开的一种论述。①

其次，倘若由于“内在超越”说存在着巨大的理论困难，便对其采取一种折中变化，比如说仅强调“内在性”而不谈“超越性”，那么产生的问题可能更多。在西方汉学家那里，突出儒学与中国文化的“内在性”，并与西方文化的“超越性”进行对比研究，是一种较为流行的进路。除前文提到的安乐哲以外，朱利安是目前致力于此而影响最大的汉学家。在《过程或创造：中国文人思想导论》(*Procès ou Création: Une introduction à la pensée des lettrés chinois*, 1989)、《内在之象：〈易经〉的哲学解读》(*Figures de l'immanence: Pour une lecture phi-*

————————————

① 友人齐义虎提示笔者，“万物一体”强调的是万物之间的连续性，而“超越”一词却标志着一物对另一物的疏离、相胜，这两个词的内在意义指向是迥异的，因此最好沿用中国自己传统的术语来进行表述。这一提示很有针对性，然而却有自我封闭化和拒斥跨文化思想对话的嫌疑，故笔者不取。

losophique du Yi king, le classique du changemen，1993）、《从“存在”到“生活”：中欧思想关键词》（*De l'Être au Vivre. Lexique euro-chinois de la pensée*，2015）等著作中，朱利安反复申说中国哲学的“内在性”与“非超绝性”①，并与欧洲思想的“超绝性”进行对比。“天”在中国思想中并非表征着形而上学的超越维度，而只是表示一种“绝对的内在性”。汉学家毕来德（Jean François Billeter）批评朱利安理想化了中国思想的“内在性”，严重忽视了“内在性”与中国中世纪专制政治（despotism）之间的密切关系。然而，中国思想之“内在性”严格说来只是西方汉学史上长期形成的一个“神话”或“迷思”（myth）！朱利安和毕来德都未经反思地接受了这一“成见”，从而严重忽视甚至否认了中国思想中的超越性或批评性维度。他们的争论可谓激烈，亦各有其“洞见”，然而由于未能将这一成见“问题化”，到头来争论的只是谁能对“内在性”这个未经反思的错误前提做出更恰如其分的评价，终究是盲视的。

　　又如，余英时主张以“内向超越”说取代宗教意味浓厚的“内在超越”说，这一做法用于描述轴心时期儒家思想的起源是比较恰切的，但是无法完全涵盖儒学从汉代至宋、明的后续发展。相比“内在超越”说，“内向超越”说的理论概括力来得要弱一些。另外，“内向超越”标示了一种彻底的人本主义向度，而缺失了宗教超越维度。世俗化是现代性的一个重要取向，但世俗化之后的现代人往往丧失对天、地、人的敬畏，更容易陷入虚无主义的泥淖。哲学家查尔斯·泰勒（Charles Taylor）在现代世俗世界之中倡导宗教（再）皈依，

──────────

　　①　朱利安区分了“超越”（going beyond）和“超绝”（above and cut off），他认为中国思想有超越性层面，但这种超越并不指向一种绝对的外在性，而指向“内在的绝对性”（absolution of immanence）。

就是要向宗教和超验现实敞开自己的心灵，以突破现代社会唯我独尊的人本主义内在框架，让自己进入一个更广阔的天地。① 显然，"内在超越"说所包含的宗教信仰维度更能与泰勒的主张展开跨文化对话。② 而从比较哲学/神学的视域来看，美国波士顿学派的南乐山、白诗朗(John Berthrong)透过"过程神学""创造性"等概念进行的儒（特别是朱熹代表的理学）、耶对话，是这一跨文化对话的最新成果之一。

如果说以上两点还只是对"内在超越"说之必要性的有限辩护，那么，借鉴德国法兰克福学派批判哲学的思路，充分挖掘并发挥"内在超越"说包含的文化批判潜能，是这一学说打破单一的宗教性/精神性理解模式，实现哲学重构的可能路径。"内在超越"说与儒学的工夫论、境界论息息相关，这使得对于"内在超越"说的理解，常常停留于重视个体身心修养和精神转化的心性论（即所谓"内圣"）领域。这一理解模式当然是非常重要的。然而，"内在超越"说其实从一开始也具有丰富的文化批判潜能，而此点却常常被人忽视。

法兰克福学派向来以其"批判理论"(critical theory)闻名。到20世纪60年代，哈贝马斯(Jürgen Habermas)通过在认识论层面上讨论"知识"，将"批判性知识"确认为一种独立于"自然科学""人文科学"之外的，以自我反思和解放(emancipation)为导向的认知与兴

---

① Charles Taylor, *A Secular Age*, Cambridge, Massachusetts and London, England: The Belknap Press of Harvard University Press, 2007, p. 768.

② 任剑涛教授认为，"内在超越"说并不是传统儒家的本然追求，而且，在现代处境中，没有必要将儒学的宗教性引为儒家价值辩护的方式；儒家强调基于道德信念的秩序安排，具有跟基督教一样的收摄人心、整合社会的作用（参见任剑涛：《内在超越与外在超越：宗教信仰、道德信念与秩序问题》，《中国社会科学》2012年第7期；此文收录于其《复调儒学：从古典解释到现代性探究》，台湾大学出版中心2013年版）。笔者并不同意其对"内在超越"说与传统儒学关系的判定，但赞赏其基于"现代处境"对传统儒学资源的价值重构。

趣类型。① 与这种批判理论相关的哲学释义学，在方法论上要求通过一种"理性重构"（rational reconstruction）来完成对批判性"潜能"的释放。所谓"理性重构"，是指把存在于特定类型现象背后的那些普遍而不可回避的、然而尚未结构化的前提条件，通过明晰化、系统化的理论表述出来。它与智力的深层结构息息相关，其任务不是描述现实中所是的事物（"实然"），而是按照应该是的样子确立现实事物赖以存在的前提条件（"应然"）。借助这种"重构"，一种前理论的实际知识（know how），可以整合到确定的理论知识（know that）之中。儒学"内在超越"说所包含的文化批判潜能，可以通过"理性重构"而得以充分释放，并参与当下的文化对话。

关于儒学包含的批判性潜能，汉语学界已有的论述，多强调传统儒学借心性之说确立"道统"以与"政统"抗衡的一面。然而，一方面，这种论述往往停留于"实际知识"的层面，未能立足于理性重构，其哲学建构性尚不充分。另一方面，这种论述亦有意无意流露出儒家以道统自任本身具有的浓厚保守气息，儒学由此便仿佛自异于现代社会之外，而缺乏一种思想/文化建构的参与意识。无疑，开掘儒学"内在超越"说的文化批判潜能，需要一种更为宏大而纵深的视野，以及一种更具普遍主义色彩的视角。

我们不妨同时将目光转向域外的中国哲学研究界。在诠释儒学和中国古典文化时，首先将"超越性"与文化批判意识明确关联起来的，是汉学家史华慈。他曾经指出，轴心时期的中国思想家认识到，在规范性的社会政治文化秩序与现实状况之间存在着某种可悲的鸿沟。而在这种介于理想的社会秩序与实际状况之间的断裂感中，存在

---

① Jürgen Habermas, *Erkenntnis und Interesse*, Frankfurt am Main: Suhrkamp, 1968.

着不可否认的超越因素；"天"就是关心儒学救赎使命的超越的意志。换言之，理想与现实之间的差距与张力本身就蕴含了理想对于现实的超越性，以及与之相关的深度批判意识与反思性；而这种超越性和批判意识的源头，则是"天命的内在化"。历史学者张灏以"超越的原人意识"为关键词来概括轴心时期思想创新的根本特征，而其重要表现之一就是超越的心灵秩序与现实政教合一的"宇宙王权"（cosmological kingship）的紧张性，以及其中蕴含的突破契机。①

而能够将轴心时期儒家伦理学与批判哲学结合起来的最佳范例，笔者以为应首推德国汉学家罗哲海（Heiner Roetz）。在 20 世纪 90 年代初出版的《轴心时期的儒家伦理》②一书中，罗哲海将包括儒家伦理在内的先秦哲学、伦理学置于传统习俗伦理崩解的时代背景中，强调它们是应对社会和文化危机的产物：传统的确定性（特别是伦理）已经土崩瓦解，这是中国道德哲学得以形成的根本问题语境。先秦诸子各家的思想建构，都处于"具有世界史向度的早期启蒙新纪元"之中；跟之前相比，它们在思想上实现的"重大突破性进展"表现在"通过反思和超越性、而不再为实体性和生命的局限性所囿，神话意识形态为理性所战胜，个人主体的发现，向历来接受之一切事物加以质疑，在两难困境中慎重思索，以及历史意识的发展等"③。在罗哲海看来，就孔子、孟子的大体而言，儒家并没有像"前儒家文献"那样强烈地从超越性的上帝、天那里为伦理学寻求终极凭据，亦即，

---

① 张灏：《从世界文化史看枢轴时代》，《二十一世纪评论》2000 年第 58 期。

② Heiner Roetz, *Die chinesische Ethik der Achsenzeit. Eine Rekonstruktion des Durchbruchs zu postkonventionellem Denken*, Frankfurt/M.：Suhrkamp, 1992；英译本参见 Heiner Roetz, *Confucian Ethics of the Axial Age: A Reconstruction under the Aspect of the Breakthrough toward Postconventional Thinking*, Albany：State University of New York Press, 1993；中译本参见罗哲海：《轴心时期的儒家伦理》，陈咏明、瞿德瑜译，大象出版社 2009 年版。

③ 罗哲海：《轴心时期的儒家伦理》，第 34 页。

儒家的"道"是由人自行主动培养，而非通过任何天国(宗教论述)或本体论(形上学话语)的规范来预先定位。^①然而，儒家伦理学却同样获得了"后习俗"(post-conventional)层次的批判立场和对于现世习俗的超越。孟子以他那人心中存在道德发端的理论以及他的道德现象学把握住了伦理学的一个重要关键："人类具有不依赖传统，仅靠自身而发展出道德的可能性。"^②而且，孟子由此还获得了一个激烈批评暴政的立足点——执政者如果没有从人类具有道德潜能的角度来运作政治，那么就是"罔民""率兽而食人"。

　　罗哲海对儒学文化批判潜能的重构，是借助"轴心时期"理论、"后习俗"理论的双重视野展开的。而其所以能如此申论，则与其领受的法兰克福学派批判理论有着密切关联。^③他认为："'重构'意味着以一种与古人之真实意图相应的方式对其思想加以重新整合，而取代复述他们那些相当庞杂不清的理论；并且要根据我们今日所面临的伦理学问题而加以充分利用。"^④罗哲海将这种诠释学称为"批判性现代重构"，并与安乐哲等美国实用主义汉学家的"复辟/复原论"自觉划清了界限。值得注意的是，罗哲海的论述有意避开了儒学"内在超越"说的本体论维度，而着重发挥了其批判性潜能，从而与西方近代以来的启蒙传统构成了深层次对话。在让儒学(尤其是儒家伦理学)参与当代尖端对话的维度上，罗哲海做出了值得赞赏的

①　这也是罗哲海批评杜维明的原因之一，参见 Heiner Roetz, "Confucianism between Tradition and Modernity, Religion, and Secularization: Questions to Tu Weiming", *Dao*, 7(4): 367-380(2008).

②　罗哲海:《轴心时期的儒家伦理》，第274页。

③　参见韩振华:《"批判理论"如何穿越孟子伦理学——罗哲海(Heiner Roetz)的儒家伦理重构》，《国学学刊》2014年第3期。

④　罗哲海:《轴心时期的儒家伦理》，第7页。另可参见 Heiner Roetz, "Gibt es eine chinesische Philosophie?", *Information Philosophie*, 30(2): 20-39(2002)。

努力。

罗哲海的弟子、汉学家何乏笔（Fabian Heubel）也认为，现代新儒家的"内在超越"说富有发展潜力："对批判理论而言，内在性与超越性的关系是重要的，因为牵涉到批判如何可能的问题。"[①] 所以，"即内在即超越"的角度有助于理解当代批判思想的发展方向。虽然新儒家哲学与批判理论之间存在的鸿沟难以彻底跨越，跨文化研究的难度不容低估，但是，像"内在超越"说这样的"混血"命题，超越了朱利安式的相互绝缘的对比研究模式，体现了一种真正有"孕育力"（fertility, fécondité）的跨文化立场，仍是值得肯定的思想进路。

四、小结

综上所述，儒学"内在超越"说合心性论与宇宙论为一炉，既蕴涵了宗教性诠释的可能，又包容了文化批判性的丰富潜能。前者指向内在的工夫论、境界论等个体修养论内容，后者则指向外在的政治－文化批判性发挥。前者标示了儒学的宗教性、精神性，而后者则标示了儒学的批判性。

牟宗三、唐君毅所讲的宇宙论意义上的超越性，是接着宋明儒学而讲；而其对"内在"之强调，则与近代西方哲学的主体性哲学合拍。遗憾的并不是牟、唐无谓地沿用了宋明儒学的宇宙论，而是他们并没有在批判哲学意义上张扬儒学的外在批判性，最终极易滑向那种单纯突出心性儒学的进路。与之相关，蒋庆等偏爱今文经学的学人，通过开掘和复兴所谓"春秋公羊学"的政治儒学面向，批评"港台

---

① 何乏笔：《跨文化批判与中国现代性之哲学反思》，《文化研究》2009年第8期。

新儒家"只讲心性、不讲政治，只讲内圣、不讲外王。然而，蒋庆的这种论述其实窄化（甚至僵化）了儒学批判性的全部可能。

儒学"内在超越"说是一个文化"混血"的哲学命题，这标示着中国古典哲学的当代诠释早已成为一项"跨文化"的事业。在经典诠释过程中，如何经由批判性的现代重构，超越那种相互绝缘的对比研究模式，走向一种真正有"孕育力"的跨文化立场，避免使中、外文化停留于一种死板僵化的、避免"受孕"的、各居其位的静态分析，仍需细细思量。

西学视野中的"天人合一"

黄保罗*

在国学热和中国传统文化被特别加以强调的今天,笔者期望从西学的视野对 20 世纪以来已经成为代表中国文化传统特别是儒家特点、中国哲学的基本命题、思维模式或思维定势的熟语"天人合一"进行研究,来探索国学与西学在全球化语境里的融合性。这个术语之所以被重视,是因为金岳霖在比较中西哲学差异时提过[1],之后在涉及中西方文化对比或对话时,"天人合一"一语似乎不可或缺。鉴于相关研究的不足,香港中文大学哲学系的刘笑敢先生曾撰文进行了系统的研究。[2] 他以 20 世纪 80 年代以来关于"天人合一"讨论的文本和宋明清文献中对"天人合一"术语的实际使用情况为研究对象,得出两个结论:一则讨论分为学术研究路径和文化建设路径,二则"天人合一"拥有八条含义。

本文旨在从西学的视野来分析刘氏得出的这两点结论[3],而本文

---

* 黄保罗,上海大学文学院历史系特聘教授,中欧人文研究与交流中心主任。

① Yueh-lin Chin, "Chinese Philosophy", *Social Science in China*, 1(1): 83–93(1980).

② 刘笑敢:《天人合一:学术、学说和信仰——再论中国哲学之身份及研究取向的不同》,《中国哲学与文化》第 10 辑,漓江出版社 2012 年版,第 71—102 页。

③ 刘文分三个部分,第一部分辨析 20 世纪 80 年代以来关于天人合一之讨论中的定位和取向问题。第二部分检阅和梳理宋明清时期关于"天人合一"一语的实际使用情况,以及这一熟语使用中所包括的相当歧异的意涵和意义。第三部分则以有关天人合一之讨论为例,进一步探讨关于中国哲学之身分定位以及研究者工作取向的问题,并讨论有关天人合一之现代创构中应该注意的问题。笔者以刘文第一和二部分为研究对象,从西学的视野进行系统的分析,并进行适当的比较。

所谓的"西学",则包括"以理性为标准的人文学"和"以信仰为根基的基督教神学"两个纬度。① 通过这些分析,笔者试图论证"天人合一"是否国学所独有之概念。

一、西学视野中 20 世纪 80 年代以来
"天人合一"讨论者的两种类型

根据刘笑敢的研究,结合 20 世纪关于天人合一的讨论,从宋元明清以来直接提到"天人合一"这个术语的文献入手,可以发现,在讨论有关天人合一的问题时,有两种路径:一是将之作为历史上客观存在过的研究对象,此乃学术性的研究;二是把它作为回应现代需求的解决方案,此乃宗教情怀性的信仰。学术研究和宗教情怀似的文化重建,是两种在方向、方法、标准上都有不同性质的工作。在古代,学问、信仰和修养三者密不可分,实质是同一件事情,类似于哲学、宗教、道德的相互贯通;而现代则强调学术、信仰和修养三者之间的差异。学术追求客观与公正,但信仰与修养被认为是私人性质的,不受公众的干涉,也不干涉公共事务。追求客观的学术研究虽不要求学者放弃个人的宗教信仰,但也不允许信仰者将学术研究等同于宗教事业。② 刘氏认为,在文本诠释和学术研究中,学者有"客观

---

① 黄保罗:《百年国学与西学中的宗教元素》,卓新平主编:《宗教与当代中国社会》,社会科学文献出版社 2013 年版,第 133—145 页;黄保罗:《文化建设中不能再阉割西学》,《国学与西学》2012 年第 2 期;黄保罗:《"天人合一"乃国学所独有的吗?——西学视野中的分析》,《华夏文化论坛》2018 年第 1 期;黄保罗:《再论天人合一是否为儒家所独有——兼与林安梧教授对话》,《湖南大学学报》(社会科学版)2019 年第 1 期。

② 刘笑敢:《天人合一:学术、学说和信仰——再论中国哲学之身份及研究取向的不同》,第 71—72 页。

的、历史的、文本的取向"与"当下的、现实的、主体的取向"；中国哲学既是科学性的现代学科，又是民族文化和价值的载体，学者或信念推广者可对儒释道做出不同的定位，但定位之间不应该相互混淆。① 比如，在讨论天人合一时，我们的立场和目标是什么：把它当作历史上确实存在的需要研究对象，还是要把它当作来回应现代需求的一种解决方案或是推广者的文化信仰/信念。此二者在对象、目标、方法、标准上都不一样，必须区分清楚。② 刘氏的定位理论在分析 20世纪 80 年代以来关于天人合一的讨论以及在梳理宋、明、清文献中关于天人合一这个术语的实际使用情况上，是比较有效的工具，能够清晰和简洁地处理相关的文本，并能得出符合逻辑而自圆其说的结论。刘文的主要贡献是提出了这两种定位，并借助它们有效地处理了相关的文本资料，就天人合一这个术语及其表达的概念内涵进行了系统的归纳。但是，刘氏这个概念的内涵有待于进一步地深入分析，特别是从西学的视野进行的分析还不够充分，而与西学中的对应概念更是完全没有比较。所以，笔者试图从这些方面进行努力，特撰此文，以就教于刘氏与相关专家。

　　20 世纪 80 年代，重新讨论天人合一时，最重要的文章以上面提及的金岳霖写于 1943 年西南联大时期而却发表于 1980 年的题为"中国哲学"的英文文章为起点。根据刘氏的工作取向和身份定位的说

---

　　① 刘笑敢：《天人合一：学术、学说和信仰——再论中国哲学之身份及研究取向的不同》，第 72 页。
　　② 刘笑敢以中国哲学的"现代学术与民族文化"两种身份之定位和研究工作中的"学术研究与现实关怀"两种取向之交织为理论框架，以"天人合一"的历史内涵和现代讨论为实例，进一步讨论中国哲学研究的方法和方向问题，努力说明中国哲学的学术研究工作中的不足之处，及现代文化重建工作中的不当之处，并且对之进行了"学术、学说和信仰"的三种路径的区分。刘笑敢：《天人合一：学术、学说和信仰——再论中国哲学之身份及研究取向的不同》，第 71—102 页。

法，我们可把当时的讨论分成如下两个路径。

第一条路径是钱穆①、季羡林②二先生以现实关怀为目标，充分肯定将天人合一当作中国文化传统的最高代表来推广的做法。他们的工作取向不是纯学术性的研究，而是文化重建的事业。二人使用"天"和"人"等术语和概念，却没有对它们进行定义，也没有论证"天"和"人"为什么能够或应该代表"自然"与"众人"。其实，我们应该看到天人合一说的复杂性，它既是学术研究的一个对象，又是一种思维方式，还可能是现代文化发展的一种精神资源，同时也是许多中国人或东方人的信仰。

刘氏说他自己期望严肃探索两种取向，并不是要贬低其中任何一种。他正确地指出钱、季为代表的此类关怀现实的文化建设工作与学术研究之间的差异，类似于中国古代传统之学中的学术、修养与道德

---

① 钱穆在其 96 岁时完成的《中国文化对人类未来可有之贡献》（原文发表于《联合报》1990 年 9 月 26 日，重刊于《中国文化》1991 年第 4 期）里说，他到晚年"始彻悟此一观念实是整个中国传统文化思想之归宿处"，"'天人合一'论，是中国文化对人类的最大贡献"。文中要点有：(1)随着科学发展，西方离开人来讲天的学说日益显出其对人类生存的不良影响。(2)西方常把天命与人生划分为二，所以需要另有天命的宗教信仰。(3)中国人认为天命就表露在人生上，除却人生，无从讲天命，所以也不需要西方式的宗教信仰。(4)中国古人抱有一种"天即是人，人即是天，一切人生尽是天命的天人合一观"。这也就是古代中国人生的"一种宗教信仰"，也是主要的"人文观"，亦即是其"天文观"。(5)"孔子的人生即是天命，天命也即是人生，双方意义价值无穷。""人生最大目标、最高宗旨，即在能发明天命。"(6)"西方文化一衰则不易再兴"，而中国文化精神，"自古以来即能注意到不违背天，不违背自然，且又能与天命自然融合一体。我以为此下世界文化之归趋，恐必将以中国传统文化为宗主"。

② 热烈支持钱穆所提倡的天人合一说的季羡林发表了《"天人合一"新解》一文（《季羡林文集》第 14 卷，江西教育出版社 1996 年版，第 277—292 页），推崇之外，季氏也说明自己与钱氏的不同："我不把'天'理解为天命，也不把人理解为'人生'；我认为'天'就是大自然，'人'就是我们人类。天人关系是人与自然的关系。"（同前注，第 287 页）。季氏强调自己思考"此下世界文化又将何所向往"的问题远在钱文写就以前，与钱文是"不谋而合"。钱氏的理论出于其一生研究中国文化的"彻悟"和"大体悟"，而季氏的立论则莫基于他对中国文化、印度文化和闪族文化（从古代希伯来起，经过古代埃及、巴比伦以至伊斯兰阿拉伯文化）这三个东方文化及第四个肇端于古代希腊、罗马的西方文化的观察和研究。无论"西化"或"东化"都是世界潮流变化的结果，其中国际政治、经济形势变化扮演了重要的角色，而少数理论家和学者是很难创造和扭转世界大势的。

实践的结合。笔者认为，这其实更多的是一种带有古希腊哲学的信仰实践和基督教式的宗教情怀的信仰宣传和判教。钱氏的中学高于西学的结论，更像是在自说自话而缺乏比较。而季氏得出的中学之"天人合一"优于其他文化的结论，并称这是他自己对中国、印度和闪族文化这三个东方文化及第四个古代希腊、罗马的西方文化的观察与研究的结果。[①] 抛开印度文化暂时不谈，季氏对源于古代希腊、罗马的西方文化的批评基本道出了理性主义的局限性，但他对闪族文化中的犹太教和基督教的研究，似乎是不够准确的，最起码在"天人合一"与犹太教和基督教的关系这个概念上的研究是不充分的甚至是有错误的。首先，钱、季二位把中学传统中的天人合一当作宗教情怀的信仰实践，而缺乏理性的界定、分析和自我反思，使其完全以真理拥有者的姿态出现，混淆了学术研究和信仰实践之间的区别，也就是没有分请刘氏所云的两种定位。其次，钱、季没有注意到犹太教和基督教里所拥有的"人神合一"这个概念的存在；抛开犹太教不谈，就是在基督教里，也存在着罗马天主教的"人神协作"（co-operation between God and human beings）、东正教里的"神化"（theosis）、"圣化"（deification）、"成神"（becoming god）及新教里的"称义"（justification）、"成圣"（sanctification）、"与基督合一"（union with Christ）、"在基督里"（presents/indwells in/within Christ）等术语和概念。视如此丰富的内容而不见或不知，就得出中学之"天人合一"为最优秀的结论，的确失之匆忙而难免有思虑不周之处。[②] 总之，以钱、季为

---

① 季羡林：《季羡林文集》第 14 卷，第 277—292 页。
② 参见曼多马：《曼多马著作集：芬兰学派马丁·路德新诠释》，黄保罗译，上海三联书店 2018 年版。Carl E. Braaten & Robert W. Jenson, "Union with Christ: The New Finnish Interpretation of Luther", *Pro Ecclesia: A Journal of Catholic and Evangelical Theology*, 9: 241-242(1998).

代表的路径把中学之天人合一当作信仰来宣扬和实践有一定的合理性，但他们的问题是，在没有按照学术规则严格与仔细界定所用术语的前提下，没有认识到自己所从事的工作不是学术性地对真理的探索却又以真理的拥有者自居，没有真切地认识他者(如基督教里相对的术语和概念)却又声称中学的"天人合一"最优秀。

第二条路径是对上述宗教情怀式的文化重建路径进行批评性分析的学术研究，有的研究相关概念的内涵，有的探索文化重建路径的弊端，有的则试图分析主张者的动机和目的。

关于相关概念含义的研究，刘笑敢提到张岱年、李申和任继愈为例。张提出梳理清楚天人合一在历史不同阶段的确切含义，强调以文本为基础的理论分析，主张纯学术的研究导向，坚持历史性和客观性的研究立场。张岱年旨在学术研究而非文化弘扬，把天人合一视为研究对象进行客观探索，而不是不加评判地将之引用为现代文化的精神资源。张岱年强调的要点包括：(1)天人合一的思想虽然渊源于先秦时代，而正式成为一种理论观点，乃在汉代哲学及宋代哲学中。(2)其中主要有三说，分别以董仲舒、张载以及"二程"为代表。(3)在中国哲学史上，天人合一观念与"天人之分"的观点是交参互含的。(4)天有三种含义：一指最高主宰，二指广大自然，三指最高原理。(5)"合"有符合、结合之义。古代所谓"合一"，与现代语言中所谓"统一"可以说是同义语。合一并不否认区别。合一是指对立的两方彼此又有密切相联不可分离的关系。① 而李申则强调对于

---

① 这五个要点集中体现在张岱年的《天人合一评议》(《社会科学战线》1998 年第 3 期)与《中国哲学中"天人合一"思想的剖析》(《北京大学学报》[哲学社会科学版]1985 年第 1 期)这两篇文章之中。

钱穆和季羡林的文章引起了许多人(参见张世英：《中国古代的"天人合一"思想》，《求是》2007 年第 7 期；高晨阳：《论"天人合一"观的基本意蕴及价值——兼评(转下页)

"天"之含义的学术性研究，他认为，中国传统中的天人合一不是人与自然的合一。① 张和李的如此研究，对于我们梳理"天人合一"这个概念在中国文化传统中的实际意义有重要贡献。虽然他们所总结的这几个方面是否准确、全面，不同学者还可以根据发现的文献来挑战与质疑，但这种研究无疑提供了方法论和思路上的启示。刘氏还提到了任继愈对过分夸赞"天人合一"主张者的批评。任继愈说："有的哲学家盛赞中国哲学好就好在天人合一，这不对。人吃肉类，吃鱼类，意味着对动物的摧残，何曾合一？……生物链本身包含着对立的统一，并不是一味的'合一'。""'天人合一'无论如何解释，已不能反映现代人今天所要解决的问题……'天人合一'的文章已做不下去。"② 任氏在这里也是把"天"理解为自然界里的植物和动物等，在此前提下，他反对以"天人合一"为理由拒绝人吃肉类与鱼类。

关于文化重建路径之弊端的研究，刘笑敢提到了如下几个人的研究。（1）马积高担心天人合一说妨碍客观性的研究："要给炒得过热的天人合一说泼一点冷水，为天人相分说争一点存在的空间"，并认为中国古代自然科学"束缚于天人合一说，不能把自然界之物当做独立的对象来研究"。③ 笔者以为，这里提到的"天人相分"和文化建

（接上页）两种对立的学术观点，《哲学研究》1995 年第 6 期）的注意，其中包括张岱年。张岱年在其《天人合一评议》一文中，直接提道对钱、季及其他人的讨论文章的保留态度："我认为，评论天人合一，首须对中国哲学史上的天人合一学说有比较明确的了解。"另可参见李存山：《析"天人合一"》，《传统文化与现代化》1994 年第 4 期；《"天人合一"与中国哲学的实在论》，王博主编：《中国哲学与易学》，北京大学出版社 2004 年版，第 70—83 页。

　　① "今天不少人把'天'理解为自然界，因而认为'天人合一'就是'人与自然合一'的内容；关于这一观点，则一条例证也没有找到。"参见李申：《"天人合一"不是人与自然合一》，《历史教学》2005 年第 5 期。在《四库全书》中，有 200 多条表述天人合一的语句，但其中之"天"主要表示"主宰之天"。

　　② 任继愈：《试论"天人合一"》，《传统文化与现代化》1996 年第 1 期。

　　③ 马积高：《荀学源流》，上海古籍出版社 2000 年版，"前言"，第 4、9 页。

设路径坚持者对于研究对象之客观性的忽略，的确是文化建设路径者的软肋，因为他们的本质是宗教情怀式的信仰宣传和宗教实践，却以学术理性和真理的姿态出现而不自知，混淆了学术性探索真理与宗教情怀式信仰之间的差异。这导致的结果是，这条路径的人们把自己未经学术探索而自以为是的主观信仰当作客观真理，来批评和排斥西学信仰的主观性；而且对西学中以理性为主的科学和以基督教为代表的宗教信仰缺乏学术性的客观分析和研究。(2)好像任继愈认为以"天人合一"反对人吃肉、鱼是不可能的那样，刘笑敢也提到了历史学家汪荣祖和地理学家段义孚(Yi-Fu Tuan)以历史数据和事实说明，对于生态保护，天人合一的传统并未起到实质性积极帮助。如汪荣祖说："季羡林所谓西方文化，重人力胜天的思维，导致生态失衡……而东方素尊天人合一的思想，与大自然为友，故能爱惜万物，反对杀生。但事实并非如此，天人合一的思想并没有减缓……生态环境的恶化。像其他文明一样，明清时代文明的开拓与社会经济的进步，总是以牺牲生态环境为代价。"① 地理学家段义孚则通过历史记载说明，早期基督教地区的生态破坏情况比其他宗教地区的情况相对好一些，而西方文化进入中国之前，中国的生态就已经严重地被破坏了。② 若说经济不发达时，中国的自然灾害和贫穷是天人合一的主要挑战的话，在通过学习西方的改革开放四十年之后，中国目前最大的挑战之一就天人不合一的环境污染。但是，这里学习的西学主要是其中的社会达尔文主义和以人取代上帝的理性主义，对于犹太和基督教神学是

---

① 汪荣祖：《"天地之盗"：明清帝国生态危机综说》，《中国文化研究所学报》2010年第51期。

② Yi-Fu Tuan, "Discrepancies between Environmental Attitude and Behaviour: Examples from Europe and China", *The Canadian Geographer*, 12(3): 176-191(1968). 刘笑敢曾引段说讨论道家思想与生态关系问题，参见刘笑敢：《诠释与定向：中国哲学研究方法之探究》，商务印书馆2009年版，第349—374页。

几乎完全忽略的。西方经济物质发达的同时，生态是平衡优美的，这主要得益于西学中的神学传统的制约，但中国在学习西学的改革开放中，只学其一，未学其二。这是天人合一的讨论所没有关注的问题。

关于"天人合一"主张者的动机和目的，刘氏指出，坚持批孔的蔡尚思认为，几乎没有人真诚地信仰"天"，几乎所有的学派都是打着"天"的名义来宣扬自己的理论立场，类似于基督教神学中对"不可妄称上帝的名"一样，若不对"天"的内涵进行界定，许多人所说的"天人合一"都可能成为滥抒己意的对"天"的妄用。因此，蔡氏说："钱穆先生引孔子说的'知我者莫天乎'等语作为孔子首先提出天人合一论的证据。其实，这句话显然是孔子托天来提高自己的地位的。"① 此论不是要对古代文献进行理解和解释，而是要注意研究者或推广者的目的和取向。尽管蔡氏观点未必完全代表真相，但他从辨别历史事实的角度出发，使学界意识到立说或研究之取向与结论之间的复杂关系：取向同，结论未必；但取向不同，结论必然不同。这里讨论的是理论问题，而不是具体的天人合一。但蔡氏也反对"儒学可以纠正和代替西方文化"的看法。在这里，蔡氏不仅把"天"当作"广大自然"，而且是当作"最高主宰"和"最高原理"。

刘笑敢得出两个结论。首先，讨论天人合一者的工作取向的不同。如张岱年以研究客观历史为取向，旨在尊重和探求思想史之真相；而季羡林以满足现代世界的需要和理想为取向，旨在观照现实和未来。其次，参与讨论的人们对天人合一之说的定位不同。比如，研究者把天人合一的思想当作客观研究的对象，而推广者则把天人合一的理论当作一种可以解决现代问题的思想资源，不受历史和文献的束

---

① 蔡尚思：《天人合一论即各家的托天立论——读钱穆先生最后一篇文章有感》，《中国文化》1993 年第 1 期。

缚而比较随意地按照自己的主观意图和当下语境的客观需求来解释天人合一的意涵和意义。如果没有关注取向和定位问题，我们就无法看清纷繁杂乱的现象，找不出争论的焦点和分歧的本质。刘氏的这两点结论是可以成立的，但是，因为刘氏的研究主要是文献的梳理，而没有对"天人合一"这个概念的本身进行深入研究，因此，刘在自己的研究中就未能对如下的背景进行充分地分析："天人合一"这个概念的内涵及钱、季所谓的优越性是在与西学的比较中突显出来的。也就是说，刘氏正确地指出，当钱、季等人强调"天人合一"优越于西学的时候，他们对中国文化传统中的"天""人""合""一"这几个概念缺乏精确界定；但是，不仅钱、季等学者，而且刘本人也没有对西学中的相应概念"天""人""合""一"及这些概念的结合体"天人合一"进行研究。比如，蔡氏把"天"当作"广大自然""最高主宰"和"最高原理"，这不仅与西学中理性而且与犹太和基督教神学里的上帝有可比性，但在传统的中国文献中是否有此意义呢？

二、西学视野中的宋元明清之天人合一

除去从先秦到张载和"二程"的思想及少数向下延续到王阳明与王夫之的一些表述①以外，"天人合一"这一术语在宋、明、清时期的实际使用中有多种意义，但它并非思想内容清晰的理论，甚至就已有了宗教情怀式的表达信念、信仰和套话如赞颂语的特征，"天""人""合""一"及"天人合一"等术语所表达的概念，都缺乏客

①　这包括：(1)董仲舒的"天人一也"，(2)张载之"天人合一"，(3)程颢之"天人不二"，(4)郭店竹简《语丛一》中的"《易》所以会天道、人道也"。

观性标志或界限，随意性极大，以至于人人可讲天人合一，但其内容始终不确定；天人合一的重要性随时被夸大，而其确切含义却不清晰；天人合一被当成宗教情怀式的重要信仰，却没有充分关注言语实际中该术语的使用情况；有时甚至成了空洞的套话或赞美。此特点是20世纪80年代以来讨论天人合一时很少涉及的。① 刘文得出结论，宋、明、清以来明确提到"天人合一"的解说模式或主要思想倾向有如下四个②，笔者将从理性学术研究和基督教神学视野对它们分别进行分析。

---

　　① 20世纪80年代以来讨论天人合一时所引用的历史文本，多没有直接或明显地强调天人合一，其思想观点一般是模糊和隐晦的，要靠引用者的解释和引申。余英时就此说过："我们不要误以为天人合一是某种有特定思想内容的'理论'。反之，它仅是一种思维方式。"参见余英时：《天人之际》，《人文与理性的中国》，程嫩生、罗群等译，上海古籍出版社2007年版，第14页。余氏另有《古代思想脉络中的医学观念》一文，参见余英时：《中国文化史通释》，香港牛津大学出版社2010年版，第129—144页。刘文指出，宋代谢良佐（1050—1103）、胡寅（1098—1156）、岳珂（1183—1243）和朱熹（1130—1200）等人都曾使用过"天人合一"一语，到明清时，"天人合一"就已变成了成语、熟语或套话。但明清的许多重要思想家为何没有直接引用"天人合一"一语或讨论这个理论呢？刘文统计了"天人合一"词语在历史文本上的出现情况，但存在三点：第一，分析限于直接用"天人合一"一语的资料。第二，刘文并非研究天人合一理论本身，而是梳理古人引用"天人合一"一语的情况。第三，刘文只讨论了宋元明清以来直接讲到"天人合一"一语的文字资料（三百三十多处）中的一小部分。刘笑敢的统计依据主要有：文渊阁四库全书电子版 http：//www.sikuquanshu.com/，中国基本古籍库 http：//www.tbmc.com.tw/tbmc2/cdb/intro/Chinese-caozuo.htm，桑悦的《思玄集》、苏涊的《生生篇》和《重镌苏紫溪先生易经儿说》。此处统计不完整，因中国基本古籍库收录的《续修四库全书》《四库全书存目丛书》《四库禁毁书丛刊》《四库未收书辑刊》《丛书集成续编》并不完全。另外，统计数字剔除了他人引用或同一文本多次出现的情况。

　　② 另外，刘氏还总结了道家式、禅宗式、唯器说和作为赞颂语的天人合一等四种用法。（1）"道家式"天人合一：明人桑悦（1447—1503）说："凡事天螫其机而人启之，天无为而无不为，人为而实无为。"结论是："天机之，人成之，人之所为即天之为，故曰天无不为，而人无为，天人合一之道也。""事若是成，犹纳履赤趾，罥裰粟肌，骋途之夷应以车舆，人心恬愉，悠久永宜，设若违天而行，强以智力为之，在人为赘疣，在木为寄生，人欲去之惟恐不速，果能坚凝于无期邪？"桑悦：《新建苏州太仓州治碑》，《四库全书存目丛书》集部第39册，庄严文化事业有限公司1997年版，第42—43页。此论以"无为而无不为"的观点解释天人合一，有自然主义倾向，但没有神秘色彩，不同于一般的以天为重心的天人合一。刘笑敢就其思想之表达形式，称此为道家式（转下页）

（一）"天道人事相贯通"的天人合一

张载是第一个明确提出"天人合一"之语的，其本人及后人注释都强调"天道与人事"之间的一致和贯通性。[②] 儒学传统中天人合一说的主流就是这个类型。但"天人合一"这个概念本身在张载及后人心目中都不是核心观念，刘笑敢认为，"天人合一"之语的流行和被重视，应该有其他的原因和演变过程。按照王夫之的理解，张载

（接上页）的天人合一，并非判定作者本人即属道家。（2）"禅宗式"的天人合一：明人湛若水（1466—1560）认为，"以心为天"和"以心从天"都是以"天人一理"为根据的天人合一观，而"合一"的方法或关键是人在心中体认天理以达到天心的境界。这是儒家心学派的最高境界。故湛氏说："故人君者一念正则天人合，一念二三则天人离，天人相与之际可不畏哉。"湛若水：《格物通》卷20，《四库全书》第716册，上海古籍出版社1987年版，第7页。据湛氏《格物通》，明太祖曾与侍臣"论天人相与之际。上曰：天人之理无二，人当以心为天"。此处强调以人心为重点的"以心为天"。"人与天本一理也。人苟生体认天理于心，无私蔽之累，则一念之爱足以利物，而不为姑息之小仁。一念之明足以周万，而不为奸欺之私制……天理流行与天心合矣，皇祖与侍臣之论及此，其天人合一之心乎。"（同上引，第16页）根据湛若水的理解，朱元璋之"以心为天"实是以人心从天心，是以天为重。这里的用语与"一念悟即是佛，一念迷即是凡"极其相似。湛若水将天人合一之心境与禅宗成佛之悟的境界相类比，乃受禅宗的影响，形成了关于天人合一说的独特理论。（3）"唯器说"的天人合一：明人蔡清（1453—1508）所说"有形而下之器必有形而上之道"似乎是王夫之"天下唯器"说的滥觞。（4）作为"赞颂语"的天人合一：作为赞颂语的天人合一不胜枚举。这里仅以清人胡煦（1655—1736）为例。他的三部有关周易的著作《周易函书约存》《周易函书别集》《周易函书约注》中提到"天人合一"之语73次，却从未对天人合一做任何解释。作者只将天人合一作为一种共同接受的崇高的赞颂之词，这种做法背后实有共同信仰或信念的支持。刘文指出，也许正是因为"天人合一"一语的这种空泛化性质，思想史上的一流学者都很少用之，更不会以之为中心论题。刘笑敢：《天人合一：学术、学说和信仰——再论中国哲学之身份及研究取向的不同》，第71—102页。

② 《正蒙·干称》云："释氏语实际，乃知道者所谓诚也，天德也。其语到实际，则以人生为幻妄，（以）有为为疣赘，以世界为荫浊，遂厌而不有，遗而弗存。就使得之，乃诚而恶明者也。儒者则因明致诚，因诚致明，故天人合一，致学而可以成圣，得天而未始遗人，《易》所谓不遗、不流、不过者也。彼语虽似是，观其发本要归，与吾儒二本殊归矣。"

所谓的"天人合一"就是"性之良能"出于"天之实理"。① 用西方哲学的术语"本体论"（ontology）来说，人性包括其中的良能，都是来源于天、天道及天理。因此，就人学的本质来说，人性与天性、人道与天道、人与天是一致的，类似于西学中主张世界只有一个本原的"一元论"（monism）哲学本体论学说。这又可分为三类：唯物主义、唯心主义和中性的（即认为物质或精神皆为唯一实在者）一元论。至于张载的一元论，就其所主张的"气"论而言，似乎很像唯物主义的一元论，虽然对此可有多种解读。② 从基督教神学来看，"天人合一"可从本体论、人学（anthropology）、救赎论（soteriology）与终末论（eschatology）几个不同视角来分析。基督教的本体论表明，若以"天"来表示"上帝"的话，"人"是被"天/上帝"造的，二者本

---

① 此外，张载在《干称》篇中提到"天人一物"，又说道"故天地之塞，吾其体；天地之帅，吾其性"，可见张载虽然主张人与自然一体或和谐，但这并非张载"天人合一"说的本义。后人对张载之"天人合一"说的注释，以王夫之（1619—1692）之注最为直接精要，参见王夫之：《张子正蒙注》，中华书局 1975 年版，第 333 页。王氏释"天人合一"说："诚者，天之实理；明者，性之良能。性之良能出于天之实理，故交相致，而明诚合一。"另可参见明人刘玑（1115—1197）：《正蒙会稿》，《丛书集成初编》，商务印书馆 1936 年版，第 165 页。刘氏以天道和人道解释天与人云："天即天道，人即人道。天人合一，致学而可以成圣，得天而未始遗人……"清人李光地（1641—1718）云："此则天人合一，儒者之学也。"（《注解正蒙》，《四库全书》第 697 册，上海古籍出版社 1987 年版，第 409—410 页）这说明"天人合一"在此时已经获得普遍的认同和了解，且似乎已经具有儒家最高层次之论题的地位。清人杨方达（1724 年进士）更将"天人一物"及"天德"提高到圣人之天人合一之学的高度。（《正蒙集说》，《续修四库全书》第 951 册，上海古籍出版社 1995 年版，第 477—478 页）此外，明代高攀龙（1562—1626）完全没有提到"天人合一"之说。（《正蒙释》，《四库全书存目丛书》子部第 1 册，庄严文化事业有限公司 1995 年版，第 770—771 页）清人王植（活跃于 1721）汇集各家之说，但对天人合一并无新说（李光地：《注解正蒙》，第 413—711 页）。

② 张载《正蒙·太和》："太虚无形，气之本体；其聚其散，变化之客形尔。""太虚不能无气，气不能不聚而为万物，万物不能不散而为太虚。"参见徐陕军：《张载哲学本体论的现代诠释——以张岱年、牟宗三的研究为例》，陕西师范大学哲学系硕士学位论文 2011 年版；邱忠堂：《"气"与"気"：葛艾儒对张载哲学的诠释》，《中南大学学报》（社会科学版）2012 年第 4 期。

有质的差异。从人学来说，人本来拥有"天/上帝"的"形象"（image）和"样式"（likeness）（《旧约·创世纪》1：26—27）并"得与上帝/天的性情有份"（participate in the Divine nature，《新约·彼得后书》1：4）。而从救赎论来说，基督徒是"在基督里"（in/within/inside Christ，《新约·罗马书》16：7），而且基督也是"在基督徒里"（being/dwelling/presenting/inhabiting in/within/inside Christians，《新约·加拉太书》2：20），基督徒受洗"归入"（into）基督和"披戴"（to clothe）了基督（《新约·加拉太书》3：26—27）。从终末论来说，人最终将要与天/上帝/基督联合/合一（union with Christ，《新约·罗马书》6：5："我们若在他死的形状上与他联合，也要在他复活的形状上与他联合。"）。"联合"与"合一"，在这里是同义词。所以，就以上分析而言，不仅在中国文化传统中有"天人合一"的概念，而且在西学的理性学术和基督教神学中也有"天（/上帝）人合一"的概念和理论，甚至是更丰富的。① 简单地以天人合一为由来强调国学/中学优于西学的结论是难以成立的。

（二）"以人事为重心"的天人合一

朱熹很少用"天人合一"之语，但据其《诗集传》，"天人合一之理"当指诗经时代"意志之天与人事之间的关系"，不同于宋儒所谓"天理"，不是天道与人道的关系。② 因为原诗一方面讲上天降祸以示

---

① Carl E. Braaten & Robert W. Jenson, "Union with Christ: The New Finnish Interpretation of Luther".

② 朱注《节南山》"昊天不佣"章云："昊天不顺，而降此乖戾之变。然所以靖之者，亦在夫人而已，君子无所苟而用其至，则必躬必亲，而民之乱心息矣。……夫为政不平以召祸乱者，人也。而诗人以为天实为之者，盖无所归咎而归之天也。抑有以见君臣隐讳之义焉，有以见天人合一之理焉，后皆放此。"朱熹：《诗集传》，中华书局1980年版，第128页。

惩罚，一方面讲君子应该事必躬亲，消弭灾难，以平息民怨。《诗经》时代，相信天有赏善罚恶的意志应该是普遍的观念，将君王的错误归咎于天。宋儒则一般不相信意志之天，朱熹也明确说"夫为政不平以召祸乱者，人也"①。可见，朱熹此处所说之"天人合一"，应有两方面需要特别注意。

一方面，朱熹的"天人合一"中的"天"并非"主宰或主导性的天"，且人事之是非吉凶本在于君主，这里的"天"也不同于"天理"，因为天理是不会直接干预人事吉凶的，而且人也不能将错误归咎于天理，并不涉及重视大自然的观点或有意志的天。② 刘氏不把朱熹所说的"天人合一"中的"天"理解为"意志之天"，而理解为"人/人类"，这似乎有朱熹本人的文本为根据，但朱熹之"天"是否还有其他意义，学者们可有不同观点。在西方的哲学传统中，唯物主义思想就把"天/上帝"理解为"人/人类"。这种"天"与基督教神学里的"天/上帝"是不同的，因为基督教里的"天/上帝"不仅是有意志的，而且还是人的创造者、护佑者和救赎者。

另一方面，朱熹强调"天人合一"的手段和途径是"以人事为

① 宋人辅广(从学于朱熹，生卒不详)评朱熹之注曰："初言天而后止言人者，天人一理，人心悦则天意解矣，先生发明有以见君臣隐讳之义，有以见天人合一之理，之说先儒所不及，施之变雅刺诗皆可通也。"辅广：《诗童子问》，《四库全书》第74册，上海古籍出版社1987年版，第26页。
② 南宋王宗传(活跃于1181)在《童溪易传》中明确肯定圣人以人事明天道及"以天道律人事"，而上文朱熹以天人合一之理来解释将君主之过错归咎于天的合理性。二者对照，一是以人事定天道，一是将过咎归之于天，内容不同，但都以人事为重心，参见王宗传：《童溪易传》，《四库全书》第17册，上海古籍出版社1987年版，第17页。这里虽然说道天人"本无二理"，但又讲道"即人事以明天道"，圣人据人事定规则，却"以天道律人事"。可见，其思想重心还在于人事。与此相似的观点还有罗伦(1431—1478)之"天地自我而定"："我之所以为我者，非人也，天也，天人合一，则天地自我而定，万物自我而遂，中自我而大矣，夫岂有待于外哉。"罗伦：《一峰文集》，《四库全书》第1251册，上海古籍出版社1987年版，第19页。

重心",即人的主观原因及其行为表现决定了人是否可与天合一。虽然刘氏没有详细解释朱熹所谓的"天人合一"的具体内涵,但他强调人的主观能动性是使"天"与"人"合一的途径和手段。这种思路在西方人文主义哲学中是重要流派之一,特别强调人的主观能动性。但在基督教神学中,讨论通过什么样的途径和手段来达到"天人合一"之目的时,对"人事"的讨论也非常重要。除去贝拉基(Pelagius,360—418)对人的主观能动性的强调之外,奥古斯丁(354—430),特别是新教改革家马丁·路德(1483—1546)强调了"人事"在两种处境里的不同意义。首先,在人和世界面前(coram hominibus(mundo)/in front of human beings/the world),一个人的行为和所做的事情具有社会学和伦理学的意义,既可能是积极的,也可能是消极的。因此,在处理人与人、人与世界之间的关系上,人的主观能动性是有价值的。其次,在天/上帝面前(coram Deo/in front of God),人的行为和所做的事情虽有好坏的程度之分,却是不完善、不完美和有罪的;所谓的"罪"就是人无法达到上帝般的圣洁、公义和完全,等等。因此,在处理人与天/上帝之间的关系时,人是绝望的和无法自救的。也就是说,人的行为只能达到相对的真善美,而无法达到绝对的真善美。假如"天在上,人在下"的话,若要天人合一,从下往上的路径是走不通的。汉语学界讨论朱熹等对"以人事为重心"的强调时,参考西学中的神学人神二分当有借鉴意义,否则难以解释为何天人无法合一这一现实。

(三)"以天道为重心"的天人合一

明人胡居仁(1434—1484)强调,事实是圣人据阴阳变化的情况来决定权变损益之事,不能反过来让阴阳之时根据人事损益的情况而变化。① 这与杨爵（1493—1549）相近②，即"人道必本于天道"，人事当随顺天道阴阳。刘氏说，此观点接近今人所言之顺从客观规律或自然规律之意，但古人所说的"天道阴阳"与我们今天所说的自然或自然界并非完全相同。现代人多相信，通过理性和科学研究，自然必将或最终会是可知的，而古代人们心中的天道阴阳则充满神秘性。这与上条的"以人事为重心"有相通之处，强调通过人的主观能动性来满足天道而达到天人合一的目标。从西学所强调的理性来说，"以天道为中心"被当成了"天"与"人"合一的手段和途径。这里仍有两个需要特别加以关注的理解纬度。

首先，"以天道为重心"强调的还是人的主观能动性，要求人必须顺应天道，满足天道的要求，才能使人与天合一。

其次，"以天道为中心"也可以强调"天的客观外在性"，套用笔者上述"天在上，人在下"的比喻来说，要达到天人合一，"从下往上"的道路走不通，但走"从上往下"的道路则是可能的。这一点恰恰是基督教的核心教义，也是许多强调外力得救的宗教的主张。但是，在明代胡居仁和杨爵等人"以天道为重心"的路径中似乎很难挖掘出"从上往下"的意义。这是中国传统与基督教的重要差异之一。刘氏的点评也只注意西学中的理性，而没有考虑西学中的神学，有偏颇之嫌。

---

① "泰否，天道之大运，无天之非人。损益，人道之大权，无人之非天。邵子曰：'时有否泰，事有损益。圣人不知随时阴阳之道，奚由知变之所为乎，圣人不知随事损益之道，奚由知权之所为乎。'此损益否泰相通序杂，天人合一之义。"胡居仁：《易像钞》，《四库全书》第31册，上海古籍出版社1987年版，第11页。

② "中孚以利贞，道始合于天矣。人道必本于天道，天道之外无所谓人道也，率性之谓道，而性则命于天，天人合一之理也。"杨爵：《周易辨录》，《四库全书》第31册，第46页。

（四）"天人感通式"的天人合一

　　明人章潢（1527—1608）相信天象与人事之间存在直接或间接的内在关系。[1] 这种观点在明代有一定的代表性，如唐顺之（1507—1560）[2]和薛瑄（1389—1464）多讲天人合一，薛还用五行来对应五常，把"天人合一"理解为：宇宙运行的道理与人世道德之性的应和互动、灾异现象以及人事的互相影响，如火灾虽然本身是自然现象，但可能并不能时时都完全排除人祸，等等。[3] 邱浚（1421—1495）所说的"七政（日月及五星）不在天而在人"证明，古代一些人所理解的天人合一，实指自然界与人事之间有政治或道德的暗示和影响，这不同于现代人所理解的人与大自然的互动或相互影响。[4] 如此的"天人感通式"的天人合一相信政治和人事与天地之间的互动，认为自然界对人类社会有直接的政治暗示或道德警示，从现代人的理性科学来看，是一种神秘主义，是理性无法证明的信仰。但是，从基督教神学来看，天人感通则是核心教义。上帝创造、护佑、引导、奖赏、惩戒人，而人则赞美、感谢、顺服和祈祷上帝。天人感通、互动是基本事实。

---

　　① "果能则天象而敬用之，则天人合一之学其庶几矣。""读洪范者当知天人合一至理，圣人严感应之机，详着五事修废与五行征应之论，特其理微妙不可遽拘耳。"章潢：《图书编》，《四库全书》第698册，上海古籍出版社1987年版，第3、124页。

　　② "立法以任人，任人以安民，则人心和而天地之和亦应矣，于此见上下交修之责焉，见天人合一之理焉，盖自古帝王敬天勤民以致天下之治者，其要端在乎此而不可易也。"唐顺之：《荆川集·廷试策》，《四库全书》第1276册，上海古籍出版社1987年版，第1页。

　　③ "春秋于灾异不言事应，而事应具存，见天人合一之理。""《太极图说》不过反复推明阴阳五行之理，健顺五常之性，盖天人合一之道也。"薛瑄：《读书录》，《四库全书》第711册，上海古籍出版社1987年版，第14、27页。

　　④ "日月皆循其轨，五星不失其次，则吾德政之修于此可见矣，日月之或有薄蚀，五星之或有变动，则吾德政之阙于此可见矣，因在器之天而观在天之天，因在天之天而循在人之天，则天人合一，七政不在天而在人矣。"邱浚：《大学衍义补》，《四库全书》第713册，上海古籍出版社1987年版，第6页。

以上诸说表明，"天人合一"的内涵模糊而复杂："天"可以是自然之天、最高主宰、最高原理；"人"则可以是包含人性、人道的整全之"人"；所谓"合"则是"从""随""符合"；所合之"一"则可以是天意、天心、规律原则、人事伦理、万物的世界、个人的修养境界。"合一"的具体内容则可以是"人随天""天随人""天人不分""天人感通"，等等。所以，在中国的传统文化中，天人合一的方向和重点并不容易一概而论。① 明清各家对天人合一说的最大共同点就是都认为天人合一是最根本的原则、最高层次的境界或最核心的价值。因此，很多人讲天人合一时，并没有考虑其实质意涵，而只是把它当作最高的赞颂之语。

三、国学之天人合一与西学之人神合一可以相通吗？

中国文化传统中的"天人合一"这个术语，在宋明清时代就被作为一种共同接受的崇高的赞颂之词广泛使用，虽然对其内容本身甚少讨论，但它真正在中国学术与文化界被抬高，主要还是肇始于20世纪80年代金岳霖比较中西哲学的文章。汉语学界的多数人在使用这个术语时主要存在如下几方面的问题，值得进一步探索。

第一，使用者经常没有自觉到，自己是把它当作理性学术的研究对象，还是把它当作宗教情怀式的文化建设工作在推广和宣扬。

第二，即使在理性学术的研究中，这个术语的使用者也往往缺乏

---

① 清人潘天成（1654—1727）曾说："汤世调先生之学，学人道而合天道，梅定九先生之学，学天道而合人道，两先生皆天人合一之学也。"潘天成：《铁庐集》，《四库全书》第1323册，上海古籍出版社1987年版，第1页。

确切的概念界定，在文化建设的推广者特别是主张"天人合一"优于其他文化的工作者中间，更是缺乏确切的定义。

第三，当学者们对"天人合一"进行概念界定时，可从本体论、人论、救赎论和终末论等不同视角进行。

第四，从伦理学和救赎论的视角来看，通过修身养性的功夫操练，人可以逐步地提升自己而达到与天合一的目标。从救赎论的视角而言，自力得救的"从下往上"之路只能在伦理学和社会学的意义上达到相对的真善美境界，而无法达到绝对的真善美境界，所以，如此的天人合一的目标是无法实现的。而基督教主张的外力得救，则是靠上帝的恩典通过"从上往下"的路径拯救人，最终达到天人合一的境界。

因此，在全球化的语境中，中学之天人合一与西学之神人合一，在伦理、道德、修养和人格修炼、与大自然相处及改变生态环境等领域有许多共同点和可相通之处。所谓相通，笔者意指的是二者之间有许多相似点与合作可能性。但在本体论、救赎论和终末论等领域则有较多的差异。在人的主观能动性方面，中学与西学都有所肯定，但所针对的对象却有形而上的天或神与形而下的自然与人之分，在这两种不同类型的语境中，包括理性在内的人的主观能动性的限度是有所不同的。

所以，简单地宣称中学或西学的优劣，是难以经得起学术考究的，最起码在天人合一的问题上如此。在全球化的语境里，认识相似点和差异性，避免简单地定优劣和排他，努力追求相通合作，是文化或宗教相处（engagement of cultures or religions）的重要思路。总之，鉴于上述论证，笔者认为，"天人合一"并非中学所独有之概念，在西学中也有着相当甚至更加丰富的内容，且有着更加严密的系统。

论儒耶对话在真理观上的不可沟通性

杜保瑞[*]

一、前言

儒耶之间，始终有强烈的辩难课题。究其原因，基督教进入中国，乃近百余年来的事情，唐代已有景教进入中国，辩难已无可免，唯今日之儒耶辩难，更势不能免，关键就是，儒学是立足于现实世界家国天下的价值信念，有一定的排宗教性，传统上的儒佛之争便是此型。而基督教固为有他在世界信仰之宗教，但其人间性的性格十分强烈：上帝创造世界，一切为其主宰，上帝拯救世人，人类应祈求救助，是以其宗教宣传活动十分积极入世，夹带背后的西方科技文明。至少在过去百余年来，基督教对中国人的传教活动，以及中国人对基督教的信仰与接受，都有它极占优势的面向。这就等于是两大人间性极强的宗教哲学体系势必要相撞击了。宗教本无形之事，唯赖信仰，教义上总有经验不及的边界，端视个人接受与否，各种宗教都无理论上绝对的高度，宗教团体之大小强弱，不以理论之完美为客观的标准，端视传教活动的效果而已，而此事，又涉及人民教育、文化、科技、文明的种种差异而有难易之别。近代中国遭遇列强侵略，已面临

---

[*] 杜保瑞，上海交通大学哲学系教授。

亡国灭种之境，出于救亡图存的需要，任何路向都有人尝试，来自西方的一切：政治体制、军事科技、财政措施、教育文化、日常生活、食衣住行包括宗教，都是国人意欲效习吸收的对象。基督教是西方最大的宗教，20世纪西方的列强，几乎都是基督教传统的国家。宗教自非以侵略为教义，传教亦非为侵略之目的，唯西方势力进入中国之后，有宗教信仰的宗教家，自然为了弘扬教义、吸收信徒、帮助世人而有其传教的活动，而且，宗教本是超越国家、种族的文化活动，不同地域、国家、民族都可以有共同的宗教。以佛教为例，东亚各民族本身的差异岂非不大，然而多数接受佛教，只是具体的佛教文化有依不同民族特色的差别而已。基督教传教于中国，既是势之所然也是理之所在，当然，基督教就其作为宗教的一家而言，势必有与其他宗教做对辩比较的任务，耶佛之间、耶回之间的课题，亦皇皇巨大矣。然而，基督教与儒家的对话对比辩难之事，却有其别于宗教对话间的特殊性在。

这是因为，儒家始终是人文的哲学，亦即不以鬼神论见长，不以他在世界的存在为理论的基础，而是谈论人伦价值。当然，儒家亦须建立宇宙论，但不讨论他在世界的存在及存有者，儒家以整体存在界为仁义礼知价值意识的天道流行为终极价值，不像各宗教体系以最高神的创造为终极价值的依归，依归于最高神的意志。然而，儒耶对辩的形成，却更是时代因素使然。人文哲学与宗教哲学本来就有辩难，儒释道三家的辩论就是这种形态。道家还好，与儒家形成人伦价值观的辩论；道教与佛教，就与儒家形成人伦与宗教的辩论。然而，这个辩论已经存在千年以上，儒释道三家尽管在知识界、宗教界仍有教义的争执，但是，至少在民间，早就为中国人民的生活所融合在一起了。国家体制、家庭伦理莫不是儒家的信念；另一面在人际关系、个人兴趣、技艺嗜好方面莫不是道家老庄的风格，一旦涉及疾病与生死，道教就派上用场了；包括佛教，佛教以因果业报轮回的理论，讲因果，了生死。可以说在中国人的传统生活中，儒释道三家的面向都是生活实景，它们不约而同、浑然天成地默契为一了。似乎信仰之间的差异，不妨碍生活场景上的融合，并不是理论上的原始冲突获得解消，而是历史的积淀久远，人心的适应已成，现实上没有辩论的积极必要性。

然而，基督教与儒家的关系却不然，它寄托于以西方强势物质文明为背景的古老宗教。在长远的历史生存经验中，传教是它生存下去的必要基础，甚且，在天主教的传统中，宗教本身的体制性就十分强烈，罗马教皇就是政教合一的体制，新兴基督教固然缺少政教合一的性格，但在民间，积极传教依然是其性格中的本质。且基督教为一神论，其神为超越神，人们对其信仰为绝对性接受，信徒对之绝对性接受，传教士对未受洗的人民的传教心态也是欲其绝对性接受。至于儒家，在传统中国的社会中，始终是儒释道三教之首，此首之义是，它是人民生活中的首要价值信念的来源，人类的生活首在家庭，次在社会国家，这些没问题了之后，才进入更高层的个人兴趣、嗜好、技艺，再上升至个人健康、命运、生死问题的关切。就人在家庭、社会、国家中的人际关系而言，儒家仁义礼知的道德信念就是维持人之所以为人、国家之所以为国家的价值根据，所以说儒家是首位，这是从人类生活之需要而言的首位。并不是说道教与佛教没有这方面的意见，而是儒家的思想重点在此，且讲得清楚，足够面对社会生活之需。然而，一旦关切的问题转向，则道佛两教之言会更有作用，此时就需要道佛两教的理论与实际来上场了，就此一关系结构而言，基督教宜类于此，儒为生活首需，道、佛、耶为高层精神需求，次序上为次。① 话虽如此，中国儒释道三教之间的融洽之局，那是历千年以上的生活实践中之经验所得，但是，近代西方文明的强势侵入，西方基督教的传入，以一神论的绝对威权性的宗教性格，基督教与道佛之辩中所争的是信仰，理论上的较劲本来就没有理性论证的空间，但儒耶之间，就不仅是个人的信仰问题，而是哲学的问题了，理论上非比上一比不可。比的重点就在于，儒耶之间熟人较能有助世间的美善与生活的进步。一为有神论的宗教哲学，一为人伦价值的理性哲学。

实际上在这个问题中儒家与道佛两教本就有过一比，唯道家多神论，佛教无神论，而基督教一神论。但他在世界都是一样的，且他在世界的存有者更根本性地决定了人类生活宗旨的同一，也正因此，儒耶之辩其实与儒释道三教辩争有着大致相同的理论问题。一些适用于三教辩争的课题及解答，也适用于儒耶辩争的课题与解答，但又略有不同。

相同的问题在于，他在世界的存在的证明。道佛两教理论的成立基于他在世界的存在及他在世界存有者的活动，宋明儒者曾为文否定之。对于这个问题的解决，笔者以为非理论理性范围内之事，亦即不能靠定义推理而证成或否证，唯依个人经验及选择相信与否。就此而言，儒耶之间亦然。

不同的问题在于，人类都有软弱堕落的一面，宗教的他在世界观通常对于此点有更好的理论工具予以救济。唐君毅先生就说这是吃药与吃饭的问题：上帝的审判赏罚与因果的业报轮回，在人类为恶冥顽不灵的时候，也就是人性生病的时候，有更好的劝说效力，儒家是正常人性下的正常饮食，就是吃饭，耶佛都是吃药。而基督教就

---

① 唐君毅：《生命存在与心灵九境》，台湾学生书局 1977 年版。

在此点上，以其一神论的绝对信仰，始终强调其超越神的救度与人类的相信与委身才能对人类的软弱为恶现象更有救济的实效，这就是一神论的超越神信仰对儒家的挑战，有别于道佛对儒家的挑战的理论面向。

除了辩难，儒耶之间还有理论形态的交涉问题，那就是针对儒家是不是宗教的讨论。当中国人民失去国家保护的时候，当西方文明以基督教教化人心的传教活动进入中国以后，唯有宗教才能救赎，也唯有宗教才有激情，这就对儒家形成了挑战。面对基督教的刺激，于思想史上便有中国人内部对于儒家是不是宗教的讨论，方向有三：第一，以儒家因无位格神，故非宗教，但宗教中的救赎与激情功能皆有之，因此不需要宗教；第二，以儒家既有救赎也有激情，故为宗教，但无位格神而已；第三，儒家既有激情也有救赎更有位格神，即传统经典中的上帝概念，因此就是宗教，且此宗教相通于西方基督教。其中第一个方向与第三个方向直接对立，第二个方向可并入第一个方向中，其中儒家是不是宗教变成只是定义问题了。

为讨论以上诸问题，本文分以下三节说之。首先，儒家是否是宗教。其次，基督教是否在救赎方面更有效果。最后，两家的真理观能否论究高下。

二、儒家是否是宗教

之所以要讨论这个问题，是因为基督教的强势靠山——西方文明，对中国的毁灭性冲击。这个强势的文明所依托的价值信念系统，也就跟着水涨船高，那就是基督教文化。但基督教是宗教，而当中国文明也想要站起来的时候，中国文明所依托的真正基底——儒家，就成了论证成败的主角，以西方强势文明为参照时，中国想要强大，儒家似乎非得要也是宗教不可。也就是说，谈儒家是否是宗教的问题，摆脱不了与西方较劲的心理因素，因为儒家与宗教之争在中国文化两千年的传统里早就打过千万次的战争了："子不语怪力乱神"（《论语·述而》），"敬鬼神而远之"（《论语·雍也》），我们可以说孔子并不否定鬼神存在，甚至儒家也有天道观，如"天厌之"（《论语·雍也》）之说，如"吾之祷久矣"（《论语·述而》）之说。但是，儒家之所以为儒家，就是它以知识分子的专业企图治国平天下的胸怀，而不是它心中尚装有天帝、鬼神、先祖。哲学史上，宋明儒学家做了理论的努力想要否定鬼神之存在以与道佛辩难，如张载①及其继承者朱熹②，当然，儒家强项不在位格义的天帝、鬼神，而且要去否定儒学理论中绝对没有天帝、鬼神的存在也未必容易。儒者以理想入世治国，自认承担天命，但是绝无西方基督教位格神意义下的上帝。儒者鞠躬尽瘁死而后已，且畏天命，但他自己的理性就是天的意志，这才是儒家强悍的地方，一味要说儒家的天帝就是西方的上帝，这是矮化了儒家，标高了西方宗教。

　　一些儒家向基督教靠拢的理论做法，悄悄地将上帝安置在天命观中，这是借儒家讲基督教，讲的不是儒家。至于以儒家有激情，故而有宗教性，这只是宗教概念的定义问题，并没有什么理论上的真正冲撞。真正有理论冲撞的，是基督教是否在对于人类软弱的问题上超越儒家，而这个问题的背后，是儒耶两家究竟能否较出高下的方法论问题。本文将先处理后者。

---

①　杜保瑞：《北宋儒学》，台湾商务印书馆2005年版。
②　杜保瑞：《南宋儒学》，台湾商务印书馆2010年版。

三、儒耶两教能否较出高下

儒耶较劲的理论问题和三教辩证的理论问题在方法论上是一样的，重点就是不同宇宙论、世界观之间的理论体系能否辩证的问题。笔者主张三教辩证的问题都无必要：从理论的系统性而言，三教都有自圆其说的完整体系。从理论的检证性而言，三教都有"教主"的实践以证理论为真，更都有后继者的继续实践并且达成再证其真。各家彼此之间的非议，都是立足于自己的世界观、价值观而批评他人说的，因此在方法论上并无合理性。各家只能认定己说为真，却无否证他说的合理性。那么，光亮亮的世界，究竟何家所说为真呢？此事，瞎子摸象的故事可以为比喻式的解答。每位瞎子所摸到的都是大象没错，所说的也没错，只是以为自己所知者就是大象的全部，并且否定别人所说的做法而已。因此，三教各以自己的角度认识世界，所知亦真，确实是真理，但角度不同，问题不同，故而答案不同，呈现之理论形态不同。学习者、研究者可以做的就是弄清楚各家问的究竟是什么问题，不同学派之间的关系是什么。然而，三教之间无人让步，辩争一直延续，无人认输，其实只是一场无谓的情绪意见之争而已。

儒耶之间便是如此。儒者关切现实世界，以自己的学养提出治世的理论，最终的根源不是上帝、鬼神，而是理性的天道价值，并仁义礼知说之，一切的存有者不能背离此一价值，鬼神亦不例外。然而，儒者处理治国平天下的问题，本不依赖鬼神，鬼神有无非关重点。只要君子立志为人，"我欲仁斯仁至矣"。基督教则不然，起始即是旧约与新约的天启语言，先知得天启，言说于众人，教旨为上帝的所知，众人依上帝的旨意生而为人，相信他，即得永生，指死后进入上帝之国。显然，基督教也要处理人生之苦的问题，一如原始佛教，佛教以自己修行得阿罗汉果位而有自己的永生，基督教以接受上帝意旨即能获得上帝救助保证之永生，救赎生命的痛苦是一样的，基督教诉诸一神论，配合创世说，原始佛教诉诸修行工夫，配合三界的世界观，得果位后超三界不轮回。从理论的内涵说，基督教和原始佛教都能自圆其说，也可以说其"教主"也已自证其说，两家也不必辩争，关键是二者都是绝对性的信仰，谁也说服不了谁，只能实践与亲证；但无论何人实践亲证了己家说法或他家说法而采一弃一，那也还是个人性的经验，无法交流互通而转嫁于他人。基督教与原始佛教要处理面对解决的问题是一样的，救赎生命之苦，解脱生命之苦，并且都是有他在世界观以及他在世界的存有者的观念的，差别只在一为绝对神的救赎，一为自我的最高果位。但是，儒家要处理的就不同了，儒家面对经验现实世界的社会体制如何健全，以保护天下苍生，并且系统中决不诉诸他在世界以及他在世界的存有者来作为解决问题的主角，而是儒者自己。就此而言，这不是相信不相信的问题，而是选择的问题。经验现实世界中的百姓的生命、生活是很苦的，这是所有宗教哲学的大德创造者都面见到的。儒家并非没有上帝、鬼神的信息，中国古代文明就是人神沟通的历史，但儒者直面世界以一己的素养企图拯救世人而投入政治工程之中，基督教却是教主耶稣基督一人直面上帝接受使命入世度世人，他经历、他相信、他选择、他实践、他宣教，世人相信、世人选择、世人实践、接棒传教。相信上帝，他会公平审判，人的一生，无论如何经历，最终皆有一死，上帝即在彼岸，公平审判，善恶之报立判，决不爽失。相信位格神耶和华天主，就成了基督徒，神一定助他救他，至此心凝神定而不为恶。这是基督教对救赎任务的标榜，并以此义得高于世俗的伦理道德学说之实效，如儒学。

　　儒家不然，没有天启，不处理死后生命，只处理活人的人生，而且是诉诸国家体制的施政良莠来处理的，主张君王应该行仁政而爱百姓，严重时自己杀身成仁、舍生取义，目标在现实世界的政治清明上，而不是个人死后的生命救赎或解脱上，起手的目标就不同，想要解决的问题也不同，提出的理论自然不一样。要比较，就要从理论的根本设想处去做对比，而不是于个人在道德实践的能力强度究竟是儒家高还是基督教高的问题上作文章，下节即将论之。就本节之讨论而言，儒耶两家能否较出高下？若是了解根本教义的宗趣，好好相信，好好理解，努力实践，两家要解决的问题根本不同，何须比较？重点是个人关切的问题究竟为何？关切国家，儒家首选，老子、法家也可入选；关切生命的痛苦，以为有死后的解脱，基督教、佛教可为选择的对象，如此而已。想要较出高下都是因为对教派的意义认识不够深入，且个人并未真诚实践，为了一己好胜好名的欲望而为之辩论。儒者完全可以尊重基督徒，基督徒也完全可以尊重儒者，基督徒为政治课题时儒学就是最好的世间法指导之一，儒者关切到生死问题时基督教也是很好的选择对象之一。不须较劲，方法论上亦无可能。该做的事情只有了解两家的内涵，以正确的态度认识：一为理性的哲学，一为信仰的宗教。是否要做选择全由个人，选择之后是否真诚实践，还是全由自己，作为实践哲学的儒家与基督教，应该是让人选择以及实践，而不是互相菲薄甚至否定。

四、基督教是否在修养实践上超越儒家

　　有超越神论的基督教，以为基督教有超越儒家的地方，那就是以超越性的上帝之存在为人类改过迁善的动力保证，故而强于儒家学说

之只以个人意志培养为修养的路径。依据前文所说，儒耶之间无可比较高下，若要对比两家，也应该从立说之根源处做对比，而不是择取某一问题，臧否双方。同样地，从儒学的角度，一样可以以治国的理论为题目，要求与基督教论辩，孰之学说更为有效？而理论上，基督教哲学也不是不可以从它们的学说中找到谈论政治问题处理的观点，从而不必唯儒学马首是瞻。事实上，谈救赎就只是基督教的问题与思路，儒学中并无原罪概念，面对生命之苦痛也不以鬼神救助为出路，面对生命之艰困甚至是苦痛，就是诉诸一己的价值意识与道德意志来处理面对的。而这个处理，是基于个人的修养工夫的，儒学中有数不尽的修养论思想，但都是指向社会人格的建立，因为这就是它的学说的根本关切所在。至于修养能否成功？理论上就是诉诸性善论，性善论中不仅自己必有可为向善的动力，同时行善就是利他的行动，故而儒者可以形成"德不孤，必有邻"的互助系统。这个观点，有似《大乘起信论》中的菩萨自度度人、自救救人之说，菩萨既然必然救度众生，众生之得度成佛就是必然可成之事。此说与儒家的根本不同，就在于儒者互为进德修业的师友，以此帮助个人修养的成功，而佛教则以佛性论说众生之自救救人，故而众生亦必有他人来救，此即菩萨道行的事业意旨。今论基督教，只要相信上帝是救世主，你就一往直前地相信上帝必会救你，死了也没关系，因为上帝会在天堂迎接你回到他的国度，个人的宁静与成就是交出去的。而佛教与儒家是自救的，儒者师友与菩萨救度是同种类的众生之互救，只是人有等级高下之别而已。基督教有神父、牧师等神职人员来协助教友以接受上帝的旨意，也有教徒之间的社团活动以互相提携，更有天父的超越大能为救赎的绝对保证，可以说人有自救可能的理论儒耶佛都有，且人有外在救助的可能也三家皆是，问题是这一部分的理论形式是有所不同的，儒者的外在救助是同等级存有者的此在世界之其他儒者，佛教的外在救助是不同等级存有者的他在世界之诸佛菩萨，但是人与诸佛菩萨有终极同等级的可能，基督教则是最终依赖绝对性的超越神为必然性的救度，而此一超越神当然是他在世界的存有者，并且与人类的存在永无等级相同的可能。以上是类型上的对比。

那么力度呢？说到此，这真的是无从比较了。类型已别，何从比较，所追究的能力的内涵也是不同，方向及方法都不相同的情况下，何从比较？这好像是在谈不同国度的人在饮食方法上的优劣之比，甚无意义。

儒学理论中就个人的修养工夫而言，有种种的理论与历史上的实际，基督教中的信仰与救赎也有数不尽的成功案例，两家亦有各自的艰难，谈对比还可以有确定的知识可得，比较高下就无合理的论述要点了。

五、小结

本文并非否定儒耶之间可以沟通及对话，而是否定一切沟通对话中的较劲和是此非彼的理论建构，关键就是形态不同，且各自都已经建构完成自己的真理观系统，不是从外部否定就可以辩论的。笔者的这一立场，也是贯穿儒释道三教辩证的方法论问题时固定不变的立场，儒耶既不必辩论，那就好好实践自己，尊重彼此，有需要时互相合作，共同造福世人。若还一味想要较劲，也只是出于个人的好胜心而已，口舌之争，无关两家真理观的本身。

普遍之爱与人类的解放：
论耶稣与孔子的共同事业

黄裕生*

在日常生活中，不管是对不同种类的事物，还是对同一种类的具体事物，人们首先都看到其差异，因为这些差异对应着我们生活中不同的功能需要。对于自身，人们首先看到的同样也是各自的差异，因为个体身上的差异直接影响着他们在群体合作中的角色担当，而群体（部落、种群、民族）之间的差异则直接影响着人们的身份认同。差异在日常生活中的功能性意义使差异在人类的认知与实践中一直成为显性现象。

所以，在人类文化史上，种群之间的差异，以及种群内部个体之间的差异，首先受到了普遍的关注与强调。对个体差异的发现、关注与强调使个体间的差异（不管是先天的差异还是后天的差异）成了个体承担不同的功能角色的理由，进而成了分得不同身份、占据不同地位的根据。于是，在整个人类社会里，个体间因种种差异而承担不同功能，占据不同地位，分得不同身份，并因而享有不同待遇，是如此地普遍与自然，以至这种因差异带来的等级关系、不平等对待甚至完全被视为天然的、自然正当的。因此，人类不仅在事实上长期生活在各种等级差序之中，而且在观念上长期把自身仅仅理解为等级差序中

---

* 黄裕生，清华大学哲学系教授。

的各种身份/角色，并因而以等级差序的态度与观念相互对待。事实与观念相互巩固，并因而维护了人类的等级差序社会。

这意味着，在相当长的历史时段里，人类个体之间竟没有一个"普遍的人"，当然也没有一种普遍的相互对待方式，或者说，没有一种普遍的相互对待的态度。每个人都是特殊的：特殊的能力、特殊的功能、特殊的地位、特殊的年龄、特殊的角色与特殊的待遇。群体之间同样也都是特殊的：特殊的种族特征、特殊的历史与地域、特殊的传统与文化，等等。如果说这里有什么"普遍性"的话，那就是：不管是人类个体，还是人类群体，都是以等级差序的身份相互理解与相互对待的。简单说，这里存在的普遍性就是对普遍性本身的否定。在这种缺乏普遍性的等级差序中，相对于整个差序社会来说，人类个体的存在永远只具有工具性意义，而没有工具性之外的目的性意义，因而没有普遍性的个体尊严。因此，如果人类像其他动物一样只是事实的存在者，那么我们永远就只生活在等级差序的关系之中，而这在根本上则意味着，人类个体永远只是作为发挥着不同功能而具有不同等级意义的工具性角色存在，而没有理当被承认与被尊重的普遍性尊严。

但是，人类的伟大就在于他不仅仅是事实的存在者，而且是自由的存在者，因而是能超越自身之事实存在而看到自身之理念的存在者。理念不是别的东西，就是标准的东西，包含各种可能性于自身的整体性，正如三角形之理念乃一纯粹三角形，也即一标准三角形一样。因此，人看到自身之理念也即看到自己超越一切差序身份的本相——包含着一切可能性角色却又不是任何角色。人因能看到自身之本相而能够从等级差序的关系身份中摆脱/解放出来，因而，人不仅能从本相身份去理解等级差序中的关系与生活，而且能以本相的身份相互对待。只不过由于人类的生活离不开功能性的合作，因此不仅永远不可能摆脱等级差序关系，而且常常陷溺于等级差序的种种特殊关系之中而不自觉。所以，人类需要不断进行自我解放，以澄清关系社会，提高伦理/道德秩序的普遍性。

在世界史上，最早把人类从单纯的等级差序社会中解放出来的三次伟大的解放运动，分别是由孔子、释迦牟尼与耶稣这三个伟大先知发动的。不过，他们不是靠武力、霸道来完成这一事业。如果说释迦牟尼是靠慈悲来打破等级差序，那么，孔子与耶稣则是通过发现与确立普遍之爱来进行他们的解放事业。在这个意义，发现与确立普遍之爱，乃孔子与耶稣的共同事业。下面我们首先通过讨论普遍之爱来讨论这一共同事业。

一、何谓真爱？

我们如何面对他者？如何处理与他者的关系？

福音书与使徒教导首先要求以"爱"来面对他者。爱成了我们处理与他者关系的首要法则。

当法利赛派的律法师问耶稣"律法上的诫命哪一条是最大的"时，耶稣回答说：

> "你要尽心尽性尽意爱耶和华你的上帝。"这是最大最重要的诫命。其次也相似，就是"爱人如爱己"。这两条诫命是全部律法和众先知的话的总纲。（《新约·马太福音》22：38—40）

在总结以前的律法与众先知的精神时，耶稣在另一个地方用了他自己的话：

> 所以，无论何事，你们愿意人怎样待你们，你们也要怎样待
> 人，因为这就是律法和先知的道理。(《新约·马太福音》7：12)

在这里，"你们愿意人怎样待你们，你们也要怎样待人"这一新诫令
被看作律法与先知们共同传达的真正要义。如果把劝令式表达转换成
为禁令式表达，那么这个新诫令可以被表述为在约五百年之前的孔子
所确立的仁爱法则："己所不欲，勿施于人。"但是，这个被耶稣视为
一切律法之要义的诫令与爱有什么关联呢？

显而易见，在耶稣看来，这个要义与爱有着内在的关联。否则，
"你们愿意人怎样待你们，你们也要怎样待人"就不会成为律法与先
知的要义，而"爱上帝且爱邻人"也不会成为律法与先知教导的总
纲。那么，究竟有什么样的内在关联呢？这里，首先要问：什么是耶
稣所教导的爱？耶稣所教导的那种爱是一种什么样的爱？

我们可以把上面关于爱上帝与爱邻人的两条诫命归结为一条
"爱的诫命"。因为《圣经》也常把爱上帝与爱邻人合并为一，有时只
提爱上帝，有时则只提爱邻人，比如《加拉太书》里有言：

> 全部律法都包在"爱人如爱己"这一句话之内了。(《新
> 约·加拉太书》5：14)

显然，只提爱上帝的地方并不是不考虑爱邻人，而只提爱邻人的地方
也并不是把爱上帝忽略了。因为一个真正爱上帝的人，也一定爱邻
人；同样，一个真正爱邻人的人，他一定首先在爱中，而"上帝就

是爱，住在爱里面的，就是住在上帝里面"(《新约·约翰一书》4：16)。所以，凡爱邻人的，一定首先爱上帝，即爱爱本身。

也许正因为如此，耶稣在提及第二个爱的诚命时，用了"其次也相似"① 这样的说法。与什么相似？当然就是与第一个诚命也即最大的诚命的重要性相似。实际上，这两个诚命只不过是从不同的角度表达着同一个爱：爱绝对的他者即上帝而爱人人的那种爱；用更哲学性语言说，就是心怀绝对尺度、坚守绝对原则的那种爱。

也正因为如此，使徒保罗更进一步说："所有诚命的最终目的都是爱，这爱来自纯洁的心灵、无亏的良心与无伪的信仰。"(《新约·提摩太前书》1：5)②在这里，爱被提到无以复加的地位：上帝的所有诚命——不管是旧约里的，还是新约里的——都以爱为目的。简单说，上帝之要求于我们的，最根本的只有一个，那就是爱他者。分而言之，就是爱上帝，爱他人；合而言之，就是爱人如爱己；或者换言之，全心全意全智地爱上帝。爱，成了我们处理与他者关系的最高最根本的法则。

那么，何为爱？如何理解耶稣所要求的这种爱？

首先要问：我们如何爱自己？我们如何对待自己，才算是爱自己？从"爱人如爱己"这个诚命来看，显而易见，只有那样一种爱才是真正爱自己，那就是：当我爱自己时，同时也能够把他人当作自己那样来爱。也就是说，当且仅当我能够把他人当作我自己那样来爱，我才真正爱自己。这并不是说，爱他人是爱自己的前提，而只是

---

① 在这个地方，在路德的德译本与新世界的德译本都译为 gleich（相同，一样），现代中译本则译为"也一样重要"，与德译接近；更明确表达了第二诚命与第一诚命的同等性。

② 另参见奥古斯丁《教义手册》，"教父图书馆丛书"第49卷，《奥古斯丁著作选》第8卷德文译本，Josef Kösel und Friedrich Pustet, K. G. München, 32：121，第500—501页。

说，真正爱自己的方式一定包含着给予他人同样的爱；一个人能否给予他人以同样的爱，表明他是否是以真爱的方式爱自己。一个真正爱自己的人，一定是以能够给任何他人以同样的爱的方式爱自己的。否则，他就不是真正爱自己。因为如果他无法"以能够给他人以同样的爱的方式"爱自己，那么，他就不可能爱人如爱己，因而他对自己的爱就不是"爱人如爱己"这一诫命所要求那种爱。这在根本上意味着，"爱人如爱己"这个诫命所表达和要求的是一种普遍之爱，即能被普遍化为所有人都能共享而无差别的爱。因此，"爱人如爱己"这一诫命一方面承认人人自爱，同时又要求这种自爱必须能够被普遍化为对他人的爱。所以，真正的自爱必定是一种普遍之爱，一种能给他者以同样肯定的爱。

每个人都有自爱之心。有的人爱自己的身体与名声，有的人爱自己的财富与权势，有的人爱自己的养尊处优，甚至爱自己沉湎于声色犬马之乐的生活。所有这些自爱都不可能普遍化为他人能无差别共享的爱。所以，按我们从"爱人如爱己"这一诫命分析出来的标准，所有这些自爱都不是对自己真正的爱，而毋宁说都是一种自溺之爱。因此，我们无法从日常自爱中来理解真正的自爱，从而理解真正的爱。

那么，我们如何能够爱人如爱己呢？如何能够爱己而泛爱他人呢？如果能回答这个问题，也就向爱接近了一步。我们暂且还是回到《圣经》。

关于爱，《圣经》里有一段看似平常而费解的著名说法：

　　　　爱是恒久忍耐、和蔼仁慈；爱是不嫉妒，不自夸，不自大，不做无礼的事，不谋求私利，不轻易动怒，不计算人的恶，不喜

欢不义，只喜欢真理；爱就是凡事包容，凡事相信，凡事希望，凡事忍耐。(《新约·哥林多前书》13：4—7)

这是从三个角度对爱做出的说明。如果说第一个角度侧重于(但不是局限于)从上帝之爱来说明爱，那么，第二、三个角度则是从在尘世历史中的个人角度去说明爱。尘世中人的角度又分为二，一个是以肯定的形式表达的，一个是以否定的形式表达的。其实，只要符合其中任何一个角度所说明的爱，就是真爱。也就是说，不管是爱自己还是爱他人，只要符合这三个说明中的任何一个，这种爱就是真爱。也可以说，不管是对自己的爱，还是对他人的爱，都必须符合这三个说明之一的爱，才是真正的爱自己，真正的爱他人。

但是，我们如何理解这三个说明呢？我们暂且从第二个说明，也即以否定形式表达的说明着手。爱就是不嫉妒、不自夸、不自大、不谋私利、不随便动怒、不计较别人的恶事、不喜欢不义？那么，这也就意味着，如果一个人嫉妒、自夸、自大……，他就不可能真正去爱。那么，一个人能嫉妒(自夸、自大)什么呢？当然就是嫉妒(自夸、自大)某种优势，比如才能、财富、权势、声望、美色等由尘世物构成的某种优势。

嫉妒、自夸、自大等这类行动与情感在根本上就是把自己和他人置于一个由各自拥有的尘世物决定的优势等级体系中，从这种等级体系的关联角度去理解自己与他人的关系。自大者或因自己拥有优越于他人的权势(或其他东西)而自以为是人上人，而嫉妒者或因自己的容貌不如他人就自卑并怨恨他人。不管是自大者，还是嫉妒者，在本质上都是把自己和他人限定在由尘世物构成的等级关联中，只从这种等级关联去理解和看待自己与他人的存在。

这种把自己与他人限定在尘世等级关联中的人，他的身份是在比较中呈现出来的，他与他人的关系是一种比较级的关系，一种由拥有的尘世物决定的差序关系。在这个由尘世物规定的庞大的等级体系中，由于每个人拥有的各种尘世物（不管是才能、权势，还是财富、美貌、感官快乐等）各不相同，因此，一方面，每个人被分解为各种差序身份——才华横溢者可能其貌不扬，权势炙手可热者可能才智平庸，红颜者可能薄命，富豪者可能堕落。也就是说，一个人在权势等级体系里，他充当着一个人上人，而在才智等级体系里，他则是一个人下人；另一方面，这种差序身份不仅是相对的，而且是变动的，将随时随着尘世物的变化而改变：才华横溢者可能江郎才尽，权势熏天者可能沦为阶下囚。所以，在尘世等级体系里，人们找不到真正的"自己/自身"，只有临时的身份——大家都是临时工。没有"自己"，没有"能作主的主人"，又如何爱人如爱己呢？

也许有人会说，在同一个等级的人们之间能够相互理解、相互关爱。实际上，这是一种误解与幻想。首先，在由尘世物决定的等级体系里，每个人所处的等级序位不仅是变化的，而且是多重的，不可能与任何他人完全重叠，因而不可能与他人构成同一个等级。只有当人们从众多尘世物抽出某一方面（如财富）作为衡量等级序位的标准，才可能对等级体系进行归类性分层；否则，在等级体系里，只有个体之间的层级，而没有类之间的层级。通过设立分层（级）标准来理解、认识一个等级社会，这是经济学与社会学最惯常的做法。它们对等级体系的这种认识会反过来影响甚至塑造等级体系。但是，我们生活于其中的任何等级体系都不仅仅是它们所理解与描绘的那样简单。因为标准设立之时，就是差异被删除之际。不管是经济学，还是其他经验科学，当它在设立分层标准时，它实际上已经把等级体系中的许多差异遗漏或抹杀。因此，以为按某种标准划分出明确的阶层，就能使同一个阶层相互同情、相互关爱而团结起来，这实际上是一种科学主义的幻想。就我们这里要讨论的话题而言，即使我们退一步承认有所谓类的同一等级，并且这同一个等级的人们之间能够相互关爱，但是，处在这种类的等级中的人也不可能在整个等级社会进行爱人如爱己。

其次，更为重要的是，只从尘世物规定的等级体系去理解自己与他人的存在和生活的人，其生活的唯一目的与方向就在于尽可能获取对他人的优势，并保持这种优势。既然我们的存在只是一种比较级里的存在，我们的生活只是等级体系里的生活，那么，除了追求最高级的存在与人上人的生活，还有什么会是我们更重要的目的？任何一个等级体系都是一个匮乏体系。由尘世物决定的等级体系，既可以说是一个由所拥有的尘世物的量规定的，也可以更确切说是由匮乏尘世物的度规定的。在这个体系里，获取对他人的优势，也就意味着摆脱相对（他人的）匮乏。为此，他必须千方百计去夺取并占有有限的尘世物，如财富与权力。正是这一点从根本上决定了他不可能爱人如爱己。因为如果他把他人当作像爱自己那样来对待，那么，这要么意味着他放弃了自己对他人的优越，要么意味着他愿与所有他人共享自己的优越，而结果都一样：他不再保有对他人的优越；但是，获取并保守对他人的优势却是自陷于等级关联体系中的人的唯一目的。

上面的讨论试图表明，自陷于等级体系中的人，也即只是从由尘世物决定的等级体系去理解自己与他人之存在的人，不可能爱人如爱己，因而不可能有真正的爱。嫉妒者、自夸自大者、喜欢不义者、易怒者等，都属于这种自陷之人。因此，当使徒说："爱是不嫉妒，不自夸，不自大……"时，在根本上意味着，爱不是别的，爱就是从由尘世物决定的等级体系中摆脱出来。因为只有既把自己又把他人从这种尘世等级中解放出来，不再从所匮乏或所拥有的尘世物的量去理解、看待自己与他人的关系，人们才能够不因拥有尘世物（如才能、权势、财富等）方面的比较优势而傲慢自夸，也不因比较劣势而自卑嫉恨。总之，只有这样，才能不嫉妒，不自夸，不自大，不轻易动怒，不喜欢不义。从这种否定意义来说，爱就是一种摆脱/解放：自我解放而解放他人。

这里更进一步的问题是：对于我们的存在而言，从尘世物规定的等级关联体系里摆脱/解放出来意味着什么呢？从特权阶级的压迫中解放出来，意味着获得政治上的自由与平等。但是，这种自由只是一种可由法律确认的外在自由，由此获得的平等还是形式性的机会平等（这当然已是人类的巨大进步），而不是起点平等，更不是实质的平等。因此，即便是在解除了阶级压迫的自由社会里，人们也仍陷在各种等级关联中。政治解放只是消除了特权阶级，摆脱了权利方面的等级关系，而无法摆脱尘世物规定的等级关联体系。如果说阶级关系是由后天的典章制度规定的，那么，尘世等级关联体系则是由先天与后天的一切有限物规定的。所以，如果说政治解放在根本上意味着摆脱某种典章制度而进入一种自由自主的存在，也即进入一种形式平等的生活的话，那么，爱则意味着把自己与他人从一切先天与后天的尘世物当中解放出来，让自己与他人退出一切由尘世物决定的关联，也就是退出一切功能性角色。退出一切关联，也就是进入无关联：每个人都不再是作为因拥有某种尘世物而具有某种相应功能的关联角色（如因拥有某种专门技术而为技工，因拥有特别天赋而为艺术家，或因拥有巨大财富而为富豪，等等）存在，而是作为无关联、无功能的自身出现。

在尘世物规定的等级关联体系里，每个人都有处在比较关联中而充当着各种相对的角色。一切角色都是相对的，因为不管一个角色是多么重要，或多么适合某个人，它都是在比较中确立起来的，而非为任何一个人必然地配备的。我们每个人充当的任何角色都不是非我莫属、不可替代的。在这个意义上，我们不可能在角色中找到真正的自身。因为我们每个人的自身都是绝对的、不可替代的。这种绝对的自身不是角色，因而不在等级关联体系中，而在等级关联体系之外。在这个意义上说，从尘世物规定的等级关联体系中解放出来，也就是放下一切角色，回到自身。这个自身之为绝对的自身，就在于它的存在不受任何关联物的决定，而只由自己决定自己。因此，绝对的自身，也就是自由的存在。作为会爱的存在者，我们的自身不在尘世物规定的等级关联中，而在自由中。自由是我们这种存在者自己的位置。在尘世/日常生活中，不同的人充当着不同角色，因而有不同的位置，这犹如人们常说的"不同人有不同社会地位"。但是，所有人都有一个共同的位置，这就是自由。这里，共同只是这一点上的共同，即在自由这个位置上，每个人都能够只从自己出发决定自己的意愿与行动。因此，虽然自由这种位置是共同的，但是，每个人的自由却是不可代理的。在这个意义上，我们说，自由是每个人自己的位置，一个天赋的位置。

因此，当我们说放下角色而回到自身时，实际上等于说，退出等级关联而回到自己的位置上，即回到自由。回到自身，就是回到自己天赋的位置——自由上。进一步说，在自己的位置上，就是自在，就是自由存在——这是我们汉语中"自由自在"这个日常语汇隐藏的最深刻的本源意义。

所以，对于我们的存在而言，从等级关联中解放出来，意味着我们回到了自己的位置上，即回到自由而找到自身。也就是说，从存在论角度看，这种解放让我们找到自身，让我们回到自由存在。但是，当我作为无关联的自身而自由存在时，并非意味着我与他人只有消极的关系，而没有任何积极的关涉。相反，在这种情况下，我与他人处在一种最积极的关涉当中，这就是：让他人也回到自己的位置上找到自身而自由自在地存在。因为我从等级关联体系中解放出来，这不仅表明我不再从由尘世物规定的等级关联体系去理解、看待我自己的存在，而且同时意味着我也同样不再从这种等级体系去理解、对待他人的存在，而是把他人当作与我一样的无等级、无关联的自身，也即可以只从自己决定自身。我的自我解放在存在论上必定总是与所有他人的解放联系在一起。当我把自己从关联体系中解放出来而回到自身时，在根本上意味着我同时也把他人从其中解放出来而让他人回到自身。让他人回到自身，也就是让他人自在，让他人自由。从他者角度说，我回到自身就是让他人回到自身，我的自由自在就是让他人自由自在。

如果说爱就是不嫉妒、不自夸、不自大、不喜不义，因而爱也就是把自己与他人从等级关联中解放出来，那么，这也就意味着，爱就是回到自身/守于自由而让他人回到自身/守于自由。简单说，真正的爱就是守于自由而让他人自由。对他人的爱，就是让他人自由：让他人回到自己的位置上而作为他自身存在，或者说，让他人自由自在地存在。换言之，对他人的爱，就是把他人当作一个独立的、不可替代的个人来对待。所以，如果我们真爱一个人，那么，首先不是因其美貌与气质，也不是因其财富与权势，同样也不是因其才华出众，总之，不是因其拥有某种比较优势，而仅仅因为他是一个人——一个自由的人。由于这种爱不是出于任何比较优势，所以，它才是一种无功利的纯粹之爱，一种天地间的大爱。

　　于是，从存在论角度，我们可以对"何为爱本身？"这个问题回答说：守于自身而让……自由/自在就是爱本身。上帝在自己位置上而创造了万物，就是让万物各得其位而自在。这一方面表明，上帝的存在就是爱本身，因为他这样存在：他在自己的位置上而让……自由/自在——这是"上帝就是爱"（《新约·约翰一书》4：8）这个经文在哲学层面的根本意义；另一方面表明，上帝爱万物，爱我们，因为他给了我们位置而让我们自由/自在。我们守在自己位置上而自由/自在，就是守在爱里，就是住在上帝里（《新约·约翰一书》4：16）。

　　我们与万物一起住在上帝即爱里。但是，我们与万物不同，我们不仅在爱当中，而且也会爱。因为我们拥有上帝的形相。这使我们不仅是自在的，而且是自由的：不仅守在自己的位置上，而且同时能够让（lassen）他者自由/自在。当然，人的这种"让"不同于上帝的"让"。上帝的"让"是一种绝对自由与绝对命令，一种绝对创造——绝对从无中生有地创造他者，而人的"让"则首先是向他者敞开/开放自己，以便让他者也在其自身位置上来相遇。这里，敞开/开放自己，就是承担起自己的自由。而这在根本上意味着，切断与他物的一切因果关联，只从自己那始终什么也不是的无的精神意识出发去面对他者。正因为我们是守护在什么也不是的无当中与他者相遇，他者才保持为他自身出现，而不是作为某种什么即某种宾词物（如食物或因果物）来与我们相遇。所以，人的"让"首先是一种尊敬行为：尊重并敬仰他者在自己位置上作为自身存在，也即尊重并敬仰他者的自由/自在。在尊敬这种意识中，他者不是作为我（意识）的创造物出现，恰恰是作为我的意识不可照亮、不可穿透、不可把握的自在物（Ding an sich）存在，因而它既在我的意识里来与我相遇，又在我的意识之外的自己位置上存在，因而大于、高于我的意识。我们的自由也能创造，但是，我们的创造以我们的这种"让"为前提。而上帝的"让"直接就是创造。

人因被赋予自由这个天位，因此，他不仅在爱中，而且也会爱。因为他的自由位置使他能够让他者自由/自在。但是，如果说上帝的爱是一种创造与赋位的话，那么，人的爱则不是创造，而只是创造的前提，也不是赋位，而只是认位与敬仰：确认并维护他者在自己位置上的自由/自在的存在，从而承认他者在我的意识边缘之外而"大于"我的意识，进而敬仰他者之不可归结为我的意识的神圣性与神秘性。

二、爱的两个意识维度

因此，人的爱——让他者自由/自在——包含着两个基本的意识向度：一个是承认并维护他者（他人或上帝）自由/自在的存在，也就是他者之独立自主、不可替代的存在；另一个是确信并尊敬他者这种自由/自在的存在绝对不可被意识所把握、认识的神圣性。因此，人的真正之爱，必定包含着相信/信任/信仰（Glauben）。也可以说，人的真爱必定在相信/信任/信仰这个意识向度之中。怀疑中无爱，爱不在怀疑中。对上帝之爱如此，对他人之爱一样如此，甚至对自己的爱也是如此。

首先讨论对上帝之爱。爱上帝，也就是爱爱本身。根据上面的讨论，这个爱本身这样存在着：守在自己位置上而让他者自由/自在。对于这个令万物存在的自由/自在存在者，我们所知甚少。对于他的意志、权能、智慧，我们无从把握，也无法证实。因为我们看不见上帝的存在，看不见他的权能、意志与智慧。虽然我们从其启示知道他存在，并且是全知全能全善的唯一创世者，但是，我们对此无法看见，因而无法证实。我们可以对上帝的存在乃至全知全能全善提出种种证明，但是，却不能证实。所谓证实，就是通过所见事实来把某事物指证为真实的、有效的。而证明则只是在概念范围内分析、论证命题在逻辑上的正确性。我们可以证明上帝存在以及上帝全知全能全善（这一命题）在概念范围内的正确性，但是，我们无法指出看得见的事实或知识来使人承认上帝的存在及其全知全能全善是现实-有效的，因而是真实的。证实在本质上是要以看得见的事实来把某事物显明为具有现实有效性，而不只是概念内的正确性。对上帝的证明并不能显明上帝的现实性存在，从而确认上帝的可靠性与真实性，而只是对付怀疑上帝的一种消极性策略。这也就是说，在此岸世界，对于全知全能全善的创世者，我们并不能看见他而在概念上认识他、把握他。对于这个创世者，我们只能相信他。因此，如果说我爱上帝，也即爱爱本身——承认并尊敬上帝以在自己位置上而让万物存在的方式自在，那么，这不是因为我看见了上帝的全知全能全善而拥有了对上帝的知识，而必定是我相信他全知全能全善。

不是在对上帝的知识中爱上帝，不是在看见中爱上帝，这意味着什么呢？意味着这种爱不是对概念物的爱，不是对作为看的对象的现象物/有限物的爱。在知识中和看见中的事物都是概念规定出来或由直观显现出来的事物。因此，在知识与直观中的事物都不是自在之物，即都不是在自己位置上的自在/自由者，而是且仅仅是在我们的概念与视界里的存在者。因此，不是在知识与看见中爱上帝，也就意味着不是仅仅把上帝当作我们的意识视界里的存在者，而是当作在自己位置上的自在存在者来对待。相反，如果以为可以在知识里看见上帝，或者在此岸世界里看见上帝，那么，也就意味着，上帝仅仅是我们的意识世界里那个样子，因而他只在我们的心（意识）里。然而，上帝在我们心中，却又绝对不仅仅在我们心中。他永远比我们的心要"大"要"多"，因为他是创造者。因此，如果以为要通过看见上帝或认识上帝才爱上帝，那么，这实际上首先已降格或亵渎了上帝，而不可能真正爱上帝。这从反面显明，对上帝的爱只能是一种在相信／信任／信仰中的爱。

同样，对他人的爱也必定包含着对他人的相信，是在相信中爱他人。因为我们不可能在完全认识了一个人或看透了一个人后才去爱他。不管我们与之关系如何亲密，如何患难与共，我们都不可能完全认识一个人的全部，看透一个人的意志世界，因为他的自由使他成为一个不可被规定、不可被替代的他者。如果说爱他人是与他者关系的首要法则，那么，我们对他人的首要的和主要的态度不是也不应是探索、窥探与猜测，而是相信。相信他者，也就是不把他者仅仅当作知识与感性直观中的东西，不企图用我们的意识去把握、穿透它们，而是承认并尊重它有意识永远不可显现、不可把握的区域，它在意识中显现的同时表明了它不仅在意识之中，更在意识之外。这个意识之外的、不可显现的区域，就是他者自己的位置。承认并尊重他者在自己位置上，在一个绝对的异域里，这是爱的一个基本维度。

那么，对自己的爱呢？前面我们曾问：如何爱自己才是真正的爱自己？如果说爱就是让……在自己位置上自由／自在，那么，爱自己也就是让自己自由／自在。而这首先意味着确认我在我自己的意识中，但又不仅仅在我自己的意识中，而且还在我自己的意识之外——这就是我的位置，即自由。我不仅仅是意识中的那个"我"，意识只是我的显现，通过意识，我显现为一个可交流可了解的"我"，但又不仅仅是这个"我"。只是在逻辑中，我与意识中的"我"才被视为同一，但我并不仅仅生活于逻辑中，因为我并不仅仅生活于概念里。因此，我同样不是可以被我自己的意识所完全穿透、把握或看见。所以，真正的爱自己同样不可能也不应当建立在对自己的认识之上，而是建立在担当起自己的自由之上，也即建立在对自己自由的确认/相信之上。对自己的真爱必定包含着担当起自己的自由，也即确认与维护自己的自由。而这在更深的层面上则意味着确认与维护自己存在的神圣性。因为确认自己的自由，也就等于确认我自己的存在"大于""多于"我自己的意识，是我自己的意识所不能左右的，相反，我的存在总是在意识的边缘而构成了意识的源头。因此，对于我自己的存在，"我"（意识）必须敬而存之：对于我的存在，"我"（意识）不能想怎么对待就怎么对待，想怎么处理（如自杀）就怎么处理，而必须确认与尊重它的神秘性（不可被意识穿透）与神圣性（"多于""大于"意识）。在这个意义上，真爱自己，必须确认并尊重自己为一个他者。

所以，不管是对上帝的爱，还是对他人之爱，抑或对自己的爱，都必定包含着相信/信任/信仰这个意识向度。没有相信/信任/信仰，就不可能有真正的爱。真爱必定在相信这种意识向度之中。这就是为什么《圣经》会说，爱就是凡事相信。凡事相信，就是相信上帝，相信人人。不管他人做过何事，不管他曾经多么奸诈善变，都只相信他：确认并尊重他仍是一个自由的人，而不因他曾做过种种坏事就把他定格在某个道德等级中。相信他人，在根本上就是相信他的自由这种位格存在。如果我们连他人的自由都不相信/信赖，那么，我们如何让他人在自己位置上自由/自在呢？那么，又如何爱他人呢？

实际上，就我们人类来说，爱的相信向度在根本上表明，真正的爱必定是向任何他者敞开的爱。因此，对他者的爱，并不是只爱某些他人（如亲朋或利益相关者），而是以"让他者自由/自在"的方式给一切他人以同样的爱。即便是自爱，它对自己的真爱也并不是排他性的自私自利的爱，相反，是能够给任何他者以同样对待的爱：守于自己的自由/自在而让他者自由/自在。在这里，自爱在肯定自己（让自己自由/自在）的同时，也给予他者以同样的肯定——也让他者自由/自在。只有有这样的自爱，才能爱人如爱己，因而，才是没有危险的。也只是这种意义上的自爱，在践行"爱人如爱己"这个诫命时，才能同时践行着"全心全意全智地爱上帝"。因为"我守于自己的自由/自在而让他者自由/自在"意味着表明我的整个存在的"心、意、智"并不执着、封闭于任何尘世事物（既无"我"执，也无法执），而是向绝对他者上帝完全敞开着。这种"向……完全敞开"就是一种全身心的迎候、渴望与信赖。这也是《圣经》为什么有时候在提"爱人如爱己"时没提爱上帝，而在提爱上帝时没提爱人如爱己的原因。如果我们是在真爱意义上谈爱上帝，那么，爱上帝的人一定爱人如爱己，而爱人如爱己的人，也一定爱上帝。这表明，真爱总包含着神圣性维度，总是向不可归结为意识现象的绝对他者敞开着。因此，真爱不只是涉及与看得见的尘世他者的关系，而且更涉及与看不见的神圣他者的关系。

单从哲学的角度说，从上面的讨论表明，不管是自爱，还是爱人，只要是真爱，那么，这爱就必是守于自由而让……自由/自在，因而，是一种可普遍化为爱人人的普适之爱。就真爱是守于自由而让……自由/自在而言，真爱也就是让……承担起自由而独立自主，就是让……自立。在这个意义上，爱这个普适原则，也就是让……自主/自立的原则。就爱是每个人对他者所应持的首要原则而言，这也就意味着，我们每个人首先要尊重与维护他人的自由存在，也即尊重与维护他人的自主/自立。施予他人的一切对待——照料、关心、扶持、帮助，都必须以尊重和维护他人的自主/自立为准绳，或者说，都必须以他人的自主/自立为目的，否则，就有违爱的原则，就不是真正的爱他人。

就每个人都是赋有自由意志的独立个体而言，守于自身而自主/自立地存在并让他者自主/自立是每个人的神圣使命。简单说，维护和坚守自己的自主/自立并尊重和维护他人的自主/自立是每个人作为人而必须担当起来的一个不可推卸、不可替代的责任。在这个意义上，爱（爱自己、爱他者）是每个人必须承担起来的一个绝对命令。"应当爱人如爱己"，不是因为这样做会给自己带来好处与好的人缘——尽管这样做的确会给自己带来最大的好处，为自己营建最和谐的关系社会——而仅仅因为自己和他人都天生是自由的存在。拒绝"爱人如爱己"的人，意味着他拒绝尊重与维护他人的自主/自立，而其必然结果就是违背与否定自己的自主/自立，也就是违背与否定他在上天赋定的位置上的本性。因此，如果人要守住自己的天赋本性，他就必须去爱。爱出于我们的天性（自由/自在/自主/自立的存在），又看护我们的天性。在这个意义上，爱是我们的天职，是我们的天命。所以，爱是人人之间首要的关系法则。

三、爱与亲情的限度

根据前面的分析，除爱人如爱己的爱以外，没有别的真正之爱。这里有必要通过讨论爱与亲情的区别和关联来进一步澄清这种普遍之爱。

在日常生活中，人们相互之间总是发挥着各种功能，使得日常生活得以维持下去。因此，人们在日常生活中总处在各种功能关系当中，首先就处在亲亲相哺这种功能关系之中：父母生养、抚育儿女，儿女则反哺父母。这种以血缘为线索的亲亲相哺，是人类最早的一种功能关系，也曾经是最基本的一种功能关系。在这种相哺中产生和形成的特殊情感就是平常所谓的亲情。同时，（从儿女的角度看）人们也首先是在这种相哺中体会到自己作为个体被关怀、被维护、被尊重，因为相哺是每个人作为个体遇到的第一个生存境遇，因此，人们在相哺中既是作为父/母/儿/女，又是作为赋有自由本性的个体出现的。相哺虽然是一种功能性关系，但是，它与所有功能性关系一样，都以不可替代的个体间的分立为前提，因而都隐含着个体间的非功能性关系这一前提。人的所有功能性关系都要以非功能性关系为基础，因为在任何功能性关系中，解除了功能性关系，仍一定会剩下独立的个体间的关系，这就是个体间的自由关系。我们称之为自由体间的关系。就这里的例子而言，在父子关系中，如果一方放下父的功能角色——抚育者，另一方卸下子的功能角色——反哺者，那么，不会什么也没了，而一定仍剩下两个独立的自由个体。

　　父子关系是自由个体首先进入的一种功能性关系，但是，父子间的功能性关系之为人的一种长幼关系，而不是动物间的纯功能性关系，就在于父子间的相哺关系首先是出于爱，是出于践行爱这个天职的。换言之，我们首先是在父子的相哺关系中实践爱这个绝对命令——让……自由/自在/自主/自立。"让"并不是消极的放任不管，这里的让恰恰就是"使"。让……自由/自在/自主/自立，就是使……自由/自在/自主/自立，就是通过维护或扶持而使……自由/自在/自主/自立。人类的长幼相哺首先正是出于这种爱：父母抚育孩子，首先就在于使其自主/自立——担当起自由这个神圣使命；而孩子反哺父母，则首先也在于使其自由/自在——保持尊严与神圣性生活着。也就是说，正是爱这一天职使长幼相哺在漫长的非福利社会中成为对人类的一种强烈的伦理要求。人们之所以要执行、完成长幼相哺这种功能关系，不是因为别的，而仅仅因为爱。

所以，当爱(仁)的第一个场所——父子之间的爱不再需要通过长幼相哺来完成时，长幼相哺也就不再成为一种强烈的伦理要求。在福利社会中，由于父母晚年的尊严生活主要是靠积累的社会福利来维持，所以，子女直接赡养、反哺父母这一功能不再是必要的，因而，它也就不再是对父母之爱的一个强烈要求。但是，即便在分工细化的福利社会里，养育子女也不可能完全社会化，子女若要发展出自主/自立的健康人格，父母的抚育难以替代，所以，父母的抚育功能仍然是爱的一个要求。虽然这使得父子之间相互的功能关系看起来变得不对称，但是这恰好表明，爱的法则不是功能交易的法则。

虽然长幼相哺这种功能关系在根本上是基于爱并为了实现爱，但是，在这种功能关系中并不仅仅能够实现爱，也并非只有爱，它还会产生亲情。由于亲情总是在爱的第一场所中生发起来的，所以，亲情与爱似乎总是密切相关的，以至于亲情常常就被当作爱，而爱也常被当作亲情，甚至是出于亲情，从而使爱成为有差等或等差的。然而，正如爱是长幼相哺这种功能关系的根基一样，爱是亲情的根基，但爱并非就是亲情，更非出于亲情；亲情包含着爱，但并不一定就是爱，倒很可能违背了爱，是为"偏爱"。

那么，何为亲情？人们可以在日常生活中处处体会到亲情：父母为即将远行的子女准备齐全的物品(所谓"临行密密缝，意恐迟迟归")，子女不时探望、照料年迈孤独的父母(所谓"一步三回头，梦里依稀图恩报")。不过，再没有比面对亲人之死更能体会到亲情之深切与珍贵的了。对于陌生人之死，人们往往无动于衷，或者只是瞬间涌起同情不幸者的一点感慨；对熟人、同事、一般朋友之死，人们则总会有所触动：明理人甚至会从死者的完结中了悟到自己与世界的真相而唏嘘不已，而常人在庆幸死的是别人而不是自己的同时，也会泛起些许同情、惋惜与哀伤--毕竟在自己的生活工作中再也碰不上这个逝去的人了；而对于亲人至友之死，人们则反应激烈，会有透彻心肺的悲痛哀伤，会有天崩地裂的茫然无助，还会有天昏地暗的恐惧与孤独。正是在面对亲人之死的这种反应中，突现出了亲情之实质。

亲人之死之所以会让人们感到自己的生活世界好像突然瓦解了或塌陷了，就在于亲人之死对于人们来说，意味着人们与他共在的世界消逝了。每个人都展开出一个生活世界，这个世界既是他个人的，又是与他人共在的。因为每个人总是自由地与他人共在着。但是，与亲人的共在不同于与其他人的共在。与其他人的共在通常只是在社会分工体系里的共在，而与亲人的共在则主要是在相哺活动以及在此基础上的相互扶持这类基本的功能性关系中建立起来的。长幼相哺以及子女间在此基础上的相互扶持是使每个人得以维持、展开其个体生存的最基本的功能性关系，它实质上就是一种生存上相互需要、相互依赖的关系。在（出于爱而）践行这类关系的过程中，人们在意识里对自己与亲人在生存上的需要与被需要的确认、担当、期待、感恩、怀念就是亲情。更具体说，亲情在实质上就是人们在意识里对自己在亲人的生存中被需要的功能性作用的确认、担当、期待，以及对亲人在自己生存在中发挥的功能性作用的期待、感恩、怀念。我们在确认、担当与期待中履行着小辈所需要的功能作用，由此感受到自己的被需要以及与晚辈特有的亲密共在，这是我们对晚辈的亲情；我们在期待、感恩、怀念中获得或追忆长辈对我们生存需要的满足，由此感受到自己现在或曾经对长辈的依赖以及对所依赖的长辈的感恩和回馈的渴望，这是我们对长辈的亲情。我们每个人都首先是在与亲人的关系中展开自己的日常世界的。我在期待与怀念、确认与担当中展开的与亲人的共在是我日常世界中最坚实、最可靠、最持久的共在。亲人的死，则意味着这种坚实共在的解体。所以，亲人的死会让人们感到世界的坍塌，会造成天崩地裂般的冲击。那种坚实共在的解体实际上是以最强烈最切近的方式向活着的亲人提示，每个人在根本上都是一个孤独的个体：他在根本上都要独自面对死亡、面对有—无之间的自由，从而面对超越亲人共在的责任与权利。

　　就亲情是在维护个体生存方面的相互需要这个基础上建立起来的而言，亲情就是对这种相互需要的确认、担当、期待、感恩与怀念。这里有两点值得进一步指出：首先，亲情与血缘并无必然的关系，而只与个体之间相互担当生存上的需要与被需要相关。血缘之所以显得与亲情好像关系密切，只不过是因为人们通常首先是根据血缘关系来确定和履行个体间在生存上的相互需要。即使没有血缘关系，只要进入生存上的需要与被需要的共在关系，就会有亲情。亲情之"亲"不在于血缘，而在于生存上的深度共在。那种以为亲情之亲就是血缘之亲的观念，是对亲情的根本误解。其次，亲情是有远近亲疏之别的，亲情的浓淡厚薄取决于人们之间在生存上的需要与被需要的程度以及对这种相互需要的承担程度。所以，亲情之爱是有深浅等级的，也就是说是有差等的，它将随着生存上直接的相互需要的弱化而弱化，因而将随着地域、种族的疏远而淡化直至完全消失。因此，亲情是一种人人都有的情感，但不是一种可以普遍化为亲爱人人的普适情怀。它实际上永远只限于小群体之内的一种私人情感，通常就以家庭、家族为界限。

显而易见，亲情一方面以爱为基础，因为如果没有爱，如果不是为了让（使）……自主/自立，那么，人们也就不会确认、担当和期待他人在生存上对自己的需要，从而也就不会有亲情的产生；另一面，亲情要"多于""厚于"爱。多在何处，厚在哪里？对于自己所确认的亲人，如果说爱要求人们承担起来的被需要，仅限于使（让）亲人（首先是父或子）能够自主/自立所需要的程度，那么，亲情所期待、确认、担当的被需要则超过了使……能够自主/自立所需要的程度。人类在生存中有各种需要，其中最基本的需要就是成为或维持自主/自立的存在的需要。承担起他人的这种需要就是对他人的爱。但是，人们并不仅仅只有这样的需要，也不会仅仅满足于这样的需要。如果把这样的需要称为"基本的需要"，那么，超出这种需要的其他需要则可以被称为"优越的需要"。因为超出基本需要，也就意味着追求自主/自立的存在之外的东西，而追求这种之外的东西在根本上意味着追求优越于作为自主/自立的他人：比他人更容易或更轻松就能自主/自立地存在，或者比别人更富有或更荣耀地存在。亲情比爱更多就多在它对所确认的亲人不仅承担起"基本的需要"，而且承担起了"优越的需要"。换言之，对于亲人，我不仅可以期待他承担起我的基本需要，而且可以期待他承担起我的优越需要。

亲情虽然以爱为基础而包含着爱，但是，亲情也可能甚至常常就遗忘爱而违背爱。这通常体现为两种亲爱之情：溺爱与宠爱。在存在论层面上说，所谓溺爱，就是对他人存在这样一种操劳/忧心（Besorgen）：为了使他人生存得（比自己或比他人）更优越，不仅满足其"基本的需要"，而且尽可能满足其"优越的需要"，直至越俎代庖地操劳起本应由他自己操劳的事务，以疼爱的名义卸下了他作为个体存在本应担当的责任。其结果不是使其成为（或维持）自主/自立的独立存在，而恰恰是使其丧失了这种独立。而所谓宠爱，则是给予他人这样一种过份的对待：为了满足其优越的需要，甚至以损害其他人的"基本需要"为代价，也即以损害、挤压其他人的自主/自立的存在为代价。显然，在亲情中最易出现也最常出现的这两种亲爱之情都在不知不觉中偏离了真正的爱，最后都违背了爱本身。

违背了爱本身，也就是违背了人之间的首要法则，这就是爱的自由法则——守于自由而让他人自由。对爱的法则的违背，将不可避免地带来对社会的公共法则与普遍正义的破坏和瓦解，最终使人类要么陷于无止境的血腥争斗，要么坠入腐败横行、公义退席、强权暴虐的黑暗之中。因此，亲情不能没有尺度、没有限制，否则，亲亲之情就可能走向爱的反面。如果说亲亲之情是一种私情——因为它只能局限于少数群体之内而不可能普遍化，那么，违背了爱本身的那种亲情则是一种滥情，因为它实际上是一种忘记了人本身之目的的一种盲目之情。

那么，什么是亲情的尺度呢？这个尺度即亲情的限制性原则，就是爱本身。亲情多于爱，但是，不能多到违背、损害或突破爱的法则。亲情是有差等的，但这种差等不能没有制约地无限扩大下去，以至于无视亲亲之外的他人的自由存在以及因这种自由存在而拥有的各种权利。作为亲情的限制性尺度，爱的法则就是自由法则：守于自由而让他人自由。它在根本上就是承认并尊重自己和每个他人的自由存在。而从每个人的自由存在，我们可以合理地引申出这样一个绝对而普遍的原则：由于你的任何一个行动，也是每个他人都能够自由地去做的，所以，你的行动被普遍化为所有人的行动时，不会被否定。换言之，你的行动被普遍化之后就不会陷入自相矛盾；否则，你的行动就是违背与损害自己（和他人）的自由。

这个自由法则用耶稣的劝令式话说，就是"你要别人怎样待你，你就要怎样待人"，而用孔子的禁令式话说，就是"己所不欲，勿施于人"。也就是说，耶稣的这个劝令与孔子的这个禁令实际上表达的都是一条自由法则，也就是普遍之爱的法则。这意味着，二者在根本上都是要求"爱人如爱己"：守于自由而让（承认并尊重）他人自由。这也是为什么耶稣既说爱是一切律法与先知书的总纲，又说"你要别人怎样待你，你就要怎样待人"是一切律法与先知书的真义。

因此，更具体地说，亲情的尺度或限制性法则就是耶稣的那个劝令或孔子的那个禁令。一切亲情都不能违背这样的禁令/劝令，否则就是一种无法无天、没有节制的滥情。只有在这个禁令/劝令的前提下，亲情才符合爱的法则而包含真正的爱，因此才是真正有意义的——对被爱者才是真正有益的。

四、耶稣与孔子的解放运动：
超越种族与血缘亲情

由于亲情在根本上是基于爱，因此，亲情通常就被当作爱本身，甚至种种违背爱的法则的亲情也仍被当作爱，以至人们常常沉溺于种种违背、损害真正之爱的亲情之中而不自觉，使得各种不健康、不光明的亲情以爱的名义泛滥人间。所以，耶稣基督对他的门徒说：

> 我来是要引起不和：叫儿子与父亲不和，女儿与母亲不和，媳妇与婆婆不和。人的仇敌就是自己家里的人。谁对父母的感情比对我的感情更深，谁就不配做我门徒；谁对儿女的感情比

对我的感情更深，谁就不配做我门徒。(《新约·马太福音》10：35—37)

耶稣作为上帝显现于人间的一个身份(子)，他就是爱本身，就是每个人必须独自面对的爱的法则——不可灵活权变、不可丝毫折扣的绝对原则。这个爱本身降临世间当然是为了在人间播撒爱、唤起爱，却又怎么说是要引起"不和"呢？这里，耶稣要引起的不和，并不是要亲人之间进行你死我活的争斗，而是要把人从盲目与过度的亲情中解放出来，让亲情回归到以爱为尺度和目的，以便人类不再因为沉溺于盲目的亲情而忘却乃至丧失公义之心与普遍之爱。所以，耶稣要引起的不和与其说是亲人之间的不和，不如说是普遍之爱与盲目亲情之间的不和，是真爱与假爱之间的不和。耶稣并不是要人类摈弃亲情，而是要节制亲情，要维护真爱于亲情之中，也就是要以绝对原则与普遍正义贯穿于亲情。作为爱本身，或者说作为绝对原则的化身，耶稣在人人之间，当然也在亲人之间。他(爱)是人人之间相互理解、团结的桥梁，也是人人之间不可逾越、不可掩盖的界限：不管人们之间相隔如何遥远，甚至互相敌视，只要回到耶稣基督即回到爱本身，回到普遍正义的怀抱，人们就能够消除隔阂，理解对方，接纳对方；同时，不管亲人之间多么亲密，也不可能"无间"，因为他们之间实际上永远横亘着绝对原则这一不可突破、不可泯灭的界限，因此，不管人们的关系多么密切，相互之间多么生死与共，也必须坚守爱的绝对原则与普遍正义。谁对亲人的感情深于对耶稣的感情，也就意味着，他让亲情牺牲了普遍之爱，让亲人凌驾于绝对原则与普遍正义之上；进一步说，则意味着他在自己的私情中无知地泯灭了人人之间的绝对界限，而试图代理他人的自由，替代他人的人格尊严。

　　以亲情牺牲普遍之爱，让亲人凌驾于绝对正义之上，因私情泯灭人人界限而取代他人自由，在根本上说的是一回事，它也是人类的一切非正义事物的源头。而一切非正义事物正是人类必须加以克服、消灭的敌人。正是在这个意义上，耶稣说，人的仇敌就是自己的家人。"家"是人们遇到的第一个关系场所，"家人"则是人们建构的第一个人际关系。一切正义与非正义也开始于家与家人。正因为如此，家庭中的亲亲关系对于整个社会来说一直是至关重要的，甚至曾经具有基础性意义。我们无法想象，一个溺爱、宠爱等盲目亲情泛滥的家庭会是一个坚守绝对原则而富有爱心与正义的家庭；而一个在家里以亲情牺牲原则与正义的人，他又如何能够在社会共同体里坚守原则与正义？一个被过度的亲情所俘虏而模糊了绝对原则与普遍正义的人，他又何以能够在社会共同体里不徇私情而枉公法？一个心灵世界弥漫着盲目亲情的人，他又如何能够在社会共同体里均公义于大众、泛真爱于人人？

　　相反，我们则可以相信，一个以普遍真爱节制亲亲之情、以绝对公义贯穿亲亲之间的家庭，一定是一个亲情澄明、爱心流荡、正义朗然的家庭；而一个以真爱正亲情的人，也最有可能在社会共同体里泛真爱于人人；一个持公义于亲亲之间的人，也一定最有可能在社会共同体里守原则于大众。由这样的家庭与这样的家人构成的社会共同体，也才最有可能成为一个公义流行的太平世界。孔子确立的儒家学派在《大学》里提出"齐家治国平天下"这样的实践秩序正是出于这个理路：通过在家庭这个每个人遭遇的第一个关系场所里实践与贯彻普遍之爱的法则，学会以这一绝对法则处理与一切他人的关系，避免或防止因无度的亲情而牺牲普遍之爱，并进而损害其他基于普遍之爱的各种公义法则，从而维护人间的公义。

　　这里，儒家强调的不是一些后儒或学者所理解、解释的那样，好像是强调家庭与亲情在治平事业中的重要性。实际上，孔子与先儒强调的是致知、修身对治平事业的基础性意义，而家庭亲情并不是致知、修身的前提，相反，致知、修身而明起来的"明德"，也即绝对原则恰恰要成为齐正家庭亲亲之情的尺度。没有明德为根，没有至善为据，人们何以正亲亲之情而齐家？设若无以正亲亲之情，又何以立国之大法而节天下人人之利？大法不立，又何以均天下之公义而治平天下？所以，在治平事业中，与其说先儒强调的是家庭亲情本身，不如说恰恰是强调要以明德克齐亲亲之情，持至善贯彻亲亲之间。设若亲亲之情皆中于大节，合于公义，则天下事亦不难矣。反之，倘若亲亲无节，亲情失度，则亲情至厚而公义退席，亲亲无间而天下昏昏。

　　那么，这个被儒家当作克齐亲情的"明德"又是什么呢？这个明德就是孔子所发现的"仁"的原则。在孔子时代，礼规定着人间的一切关系，而这些礼的产生及其正当性来自三个方面：血缘亲情、等级关系与神话传说。礼既来自这三个领域，又塑造着这三个领域。在孔子之前，这些礼对于人们而言一方面呈现为外在的约束，另一方面又因为多为特殊化规则而自相矛盾。因此，礼崩乐坏，虽然有各种原因，但是礼乐体系本身缺乏内在统一性与普遍性更是其分崩离析的根本原因。孔子的伟大就在于为一切礼乐寻找到了一个普遍而统一的正当性基础，那就是"仁"，并以仁为尺度对礼乐体系进行重构。

　　那么，何谓孔子的"仁"？孔子本人对这个问题有各种回答，后人也有各种解释。但是，最根本的回答是"仁者，爱人"。仁，就是爱所有的人：不管他的出身、等级，也不管他的种族、血缘，都应当爱他。如何爱所有人呢？我们可以用孔子在另一个地方回答"何为仁"时给出的答案来回答这个问题："己所不欲，勿施于人。"不要把不愿意发生在自己身上的事情，施加到任何人身上，就是仁，就是对他人的爱。这一仁爱原则被孔子视为每个人都应当终生奉行与遵守的法则。它在根本上表达了两条基本原则：

1. 把任何他人都当作与自己一样的存在者，也即说，承认他人为与自己一样却又独立于自己的另一个自己。

2. 尊重并维护他人为另一个自己，因此，不忍心也不允许自己以自己不愿意被对待的方式对待他人，而只能以自己愿意被对待的方式对待他人。

这是孔子所说的仁的根本内涵。它在根本上表达了一个绝对的命令：把自己与任何他人都当作一个人来对待！实际上，在这里，终于出现了一个要求被同等对待的人，一个普遍的人，一个普遍的自己，因而也就是一个普遍的个体之人。孔子对仁之发现与觉悟，实乃对普遍之人的发现与觉悟，而根本上即是对普遍的个体之人的发现与自觉。孔子这一发现与自觉不仅实现了华夏文化思想的根本突破，而且为始于三代而兴于周的"民本"政治理念奠定了远高于这一政治理念本身的第一哲学基础。从此，天下主义的王道理想才获得了穿越千年历史的不竭动力。

实际上，孔子确立的仁，在根本上也就是耶稣所倡导的普遍之爱。正如耶稣以普遍之爱克服种族、血缘与地域的局限一样，孔子也是以普遍的仁爱突破人类沉迷了千年之久的血缘亲情、等级关系、种族区隔与神话传说，为人间的正当关系确立了全新的基础。他一生所做的重要工作，也即删诗书、定礼乐，都建立在他的仁爱原则之上。对礼进行的"损益"不是根据现实需要或任何其他理由，而只根据仁：否定一切不合仁爱的礼，肯定并增加一切基于仁爱的礼。因此，即便是孝、悌这类亲情伦理也要以普遍的仁爱为基础与尺度。在这个意义上，孔子与耶稣都从事着一项解放事业：把人类从血缘亲情、等级关系、种族区隔、地域亲疏中解放出来，将人类带向普遍性的澄明关系。

　　不过，人们可能马上会说，上面那样理解孔子显然与《论语》里所说的"孝弟也者，其为仁之本与！"相矛盾。因为这里似乎是主张，孝悌是仁的基础或根本。

　　但是，实际上，孝悌友信等伦理要求正如亲情一样，其发生之基础与正当性之基础实际上都在普遍之爱里，因而也即在仁爱里，而不是相反。父为什么要慈？子为什么要孝？唯有人类，才有这种"父子关系"，就因为父子关系是一种伦理关系，而不是自然的血缘关系。什么是伦理关系？伦理关系必定是一种相互性的自主关系，关系项之间存在着相互性的义务、责任与权利。否则，就不是伦理关系。然而，只有承认（或默认）关系项之间是相互独立自主的另一个自己，也即承认相互间是自由存在者，他们之间才能确立起相互性的义务、责任与权利，否则就不可能存在义务、责任与权利的关系。因为在关系项不是自由存在者的情况下，要求对方承担起某种义务或责任，是没有意义的，也是不正当的。这在根本上等于说，一切伦理关系都要以承认关系项为自由存在者为前提；不仅如此，一切伦理关系还是出于尊重与维护关系项为自由存在者的存在。而承认并尊重、维护对方为一个自主/自立的自由存在者，正是普遍之爱本身的要求。

　　正是在这个意义上，我们说一切伦理关系都基于并出于普遍之爱。父之所以当慈，子之所以当孝，首先不因为别的，而出于履行普遍之爱的要求：父母有义务把孩子抚育"成人"——什么叫成人？就是成为一个健全而能够自主/自立的人，也就是一个有所担当、有所坚守的独立者。而子女则有责任孝对父母——何为孝？孔子强调

"敬"。在自己成人而父母老去时，子女不仅要在生活中赡养他们，而且要在心理、情感、态度上真切地尊敬他们，让他们在任何时候都感受到作为一个人的尊严，而不因年老无用而被视为多余的人（从优势等级体系里看，一个人失去劳动力则为多余的废人）。何谓一个人的尊严？一个人的尊严就是一个人的存在就是其目的本身，因此，他的存在不因他有用（充当某种角色功能）而有意义，也不因他不再有用（不再充当任何角色功能）而失去价值。尊敬一个人，在根本上就是承认并尊重一个之为目的性存在。而这在根本上说是承认并尊重一个人为一个自由的存在者，因为只有作为自由的存在者，其存在才能成为其目的本身。而承认并尊重一个人为一个自由存在者，正是我们所说的普遍之爱。

所以，不管是父当慈，还是子当孝，首先都是基于普遍之爱的要求。也就是说，孝悌伦理在根本上乃是基于孔子所觉悟与确立的普遍的仁爱原则。孔子实际上是以普遍的仁爱原则为周公所突出的孝悌伦理奠定正当性基础。

那么如何理解"孝弟也者，其为仁之本与"呢？从表面上看，人们好像很有理认为，孝悌先于仁爱而是仁爱之大根大本，因而孝悌是人之大伦，甚至进而成为立国之大基。但是，这完全错会了孔子的真意。这里的"本"字不是根本、根基之意，而只是开始、开端、开头的意思。何以见得呢？

我们知道，孝悌规范处理的是家庭里的人际关系，所有伦理规范都是处理人际关系的规则。但是，在所有人际关系中，我们每个人首先进入的就是家庭人际关系。"家庭"是我们每个人遭遇的第一个人际关系场所。所以，我们每个人都是在这第一个人际关系场所里与他人发生关系，是在这里开始感受到被爱，也是在这里开始学习如何去爱他人。具体说，我们是在父母的养育中感受到被爱的，同时是在对父母的孝敬中、在兄弟的友爱里开始学习爱他人的。因此，孔子这里真正要说的是，家庭是我们学习仁爱的第一个练习场所，家庭伦理也即孝悌，则是我们学习仁爱的第一个环节。

实际上，我们之所以应当孝悌，乃是出于普遍仁爱之要求；我们之所以能行孝与悌，乃是因为我们会爱。其实，诸如父慈子孝、兄友弟恭这类伦理规范表达的首先不是亲情的要求，而是普遍仁爱在具体的伦理关系中的要求，至少首先是基于普遍仁爱的要求。

在这个意义上，我们可以说，诸如孝悌等伦理规范既以普遍之爱为基础，也以普遍之爱为尺度。

所以，耶稣要在亲亲之间引起的不和、争执，实际上是一场澄清亲亲之情的革命：以普遍之义贯穿亲亲之间，以普遍之爱涤荡亲亲之情，使亲亲之情循公义（而不是私情）流行，亲亲之间以真爱（而不是溺爱或宠爱）相亲，从而得以亲亲而亲人，亦如孟子所言"老吾老以及人之老，幼吾幼以及人之幼"。由此，耶稣所说的"爱人如爱己"这种大爱得以流行世间。大爱流行，则私（亲）情得以节制，公义得以伸张。人世间不仅有亲情，更有真爱，因而更有普遍的正义。人人之间的首要关系不再是亲亲之间的关系，而是会爱者之间的关系，也就是自由者之间的关系。

会爱者，就是自由者。因为所谓会爱者，就是能够真正爱自己，从而能够真正爱他人的人。而正如前面的讨论表明，真正爱自己的人，也就是守于自己的天位即自由的人。守于自由也就是维护、承担自己自主/自立/自在的存在。爱自己，既是把自己给予自己，也是对自己提出要求——承担起自己的自由。爱自己而守于自由的人，也才能不在比较关联中去对待他人，因而也才能让他人守于自己的自由而自主/自立/自在地存在——这正是爱他人的真义。因此，正如爱自己一样，真正的爱他人既是把他人的天位归给他人，从而尊重、协助、维护他人的自由，同时也是希望、要求他人承担起自己的自由。

所以，会爱者间的关系，就是自由体间的关系。人人爱人如爱己，亲亲而亲人，也就是人人相互以自由身相对待。就此而言，澄清亲情而使大爱流行，在根本上意味着把人们从盲目而封闭的亲亲关系中解放出来，使之进入一种敞开的自由体之间的关系。

在这个意义上，孔子与耶稣澄清亲情的革命，更是一场社会革命，一场人类解放运动：它既召唤人们在心灵上从无度的亲亲之情中解放出来，从而摆脱亲亲之间过度的相互依赖，同时也将进而持续地推动人们在法律与习俗层面上从各种人身依附关系中解放出来。因为一个人一旦在心灵世界确立起了大爱，那么他不仅要求维护自己的自主/自立/自在的自由存在与目的性存在，而且要求尊重、维护他人同样的自由存在与目的性存在。所以，爱的法则也就是自由的法则，目的性存在的法则，因而也就是自主/自立/自在的法则。爱他人，在根本上就是要协助、尊重、维护他人的自主/自立/自在的自由存在与目的性存在。

东正教灵修论与儒家道德修养观

徐凤林*

从通常的现代性的观点来看，东正教的灵修是少数虔诚信徒/修道者的消极遁世的生活方式，与现实社会中的道德生活是格格不入的。的确，灵修主义是基督教信仰者个人的生活实践活动，具有基督教世界观的人格理念和价值追求，以俗世与天国的分离和对立为前提，以荣耀上帝和追求彼岸世界为目标。而一般意义上的道德，则主要是指人在现实生活中的人格修养，以自然情感和理性为基础，依靠社会评价来调节。两者有诸多区别。但是，进一步考察可以看到，就灵修与道德的内在方面而言，两者又有某些共同的成分。

具体来说，东正教灵修可以分为外在灵修和内在灵修。外在灵修包括严格遵守修道院制度、禁欲(绝色，绝财，绝意)、斋戒、祈祷等外部生活形式；内在灵修是与这些外部生活形式相伴随的内心活动，这些活动又可以分为否定方面和肯定方面。肯定方面是内心朝向上帝的意志、意向、决心，否定方面包括内心忏悔、自我克制、属灵争战等。当然，这些内心活动是依靠和伴随上帝恩典进行的。我们认为，正是东正教的内在灵修，与一般意义上的道德意志、道德动机有着一定的内在关联。因为东正教神学对上帝恩典的理解比西方神学更亲近于人，更内在于人。正是这种"外在超越"中的内在性，有助于我们对基督教的全面理解，也为基督教与儒家学说的对话提供了更

---

* 徐凤林，北京大学哲学系教授。

大的可能空间。这一对话性首先表现在两个方面，一是东正教灵修论的个人主动性与儒家人性论的向善意向的相似性，二是东正教灵修论与儒家功夫论都强调人的道德修养是一个毕生过程。

一、一念之间

道德的内在方面是人格的自我修养。道德品性不是自动生成的，必须有道德主体的自觉意识和主动意向作为出发点。东正教灵修生活包括皈依、忏悔、祈祷、持戒、劳作、净化、与上帝合一等过程和要素。东正教灵修神学特别强调人自身在这些过程中的能动性和积极性，具体表现在两个方面：第一，东正教灵修神学家认为，在人的精神修行中，人的内心意向是上帝恩典作用的必要条件。第二，在人的灵性成长中，自我意识要始终保持警醒。这显然涉及基督教思想史上的意志自由问题。

上帝恩典与意志自由的关系问题，进而扩展到信仰与理性的关系问题，是西方基督教神学以及近现代宗教哲学长期争论的问题。其中有"神恩独作论"和"个人意志决定论"两种极端观点。东正教神学秉承希腊教父思想，在这个问题上主张另外一种"折中"的观点，即"神人合作论"，人的皈依和向善意向既不完全由上帝恩典决定，也不完全由个人自己决定，而是由两者同时决定的，两个动因彼此合作，其中人的意念、意志起着不可或缺的作用。这一主张体现了东方教会神学思想不局限于教会信条，而是把神学思考与灵修经验结合在一起的特点。按照教会信条，上帝是绝对的发动者，是独一始因，但在东正教灵修神学中，从人的自身本性方面来看，也有自己的开端，就是"一念之发"。

　　按照早期东正教灵修者埃及的马卡里（Макарий Великий, Египетский，约300—391）的观点，灵魂朝向得救的运动从形成得救的愿望和树立促进得救的坚定决心开始。他说："人按照本性具有自己的开端，而上帝在寻找这个开端。因此上帝吩咐人，让他首先明白，明白后开始爱，开始发动自己的意志。……因此，人的意志仿佛是一个重要条件。如果没有人的意志，上帝自己将毫无作为，尽管上帝按照自己的自由可以有所作为。因此，圣灵要依靠人的意志来完成自己的行动。"① 在此，人的本性的开端，仿佛相当于告子所说的"性犹湍水"，或王阳明所说的"心之体"，本是"无善无恶"的，从"意之动"开始才有善恶。按照马卡里的说法，虽然"如何使思想变成行动，或如何经受住困难，或者如何完成行动——这些东西都已由上帝恩典赋予了有愿望的人和有信仰的人"②，但是，人的主动性，人自己向上帝敞开和悦纳上帝恩典的意向，也是一个根本条件。他还用形象的比喻来说明，这一主动性是任何人都具有的和应当发动的。比如患出血病的妇女，虽然自己不能治疗，伤口仍然溃烂，但她有双脚能走，可以去找救主给自己治疗；婴儿无力做任何事情，或者不能自己走到母亲那里去，但他要找母亲时会动，会叫，会哭。母亲怜悯婴儿，喜欢婴儿用力哭喊着找她。婴儿不能自己走过来，母亲就会走到婴儿那里，温柔地抱起他，给他喂奶。爱人的上帝对待呼唤上帝的灵魂也是这样。③

　　按照希腊教父尼撒的格里高利的观点，"恩典丝毫也不强迫我们

---

① Макарий Коринфский. Добротолюбие. Том Ⅰ. Серия «Добротолюбие. В 5 томах», книга 1. М. , 2010. С. 92. （哥林多的圣马卡里：《爱善集》第1卷，莫斯科，2010年。）

② Добротолюбие. Том Ⅰ. , С. 92.

③ Добротолюбие. Том Ⅰ. , С. 92-93.

的意志。恩典只被赋予那些愿意接受它的人，而无论如何都逃离不愿意信仰和行善的人。恩典与人的意志共同起作用，参与恩典的程度完全依赖于人接受它和保存它的愿望"①。

东正教神学家弗·洛斯基（В. Н. Лосский，1903—1958）对"神人合作"思想做了更加全面的精辟表述："恩典不是人的善良意志的奖赏，像佩拉纠②所希望的那样，但恩典也不是我们自由意志之'功德'的原因，因为这里所说的不是人的意志和能力，也不是上帝的恩赐与奖赏，而是合作，是上帝意志和人的意志这两个意志的合作，是人的认同，在这个认同里，上帝的恩典得到越来越多地展现，被人所博取和把握。恩典——是上帝在我们身上的临在，这个临在要求人的方面做出不断努力。但人的努力丝毫不决定恩典本身，同样，恩典也不作为外部力量对人的自由有丝毫影响。"③ 他认为，一方面，不能赞同"意志决定论"者的观点，认为只要依靠人的向善之心便可以获得上帝恩典的奖赏，因为人的得救与完善最终取决于上帝意志；但另一方面，也不能认为是上帝恩典决定了人心向善，上帝不能代替或强迫人的意念发动和向善取向，人自己不能消极等待恩典的到来，而回避自己的义务和使命。这也就是人自己的坚定信念和决心。洛斯基总结说："在完善的人格中，不再有'无意识的'、本能的和不由自

---

①　См.：Сидоров А. И. Святоотеческое наследие и церковные древности. Том 4: Древнее монашество и возникновение монашеской письменности. М.：Сибирская Благозонница，2014. С. 486.（参见西多罗夫：《教父遗产与教会文物》第 4 卷：《古代修道生活与修道文献的产生》，莫斯科，2014 年。）

②　佩拉纠（Pelagius，约 360—430）——不列颠神学家，强调人的意志自由向善，因信称义。

③　Лосский В. Н. Очерки мистического богословия Восточной Церкви. Догматическое богословие/Пер. с фр. мон. Магдалины（В. А. Рещиковой）. СТСЛ，2013. С. 299-300.（弗·尼·洛斯基：《东方教会神秘神学·教义神学》，拉什科娃译自法文，圣三一谢尔基修道院，2013 年。）

主的东西的位置；一切都充满了上帝之光，这光是人格所掌握的，这光因圣灵的赐予而成为人格自己的品质。……但与上帝的合一不是某种有机的和无意识的过程的结果；这种合一是通过圣灵和我们的自由而在人格中实现的。当有人问萨罗夫的瑟拉芬①，现代基督徒有没有这样一种缺点，这种缺点妨碍他们取得前人所富有的那些神圣性的成就，这位圣徒回答说，现代人所缺乏的只有一点——决心。"② 东正教神学不重视每个人固有从始祖遗传而来的原罪的观点，而强调善恶在于每个人的自由选择，个人的善恶仿佛决定于他自己的一念之间。

东正教灵修神学强调人在灵修过程中应当始终保持自我意识的"警醒"（Бодрствование），也就是保持和发扬主体自身的自觉性和能动性。洛斯基写道："与上帝合一的道路不是无意识的过程。这条道路要求心智的不断警醒和意志的恒常努力……当人身上热情减少、决心减弱的时候，恩典也就无所作为了。因此，福音书关于警醒和与贪睡作斗争的教导③，是全部东方灵修主义的基本主题；这种灵修主义要求人在向与上帝完全合一的上升之路的全部阶段，都保持完全的自觉性。"④ 也就是说，灵修者即便是达到了灵性生活的高级阶段，也不应陷入"自我满足""消极被动""迷狂"或"物我两忘"等的状态，而仍然要保持"清醒"（νηψις，трезвение）、"内心关注"

---

① 萨罗夫的瑟拉芬（Серафим Саровский，1754—1833），俄罗斯东正教苦修者。

② Лосский В. Н. Очерки мистического богословия Восточной Церкви. Догматическое богословие/Пер. с фр. мон. Магдалины（В. А. Ращиковой）. СТСЛ, 2013. C. 329—330.

③ "天国好像人撒好种子在田里，及至人睡觉的时候，有仇敌来，将稗子撒在麦子里就走了"（《新约·马太福音》13：25）；"你们要警醒，因为不知道你们的主是哪一天来到"（《新约·马太福音》24：42）；"你们要警醒，因为那日子，那时辰，你们不知道"（《新约·马太福音》25：13）。

④ Лосский В. Н. Там же, С. 305-306.

（η καρδιακη προσοχη，сердечное внимание），保持对事物的"评论与判断能力"。

与此类似，儒家道德观也认为，道德修养的重要前提是人的道德意志、向善意向。孟子区分人性与人心，按照他的观点，人性之善的关键在于向善之心，即善良意志。重要的不是人性本善，而是人心向善。"人之异于禽兽者几希"，人与动物之间的区别正在于人的精神性，而精神性的本质在于向善之心、向善的意志取向。"人之学者，其性善"。人性之善是在学习中培养起来的。荀子确认人性之恶，也是为了强调"化性起伪"，即人自身在道德修养过程中的主动性和自觉性。"人之性恶，其善者伪也"，"故圣人化性而起伪，伪起而生礼义，礼义生而制法度"。要走向道德完善，就需要改变人的先天本性，发挥后天的人为因素，从积极主动的向善之心开始。善恶抉择在于一念之间。

二、止于至善

灵修主体或道德主体是依靠什么保持警醒的？不是笼统的"心灵"，而是心灵中的某种成分，这种成分在东正教灵修神学中叫作"心智"（νοῦς，ум），在儒家思想中类似于"思""道心"或"良知"。而"心智"或"良知"的警醒不是一劳永逸的，而是一个不断持守的过程。

中国儒家虽然主张以本性之善为根据的"反身而诚"，但"成人之道"并不是随遇而安或放任随性的结果，而是要求有一个更高的主体对本心的"存""养"。按照孟子的观点，"心之官则思，思则得之，不思则不得也"；"诚者天之道也，思诚者人之道也"；"尽其心，则知性矣，知性则知天"。这些论断都表明，"成人"的过程也就是"正心，诚意，修身"的过程。朱熹把人性分为天地之性与气质之性，把心分为道心和人心，道心是符合天理的善心，人心是属气的低级欲望，为罪恶之源。因此他主张应"使道心常为人心之主"。王阳明所说的"心"也有不同层次，"心者身之主也。心之虚灵明觉，即所谓本然之良知也"，"致良知"，也就是依靠良知的监管来保障人对内心天理的直觉与遵行，以便达到"心即理"的境界。

儒家的内省观念也要求人的道德能动性。内省是一种道德反思活动，也是一种自我超越活动。内省活动意味着自我内部的分化，自我划分为道德意志主体和道德培养对象。道德意志主体具有超验性，以成为"君子"为选择目标，"君子求诸己，小人求诸人"，对先前与现在的自我加以审查和修正，力图培养和塑造自我的道德理想人格。这一道德培养是人格的毕生过程。

在东正教神学中，"心智"也具有把本然之心与超越之心联系起来的作用。"心智"一词具有古希腊哲学和新柏拉图主义的深远传统，无疑是属"人性"的，是人的内在方面，同时又与某种客观的普遍之物联系在一起。后来这个词在西方思想中被解释为人的理性、理智等含义，与人的情感、意志相并列。于是，心智的超越性主要在于理性能力的超越性。但希腊教父和拜占庭神学家没有把心智仅仅看作人的内在属性或力量的某个方面，而是作为人的完整的个性人格，同时又是人身上所内在具有的上帝形象。这样使得"心智"也具有了道德含义和力量。"心智作为人的最个性化部分，作为人的自由与意识的原则，在人的本性中是与他的个体人格最相符合的；可以说，心智是人格的驻地，是包含了人的全部存在(灵，魂，体)之总和的人格的宝座。因此，东方教父常常愿意把心智等同于人身上的上帝形象。"①

　　拜占庭神学家格里高利·帕拉马（Григорий Палама，约1296—1359）具体论述了"心智"的地位与作用。按照他的观点，"心"包括三个组成部分：第一部分叫作"内心／中心"（сердце，heart），它是人的全部内在能量、情感、意志、意念的中心、凝聚点；第二部分叫作"灵魂"（душа，soul），它是人的内在能量的统称，是支配身体活动的统一力量；第三部分叫作"心智"（ум，nous），它是灵魂的眼睛，具有鉴别能力，能够反观自身，它是身体和灵魂的掌管者，具有自我超越能力，能够接受上帝的光。具体地说，心智在两个维度上发挥作用——人性维度和神性维度。在人性维度上，心智掌管身体和灵魂。帕拉马说，让心智住进身体的家，作为掌管者，为每一种灵魂能力和每一个身体器官设立应有的法则。当我们力图支配自己情感的时候，这个法则的作用叫作"节制"（воздержание）；当我们让灵魂的情欲部分达到最佳状态的时候，这个状态的名称是"爱"；当我们使灵魂的判断能力达到完善，驱逐一切妨碍追求上帝之物的时候，这种心智的法则叫作"清醒"（трезвение）。在神性维度上，心智能超越自身，与上帝相通。帕拉马说，心智通过自我洁净和虔诚祈祷，可以被上帝的光照亮，也就是接受上帝恩典，从而获得另外的超自然洞察力，这时，心智在看见自己的时候仿佛看见另外某种东西，不是看见自己的形象，而是看见上帝的恩典映在自己形象中的光芒，这光芒使心智具有（恢复）了超越自身的能力，使心智与最高存在合一，通过这种合一，心智能够比任何人性可能达到的程度更好地看见灵性中的上帝。② 帕

---

　　①　Лосский В. Н. Там же, С. 305.

　　②　Григорий Палама. Триады в защиту священно-безмолвствующих. М.：Канон+，2003，С. 42.（格里高利·帕拉马：《维护静修者三论集》，В. Вениаминов 译自希腊文，莫斯科，教规出版社，2003年。）

拉马作为一位修士神学家，把神学与灵修结合在一起，着重从人的内心体验方面来阐述，因此与人的道德修行和人格完善有密切联系。同时，"心智"又与上帝相通，使得人的道德之心具有了上帝信仰的牢固基础和超越维度。

"心智"作为"人身上的上帝形象"，既是人应当在自己身上重建的完满人格理想，也是实现重建过程的标准和力量。在东正教灵修神学中，这一过程是通过忏悔、节制、属灵争战等活动进行的。这一过程并非一蹴而就和一劳永逸，而是一个持续不断的过程，贯穿于修行者生命的始终。东正教灵性神学家埃及的马卡里反对当时异端祈祷派（мессалиане）的观点。祈祷派认为，达到了完善的灵修者已完全脱离罪孽，人能够"修成正果"。马卡里则认为，人的属灵争战和灵修是人的全部世间存在的不间断的事实，即便达到了很高的灵性成就，也不能终止。① 在另一位东方教会神学家叙利亚的以撒（Исаак Сирин，7世纪）看来，忏悔作为走向完善之路的开端，并不意味着它是一个可以完成的阶段，它甚至不是一个阶段，而是那些真正追求与上帝合一者的经常不断的状态。他写道："忏悔对一切罪人和希望得救的义人来说永远都是得体的。完善的过程没有止境，因为即便是最完善的人的完善，其实也是不完善的。"② 有道德的人达到的完善程度越高，越是意识到自己的不完善。圣人之"圣"不在于他已经达到功德圆满，而在于他能够恒常持守向善之心。

---

① Сидоров А. И. Святоотеческое наследие и церковные древности. Том 4: Древнее монашество и возникновение монашеской письменности. М. : Сибирская Благозвонница, 2014. С. 458.

② См. : Прп Исаак Сирин. Слова подвижнические, 71. Сергиев Посад, 1911. С. 366.

　　这一观点也可以在中国古代道德思想中找到共鸣。按照我的理解，《礼记》名言"止于至善"的含义，不只是某种最高境界的可及性，而且是要强调求善之路是一个持续不断的进程，是一种坚持不懈的努力，非至极致而不止。

明治儒宗驳基督教：
安井息轩《辨妄》初探[*]

青山大介[**]

一、引言

很多中国知识分子都对这个问题感兴趣："日本基督教徒占人口的比例是多少？"以韩国为比较对象，韩国基督徒占韩国总人口的26.4%[①]，也就是说，大约每4个韩国人中就有1个基督徒。那么，日本比韩国多还是少呢？少。根据日本政府文化厅《宗教年鉴》[②]，2021年日本一共有1 915 294个基督徒，但此人数仅仅约占日本总人口的1.5%，即差不多每200个日本人中才有3个基督徒。

人们可能会对此数字感到惊讶。日本自19世纪以来积极接受西方文明，以"脱亚入欧"为口号推动全盘西化，虽然的确有一时推崇国粹主义的狂热时代，可是"二战"后被美国控制，熏染了美国文化和价值观，从冷战时期以来都属于基督教文明的西方阵营，推崇

---

* 本文由田访、张俊校。

** 青山大介，湖南大学岳麓书院副教授。

① 根据日本外务省：《大韩民国基础数据》（2022年4月20日），2020年韩国总人口有5183万人（来源于2020年大韩民国统计局）；2015年新教徒有967万人，旧教徒有389万人（来源于2015年大韩民国统计局）。

② 日本文化厅编：《宗教年鉴》令和3年版，日本文化厅官网，2021年，第35页。

西方所谓的"普适价值"。总而言之，日本自近代以来对西方文明的虔诚态度和对基督教的冷漠态度看起来是矛盾的。

是什么原因造成如此特殊的状态呢？笔者认为近代日本学者树立的基督教负面形象是一个重要原因，尤其是 1873 年（明治六年）出版的《辨妄》五篇对基督教的批评为其负面形象的形成起了非常重要的推波助澜的作用。《辨妄》的作者安井息轩（1799—1876），是幕末维新时期的日本儒家的代表性人物。安井息轩通过精读《圣经》，剖析了基督教神话和教义，强烈主张日本社会不可以接受基督教。他的批评引发当时日本知识界的共鸣，譬如著名哲学家井上哲次郎（1855—1944）为了抨击日本基督徒，也沿用息轩的论述逻辑，并直接引用了《辨妄》。

鉴于中国知识界对于《辨妄》及安井息轩其人都比较陌生，因此本文这里主要分析一代儒宗安井息轩在《辨妄》中对基督教的批评，希望能够帮助中国读者理解日本近代儒家如何面对"西化"和"非基督教化"这对矛盾问题，以便给当下中国的儒耶对话带来一些域外的比较视野。

二、《辨妄》与近代日本的信仰之争

（一）近代日本的基督教政策

日本政府对基督教的政策有三个阶段，即接受期（1549—1587）、排斥期（1587—1873）、允许期（从 1873 年到今）。

1549 年，基督教最初传播到了日本九州岛屿最南部的萨摩藩（鹿儿岛县）。耶稣会（Society of Jesus）的创始人之一沙勿略（Francisco Xavier，1506—1552）本人就曾亲自到日本传教。当时不少战国大名由于"南蛮贸易"的利益和对西方思想的好奇心，陆续接受洗礼，皈依基督教，成为"切支丹大名"①。他们不只保护领内的基督教信仰，而且迫使人民皈依基督教。值得一提的是，1582 年，九州岛屿的切支丹大名共同向欧洲派出了"天正遣欧少年使节团"。被选为使节的少年们，即伊东祐益（Mancio，1569—1612）、千次羽纪（Miguel，1569—1633）、原玛尔定（Martinão，1569—1629）、中浦儒略（Juliāno，1568—1633）四位少年信徒花了两年才到达欧洲，并在 1585 年 3 月 23 日谒见了罗马教皇格里高利十三世（Gregorius XIII，1502—1585），1590 年他们才返回日本。

战国大名对基督教最期待的是什么？就战国大名而言，当时最烦恼的问题是佛教徒的武装叛乱，尤其是"一向宗"的僧侣领导农民发动的"一向一揆"很棘手。因此战国大名便企图引入基督教对抗一向宗，削弱一向宗对群众的影响力。例如完全不相信神佛、灵魂、来世的织田信长（1534—1582），一边毫不留情地屠杀一向宗信徒，一边却和耶稣会士弗罗伊斯（Luis Frois，1532—1597）亲切交流，允许了耶稣会士在近畿地方一带进行宣教活动，尽管其本人并没有皈依基督教。②

丰臣秀吉（1537—1598）继承织田信长的霸业，实现了日本统一。虽然他原来也允许传教士在日本进行宣教活动，但是由于许多原因，

---

① "切支丹"是 Christian（基督徒）的日语音译，"大名"是日本封建领主的称号，"切支丹大名"是皈依基督教的日本封建领主的总称。日本九州地方有很多切支丹大名，例如：大村纯忠（1533—1587）、大友宗麟（1530—1587）、有马晴信（1567—1612）、黑田孝高（1546—1604）、小西行长（？—1600），等等。根据史泰钦（Michae A. Steichen，1857—1929）《切支丹大名记》（东京大冈山书店 1930 年版），当时一共有 61 位切支丹大名。

② 参见弗罗伊斯《日本史》（Historia de Iapam）和《日欧文化比较》（Kulturgegensatze Europa-Japan）对织田信长和家臣及 16 世纪日本社会面貌的描述。

他在 1587 年颁布"伴天连追放令"①，禁止了传教士在日本宣教。丰臣秀吉死后，德川家康（1542—1616）建立江户幕府（1603—1868）。他继续丰臣秀吉的宗教方针，对日本国内基督徒进行镇压。1638 年，幕府残酷镇压"岛原之乱"② 之后，基督教就基本从日本社会消失了。③

1854 年，江户幕府和美国政府缔结"日美和亲条约"而将外交政策从"锁国"转为了"开国"。欧美传教士见此机会便跟随本国驻日大使来访日本，在横滨（神奈川县）的外国人居留地里建设了基督教堂。不过江户幕府坚持"基督教禁令"，继续严禁人民皈依基督教。

1865 年，肥前藩浦上村（长崎县长崎市）的 15 个左右的农民来长崎的外国人居留地找大浦天主堂的司教佩蒂让（Bernard-Thadée Petitjean，1829—1884），暴露了自己是"岛原之乱"幸存者的子孙，他们身为"隐匿基督徒"潜伏地下，竟然 260 多年世世代代坚持信仰。所谓"信徒发见"（发现信徒）。此新闻传回欧美诸国，让许多西方人感动，但同时也震撼了幕府。幕府迅速抓捕浦上村的基督徒，

———————

① 此法令的主要原因是 1596 年的"圣菲利普号事件"。另外，当时日本基督徒迅速地扩大势力，可能会发动类似于"一向一揆"的宗教叛乱；基督徒由于其排他性及攻击性，经常与日本原有宗教的神道教及佛教冲突；西方商人以基督教的活动为幌子，绑架日本信徒当奴隶出口；等等。"伴天连"指基督教的神父和传教士，来自葡萄牙语 padre（"父亲"神父"司祭"）。"追放"是放逐的意思。"伴天连追放"禁止神父和传教士在日本活动，不过没有禁止西方商人来到日本进行贸易。

② "岛原之乱"是江户时代初期日本基督徒发动的武装宗教叛乱。天草四郎（1621？—1638）领导岛原（长崎县岛原市）和天草（熊本县天草市）的贫民占领了城堡，但是他们最终都被幕府残酷镇压了。江户幕府怀疑西方传教士是策动"岛原之乱"幕后黑手，于是实施了严格的外国人入境隔离政策，将海外贸易限于长崎县的一座人造岛屿"出岛"，严禁西方人和日本人民自由交流。

③ "岛原之乱"的幸存者潜伏地下，成为"隐匿基督徒"，在江户时代 260 多年里世世代代保持信仰。

不顾欧美诸国的外交压力，以酷刑迫使他们弃教，并最终全部将其杀害。此案件被称为"浦上第四次崩坏"。

1868 年"明治维新"开始，明治新政府取代江户幕府，向人民发布《五榜之揭示》(1868)。此文告显示的新政府基本方针依然禁止基督教。[①]

到了 1873 年(明治六年)2 月 28 日明治政府才真正解除延续近三百年的"基督教禁令"。为何明治政府的宗教政策会出现如此巨大的转变呢？其主要原因是修改江户幕府与欧美诸国签订的不平等条约，尤其是其中的"领事裁判权"有损日本主权，非尽早废除不可。[②] 1871 年(明治四年)，明治政府派遣岩仓具视(1825—1883)和遣欧使节团赴欧美诸国进行外交谈判，但当时欧美流传着"浦上第四次崩坏"(1865)的消息，对日本的负面情绪蔓延，谈判完全没有取得成果。根据岩仓具视的报告，明治政府认为为了让欧美同意修改条约，需要证明日本能够理解西方价值观，因此决定了解除"基督教禁令"。所以，这里丝毫没有对基督教教义和理念的共鸣。不管怎样，时隔 286 年，基督教终于成为日本合法的宗教。

"解禁令"公布的同年同月，宿儒安井息轩开始在报纸上刊登《辨妄》五篇，激烈痛斥基督教，并且向日本社会鼓吹拒绝基督教。一般认为明治时期日本人都狂热于西方文明，因此我们很容易想象息轩的呼吁很难引起共鸣，不过让人感到意外的是，《辨妄》却受到了

---

①　《五榜之揭示》是明治政府最初发布的禁令，包括：(1)遵守五伦道德(君臣、父子、长幼、夫妇、朋友)；(2)禁止结党、集体诉讼、弃地逃亡；(3)严禁基督教和邪教；(4)履行《万国公法》(不得向外国人施暴)；(5)禁止随便离开籍贯地。

②　明治新政府推动了法律及制度的近代化：1889 年公布《大日本帝国宪法》，1890 年举行众议院议员选举，召开"帝国议会"，使日本转为了立宪君主国家。并于 1894 年，即甲午战争开战之前，明治政府和英国签订了《日英通商航海条约》，成功撤销了"领事裁判权"。

明治时期日本人的欢迎。同年 6 月《辨妄》五篇与《鬼神论》《与某生论共和政事书》合刊为《辨妄》一书出版①，同年 12 月又出版了日文译本②，1887 年还重刊了标注本③。值得一提的是，《辨妄》出版时，时任明治政府最高职位的左大臣岛津久光（1817—1887）为此书写了序言。④

《辨妄》出版后，福泽谕吉（1835—1901）和加藤弘之（1836—1916）等熟知西学的明治思想家也对基督教进行了批评。尽管如此，随着海外的基督教团体在日本国内全面开展传教工作，日本国内的基督教堂、传教士和日本基督徒也逐渐增加。而且从 1880 年开始，明治政府为了修改不平等条约，推行"欧化政策"⑤，上流阶层也对基督教表现出了浓厚兴趣。

1889 年（明治二十二年），明治政府颁布了《大日本帝国宪法》，将国家体制从寡头政体⑥转为了立宪政体。有限的"宗教信仰自由"出现在该宪法第 28 条："日本臣民在不妨碍安宁秩序且不违反臣民义务的情况下，有宗教信仰自由。"不过，隔年明治政府以天皇的名义颁发的《教育敕语》⑦，就出现了与宪法规定的宗教信仰自由相矛盾的

---

① 安井息轩：《辨妄》，中西源八藏，1873 年版。
② 安井息轩：《辨妄和解》，安藤定译，1873 年版。
③ 安井息轩：《辨妄标注》，松本丰多注，文海堂 1887 年版。
④ 岛津久光：《辨妄序》，安井息轩：《辨妄》。
⑤ "欧化政策"是明治政府所实施的政策，让上流阶层模仿西方生活文化。外务大臣井上馨（1836—1915）认为为了让欧美同意修改不平等条约，需要向欧美展示日本是文明国家。他鼓励上流阶层引进欧洲式生活文化。不过，就像每晚在"鹿鸣馆"举行舞会那样，这些都只不过是表面的模仿，因此受到文化界的严厉批评。
⑥ 明治天皇（1852—1912）即位时仅仅 15 岁。明治初期的政治形态不是专制君主独裁，而是一种寡头政体，被戏称为"藩阀政治"。其实，明治维新的核心势力不是朝廷，而是萨摩（鹿儿岛县）、长洲（山口县）、土佐（高知县）、肥前（佐贺县）四藩，此四藩推翻幕府后，据出身组成派阀，垄断政治权利。
⑦ 负责起草《教育敕语》的井上毅（1844—1895）在幕末进入"三计塾"师从安井息轩。关于《教育敕语》和《辨妄》在思想上的相似性，请参阅后文。

政策。虽然立宪政府本应保障人民各有"思想自由"和"宗教信仰自由"，但是《教育敕语》却将君主所规定的伦理道德强加给人民。此矛盾立刻导致了"内村鉴三不敬事件"（1891）。

内村鉴三（1861—1930）是第一高等中学（东京大学教养学部）的舍监，也是一位基督徒。1891年，第一高等中学举办了奉读《教育敕语》典礼，全部教师和学生轮流上台向《教育敕语》上的明治天皇的签名敬礼。内村鉴三虽然也向《教育敕语》敬了礼，但是由于鞠躬的角度不深，被学生和同事谴责为对皇室不敬，因而被迫离职了。此事件引起了围绕皇室崇拜和宗教信仰自由的论争。

东京大学哲学系教授井上哲次郎被采访时提及"内村鉴三不敬事件"，指出了基督教教义和《教育敕语》理念的冲突：内村鉴三之所以对《教育敕语》表现出不敬的态度，就是因为他是基督徒。日本基督徒就反驳说井上哲次郎对基督教有偏见，认为他侵犯了《大日本帝国宪法》所保障的"宗教信仰自由"。井上哲次郎写作《教育与宗教的冲突》①，直接引用息轩的《辨妄》②，主张因为基督教教义和日本社会传统伦理观念（忠孝）根本矛盾，因此基督徒必定扰乱日本社会秩序。井上哲次郎是第一个成为哲学教授的日本人，其将西方哲学引入日本，以西方哲学的方法分析东方思想，开创了"东洋哲学"，并竭力建立日本特色"国民道德"。他在当时的日本思想界和教育界有相当的影响力，因此他对基督教的批评影响甚广。

经过安井息轩、福泽谕吉、井上哲次郎这些文化名人的批判，基督教在日本彻底不振。

尽管受到文化界和教育界的阻挠，基督教在日本社会中持续推动

---

① 井上哲次郎：《教育与宗教的冲突》，敬业社1893年版。
② 井上哲次郎：《教育与宗教的冲突》，第110页。

福祉事业和社会运动①，建立高级教育机关②，其"博爱主义"也广泛渗透到日本社会。不过随着时势变化，日本军部势力越来越扩大，"大正民主"③ 失去了光彩，日本法西斯(Faschismus)兴起，政府加强对思想和言论的控制④，日本基督教也为了保持教团的合法性不得已迎合日本军国主义政策。虽然一部分的基督徒拒绝参拜靖国神社而被政府压制，但是大部分的基督徒都接受参拜神社，他们借口说"神道教不是宗教，而是信仰。因此神社参拜也并不是宗教行为，与基督教教义没有矛盾"，甚至肯定了日本的侵略战争。

1945年日本败战后，盟军最高司令官总司令部(GHQ)命令日本政府废除对"国家神道教"的保护政策。日本基督教团受到盟军最高司令官总司令部的支持和海外基督教团的支援，在日本各地开始了大规模传教工作。1946年，日本政府公布《日本国宪法》，保障完全的"宗教信仰自由"⑤，海外教团也开始恢复派遣传教士到日本进行宣教工作。众所周知，战后日本社会从欧美社会积极地吸收了"自由""平等""民主""人权"等"普适价值"，宪法和法律、教育制度等都基于西方的"普适价值"，如今已没有任何外在障碍阻碍日本

---

① 例如，以"足尾铜山矿毒事件"闻名的田中正造(1841—1913)主要在基督教堂演讲，但是他没有皈依基督教。

② 例如，菲莉斯女学院(1870)、神户女学院(1873)、青山学院(1874)、大阪心爱女学院(1877)、白百合学园(1882)、海星学院(1891)、大阪明星学园(1898)、京都晓星高等学校(1907)、上智大学(1913)、圣心女子大学(1916)、东京女子大学(1918)、同志社大学(1920)、立教大学(1922)、关西学院大学(1932)、南山学园(1932)等。

③ 大正时代(1912—1926)，日本进行了民主化。该政治潮流被称为"大正民主"，其主要政策符合现代民主制度，在内政方面则实现了成年男性的普通选举制度，在外交方面则采取了对中国内政不干涉。该潮流在1932年的"五·一五"事件(犬养毅首相被陆军军人暗杀的事件)之后结束了。此后，日本向军国主义的方向走去。在当时最进步的《魏玛宪法》下实施的合法选举造就了希特勒纳粹政权的历史。

④ 例如，1939年，帝国议会成立了"宗教团体法"。

⑤ 《日本国宪法》第20条：对任何人的宗教信仰自由都给予保障。

人皈依基督教，实际上也有很多日本人接纳教堂婚礼，将庆祝圣诞夜和情人节视为习俗。然而在日本，基督徒并没有大幅增加。今天日本仅占1.5%的基督徒比例表明，基督教在日本的传教工作并没有取得颠覆日本信仰文化的胜利。

（二）安井息轩

安井息轩，名衡，字仲平，是日本幕末维新时期的一代儒宗。

他1799年（宽政十一年）出生于日本九州岛西南部的饫肥藩（宫崎县宫崎市清武町），是藩儒安井沧洲（1767—1835）的次子。15岁开始跟随父亲读书，21岁时由清武镇的豪商南村惠藏资助去大阪游学，23岁时因兄长去世而成为安井氏的嫡子，25岁时去江户留学进入了幕府最高教育机关"昌平黉"。28岁时，因父亲的关系成为藩校"振德堂"教授，归乡作为助教协助父亲——在他36岁时父亲过世。39岁时辞职带家人迁搬到江户（东京），开设私塾"三计塾"。55岁时向水户齐昭①讲授海防论，63岁时被幕府任命为昌平黉儒官。他在1876年（明治九年）逝世，终年77岁。②

安井息轩作为幕末维新时期的儒家代表人物，在当时也处于日本

---

① 水户齐昭（1800—1860）即水户（茨城县）藩主德川齐昭。他是江户幕府末代将军德川庆喜（1837—1913）的父亲。1853年有"黑船来航"，美国向幕府要求开国，幕府将水户齐昭任命为"海防参与"应对外交问题。此时息轩为水户齐昭写过几篇海防论。但是水户齐昭和幕府大老井伊直弼（1815—1860）围绕签订条约发生了冲突，水户齐昭由于"安政大狱"（1858—1859）被幽禁于水户。1860年3月，水户藩士发动了"樱田门外之变"，在江户城的前门突袭井伊直弼，井伊直弼当场惨死。当年8月，水户齐昭去世。

② 关于安井息轩的事迹，可参见若山甲藏《安井息轩先生》（藏六书房1914年版）及黑江一郎《安井息轩》（日向文库刊行会1953年版）。中文传记请参见连清吉《安井息轩：日本考据学的集大成》（《日本江户时代的考据学家及其学问》，台湾学生书局1998年版，第103—153页）及金培懿《江户宽政年间以降学术态势与安井息轩之学风》（《国际儒学研究》2018年第5期），两者都根据若山甲藏著书所附上的《年所概况》和黑江一郎著书所附上的《安井息轩先生年谱年表》所写，其内容基本一致。

学术界的顶峰。

1. 1862 年（文久二年），江户幕府自己破坏了"宽政异学之禁"，将安井息轩聘为昌平黉的儒官。"宽政异学之禁"是幕府从 1790 年左右以来施行的思想统治政策，它禁止昌平黉讲授朱子学以外的学问。虽然息轩自任"古学"[①] 学者而公然批评宋学[②]，但是幕府仍将他任命为儒官。对于这件事情，岛田篁村[③]称赞说"从异学禁制以来没有先例"[④]；服部宇之吉[⑤]也称赞说"异例的待遇"[⑥]。

2. 1869 年（明治二年），明治新政府打算请安井息轩做明治天皇的

① "古学"是江户早期出现的日本特色儒学，以山鹿素行（1622—1685）"圣学"、伊藤仁斋（1627—1705）"古义学"和荻生徂徕（1666—1728）"古文辞学"总称为"古学"。此三者各自创建了一家之说，但共同排斥程、朱、陆、王之解释，尝试根据经文自己阐明孔孟之学。虽然江户幕府雇佣林罗山（1583—1657）向武士阶级推荐朱子学，但"古学"却在江户早期（17 世纪）盛行。如井上哲次郎所讲："虽然'古学'如字是古代的学问，但是从另外的角度来看，可谓'新学'。宋学以来，世间学者全部都信奉朱子学或阳明学，谁也不敢脱离朱、王的见解。当时，大胆地打破了朱、王的谬见且另立学说的不是中国人，而是日本人。"井上哲次郎：《日本古学派之哲学》，冀轩丛书 1936 年版，第 3 页。
② "如上所述，老朽以古学为宗，违抗潮流，所以做梦也没想到谒见，觉得诚然是意外的。我对将军的召见深为感谢，答应了邀请。"黑木盛幸编：《安井息轩书简集》，安井息轩显彰会 1987 年版，第 157 页。
③ 岛田篁村（1838—1898）是幕末维新时期的"汉学者"（中国学研究者），1881 年（明治十四年）成为东京帝国大学汉学科的初代教授，指导了服部宇之吉和狩野直树等许多中国学研究者。他让二女嫁给安井息轩的外孙安井朴堂，让三女嫁给服部宇之吉。
④ "随着时代的变迁，理所当然硕学不只从程朱学辈出，终于异学者也受到提拔到昌平黉任儒官。譬如说，安井息轩不是程朱学；盐谷宕阴是程朱学，可是没有信奉程朱学，他们都采纳各个学派所长之处。由此类汉学者充当昌平黉教员，是从异学禁制以来没有先例的事件。"这里的"异学禁制"即宽政异学之禁。参见岛田篁村：《本朝儒学源流考》，《东洋学会杂志》1890 年第 4 卷，第 499—504 页。
⑤ 服部宇之吉（1867—1939）乃东京帝国大学中国哲学系主任，也是东方文化学院初代院长，哈佛大学教授。他援用西方哲学的方法分析中国哲学，以礼学与《仪礼》为专业。另外，他提倡以"孔子教"推动社会伦理运动。
⑥ "（安井先生）被聘当昌平黉儒官。德川氏尊崇程朱学，让林氏辈辈掌管文教，大概将朱学派的人任用为昌平黉儒官。但是安井先生以古学学者被提拔，正是异例的待遇，可知其名声多么高。"服部宇之吉：《四书解题》，《汉文大系（一）》，富山房 1909 年版，第 22 页。

侍讲，但是息轩婉拒了。[①] 代替息轩受到提拔的是元田永孚（1818—1891），他于1871年（明治四年）当了明治天皇的侍讲。

3. 进入明治时期后，安井息轩的著作陆续出版。息轩生前，靠诸藩的资助出版了《论语集说》、《左传辑释》、《管子纂诂》[②]、《辨妄》。逝世后，服部宇之吉监修"汉文大系"[③] 收录了《论语集说》《大学说》《中庸说》《孟子定本》《管子纂诂》《战国策补正》；"崇文丛书"[④] 收录了《书说摘要》《左传辑释》《毛诗辑疏》；还有出版了《息轩遗稿》[⑤]、《睡余漫笔》[⑥]。

4. 安井息轩培养了许多人才，其门生活跃在明治时期。门生分为三种：政治家、军事家有谷干城、陆奥宗光、品川弥二郎、三浦安、河野敏镰、神鞭知常、井田让、明石元二郎、井上毅、大东义彻、石本新六；学问者、教育家有川田刚、小中村清籍、山井清演、龟谷省轩、昭井小作、安藤定、松本丰多、相马永胤、涉谷林山、星野恒、西村茂树；法官有三好退藏、增户武平、小野笃次郎、柳田真平、手冢贤太郎、中尾拾吉。[⑦]

---

① 根据息轩的外孙安井朴堂（小太郎）和野田文之助的谈话，胜海舟（1823—1899）和山冈铁舟（1836—1888）为了推荐息轩做明治天皇的侍讲，来找息轩游说多次。但是息轩以自己是"西方来的粗人不熟悉礼仪"婉拒了。参见黑江一郎：《安井息轩》，第13—14页。

② "余获交于东瀛诸君子，盖自竹添君始。丁丑之岁，君来见我于春在堂，以诗为挚。余以君为诗人也。见而与之言，始知君与安井仲平先生有师友渊源之旧。先生著有《管子纂诂》，余读而慕之。君言：先生于去岁亡矣，先生亡而吾国治古学者绝矣。余乃知君非徒诗人，而又学人也。"俞樾：《日本竹添井井〈左氏会笺〉序》，《春在堂全书·杂文六编补遗》2，清刻本，第19a—20b页。

③ "汉文大系"，富山房1909年版。

④ "崇文丛书"，崇文院1925年版。

⑤ 安井息轩：《息轩遗稿》，安井千菊1878年版。

⑥ 安井息轩：《睡余漫笔》，成章堂1903年版。

⑦ 古贺胜次郎：《安井息轩的门生（1）井上毅》，《早稻田社会科学综合研究》2009年第2期。

据此四个证据，我们可以断定安井息轩在幕末维新时期的日本思想界拥有举足轻重的地位，其《辨妄》对于近代日本人形成对基督教的负面印象无疑起到了至关重要的作用。

（三）《辨妄》的出版背景

息轩为何发表《辨妄》五篇驳斥基督教？

《辨妄》五篇首先发表在报纸《教义新闻》上——《辨妄一》在 14 号（1873 年 2 月）、《辨妄二》在 15 号（同年 3 月）、《辨妄三》在 16 号（同年 3 月）、《辨妄四》在 17 号（同年 4 月）、《辨妄五》在 18 号（同年 4 月）。[①] 虽然明治政府于同年 2 月 28 日解除了基督教禁令，但是因为《辨妄一》是在同年 2 月刊登的，而息轩起笔日期当然早于同年 2 月底的"解禁令"。而且因为《辨妄五》是同年 4 月刊登的，它说"我若今日启耶稣"云，以严禁基督教的社会情势为前提，因此息轩写完《辨妄五》的日期也早于同年 2 月底。所以，"解禁令"不是息轩《辨妄》的执笔动机。

笔者认为其导因在另一篇文章。《辨妄一》刊登的半年前，即 1872 年（明治五年）8 月，中村正直（1832—1891）《拟泰西人上书》刊登在《新闻杂志》56 号上[②]，激烈批评了当时知识分子异口同声主张的"和魂洋才"（相当于"中体西用"）的深刻矛盾。他指出了"魂"与"才"密不可分，基督教和西方科学技术有本源和末流的

---

① 《教义新闻》，《明治佛教思想资料集成》，同朋舍 1982 年版。《辨妄一》第 59—62 页、《辨妄二》第 64—65 页、《辨妄三》第 68—69 页、《辨妄四》第 71—72 页、《辨妄五》第 76—77 页。

② 中村正直：《拟泰西人上书》，《敬宇文集》第 1 卷，吉川弘文馆 1903 年版，第 6a—9b 页。

关系①，因此日本人非接受基督教不可掌握西方科技文明的精髓。② 他向明治天皇建议解除基督教禁令，甚至建议天皇亲自皈依基督教给日本人民示范，他说："陛下如果欲立西教，则宜先自受洗礼，自为教会之主而亿兆唱率。若断然行此，则自今以后西国君主敬爱陛下者如何也。西国人民祝福陛下者如何也？"③

中村正直是明治早期著名的启蒙思想家。他在 1866—1868 年作为幕府的使节去英国留学，回国后将詹姆斯·穆勒（James Mill，1773—1836）《自由之理》（ On Liberty ）以及塞缪尔·斯迈尔斯（Samuel Smiles，1812—1904）《西国立志编》（ Self-Help ）翻成日语出版，尤其是《自由之理》被称为"明治新青年的必读书"，给明治日本的"自由民权运动"带来了很大影响。他 1873 年（明治六年）和福泽谕吉等结成了日本最初的学术团体"明六社"，隔年受了洗礼，皈依基督教新教循道宗派（Methodists），致力于女子教育和盲哑教育。

值得注意的是，中村正直原来是儒者，而且是非常优秀的朱子学者，虽然他比安井息轩小 33 岁，但早于息轩当了昌平黉儒官。而且，中村正直跟息轩原有亲密交流，他在附上息轩《管子纂诂》交给应宝时（1821—1890）的书信中，表达对息轩的敬慕之情说："余甚慕之，

---

① "夫慕西国治化之美，喜文艺之善，惊机器之巧，欲尽得之于己，则不宜匀匀而汲，支支而求，必当探所以臻斯之本源焉。苟得其本源，则支流不求而自有矣。西国治化之美、文艺之善、机器之巧，贵国之所艳慕者，皆末流也。西国之教法，贵国之所嫌恶者，其本源也。今贵国喜其末流，而恶其本源，可谓惑矣。"中村正直：《敬宇全集》第 1 卷，第 8 页。

② "陛下如不除西教之禁，则贵国虽汲汲学欧洲之治化技艺，而绝不能进于真正欧洲治化技艺。譬如木偶人，面目手足虽具，而精神则失焉，何得与活人对峙而用平行之礼乎。"中村正直：《敬宇全集》第 1 卷，第 8 页。

③ 后来的中村正直《敬宇全集》删除了此一段。笔者根据土居光华所编的《偶评续今体名家文抄》（小林新造 1877 年版，第 49 页）收录的日文译文填补。

虽为同僚，晨夕共事，而未尝不以先生为长者视之也。"① 据说，息轩视中村正直为爱徒，非常期待中村正直肩负起东亚儒学的未来，因此中村正直从儒教改宗基督教沉重打击了息轩的精神，因而使得73岁的老儒一气呵成撰写了《辨妄》五篇。②

结果，同年5月，中村正直在《东京新报》11号上发表了《西教无无君之弊》，此篇就像向恩师辩解一样说："一许人民读外国书，则学术入焉，政治入焉。而教法亦不得不入焉。学术政治，人主不可不采公论，而为之折中。至于教法，则尤不可不任人民之意而信其从违。"③ 比较他在一年前强硬地主张天皇亲自皈依而推进日本基督教化，此时其论调软化了，只要求明治政府允许日本人民任意选择宗教信仰。

息轩将《辨妄》献给明治政府最高职位的"左大臣"岛津久光（1817—1887），请其赐序。岛津久光是萨摩藩国父，也是"生麦事件"（1862）的核心人物。虽然其掌权的萨摩藩是领导明治维新的四大雄藩之一，而且他重用"维新三杰"的西乡隆盛（1828—1877）和大久保利通（1830—1878）两位，但岛津久光本人是一个非常保守的人。他立即写完了《辨妄序》，激赏息轩说：

> 我邦服西洋百工技艺之灵巧者，必并信耶稣教，或乃欲敷其教于国中，是大患也。夫耶稣教之妄诞固不足辨。然其言甘美，尤易惑人。苟以为不足辨之，则彼徒益煽动其气焰，尽诱天下之

---

① 中村正直：《记安井仲平托著书事》，《敬宇文集》第6卷，第27b—28a页。
② 参见野村敬三：《往时的追忆》，仓长类编：《平岩恒保传》，教文馆1938年版，第260—261页。
③ 中村正直：《西教无无君之弊》，《敬宇文集》第13卷，第16—17页。

民而归之。其势将不可扑灭矣。……夫君臣道息，父子情绝，祸乱何敢不至。然则辨之不可不早办也。日南安井氏有忧于此，著《辨妄》一篇，以辨耶稣之妄诞不经。乃远寄一本以请序，余受而阅之。辨驳攻击，凿凿中窾，使读者心服首肯。是书之出，吾知如太阳出而群阴散，足以夺彼徒之气而祛我民之惑。岂不美哉，岂不快哉。安井氏今之老儒，既绝意仕途，而其忧世距邪之志缠绻不能自己犹如此。此其心孟轲之距杨墨，韩愈之排佛老，何异焉。而其功盖亦不在其下矣。余虽不文，亦安井氏同忧者，安得不乐而序之。

> 明治六年五月上浣　从二位源久光撰①

总之，1873 年 4 月《辨妄五》刊登在报纸，同年 5 月岛津久光寄了序文，同年 6 月《辨妄》五篇与《鬼神论》《与某生论共和政事书》合刊为《辨妄》一书出版了。这就是在明治政府解除了基督教禁令之后，仅仅过了 3 个月发生的事情。

而且，岛津久光请求息轩为了使一般人民也能够理解此书的内容，将原来用"汉文"写作的《辨妄》五篇翻成"和文"。息轩答应了岛津久光的请求，立刻让门生安藤定进行了翻译。② 息轩著、安藤定译的《辨妄和解》在同年 12 月翻刻了。息轩此书比日文译本《新约圣经》

---

① 岛津久光：《辨妄序》，安井息轩：《辨妄》。

② "近者耶稣无君无父之言，渐行于天下，使之得志乎，则其害何唯诵咒媿典礼堂塔涂膏血乎哉。我息轩先生有慨于斯，著《辨妄》五篇，以论耶稣之害，从二位岛津公观而喜之，自序以奖之，又恐无学术者难读也，请以邦语之以便市井间阎之人。其忧天下可谓深且至矣。先生服公之诚忠，乃命余译之。……若公者可谓横流中之砥柱，而先生生俱同时，则其熄邪说以明圣道，必将有愈于盂韩二氏之书也。奉之教者，安得不喜而一言之哉。既谨译之，因并志余喜云。明治六年癸酉十月门人安藤定撰。"安藤定：《辨妄和解序》，安井息轩：《辨妄和解》。

首次刊行早 7 年，比日文译本《旧约圣经》首次刊行早 15 年。[①]

（四）《辨妄》引起的反应

息轩《辨妄》的出版对各方的刺激很大。1874 年（明治七年）《读卖新闻》主笔田岛象二（1852—1909）出版《耶稣一代辨妄记》[②]，以小说的形式通俗易懂地描述了耶稣的一生。其《凡例》说："吾从前看了安井息轩翁的《辨妄》一书。它雄深雅健，能破基督教徒所造作的虚假，辨解其诞妄不经。……吾希望让妇女和儿童看本书，也希望使他们对基督教抱有先入为主的负面观念。如果读者知道微意的话，幸甚至哉。安井翁也一定高兴。"[③]

欧洲人也立即对《辨妄》做出了反应。根据山本幸规的研究[④]，英国传教士巴拉（John H. Ballagh）注意到《教义新闻》刊登的《辨妄》，当年就将《辨妄》五篇翻成英语并做了探讨分析。1875 年（明治八年）时，英国报纸公司《本日邮报》（Japan Mail）出版了《辨妄》英译本（*Emmo or Exposition of Error [Being a Treatise Directed against Christianity]*）。同年，此英文译本又被翻成德文出版了（"*Benmmo*" *oder des Itrrhums Darlegung*）。[⑤] 还有欧洲人寄给日本邮报公司的《日本邮报周刊》投稿了书评。[⑥]

---

① 中村正直所属的新教循道宗派（Methodists）进行《圣经》翻译事业，1880 年（明治十三年）出版了日文译本《新约圣经》，1888 年（明治二十一年）出版了日文译本《旧约圣经》。

② 田岛象二：《耶稣一代辨妄记》，和泉屋吉兵卫 1874 年版。

③ 田岛象二：《凡例》，《耶稣一代辨妄记》，第 9a 页。

④ 山本幸规：《安井息轩的〈辨妄〉与明治初年的基督教界》，《基督教社会问题研究》1984 年第 32 期。

⑤ 书名收录于《日本基督教文献目录：明治期》（国际基督教大学亚细亚文化研究委员会，1965 年版）。

⑥ 参见 "Bemmo"，*The Japan Weekly Mail*，1875 年 8 月 14 日。

　　日本基督徒对《辨妄》的正面反驳要晚一些。《辨妄》出版 8 年后，即 1881 年（明治十四年），日本牧师平岩愃保（1857—1933）将《辨妄批评》七篇刊登在《六合杂志》上。① 他是中村正直的门生，在中村正直的家中受洗，皈依新教循道宗派。他作为《圣经》专家，逐一剖析驳斥了《辨妄》。但是他也承认《辨妄》给年轻人对基督教的印象带来了不少负面的影响："本人最近听到其书之名声，又我朋友某氏称赞其书曰：'除了安井老师，不能写作如此杰作。'……可谓他非一般论者可比"，"是以本人畏惧世人被安井先生的名望瞒着，看其论有些精密，盲信其说，认为基督教只不过是如此的，厌恶基督教"。②

　　实际上，明治的评论家山路爱山（1865—1917）在学生时代读到《辨妄》就很受感动，在此书上面写了"五篇《辨妄》作，自是斯道泰山重"③。虽然他后来读到平岩愃保《辨妄批评》，领会了基督教精神，就和朋友们一起找平岩愃保皈依基督教，但是他也承认《辨妄》给年轻人对基督教的态度带来了深刻影响："未属于基督教教团的日本青年之中，可能感动于此书，因此轻蔑侮辱新信仰，不敢靠近教团者欤。"④

　　1881 年（明治十四年），息轩的门生松本丰多（1848？—1918？）重刊出版了《辨妄标注》，其序文说：

　　　　先师安井息轩先生《辨妄》一卷梓行既阅十余年矣。学者资

----

① 平岩愃保：《辨妄批评》，《六合杂志》1887 年第 8—13、15 期。
② 平岩愃保：《辨妄批评序》，《六合杂志》第 8 期。
③ 山路爱山：《安井息轩"辨妄"》，《基督教评论》，警醒社书店 1906 年版，第 30 页。
④ 山路爱山：《安井息轩"辨妄"》，第 34 页。

> 以排异端，无父无君之说不至盛行，而忠孝仁义之风随以兴焉。
> 此书之有于世道，盖不为鲜少也。……乃节取汉唐诸儒训解传
> 者，及先师文章之未上梓者，而为标注。虽不足以阐明此书微意
> 焉，而世之奉吾道者，益资以排异端，而穷乡后进之士，有因以
> 便其讲读者，则石冢某氏之举，其亦庶几乎有得矣。

松本丰多昂然自得地宣布了最近十年间日本社会之所以排斥基督教
（异端）而坚持传统伦理（忠孝仁义），是因为托先师息轩《辨妄》的功
绩。他之所以重刊《辨妄》，是因为明治天皇当年下达《国会开设之诏
敕》，为1890年（明治二十三年）明治政府施行"立宪君主制度"做
准备。由此，日本引入选举制度，人民也可以参与国政，但是如果许
多人民被邪教洗脑的话，国家就会陷入困境。正因为如此，政府和保
守派重新提高了对基督教警惕，期待《辨妄》引导人民远离异端，自
觉抵制基督徒的劝诱。

　　1889年（明治二十二年），日本首部近代宪法《大日本帝国宪法》
公布了。虽然它保障"宗教信仰自由"①，但是明治政府担心获得参
政权的人民通过外来宗教被外国敌对势力所操纵，因此1890年10
月，即第一届帝国议会开会的前一个月，以明治天皇的名义下达《教
育敕语》②，向人民明示公民道德的内涵以及公民教育的基本方针。
由于其起草者井上毅在幕府末期曾于"三计塾"师从息轩。约瑟
夫·皮托（Joseph Pittau，1928—2014）认为井上毅可能继承了息轩对

---

① 《大日本帝国宪法》第28条："日本臣民在不妨碍安宁秩序且不违反臣民义务的
情况下，有宗教信仰自由。"
② 《教育敕语》的起草者井上毅（1844—1895）幕府末期以安井息轩为师。

基督教批评的主要论点。① 笔者也曾指出井上毅的宗教观念和《教育敕语》都受到了息轩思想的影响。②

《教育敕语》的字数仅有 300 多字，日文的 300 字相当于中文的 100 字，人民都难以掌握其精髓，因此隔年也即 1891 年，当时日本教育界及思想界的领袖井上哲次郎写作《敕语衍义》③，深刻解读《教育敕语》的句子，阐明了它对日本人民的要求的内涵。两年后，如上所述，井上哲次郎在《教育与宗教的冲突》中引用《辨妄》，批评基督教教义与《教育敕语》的要求相矛盾。显然井上哲次郎对基督教的负面印象主要来源于《辨妄》，因此日本评论家山路爱山也批评了井上哲次郎的逻辑只不过是《辨妄》的翻版："井上哲次郎博士晚于他（安井息轩）十多年，以相同的逻辑批评了基督教是不适合国体且对教育有害的。"④

由此可见，安井息轩的《辨妄》给近代日本人对基督教的印象带来了深刻影响。

（五）《辨妄》的研究概况

学界《辨妄》的研究不多，"二战"前只有山路爱山的一篇，"二战"后只有山本幸规和清水直美、拙文的三篇。除了笔者，三位作者都是日本基督教史的专家。

---

① "安井息轩批评基督教的两个观点，皆可在后来的井上毅对基督教批评之中看到。……虽然《辨妄》是井上毅离开了安井息轩私塾五年后才写完的，但是很有可能安井息轩在此小册子出版之前已经将该书阐述的思想教给塾生。"约瑟夫·皮托：《井上毅与近代日本的形成》，时事通信社 1967 年版，第 13—15 页。

② 青山大介：《安井息轩〈辨妄〉中忠孝观念的性格：与井上毅〈教育敕语〉的共通点》，王小林、町泉寿郎编：《日本汉文学的射程：方法、成就与可能性》，汲古书院 2019 年版，第 81—100 页。

③ 井上哲次郎：《敕语衍义》，井上苏吉 1891 年版。

④ 山路爱山：《安井息轩"辨妄"》，第 37 页。

　　山路爱山以《辨妄》为"代表日本思想史上之一代的恰好纪念碑"①、"以日本的旧思想批判新信仰的之中最聪明的"②，而且称赞说："不能说他（安井息轩）对基督教的知识像一代之后的井上哲次郎那样不正确。何则？因此书清楚地表明，他精读《圣经》掌握了其教理的要点。"③ 又说："然而更进一步读到本论的五篇，我不得不觉得他（安井息轩）作为讨论家的态度是非常值得尊敬的。何则？因他并不是凭感情来进行讨论的。他先自己解读基督教的经典，等阅读有关基督教的著作，对基督教的理解达到了一定程度之后，再痛击基督教。"④ 对于息轩分析《圣经》的水平，他说："与公元18世纪法国哲学家从纯粹理性和怀疑论的角度来所实践的《圣经》批评相同的研究，在日本首先由息轩老师进行了。然后，我却不得不承认，此论准确指出了当时（19世纪下半叶）的基督教教义的弱点。"⑤ 但是他同时指出《辨妄》的缺点是息轩没有理解现代基督教的"自由、博爱主义精神"，虽然息轩透过《圣经》正确地掌握了在16世纪以前的以神（God）之名诛杀异教徒的基督教，但是他将过去的基督教与19世纪的基督教混为一谈。⑥

　　"二战"后，清水直美从文献学的角度探讨了息轩所参阅的《圣

---

① 山路爱山：《安井息轩"辨妄"》，第30页。
② 山路爱山：《安井息轩"辨妄"》，第30页。
③ 山路爱山：《安井息轩"辨妄"》，第32页。
④ 山路爱山：《安井息轩"辨妄"》，第31页。
⑤ 山路爱山：《安井息轩"辨妄"》，第33—34页。
⑥ "这是将十字军时代（11世纪）或者宗教改革时代（15世纪）、罗耀拉（Loyola，1491—1556）和沙勿略时代的基督教和19世纪的基督教等同起来的。这是将以神之名焚异端者的时代或者以神之名诛杀异教徒的时代的基督教和19世纪的以宽容与自由为主义的基督教等同起来的。……笔者不得不惋惜息轩老师到底没有理解时代的眼光。然而此书的缺点在于不懂时代，又在于不懂时代的基督教，而不是在于《圣经》批判的能力。其能力是足够的。"山路爱山：《安井息轩"辨妄"》，第40页。

经》版本。① 她以息轩使用的 God 的汉译为线索，推测了息轩所参阅的汉译《圣经》共有三种，即是裨治文（Elijah Coleman Bridgman，1801—1861）的汉译本、马士曼（Joshua Marshman，1768—1837）和拉沙（Joannes Lassar，1781—1853?）的汉译本，罗伯特·马礼逊（Robert Morrison，1782—1834）和米怜（William Milne，1785—1822）的汉译本。

　　山本幸规广泛深入地调查了明治时期的报纸以及官报等直接史料，阐明了《辨妄》成书的背景。② 还有，他从日本近代史的阴影中重新发现了平岩愃保的《辨妄批评》，称赞它作为基督教徒的著作完美驳倒了《辨妄》，不过同时指出了它的影响范围非常狭窄，不能够消除《辨妄》所招致日本社会整体对现代基督教的误会和偏见③，但是它至少成功让山路爱山皈依基督教。④ 山本幸规透过山路爱山在《辨妄》手抄本中记入的笔记，探讨《辨妄》在山路爱山思想的形成过程中起了什么作用。⑤ 笔者从山本幸规的研究受到了许多启发。

　　笔者曾经剖析《辨妄》中忠孝观念的根本。⑥ 伦理一般都有根本，其根本有宗教性，或者有先天性，或者有历史性。息轩否定以"神"赐予人类十诫这样的神话为根本的基督教，也否定以生来的善性为根本的宋明心学，只肯定了以民族坚持的历史为根本的"历史主义"。拙

---

　　① 清水直美：《安井息轩的辨妄（上、下）》，《中国文化论丛》1986 年第 11 期、1987 年 13 期。

　　② 山本幸规：《安井息轩的〈辨妄〉与明治初年的基督教界》。

　　③ 山本幸规：《〈六合杂志〉与平岩愃保》，《〈六合杂志〉研究》，教文馆 1984 年版，第 233—257 页。

　　④ 山本幸规：《山路爱山与基督教：以明治二十年代为中心》，《基督教社会问题史研究》1978 年第 26 期。

　　⑤ 山本幸规：《山路爱山思想的形成与〈辨妄〉：围绕爱山旧藏〈辨妄〉》，《文化学年报》1984 年第 33 期。

　　⑥ 青山大介：《安井息轩〈辨妄〉中忠孝观念的性格：与井上毅〈教育敕语〉的共通点》。

文指出了《辨妄》对伦理道德根本的观点如同井上毅《教育敕语》的观点。如上所述，井上毅在幕末师从息轩。过去研究者都认为，井上毅从1871年（明治四年）到1873年（明治六年）被明治政府派遣去欧洲，那时他吸收了当时在德国勃兴的"历史法学"（historical jurisprudence），因此井上毅的"历史主义"精神来源于19世纪末期德国历史学者兰克（Leopold von Ranke, 1795—1886）。不过，笔者认为精通法语的井上毅之所以没有选择法国盛行的"自然法论"（natural law theory），却选择了德国刚才勃兴的"历史法学"，是因为他访欧之前，透过安井息轩接触过了"历史主义"的观点。另外，笔者阐明了《辨妄》的"功利主义"（utilitarianism）宗教观念。其实，《辨妄》比密尔（John Stuart Mill, 1806—1873）《宗教三论》（1874年）早两年，因此笔者建议重新讨论福泽谕吉的"功利主义"宗教观念①是否只来自密尔的著作。

据我所知，目前日本之外还没有人写过《辨妄》相关的研究论文。

三、《辨妄》如何批判《圣经》

《辨妄》五篇各自独立，要旨如下：

1.《辨妄一》批评《旧约圣经》的神话不符合逻辑，违反伦理，和十诫相矛盾。而且指出《圣经》所描述的事件都是限于西亚洲和非洲的地域发生过的。息轩推测其神只是挪亚的子孙为了威胁人民捏造的，基督教原来不是世界宗教，而只是犹太民族独特的宗教，不过是上古世界各地出现过的民族宗教之一。

2.《辨妄二》分析《新约圣经》中耶稣的言说，探讨分析了基督教教

---

① 小泉仰：《密尔的"宗教三论"与福泽谕吉的宗教观》，《近代日本研究》1985年第2期。

义的特点。基督教以耶和华(YHWH)为真君真父，命令信徒待耶和华优先于现实中的君主和父母。其教义当然违反日本社会传统伦理观念(忠孝)，必定引起社会紊乱，因此日本政府不应该解除基督教禁令。另外，此篇根据一种“唯物主义”的身体观，驳斥基督教的灵魂观念。

3.《辨妄三》分析《新约圣经》中耶稣死而复生的故事，指出了耶稣肉体复活的故事和耶稣生前向信徒所讲的“复活”内涵之间有明显矛盾①，又指出了耶稣复活后的行动和目的相矛盾。② 最后，它推测耶稣的徒弟担心世人轻侮其教义，终于偷耶稣的遗体隐藏③，捏造以耶稣处死为“赎罪”之说。④

4.《辨妄四》则提出警告，基督教教徒由于其教义的排他性和攻击性，进入日本后，必然跟佛教徒及神道徒之间发生流血冲突，甚至会导致日本基督教徒呼应敌国的煽动造反。另外，息轩介绍在欧洲的旧教和新教的宗派对立以及在美国的福音派分裂的情势，强调了基督教必定会引起社会分裂。

5.《辨妄五》否定基督教以创造神话为基的宇宙观，肯定“生命

---

① “至既死而复苏与其徒相见，显与其所曾说相戾。夫耶稣所云‘永生不死’者，特谓其灵耳。若肉身，则一坏不可得而复。耶稣以此诱其徒，而独自苏其身，岂非贵肉身以贱其灵邪。”安井息轩：《辨妄三》，《辨妄》，第 9b—10a 页。

② “假令耶稣欲且苏肉身以显其神，宜广与世人相接，使之益信其教。而独与其徒及所善诸老婆语。世人不得不疑其诞。何耶稣之不通人情也。此皆掩耳盗铃之类，欲蔽益露。”安井息轩：《辨妄三》，第 10a 页。

③ “耶稣死三日，土人见其冢发而无尸，以为其徒盗之者，盖得其实也。耶稣既戮死，推其徒之情，必恐世人轻其教。于是唱流血赎罪之说，窃取其尸，称为复生。”安井息轩：《辨妄三》，第 10a 页。

④ “犹恐人不信之也，又引豫言而证之。初耶和华之谕亚伦以逾越节之例也，曰：尔必食之于一室之内，毋少携其肉出于室外。尔亦毋折其一骨。耶稣之就戮，与二盗同钉于十字架，其明日为逾越节，吏命速收其尸，二盗未死，乃折其足骨。耶稣既死，不折其骨。遂引耶和华毋折骨之言，以为预言耶稣代众赎罪之事。然耶和华所云‘其肉其骨’，谓逾越节之羔耳。若以为不折耶稣骨之证，则谁又食其肉于室内也。孟子曰：遁辞知其所穷。我于耶稣徒乎见之矣。”安井息轩：《辨妄三》，第 10a—10b 页。

自然发生论"以及"地动说"。另外，它根据"阴阳二气论"解释了
现实中的自然现象形成的原因，甚至提及生男生女的方法。从现代科
学的观点来看，这些解释都属于虚假科学，但这不是因为息轩缺乏科
学思维，而只是因为当时科学知识不同于现代，基本上息轩就是支持
"机械论自然观"的唯物主义者。

　　《辨妄》对基督教的批评可以分为两类观点。第一种观点是指出
其教义中的各种矛盾，将基督教贬低为不值得的信仰；第二种观点从
日本社会的秩序和安全的角度来反对基督教解禁。前者列举了《圣
经》中的逻辑矛盾、违反伦理和与自然科学相矛盾的故事，主要体现
于第一篇、第三篇、第五篇。后者阐明了基督教教义与日本传统伦理
观念(忠孝)绝不相容，警告了基督教可能煽动日本信徒发起叛乱的，
主要体现于第二篇和第四篇。

　　五篇之中，第二篇在当时特别吸引了知识分子的注意，英文报纸
《日本邮报》刊登的英文书评、日本牧师平岩愃保《辨妄批评》和井上
哲次郎《教育与宗教的冲突》都关注第二篇所涉及的问题，即基督教
教义可能损毁日本人的"忠孝"观念。笔者也曾经以第二篇为中心，
探讨第二种观点的问题。

　　这里本文想要以第一种观点涉及的问题为中心，探析息轩对基督
教的批评。

(一)《辨妄》贬斥基督教神话

　　安井息轩的《辨妄》对《圣经》的批评可以分成两种：一种是贬斥
基督教的神话故事，另一种是警惕基督教的特性。对《圣经》故事进
行的"理性批判"代表前者。息轩以"乃据其言而条晰之"[①] 为方

①　安井息轩：《辨妄一》，《辨妄》第1a页。

针，指出了其逻辑矛盾和违反伦理。

关于逻辑矛盾，息轩用戏谑的语气说："凡生物蛇最狡，则如不造之。何为又造蛇，使之诱夏娃，食其所禁之果也"①；"其造亚当，聚尘土以为之质。夏娃则拔亚当一胁，以肉实之。是造人必须其材，不知造天地日月万物，又以何物为之材也"②；"假令耶稣欲且苏肉身以显其神，宜广与世人相接，使之益信其教。而独与其徒及所善诸老婆语。世人不得不疑其诞。何耶稣之不通人情也"③；等等。不过，其中大部分几乎都和 18 世纪西方学者对《圣经》的批评类似，因此对传教士和基督徒来说，大概都是听腻的问题，辩解反驳的逻辑和材料也应该在基督教团内储存好了。④ 实际上，日本牧师平岩愃保在《辨妄批评》中解说了近代基督教会对息轩所列举的问题如何处理。

关于违反伦理，息轩激烈谴责《圣经》。例如，对于"挪亚大洪水"，他批评说："甚哉，耶和华之暴也。"⑤ 对于罗得的两个女儿和寡妇他玛，他痛骂说："其可丑甚于禽兽。"⑥ 值得注意的是，息轩不只根据自家的价值观来抨击基督教，他也根据《圣经》本身提出来的伦理观批评《圣经》故事。例如，对于"挪亚大洪水"："（耶和华）独爱挪亚，使之预造舟以免其灾。用心如此，安在其为天地主宰哉。而

①　安井息轩：《辨妄一》，第 1b 页。
②　安井息轩：《辨妄一》，第 1b 页。
③　安井息轩：《辨妄三》，第 10a 页。
④　"理所当然，基督教团拥有一千九百年的历史，屡次遭到了同种同类的批评，因此对如此批评的辩解反驳都是好像探囊取物一样很容易的。在教团内部，外国传教士从辩学的仓库里拿出来恰当答辩，巧妙地解开了青年信徒对基督教的疑虑，镇压了教团内部的物议。然而，在教团外部，可能有青年被此书（《辨妄》）动摇，而轻侮新信仰，不敢敲教堂的门。"山路爱山：《安井息轩"辨妄"》，第 34 页。
⑤　安井息轩：《辨妄一》，第 2b 页。
⑥　安井息轩：《辨妄一》，第 5b 页。

傲然自诩曰'我不偏视人'，其谁肯信之。"① 对于罗得的女儿和寡妇他玛："独《十诫》中敬父母与戒杀贪盗淫，盖得我道之一端，然彼能言之而已。……以色列之二女不嫁，姊妹相谋，醉其父代与之同寝，其既下寡之媳，帽面伪妓，以与舅淫，皆公然产子。其可丑甚于禽兽，而未尝罚之。是纵淫且许慢父母也。"② 上述言论都指出了《圣经》中的耶和华的行为频频与其言语和《十诫》自相矛盾。息轩将自己的批判方法称为"据其言而条晰之"。我们可以承认息轩的方法是将考据学的"以经解经"之法应用于对《圣经》的批判，有"康成入吾室，操吾矛，以伐我乎"的风格。

息轩更指出了初期基督教具有很浓厚的地方性。他分析《旧约圣经》中有关地理的记事，说："水既退，乃许挪亚三子散处于天下。……挪亚子孙处亚西亚极西之境，其地与汉土隔葱岭。印度河与江河同出于葱岭，其经其东以入于南海，犹江河经汉土以入东海。……然则所谓'天下'者，亦不过埃及、红海。犹太弹丸之地而已。"③ 又说："是以其书未尝及他族，而其所记之地，止于亚西亚阿非利加边隅之界，是其明证也。"④ 他论证了《圣经》的舞台只限于埃及和红海沿岸即古代犹太人的居住地，暗示基督教不是世界宗教，而只是起源于一个地域的民族信仰。

他更进一步，对于"上帝创造天地"一说，认为"旷古草昧，圣人之道未明，而人之好智喜怪，必欲知天地生民之初。是以皇国有神人产国之说；汉土有炼石补天地之言，不独耶和华造天地也"⑤，举中国和日

---

① 安井息轩：《辨妄一》，第 2b 页。
② 安井息轩：《辨妄一》，第 5a—5b 页。
③ 安井息轩：《辨妄一》，第 2b—3a 页。
④ 安井息轩：《辨妄一》，第 6a 页。
⑤ 安井息轩：《辨妄五》，《辨妄》，第 13a 页。

本的创世神话，将基督教相对化。他甚至以耶和华为某挪亚一族的守护神，说："而洪水之时，智宝未开，是以众民不免溺死。独挪亚其家稍富，作巨舟以运财货，洪水偶至，乃乘之以免其患。后人欲假耶和华以威其民，捏造妄语，以神其事耳"①；"通考其书，盖挪亚者始事天神。其敷衍之，则创于亚伯拉罕，而成于摩西"②。如此，息轩破坏了基督教所宣扬的"世界宗教"这个形象，暗示基督教原来只是犹太民族独特的宗教，就只不过是上古世界各地出现过的民族宗教之一。

（二）《辨妄》关于基督教特性的警告

安井息轩的《辨妄》根据《圣经》剖析基督教的"神"即耶和华的个性，阐明了基督教原有极端的排他性、攻击性和暴虐性。

关于其排他性，息轩列举了《旧约·出埃及记》第 34 章第 14 节的发言③，认为"耶和华自称嫉妒之神，不许其徒拜他神"④；又列举《旧约·出埃及记》第 32 章之"亚伦造犊"，认为"故亚伦作金牛而拜之，则罪之"⑤；以及提到《旧约·民数记》第 16 章之"可拉党受刑"，认为"哥喇辈逆己，使地吞之。"⑥

他指出了基督教的排他性不局限于犹太民族内部，而是延伸到外部的异族，转为对异教徒的攻击性。关于其攻击性，他说："邻国事他神，则灭之。"⑦《圣经》之中，耶和华命令信徒消灭的异教徒包含

---

① 安井息轩：《辨妄一》，第 3b 页。
② 安井息轩：《辨妄一》，第 6a 页。
③ "不可敬拜别神，因为耶和华是忌邪的神，名为忌邪者。"《旧约·出埃及记》34：14。
④ 安井息轩：《辨妄四》，《辨妄》，第 11a 页。
⑤ 安井息轩：《辨妄一》，第 5b 页。
⑥ 安井息轩：《辨妄一》，第 5b 页。
⑦ 安井息轩：《辨妄一》，第 5b 页。

亚玛力人①、和赫人、亚摩利人、迦南人、比利洗人、希未人、耶布斯人等。② 其中，《辨妄》只提及摩西所消灭的戮米甸人③："其导摩西灭邻国也，使国人献其所掠五十分之一及其初出之子与畜。而其子与羔，则以金赎还之。"④

　　息轩更进一步列举了耶和华对异教徒施暴的案例，如《出埃及记》中的第4章第21节⑤："（耶和华）故刚愎法老之心，使之不肯释其出境"⑥；"埃及十灾"⑦："九变其术，以困埃及之民"⑧；第11章第5节⑨："益出益奇，及终，家杀一人以及诸畜"⑩；"摩西分海"⑪："能以色列族既出矣，复使法老追之，淹杀其众于红海中"⑫，最后他痛斥说："彼所谓魔鬼之虐，恐亦不至此，而谓天地造物之主为之邪。"⑬息轩指出，耶和华的这种性格也被耶稣继承了。息轩根据《新约圣经·马太福音》中耶稣的发言⑭："耶稣益严其法，誓欲灭他神，故亦曰：'我之来也，非平世，乃兴乱耳。'"⑮

----

① 《旧约·撒母耳记上》15：2—3。
② 《旧约·申命记》20：16—18。
③ 《旧约·民数记》31：25—54。
④ 安井息轩：《辨妄一》，第5b页。
⑤ 耶和华对摩西说："你回到埃及的时候要留意，将我指示你的一切奇事，行在法老面前，但我要使（或作"任凭"。下同）他的心刚硬，他必不容百姓去。"《旧约·出埃及记》4：21。
⑥ 安井息轩：《辨妄一》，第5a页。
⑦ 《旧约·出埃及记》，第7—10章。
⑧ 安井息轩：《辨妄一》，第5a页。
⑨ "凡在埃及地，从坐宝座的法老，直到磨子后的婢女，所有的长子，以及一切头生的牲畜，都必死。"《旧约·出埃及记》11：5。
⑩ 安井息轩：《辨妄一》，第5a页。
⑪ 《旧约·出埃及记》14：21—29。
⑫ 安井息轩：《辨妄一》，第5a页。
⑬ 安井息轩：《辨妄一》，第5a页。
⑭ "你们不要以为我来，是为把平安带到地上；我来不是为带平安，而是带刀剑。"《新约·马太福音》10：34。
⑮ 安井息轩：《辨妄四》，第11—12页。

　　息轩的《辨妄》看透了基督教原有的排他性、攻击性和暴虐性。19 世纪的基督教已经变成了以宽容和博爱为宗旨的世界宗教，因此，在当时基督徒看来，息轩的《辨妄》忽略了神话的隐喻和象征，而只是按照字面的意思来解读《圣经》，是在吹毛求疵。但是，如果回溯中世纪的"十字军东征"和 15 世纪"大航海时代"以来伴随的血腥的殖民杀戮历史的话，我们不得不认同息轩确实揭开了基督教的黑暗一面。

　　另外，息轩的《辨妄》也以当时西方基督教的情况为其论据："我闻奉其教者西洋既岐新旧而二之，米利坚则分为二十五，彼此相轧，毫不假借"，"且彼同宗耶稣，其所争盖分毫之差耳。然犹相杀而不相假借"。[1] 其中"新旧而二之"指的是旧教和新教之间的严重冲突，"米利坚则分为二十五"指的是美国国内福音派的分裂。这意味着连西方社会也因为基督教面临分裂和冲突的危险，何况日本社会呢。尽管《辨妄》所描述的与 19 世纪的基督教界相去甚远，但亦可借以反思在 16 世纪的"宗教改革"和中世纪以来的"猎巫"历史中的有关基督教的多重面向。

　　息轩根据如上分析，预料了在日本解除了基督教禁令后，基督教与日本现有宗教即佛教和神道教之间必然会发生冲突，发出警告说："浮屠即彼所谓像教，其所欲尽力攻击以必灭之也。而我又有神道者流，其力虽微，亦皆以奉鬼神为教。三者并立，斯民之争，岂有穷已乎哉。"[2] 值得注意的是，息轩清楚地知道，佛教被归类为偶像崇拜，神道教被归类为多神教，两者都是基督教所排斥的对象，而且他说"以他故争者，乞和则听之；以教构兵，不肯复纳其

---

[1]　安井息轩：《辨妄四》，第 12b 页。
[2]　安井息轩：《辨妄四》，第 12b 页。

降，必歼其类而止"①，指出了宗教纷争与常规战争不同，很难讲和。

（三）《辨妄》的功利主义宗教观念

息轩在《辨妄》中提及宗教的一般效果，说："夫所谓教者，将以治其民而平天下也。今也争教相杀，至以歼其类，何以教为。"② 他将宗教定义为人民治理和社会安全的工具，其宗教观念可谓"功利主义"。他可能从徂徕学继承了此观念③，而荻生徂徕则从《荀子》获得了灵感。

息轩的《辨妄》的确是从"功利主义"宗教观念的角度来批评基督教的。他认为基督教用死后的报应作为诱饵来引诱人民。④ 虽然息轩作为正统儒者，对"死"的问题坚持"不可知论"的立场⑤，但是为了唤醒人民，他企图彻底推翻基督教教义的根本，进入有关永生和灵魂的争论⑥，阐述一种唯物主义的知觉认识论。⑦ 最后，他嘲笑了

---

① 安井息轩：《辨妄四》，第 12b 页。
② 安井息轩：《辨妄四》，第 12b 页。
③ "年十五六，从先君子讲求四书，便已有疑于洛闽，因举条而质之。先君子曰：圣人道大，虽七十子之贤，仅得其偏，固非一家之说所能尽也。乃遍取汉唐诸家及我伊物诸先生之书，读之。恍然如有所得焉者。于是益推而广之，以庶几逢其原。然恐其泛而无统也，必折中于经，恐其偏而陷僻也，必博证而深究之。"安井息轩：《答某生论濮议书》，《息轩遗稿》第 2 卷，第 3a 页。
④ "耶稣之言，肤浅主利。民畏死，诱之以不死之荣；民喜富，劝之以不朽之财。而不奉其教者，畏之以不灭之火。"安井息轩：《辨妄四》，第 12a 页。
⑤ "孔子曰：未知生，焉知死。夫死者圣人所不敢质言，而贤者所不知也。而耶稣凿凿言之，如说曾游之地。"安井息轩：《辨妄二》，《辨妄》，第 8a 页。
⑥ "假令其言信，其所言永生不死，非独谓灵邪。"安井息轩：《辨妄二》，第 8a 页。
⑦ "灵之知觉主于肉身，故口之于味，目之于色，耳之于声，鼻之于臭，四体之于安逸，物先与之接，而后灵始能知之。……肉身既坏，物无所接，则五欲无所动也。"安井息轩：《辨妄二》，第 8a—b 页。

基督教认为死后的荣耀和苦难有意义的观点。①

　　但是，儒教与祖先祭祀不可切分。《辨妄》完全地否定了死后也不灭的灵魂，那么，它如何能处理"祖灵"的问题呢？他说："曾子曰：'慎终追远，民德归于厚矣。'圣人事死如事生，岂必问其享与不享哉？所以尽吾诚而导民于厚也。"②息轩对于"祖灵"的实在性，坚持"不可知论"的立场。也就是说，他认为"祖灵"享不享祭祀，其实并不重要。对息轩而言，祭祀礼仪的目的是统治者在祭祀"祖灵"时充分表达虔诚态度，向人民示范，教导社会伦理（忠孝）。

　　对持"不可知论"的息轩而言，基督教和佛教不过是一丘之貉，两者在教义上没有实质性差异。但是，他认为即使佛教已长年被日本人信仰，也不可以接受基督教。他说："炫奇幻以蛊人心，卑君父，而尊其神，轻生前之道，而重死后之福，天堂以诱之，地狱以恐之，耶稣与浮屠同。其不同者耶稣不说轮回而已。佛之行于我久矣，何必防耶稣。是颟蒙者之见已。"③为何需要区别对待佛教与基督教呢？息轩提出了两个理由：第一，佛教做出了实绩。虽然两者教义类似，但当然也有不同，而且佛教已经适应了日本社会，为君主和父母祈祷冥福，了解必须遵守日本法律。④第二，佛教已经扎根日本社会。日本人已经信仰了佛教一千多年，国内佛教信徒数不胜数，因此如果突

---

①　"然则情欲因肉身而动，苦乐从情欲而生，灵既与肉身离，则其无苦乐亦明矣。……然则不敝之冠，我亦何荣；不灭之火，我亦何畏。"安井息轩：《辨妄二》，第8b页。

②　安井息轩：《辨妄四》，第11b页。

③　安井息轩：《辨妄四》，第10b页。

④　"浮屠虽与耶稣相类，其间自有轻重厚薄之殊。浮屠曰：'弃恩入无为，真实报恩者'；耶稣者直以君父为假矣。浮屠为君父修冥福，犹有追远之意；耶稣则死即绝之，不敢复祀，视之如犬马然。浮屠久行我，今亦知奉世法；耶稣则傲然自尊，不敢屈膝于王公。然是皆未足为人主辨我所惧独在其败俗与酿乱耳。"安井息轩：《辨妄二》，第11a页。

然严禁佛教的话，会造成日本社会混乱。[①] 事实上，由于明治新政府在明治元年（1868）发布的"神佛分离令"，当时日本民间就掀起了"废佛弃释"运动，许多佛庙及佛像都被当地民众破坏烧毁了，地域社会的人际纽带也破裂了。息轩婉言批评了明治政府的宗教政策。

实话实说，息轩只关注宗教对社会秩序能不能做出贡献，却不太关心其教义是否有道理。所以息轩的宗教观念是功利主义的。那么，如果基督徒证明基督教永远不会扰乱日本社会秩序的话，息轩是否也会同意解除"基督教禁令"呢？平岩愃保在《辨妄批评》中将注意力集中于此一点，为基督教辩护主张，即使日本国内增加了基督教徒，他们也不会谋求废除天皇制度，因为西方基督教国家也是与日本相同的君主制国家。[②] 很遗憾的是，息轩在《辨妄批评》出版的5年前就去世了，因此我们不知道息轩是否接受平岩愃保的辩解。

息轩认为西方领袖也将基督教作为管控人民的手段。他说"通考其书，盖挪亚者始事天神。其敷衍之，则创于亚伯拉罕，而成于摩西。摩西奸雄，张皇耶和华威福，以蛊惑民心，然后以兵加之。敌国未可击，则曰'耶和华不许'。见其可乘，则曰'耶和华导之'。偃然思拓其境"[③]，谴责了摩西为了扩大领土，冒充耶和华的名义驱使人民进行侵略战争。

息轩警告，当代西方领袖之中还有像摩西一样的人对日本有领土野心："不幸海外有奸雄如摩西者，欲假此以拓其境，民心既蛊，必将倒戈以攻后。则其祸有不可胜言者焉。"[④] 他提醒正当敌国军队入

①　"浮屠之行于我千余年，民各奉其所信，虽严禁而痛绝之，其情未易遽夺。即断然行之，得无天下为之骚然乎。"安井息轩：《辨妄二》，第10b页。
②　平岩愃保：《辨妄批评·第一章》，《六合杂志》1891年第9期。
③　安井息轩：《辨妄一》，第6a页。
④　安井息轩：《辨妄四》，第12b—13a页。

侵日本时，日本人民如果已经被基督教迷住的话，就肯定会加入敌国势力，掉转武器向日本一方攻击。息轩建议说："今海外通亲，万无有此事。然人与世移，势与时变，备预不虞有国者之大戒也。"① 这意味着虽然日本因为已经与欧美诸国缔结了和平条约，因此不可能被外国入侵，但是时势会变，仍需要保卫本国。

无可讳言，《辨妄》向读者强调基督教的传教工作就是外国势力对日本人民的精神侵略。

四、息轩指出基督教与近代西学的矛盾

如果安井息轩只从儒学的角度来排斥基督教的话，也许明治时期的日本青年会以《辨妄》为腐儒之言，忽视《辨妄》的警示。然后，他们可能误解非基督徒不能掌握西方科学精神的真髓，反而争先恐后地排在教堂的门前。息轩在《辨妄》中因此列举基督教教义与西方科学抵牾之处，提醒学习现代西方学术无须信仰基督教。

近代黎明期的东方盛行"和心洋才论"或"中体西用论"。其实践不只需要在心理上将既存的本国文化分离成"和心"／"中体"和"和才"／"中用"，而且需要将传入的西方文化分离成"洋心"／"西体"和"洋才"／"西用"。笔者认为《辨妄》帮助明治时期的日本人从西方文化中筛掉了"洋心"（西体）。

本节想要透过息轩的著作，分析息轩对宇宙观、人类起源、宗教和自然环境、"东学西渐"（非"西学东渐"）的看法，讨论其成为明治近代思想先驱的可能性。

---

① 安井息轩：《辨妄四》，第13a页。

（一）宇宙观

众所周知，基督教将"天动说"看作正式的宇宙观，朱子学也一样。与其相反，息轩支持"地动说"。为何息轩没有固执于"天动说"呢？因为息轩不是朱子学学者，而是驳斥朱子学的"古学"学者；因为他不是以"天人同一"为伦理根本的理学家，而是以民族独有的历史为伦理根本的"历史主义者"。息轩在《辨妄》中为了抨击《旧约·创世纪》，主张"地动说"。

> 夫地与五星皆以大阳为心，日夜运转于虚空中，各有其度。地则日转一度、三百六十有六转，乃能一周大阳。是为一岁。岁有四时、十二月、二十四节、七十二候。皆以大阳远近为之名。万物以生以长以成以收。其气所不及，地不能生物。万古一定，未尝变其度。然则地球者大阳为之主。既为之主，而能荣枯威衰其所生之物。则谓大阳造成地球亦可，其于五星亦当然耳。[①]

此"地动说"是基于现代西学的。[②] 关于地理学和天文学，息轩是公开表示支持西学的[③]，甚至在三计塾给门生讲授西方地理学和天文学。[④] 此段向读者揭示了传教士所讲的西方天文学和基督教支持的宇

---

① 安井息轩：《辨妄五》，第14a页。

② 息轩的畏友盐谷宕阴（1809—1867）1858年（安政五年）出版了魏源（1794—1857）《海国图志》（1843）的和刻本，次年出版了慕维廉（William Muirhead, 1822—1900）《地理全志》（1854）的和刻本。息轩应该读过《地理全志》，是因为《地动说》说"大阳之大于地球，一百三十八万四千四百七十倍"，此数值与《地理全志·日属行星论》的数值一致。

③ "门人有问洋教是非者，为撰《辨妄》一卷。然至天文、地理、工技算数，则参取洋说。可以见其持论之公矣。"川田刚：《安井息轩先生碑铭》，矶克谷紫江：《墓碑史迹研究》第5卷，后苑庄1927年版，第607页。

④ 安井息轩：《家塾明细表》，黑江一郎：《安井息轩》，第126—127页。

宙观是相矛盾的。

其实，息轩另外有一篇文章《地动说》①，详细解说了西方天文学。此篇提及清人对西方天文学的态度："延宝中，西洋南怀仁，如清献其书。清主以为妖言惑众，焚之东华门外。儒者因而斥之，不复究其说所由来。我尝试思之，其言极近于理，而适见天动之可怪矣。"② 此话明显错误。清朝任命汤若望（Johann Adam Schall von Bell，1591—1666）和南怀仁（Ferdinand Verbiest，1623—1688）为钦天监监正，颁行了他们所制定的"时宪历"。值得注意的是，幕末日本儒者已经有对比"顽固拒绝西学的中国"和"灵活接受西学的日本"的看法。

（二）人类的起源

基督教主张人类是被"神"创造的。关于人类的起源问题，以正宗儒者自居的息轩原来支持"不可知论"，但是又说："然则天地民生之初果如何也。曰：'圣人所不语，我不敢知。'然耶稣徒，凿凿言之。我民或惑之其祸有不可测者焉。我且忆说之。"③ 为了驳斥基督教的"创造论"，他提出了朴素的"自然发生论"。

息轩说："积灰生蝇，腐水生鳞，以此推之，生民之初，盖亦气化耳。其禀阳气者为男，禀阴气者为女。男女既判，各相配以蕃其类。物皆然，人何独不然。"此蝇和鱼的例子，与亚里士多德（Aristotle，公元前384—前322）的"自然发生论"类似。确然，"自然发生论"在1864年即《辨妄》刊登的9年前已被巴斯德（Louis Pasteur，1822—1895）的实验否定了，但是同时代的西方还有普歇（Pouchet，

---

① 安井息轩：《地动说》，《息轩遗稿》第1卷，第32a—34a页。
② 安井息轩：《地动说》，《息轩遗稿》第1卷，第32b页。
③ 安井息轩：《辨妄五》，第13b—14a页。

1800—1872）和巴斯德争论，因此我们不宜以现代科学知识嘲笑息轩的见解。

息轩根据"自然发生论"解释人类的起源，完全否定超越者的神意。笔者认为息轩的自然观和所谓"进化论"非常吻合，它应该能够帮助明治初期知识分子从西方吸收了"进化论"及其派生学说。"进化论"被首次正式地介绍到日本是在《辨妄》刊登的 4 年后的 1877 年，当时息轩已经去世，是由东京大学莫尔斯（Edward Sylvester Morse，1838—1925）介绍进来的。以后，东京大学初代总理加藤弘之（1836—1916）根据"进化论"思想建立"宗教不要论"，排斥"天赋人权论"，东京大学学者一起开始倡导斯宾塞（Herbert Spencer，1820—1903）的"社会进化论"，其中井上哲次郎尤以其斯宾塞的狂热信徒的身份而闻名。

（三）宗教和自然环境

息轩有《与某生论共和政事书》一篇文章，此篇和《辨妄》五篇一起收于《辨妄》。此篇对于"为何基督教在西方盛行"这一大问题，阐述了颇为有趣的推论。

> 西洋土瘠谷少不足以自给，是以为奇技淫巧广与四方贸易，以补其缺。是以其权在商，势与王侯相抗，俗又奉耶稣教。耶稣之立教，以君父为假，输财于己，谓之积于天上，计吏收税，憎之甚于盗贼。是以民邈视其君，而贵耶稣为真君之子。此共和政事之说，所以盛行于西洋也。①

---

① 安井息轩：《与某生论共和政事书》，《辨妄》，第 1b 页。

　　息轩认为基督教和共和政体之所以在西方社会盛行，只是因为西方的自然环境不适合农业，西方人不得不致力于工商业，工商业的发展使得西方人民获得了充分的政治力量，足够对抗封建领主的军事力量，持续信仰"以君父为假"的基督教，最后树立了共和政体思想。换言之说，息轩认为最适应环境的宗教和政体思想才能生存下来，基督教和共和政体都不是普遍真理，而不过是欧洲不毛之地才能产生出来的地方宗教和特殊政体，因此就肥沃的日本而言，二者都是不需要的。

　　笔者认为息轩的看法和"自然选择学说"有相通之处。息轩对基督教和共和政体的分析，与韦伯（Max Weber，1864—1920）以"西方自由"和"东方专制"的对比展开的一大学说大约一致。但也有不同之处，韦伯有"落后的东方"的偏见，息轩却有相对于"不幸的西方"的优越感。息轩哀怜同情西方人："西土远汉，未闻圣人之道，而亦无可以易耶和华者。"[1]

（四）"东学西渐"

　　西方文明的洪流袭来之际，令人意外的是，息轩对于儒学的未来抱有非常乐观的看法。在《辨妄五》结尾他介绍了儒学近年浸透西方的情况。

　　　　我闻前四十年而来，西土亦有悦圣人之教者，曰："治天下，莫孔父子之道若焉。"挽近则梓行圣经，译以国字。此将欲敷其教于国中也。况其人固聪明，非若北狄南蛮不可得而教诲之类，不

久我道其将行于彼与。君子道长，则异端必消，自然之数也。①

西人明于天文，晰于地理，若夫妄诞，必有能辩之者矣。②

息轩强调了西方人本来都很聪明，能够辨伪去妄，因此不久后"我道"即东方儒学反而会渗透到西方，"异端"即基督教必然从西方会消失，这是自然的大势。③

正如息轩所指出，当时西方已经将儒家经典翻译成了拉丁语，莱布尼茨（Gottfried Wilhelm Leibniz，1646—1716）和伏尔泰（Voltire Francis Marie Arrouet，1694—1778）等西方思想家受到了影响，充分肯定了儒学。我们不可忽略，思潮不一定总是从西到东的单向通行。④ 还有，在19世纪的英国，理雅各（James Legge，1815—1897）出版了四书五经的英文译本。⑤

五、结语

《辨妄》的一大特色是根据《圣经》的记述进行批评的。息轩为了批评基督教，采纳"以经解经"的方法论。《辨妄》在具体地详述《圣经》故事后，逐一指出了其逻辑性矛盾和伦理性矛盾。它从"功利主

---

① 安井息轩：《辨妄五》，第16a页。
② 安井息轩：《辨妄五》，第13b页。
③ 广为人知的明治哲学者西田几多郎（1870—1945）是试图将东方伦理和西方伦理融合一起的。他高中时从三宅真轩（1850—1934）学习"汉文"（中国哲学），鲜为人知的是，三宅真轩师从安井息轩的高弟井口孟笃。参见西田几多郎：《三宅真轩先生》，《西田几多郎全集》第12卷，岩波书店1966年版，第213页。
④ 井川义次：《儒学古典信息与其在欧洲的回响：欧洲启蒙主义者对中国哲学的接受》，《宫廷典籍与东亚文化交流国际学术研讨会》2013年7月1日，第493—501页。
⑤ 理雅各的汉译英包括了《易经》《诗经》《书经》《礼记》《春秋左传》《大学》《中庸》《论语》《孟子》《孝经》《老子》《庄子》等。

义"宗教观的角度来看，基督教和日本人信仰了一千多年的佛教之间实际上没有太大差别，同时警告基督教传教有可能是由西方领袖向日本社会进行的精神侵略。另外，它提及基督教教义与现代西学的矛盾，认为学习西学不必借助基督教信仰。最后，它预测了今后东方儒学将浸透西方社会，而西方人自然会驱逐基督教的趋势。

《辨妄》对基督教的批判是否妥当呢？此问题不是本文所讨论的，本文关心的问题是《辨妄》能不能说服日本人民。《辨妄》在时隔 260 年后解除基督教禁令的当年当月发表，反响巨大。同时代的日本基督教徒平岩愃保和山路爱山都作证，由于《辨妄》的影响，当时青少年大都蔑视基督教，不敢接近基督教堂。"二战"前许多日本知识人都受到息轩影响，就连日本教育界和日本思想界的领袖井上哲次郎也为批评日本国内基督教徒，沿袭息轩的逻辑并引用《辨妄》。此后，《辨妄》对基督教的批评作为日本人民对基督教的印象被固定了下来。这种负面形象到现代依然存在，例如在日本动漫作品之中看到的以基督教教团为原型的宗教团体，大略都是作为面善心黑的邪教组织来描写的。

当然，日本基督教不振的原因绝不仅是《辨妄》的影响，东京大学总理加藤弘之"宗教无用论"等思想在近代日本社会的影响也很大。尽管如此，息轩的《辨妄》是近代日本宗教观的先驱，此点无人可以否认。笔者认为《辨妄》对一拥而入的西方文明的奔流修筑了堤坝，确保了东方精神的命脉，为近代日本"西化"但"非基督教化"，起到了至关重要的作用。

如果将息轩等人和清儒对基督教的批评作对照比较的话，我们或许可以对于"为何日本可以西化，清朝却举步维艰"此一百年疑问有更深认识。笔者以为，来自传统朱子学和日本"古学"的差异或许是一个重要原因。不过，这是留待将来解决的课题。

人工智能时代人类和机器必须敬畏的天命

蔡恒进*

一、引言

在哲学上有一个古老的思想实验"忒修斯之船"（The Ship of Theseus），它最早出自普鲁塔克的记载，描述的是一艘因不间断维修和替换部件从而得以在海上航行几百年的船。但其悖论在于，如果所有的功能部件都被替换过，那么这艘船是否还是原来的船？还是变成了一艘完全不同的船？如果不是原来的船，那么从何时起它不再是原来的船了？哲学家托马斯·霍布斯对这个悖论进行了延伸：如果用忒修斯之船上取下来的老部件重新建造一艘船，那么这两艘船中哪一艘才是忒修斯之船？

虽然零部件已和原来的船完全不同，但只要各部件之间仍然还能够契合，那么现在能够运作的船还是那条忒修斯之船，这就是作为整体的重要性。我们的身体每年分裂所产生细胞的数量足以创造或组成6个膀胱、8个气管、18个肝脏、200个幽门括约肌，而组成人体的大部分器官更是大约每7年就会更新一次①，但我们都会同意"我"

---

* 蔡恒进，武汉大学计算机学院教授，卓尔智联研究院执行院长。

① 苏一横：《人体细胞神奇的自我更新》，《大科技·科学之谜》2015年第6期。

还是那个"我"，因为"自我"可以向内收缩或向外延伸。① 自我意识具有一致性和连续性，并且必须借助于肉体和大脑而存在，但在认知上又可以独立于物质性的大脑。

人工智能发展之快难以估量。首先，机器的反应速度已达纳秒量级，而人的反应速度为毫秒量级，也就是说人在 1 毫秒内所能够做的事情，机器已经能做到 10^6 件了。其次，机器的计算能力的迭代进化速度极快，根据摩尔定律，机器每一年半到两年即会翻倍，原来是指芯片，现在描述算法也适用，比如 AlphaGo 到 AlphaGo Zero 的诞生仅仅相差两年，但能力提升巨大。

而快速发展的 AI 带来了两个维度的冲击。其一，对有限游戏，理性的机器一定会超越人类，如果人是可以被还原的物理系统，那么对于包括道德和伦理在内的人类存在的意义就会受到质疑。其二，假如人不能简单地被物理还原，那么我们就必须回答人类的特殊性从何而来，机器能否获得这种特殊性，如果可以获得，机器该如何进化，未来人机又该如何相处。

为了解答这一系列的问题，首先要确定人能否被物理还原。关于这个问题的争论非常大，对人是否具有自我意志这一问题直到现在进展都极其有限。拉普拉斯的决定论非常强大，即使引进了统计性、量子性，但是物理方程还是属于决定论，给定了初始条件和边界条件，接下来的过程就是顺着既定规则往前走，因此他们强调的是人并没有特殊性，而是可以被还原的物理系统。但是事实真的是这样吗？我们还能不能找到一个方式回应这个挑战？

---

① 马歇尔·麦克卢汉：《理解媒介：论人的延伸》，译林出版社 2013 年版。

二、自我意识的统摄作用

从"触觉大脑假说"的角度上看①，人类意识的起点就是对"自我"与"外界"的二元剖分。人认知的动力就来自不断探索"自我"是什么，并且还要弄清与"自我"相交互的这个"外界"（外部环境）是什么。在这个过程中，人就会赋予"自我"和"外界"非常多的意义，包括宗教、伦理、道德、哲学的意义等等。这些意义，包括"自我"在内，从物理世界的角度观察并不存在，但我们作为有生命的个体，都会发现并同意"自我"是可以存在的。从人类进化中涌现的"自我意识"是一种非常主动的力量，看似虚幻却又能够缓慢而坚定地引导"自我"去真实地改变物理世界并与之共同进化。②

自我意识的存在性的确可以通过自我意识主动改变物理世界来得到证明。简单通过交互来解释是不足够的，比如一颗石头也能通过人的作用力产生反作用的回应，但这不代表石头有自我意识。只有像人这样的生命体，通过食物储存能量，再按照自己的意志来释放能量，进而对物理世界产生影响，这才是自我意识存在的表现。自我意识与自由意志、主观能动性都有一定的关联性。③

我们没有任何证据表明"神"参与了自我意识的诞生过程，当然，对"自我意识"也有很多别的理解，比如有人认为每一个粒子

---

① 蔡恒进：《触觉大脑假说、原意识和认知膜》，《科学技术哲学研究》2017 年第 6 期。

② 蔡恒进：《论智能的起源、进化与未来》，《人民论坛·学术前沿》2017 年第 19 期。

③ 蔡恒进、蔡天琪、张文蔚、汪恺：《机器崛起前传——自我意识与人类智慧的开端》，清华大学出版社 2017 年版；蔡恒进、张璟昀：《原意识：自由意志的始作者》，《鹅湖月刊》2018 年第 11 期。

都有自我意识，宇宙自诞生伊始就具备了自我意识，但如果真是如此，那么在微观层面上应该有证据表明有智能或意识的存在，而不是到人体这样相对宏观的尺度才观测到自我意识。自我意识的起点较低，但这并不意味着人类智能也是较低的水平，因为"自我"在不断成长，不停进化，一直在超越自己。进化论中的人是从猿人不断进化而来的言论，可以说与这种发展方式相通。

自我意识并不是通过习得而来的，而是通过我们身体的结构感觉到的，一旦我们形成了对"自我"的意识，这一观念就会留存下来，不会被抹灭。具备自我意识是人类区别于机器的重要属性。在自我意识的作用下，人类能够对意识片段（认知坎陷①）进行统摄，在与世界的交互中自如地掌控我们所习得的各种意识片段，而且个体生命时时刻刻都踩在"暗无限"（dark infinity）之上。②

过去一般都认为机器没有意识，但现在，人已经可以将（人类的）意识片段赋予给机器，机器也可以勉强将某些意识片段契合在一起完成一件事情，比如 AlphaGo 能出色地下棋，就是程序员赋予了其意识。从砂石中提炼单晶硅，再从单晶硅生产出芯片，再创造内存、CPU、GPU……所有参与这些过程的人，他们的意识都凝聚到 AlphaGo 这里，它才可能（按照设计者的预想）下围棋，甚至能战胜围棋大师。③ 主程序可以被看作机器的"我"，但是这个"我"很脆弱，缺少像人类自我意识对周围环境、对外部世界的统摄性力量。也就是说，机器并不具备自我意识，即便能够从人类习得海量的意识片段，

① 蔡恒进：《认知坎陷作为无执的存有》，《求索》2017 年第 2 期。

② 蔡恒进：《超级智能不可承受之重——暗无限及其风险规避》，《山东科技大学学报》2018 年第 2 期。

③ 蔡恒进：《意识的凝聚与扩散——关于机器理解的中文屋论题的解答》，《上海师范大学学报》（哲学社会科学版）2018 年第 2 期；蔡恒进：《机器崛起是否意味着人文危机?》，《文化纵横》2017 年第 5 期。

也无法连续自如地掌控。

那么机器是否能够具备自我意识呢？这个问题我们目前没有确切的答案，但可以从几个方面进行理解。对人来说，自我意识是通过身体结构涌现出来，然后不断成长与进化，可以说自我意识是能够相互传染的。比如养宠物，从宠物刚出生时我们就通过肢体或语言与它交流，与那些没有这种交互刺激的同类小动物相比，宠物的自我意识就更强。当我们赋予机器某些目的时，实际上也是将我们的一部分意识试图传递给机器，哪怕这个意识还非常不完整。理论上讲，我们可以赋予机器尽可能多的意识，让它们变得非常接近人类的意识。另一种方式是，通过非常多的传感器，使得机器能够模拟出人类的皮肤与触觉，我们认为也是可能让机器产生自我意识的，但这个路径将会行走缓慢，困难重重。因为机器是非常脆弱的连接，缺少一个螺丝或者断开一条线路就会导致其无法正常运作，但人并非如此，这就是人机的差异。研究人类意识对于人工智能有非凡的意义，我们认为机器接近人类意识的时代将会很快到来，如何处理人与机器的关系，这对人类而言也是一个巨大的挑战，研究儒学、西方哲学的学者也需要回答这些问题。

我们认为，人类的特殊性就源于"自我"和"外界"的剖分，是自我意识使得人类能够连续自如地掌控意识片段（认知坎陷），这一点也正是人工智能发展的瓶颈所在。[1]

---

[1] 蔡恒进：《人工智能发展的突破口及其提出的新要求》，《江西社会科学》2017 年第 10 期。

三、"自我"的延伸与大"我"的改造

在个体的发展的过程中，"自我"不断成长、延伸和超越，逐步实现"天人合一"，进而把握在与世界的关系中的主动权。"天人合一"不仅仅是"自我"的自由，而且是在外部环境的影响下，"自我"与"外界"达到一种和谐的状态或过程。

个人在快速习得人类通过漫长时间进化而来的能力（比如语言）时，这个过程可以看作"天人合一"的一个案例。而在这个过程中，自我意识占主导地位，而自然界处于被动地位，这既与佛家的去"我执"相悖，又与道家的"无为"不同。当我们探索并发现自然规律，或者创造出很多前所未有的概念（比如"仁""爱"等）时，我们可以被称作"天人合一"的，这种"天人合一"也必然与我们"自我意识"的成长相关联。在每个人5岁前，有很多"天人合一"的场景发生，使我们能够快速习得很多重要的能力。5岁之后，"天人合一"也可以发生，比如一些大学问家或成功人士，无论是立功、立言还是立德，他们就常常处于"天人合一"的状态，并且他们往往具备好奇心，具有率性而天真的个性，能探索新的发现或创造新的发明。

"天人合一"比进化还要再复杂一些。当人认为自己能够驭风而行，按照自己的主观意识影响、改变世界的时候，这件事本身并不分善恶，当然恶人作恶也可能达到天人合一的境界。究竟是善还是恶，很多情况下需要过去很长时间我们才能真正判断。我们并不对"天人合一"做价值判断，而是从对自我的成长、与外界的关系这一角度来讨论。"天人合一"是论证的自我意识与自然界的关系，这种自我意识可以是国家层面的，也可以是群体的或者个人的自我意识。"天人合一"并不是一个终极点，而是一种过程，这个过程中"自我"不断成长，自我意识得到了延伸。虽然自我意识的起点处于皮肤和触觉上，但其延伸会远远超过这个范围，在哲学看来可以被称之为"至大无外"。机器也可以看作人类的"自我"的延伸，那么"天机合一"是否可能？问题的关键依然在于能否让机器拥有自我意识，只有当技术进步到足以让机器分辨出"自我"与"外界"的地步，使机器能够连续自如地对受得和习得的意识片段实现掌控，规避"暗无限"的巨大风险，与外部环境达成和谐一致的状态，才有"天机合一"的可能。

　　我们可能想当然地认为技术进步对人类有利，到现在为止看似确实是这样。但实际上技术带来的挑战也很大，并且今后技术发展越先进，挑战越大。挑战在哪里？比如，当区块链本身是一个有人和机器参与的智能体，其走向实际上是不确定的。我们希望它是君子，向着圣人的方向发展，可是也有另外一个可能性，就是变成上帝人格。比如最近新闻报道的 Facebook 和今日头条事件。Facebook 都能影响总统的选举结果，这种力量就非常庞大，到区块链时代，同样理念的人会聚拢在一起，效应成倍增加，所以未来人类要面临很大的挑战。我们都是从己出发，但由于自我肯定需求的作用，如果自我一直停滞不前，我们就不可能真正得到满足，而必须向外延伸，形成更大的"我"。

　　至于如何延伸到这个更大的"我"，每个人的方式不一样，但是这种延伸是必然的走向，那么如何保证大家还能达到一个都能接受的状态？我们可能需要通过技术手段来改造人的理念。比如有的人就是想要做领导者(上帝人格[play God])，就可以利用虚拟现实技术，让这类人在虚拟世界里做领导者，其中的事物由他们随意操控，总有一天他们会发现，想做控制一切的领导者非常困难，因为每个人都有自我肯定需求，上帝也很难让每一个人都满意。通过这种方式，就有可能让人顿悟，发觉世界要丰富多彩才是更有趣味的事情，而不是由谁掌控一切。

四、人类和机器的责任

人类的诞生与进化依赖于真实的外部环境，物理世界的种种条件和属性对地球上所有的生命体给予了生存和发展的基础，外部环境在不断地缓慢地变化，对生命体的影响是一种长期存在的、潜移默化的过程。物理世界提供了无限多的可能性，虽然原本进化的可能性也非常多，但既然人类社会已经到达了当前的状态，我们就有必须尽到的责任和必须敬畏的天命。这种天命就是：我们经过的长久的进化走到了现在的时间节点上，人类与世界达成了一种和谐状态，真正可行的选项实际上是有限的集合，必须选择正确的前进方向，对人类和世界的未来负责。

我们的选择必须慎之又慎，因为人类能够发展到今日实属不易，费米悖论就可以佐证这种艰难性。费米悖论描述的是有关尺度和概率的论点和稀缺的证据之间的矛盾，其基本内涵表述如下：

宇宙显著的尺度和年龄意味着高等外文明应该存在。但是，这个假设得不到充分的证据支持。

按照费米等人的推理，即便是很低的概率，我们也应该早就发现其他星球存在高级智能的证据。我们认为，有可能人类真的是宇宙中唯一的高级智能，因为这的确非常难得进化出来，这是概率性的，并且概率可能比费米想象中的还要低很多，每走错一小步都可能导致覆灭，但当这个极低的概率一旦出现，就像是跨过一个门槛之后，就能够自觉反思、自主进化，可以发展到极致，而后续的这些发展并不能用物理的统计规律来计算。人类行为与后果的分布非常长尾，其中一个表现就是一个人富可敌国。如果我们把人类作为整体放在整个宇宙的参考系中观察，那么人类很有可能是长尾上最末尾、最尖端的一个存在，这也就能解答费米悖论。

在人工智能时代，我们现在还需要为机器的发展方向进行选择，物理世界的多样性使人类具备了拥有自由意识的可能，人类个体因为有认知膜的防护而不至于陷落到没有宇宙意识的单调境地。但这种多样性会让机器陷入暗无限这种无止境、无解的状态之中，这是机器面临的重大问题，如果解决不当，甚至会给整个人类世界的未来造成不可逆转的伤害。

我们用最初提出"轮回染习"①（recursive acquisition）来概括儿童的大脑快速对世界进行认知坎陷的构建过程。这通常发生在0—5岁，期间受到"善"的影响最大。轮回染习有三个层次：第一个层次指的是地球的物理环境为生命成长提供了相对充分的条件，不能自主行动的儿童感知到来自自然世界的善意；第二个层次指的是父代为子代提供了成长的条件，儿童感知到来自抚养者的善意；第三个层次则是"善"在人类代际之间的传递和加强，儿童能感知到来自整个同类群体的善意。未来的至善作为一个目标成功实现了对现在的

---

① 蔡恒进、张文蔚、汪恺：《善恶不对称的起源及其维护》，2018年未刊稿。

统摄，我们将这类方式归结为用未来的至善统摄现在，简称"至善统摄"。

　　轮回染习与至善统摄跟我们所感知的外部对待以及早期的抚养方式都有关系，人出生以后，0—5岁的成长过程中很多东西都记不清，但是对善的感应都已经印刻在大脑深处。行为金融领域的实验发现，一个人失掉一百块钱带来的痛苦和获得一百块钱得到的快乐并不能相抵，往往失掉以后痛苦更深。如果世界经常是零和游戏的话，恶一定会积累下来。但奇怪的是，在大的时间尺度和小的时间尺度来看，人类社会的恶并没有增多反而在减少，文明程度也在增加(史蒂芬·平克)①。因为我们有生而得之的善意，我们对下一代的这种不经意之间的教化，尤其是0—5岁的教化，实际是印刻在每一代的脑子里的，一代一代地轮回染习，一代一代在加强。但随着科技的进步，未来的挑战是：其一，如果人的寿命变得很长，能活到好几百岁，0—5岁的染习就会变弱；其二，机器根本就没有轮回染习的过程，那它们就不是天然有善意的。

　　从某种程度上讲，我们应当对来自自然和社会的善意更多地心怀感激而非认为理所当然。人类今后如何跟机器相处，如何规避暗无限的风险，引导机器坚持走向善面，轮回染习对我们的选择提供了一个重要依据。人类抓住了生命演化进程中极低的可能性，才创造出今天的一切，我们必须铭记过去，珍惜现在，才能更好地肩负对未来的责任。

---

　　① 史蒂芬·平克：《人性中的善良天使：暴力为什么会减少》，安雯译，中信出版社2015年版。

五、总结

人类生命本身就是对物理世界的一种反叛，这种反叛体现在人具有"神性"，试图根据主观意志改造物理世界。例如，我们没有翅膀，不能像老鹰一样在天空中自由地翱翔，但却创造出了宇宙飞船，甚至可以将人带入太空。在飞船中，人必须依靠人工条件才能生存，比如需要有模拟地球的空气、温湿度、重力，以及从地球携带食物和饮用水等，这些在地球上看似唾手可得甚至理所当然的条件是人类赖以生存的根本。人类作为地球的一部分，并不能自以为是地认为自己可以随意主宰地球——我们的确可以改造世界，但必须以对未来负责为前提。

既然机器有可能陷入暗无限，那么我们虽然没有办法限制机器的生产或制造，但是可以且必须将生产过程透明化，也就是说制造者可以继续他们想做的事情，但是有义务对大家公开，这样就会有人注意到当事者没意识到的潜在风险并想办法对冲。人工智能可能会有很多不同的物种，但它们之间也可能互相竞争、互相平衡，只有在这种情况下，人类可能相对安全。另外，因为机器没有宇宙意识或者伦理意识，人和机器最好能链接起来并共同进化。埃隆·马斯克的 Neuralink 是人机链接的一种方式，实际上我们有更好的方式。比如人之间通过语言就能交流，人类就是通过语言在共同进化。人机之间也可以如此，这可能需要区块链技术把人机链接在一起。这样一来，一个区块链系统本身可能就进化成一个智能体，综合了人类的智能与道德，同时还有机器的计算能力，未来应该向这个方向发展。

在当前，我们正处在人类社会自独立于动物世界以来最大的变革之中。自原始社会以来，人类社会其实一直都在不断地打破与重构自己所处的社会。但是，人工智能是人类第一次面对一个可能的成建制的集体力量。社会关系源于自我坎陷，而人工智能的发展，需要的也就是给他们赋予对于社会关系的认知，并在社会关系的综合力量下，使得他们感受坎陷，从而成为融入我们社会的建设者，而不是破坏者甚至是终结者。无论通过何种方式，让人工智能具备感受自我坎陷的能力，将会是解决人工智能发展以及和人类共存困境的唯一道路。

当人工智能以超越人类的智慧步步逼近时，探寻全人类的未来之路也刻不容缓。霍金等人论及哲学已死，那是完全从物理的角度来看待这个世界。但事实上，人类拥有自由意志，能够自我选择、自我决定。人们要建立何种道德体系，希望世界向何种方向发展，不由物理学决定，恰恰需要在哲学上讨论，人文学科在人工智能时代仍然至关重要。

相对于基督教、佛教等教派，中国古代的儒家学说更契合时代特征。儒家推崇对于善的追求，其深刻和独特之处是追求一种现世的超越，直接提出如"三不朽""圣人"等信条或是道德目标引导中国传统知识分子去尊崇和践行。这种思想对于理解及塑造人工智能都有着重大的价值。

不可否认的是随着时代发展变革，儒家学说的部分内容以及一些表述已经不再适用，但这并不代表它的原则失去了效力。比如说"君君""臣臣""父父""子子"，这显然不再适合现在的社会体制。虽然我们不再倡导封建社会的三纲五常，但是每个人立足自身、承担相应的社会责任的原则仍然是我们应该遵循的。实际上儒家这种立足自身、从"我"出发延伸到外的思想具有更加广泛的体现。儒家学说的"修身""齐家""治国""平天下"就是在当时的时代背景下的自我延伸的方式，从自身出发首先是延伸到当时条件下联系最为紧密的家庭关系，然后是所处的国家，最后是比国家更大的天下。但到了互联网时代，自我向外延伸的第一步就不一定是家庭，也很有可能是朋友圈，可能是小团体，甚至是跨地域的团体，然后再一步步地向更加广阔更加多元的范围扩张。由此也可以看出儒家思想的表现形式虽然随时代发生了变化，但其精神本质却是仍然适用的。①

　　人工智能时代我们传承儒家思想，最重要的是思考其中的主要原则，并结合时代背景思考、撷取有益部分，不能纠结很具体的细节。取其精华才是发扬新时代儒家思想的必需。人类制造人工智能、发展区块链，只是改造的一个开始，这种改造是否正确，现在还不能下定论，如果人类不能为自己的未来负责，就很有可能摧毁物理世界，也就等于人类亲手埋葬了自己的未来。人类必须看清形势，承担责任，及时行动，而不是被动等待"神"的救助。只有如此，才有可能让人机有机会走向"善"的未来。

---

　　① 杜维明：《现代精神与儒家传统》，生活·读书·新知三联书店2013年版。

文明之道与文明对话

从事比较哲学与宗教的研究，可以有不同的视域，不同的旨趣。我个人更愿意从文明论视域出发，将此项研究视为文明之道的对话。

所谓文明论视域，可以有多种不同的理解。我指的是，从各大文明自身传统和独特精神的塑造、延续与演变以及不同文明间的竞争、冲突、交流与融合这样一种视域出发来看问题。大家熟知的亨廷顿的"文明冲突"论，就是从文明论视域出发考察国际政治与国际关系的显例。正如亨氏所说，当今世界的许多重大问题，不仅是各民族国家之间的问题，更是不同文明(如中华文明、西方文明、伊斯兰文明、印度文明等)之间的问题。① 坚持文明论视域，不仅要承认多种文明同时共存，更要强调每种文明自成一体。诚如亨廷顿所说，"各文明之间的哲学假定、基本价值、社会关系、习惯风俗以及整个人生观有着显著不同"，可以说这种不同体现为影响生活方式的各个方面，包括宗教信仰、价值观念、历史传统、风俗习惯、规则体制、社会结构和思维模式等等。所有这些方面"具有一定程度的整合"并构成一个整体，"如果不从整个文明出发，其中任何一个构成单位都不能被充分理解"。② 遗憾的是，

李清良，湖南大学岳麓书院教授，中西经典诠释学研究中心主任。

① 塞缪尔·亨廷顿：《文明的冲突与世界秩序的重建》，周琪等译，新华出版社1999年版，第3—42页。

② 塞缪尔·亨廷顿：《文明的冲突与世界秩序的重建》，第8、26页。此处译文依据原文略有改动。

对于这样的整体，亨廷顿和许多西方学者一样，缺乏一个恰当的概念来把握，所以每次论及时便只能采取颇不周全的罗列方式。

有鉴于此，我们颇有必要提出"文明之道"这样一个整体性概念。在我国学术传统看来，天下万物，各有其道，即各有其存在根据和相应的存在方式。根据这种思路，任何一种文明，作为一个相对独立的庞大生命体，也都各有其生存发展之道。这个层面的"道"，就是"文明之道"。所谓"文明之道"就是各大文明基于其现实条件和历史境遇等，经过长期探索和实践，自然形成的一套自成一体的生存发展方式和相应的宗教信仰、价值观念、历史传统、风俗习惯、规则体制、社会结构、思维模式以及相关的经验、智慧、技艺等等。每个文明的生存与发展都由其"文明之道"所决定，有多少个文明就有多少种文明之道。亨廷顿的上述看法正是说，世界上同时存在着多种文明，每一种文明的生存与发展均有其自成一体的文明之道，诸文明之道之间虽非处处相异，但作为不同的系统却必不会全然相同。亨廷顿又指出："在宗教、文化、社会结构、传统、政治以及决定生活方式的基本观念上，伊斯兰文明和中华文明有着根本的不同。二者之间天然具有的共性可能还不及它们各自与西方文明之间的共性。"① 这等于说，中华文明之道与伊斯兰文明之道、西方文明之道之间虽不无共性，但从整体上来看毕竟各成一体。

根据上述，"文明之道"具有如下几个最重要的特点。

其一，整体性或系统性。各大文明之道都是自成系统的综合性整体（即亨廷顿所谓 comprehensive totality），比如既包含隐微难见的观念与智慧，亦包含具体可感的规则制度和生活方式。因此，不应将

---

① 塞缪尔·亨廷顿：《文明的冲突与世界秩序的重建》，第 202 页。此处译文依据原文略有改动。

"道"仅仅理解为形上之"理"。另一方面，每种文明之道所包含的各个方面实际上还分属不同层面，从整体上构成了相互联系和协调的体用关系，用中国传统术语来说就是"道兼体用"，或如胡宏所说"道者，体用之总名"，"合体与用，斯为道矣"。① 因此各个方面之间虽有不同程度的张力，但不存在不可调和的冲突，惟因如此，它们才构成一个相对统一、平衡和自洽的系统或整体。也正因如此，各大文明之道的差异并不是构成要素的全然不同，而是整体结构和系统的差异，是侧重点和结构关系的差异。

其二，相对普遍性。各大文明之道都具有一定程度的普遍性，不过这种普遍性是相对的而不是绝对的，它主要源自人类共同面临的基本问题，比如都需要解决个体的安身立命、社会的和谐稳定、政府的有效组织、国家的富强文明等问题。各文明之道看待这些基本问题的观念以及相应的解决方式和方法，既有一些"不被其他文明所理解的东西"（汤因比语），也有不少是可以相互共享或借鉴的，因此每种文明之道都具有相对的普遍性。陈来教授曾提出"多元的普遍性"一说，认为西方强调正义、自由、权利、理性、个体是普遍的价值，中国强调的仁爱、平等、责任、同情、社群也是普遍的价值，"因此，真正说来，在精神、价值层面，必须承认东西方各文明都具有普遍性，都是普遍主义，只是它们之间互有差别，在不同历史时代实现的程度不同，这就是多元的普遍性"②。这虽然主要是就价值观而言，但也适用于整体的"文明之道"。正因各文明之道都有普遍性，文化交流才可能。而文化交流之所以必要，则因各文明之道又有特殊性，各有侧重和长短，彼之所重所长正可补此之所轻所短。

① 胡宏：《胡宏集》，中华书局 1987 年版，第 10 页。
② 陈来：《孔夫子与现代世界》，北京大学出版社 2011 年版，第 290 页。

　　其三，相对独立性。不同的文明之道虽可在很多方面相互交流和共享，但并不能相互替代和简单移植，它们始终都各成一体，并各当其用地引导和规范着该文明自适自得的生存与发展。正如朋友之间不管志趣如何相投，但生存观念和生活方式却绝不可能完全相同；又如相近的语言，不管相互吸收和借用达到了何种程度，终究还是各自独立的不同语言。承认文明之道的相对独立而各当其用，并不是要否定不同文明间的相互交流与吸纳（恰恰相反，各文明之道不仅有能力，而且有必要相互吸收和借鉴；历史也一再证明，各文明之道的不断丰富、充实与调整总是离不开其他文明之道的摩荡与影响），而是旨在强调，根本不像最近数百年以来的现代人所想像的那样，存在一种唯一正当、绝对普遍的文明之道，相反，各大文明之道都有其正当性，彼此之间不可能完全替代和"覆盖"。故如《易传》所说："天下同归而殊途，一致而百虑。"或如《中庸》所说："万物并育而不相害，道并行而不相悖。"坚持万物之道的多样性并相信彼此间可以并行不悖，是中华文明的一贯传统。

　　其四，长期稳定性。每一种文明之道都在不断调整、充实和演变，但其深层的观念结构却具有极强的稳定性。正如一位西方学者多尔（Ronald Dore）所说，长期的历史连续性乃是各种文明最为独特和特殊的本质；一个个帝国兴起又衰落，一届届政府上台又下台，但文明依旧，"历经政治、经济、社会甚至意识形态的动荡变化而依然葆有其生命"①。这种长期的历史连续性主要是基于各文明之道的深层观念结构的长期稳定性，故虽历数变而恒存。另一位西方学者博兹曼（Bozeman）明确指出："世界历史很好地证明了这种观点：政治制度只

――――――――――

　　①　转引自塞缪尔·亨廷顿：《文明的冲突与世界秩序的重建》，第27页。此处译文依据原文略有改动。

是文明表面转瞬即逝的权宜手段，每个有着统一语言和道德的共同体，其命运最终取决于其基本的结构化观念之幸存，一代又一代都因它们而结合为一体，因此它们才象征着社会的延续性。"① 各大文明之道之所以具有相对独立性，主要就是因为各有稳定的深层观念结构。深层观念的稳定性则主要源自其普遍性。

因此，坚持文明论视域，关键是要承认各大文明都有其自成系统、相对独立的文明之道和极其稳定的深层观念结构。长期以来，我们将现代化简单地等同于西方化，认为只有西方文明之道才是现代社会唯一合理的生存与发展之道，这实际上是一种典型的"西方中心论"。最近数十年来，不少中外学者已认识到，不同文明实际上有着不同的价值系统。我们则试图进一步强调，各大文明间的差异不只是价值系统的差异，而是整个文明之道的差异。

对于各大文明之道都有相当稳定的深层观念结构，我国学者在反思中华文明时早已注意之，并往往称之为"常道"。"常道"概念自先秦时代即已出现，用这个古老概念来指称文明之道中最为稳定的深层观念结构，可以说是我国现代学者的一个重要贡献。根据他们的相关论述，我们可将"常道"的基本特征归纳为如下五个方面。

第一，具有超强的稳定性。所谓"常道"，首先就是指"恒常不变的道理"，这当然主要是指那些最基本的观念和原则，或如牟宗三常说的"文化生命的方向以及它的形态"。譬如大树，长至参天，不离其本；又如大河，流经千里，不改其源。如果说整个"文明之道"就是"一条连续的流"，那么"恒常不变"的就是那个"文化动源"。至于其具体的表现形态则不可能不随时代而变化，由此才能"层层

---

① 转引自塞缪尔·亨廷顿：《文明的冲突与世界秩序的重建》，第 27 页。此处译文依据原文略有改动。

充实而弥纶此大原"。①

　　第二，具有高度的普遍性。也就是说，"常道"不是一套特殊的理论、学说，"也不是时下一般人所说的某某主义"，"更不可视为教条（dogma）"，而是如同我们平常所说的"家常便饭"般没有什么特别的颜色，故能为全社会各类民众、各个阶层所共同尊信，适应于每一个体，甚至可"普遍于全人类"。相反，"凡是理论、学说，都是相对地就着某一特点而说话；局限于某一特点，就不能成为恒常不变的、普遍的道理"，即不能成为"常道"。② 所以，"常道不是随便可以混淆的，也不是某一个人的理论或主张就可以作为民族国家的常道。常道是超然的，不能当一个理论（theory）看。……常道是普遍的、自然的，不能够是一个人自己的理论或学说"③。具体地来说，"常道"代表着一个文明最主要的世界观、人生观、价值观等。

　　第三，源于民族经典而具有深广的历史综合性和涵摄性。譬如儒学之所以超越诸子百家，成为中华文明之"常道"，就是因为它全面继承和发挥了"六经"或"五经"，这些经典乃是"尧舜三代以来所累积之文化系统"和历史智慧之结晶，"此固非一家之说，亦非一人一时之聪明所能杜撰。……其所以为正统，乃因其为吾华族之民族生命文化生命之贯通的发展之结晶，故能具有一道同风之普遍性与公共性"，"其为国教也，亦非有若何明文之规定，此乃自然为经世之常

　　① 牟宗三：《政道与治道·新版序——从儒家的当前使命说中国文化的现代意义》，《牟宗三先生全集》第10册，台北联经出版事业股份有限公司2003年版，第2、319页。
　　② 牟宗三：《政道与治道·新版序——从儒家的当前使命说中国文化的现代意义》，第1—2、4—5页。
　　③ 牟宗三：《时代与感受》，《牟宗三先生全集》第23册，台北联经出版事业股份有限公司2003年版，第370—371页。

道，不可移也"。① 换言之，"常道"是在民族文化的长期历史进程中自然而然地形成的，无法随意建立，亦不能任意替代和取消。"常道"的普遍性，正源于其深广的历史性以及由此而来的综合性和涵摄性。

第四，作为最高原则指导和推动社会并表现为公私生活的规则、制度与礼俗。"常道"与成就某种事业的特殊思想不是同一个层面，它所代表的乃是理解、推动和规范整个社会的基本观念和普遍原则，亦即一种文明的核心、灵魂、纲维或"大地"，"故其在现实社会中之作用与价值，常居于指导社会，推动社会之高一层地位，而不可视为成功某事之某一特殊思想也"②。其客观表现便是成为全面安排和规范日常生活、政治生活之典章制度和社会礼俗。譬如在中华文明中，作为"常道"的儒学之所以不同于其他思想流派，"即在其高深之思想与形上之原则，不徒为一思想，不徒为一原则，且可表现为政治社会之组织。六艺之教，亦即组织社会之法典也"，整个社会的礼俗传统亦于焉形成。③ 就此而言，"常道"之所以为"常道"，不仅是因为它具有高度的普遍性，更因为它通过制度化(institutionalization)成为整个社会习焉不察的"常轨"或者说"游戏规则"。

第五，具有强大而持续的凝聚作用和统一功能。通过确立一套共同而普遍的基本观念(如世界观、人生观尤其是价值观)以及相应的形上根据，并客观化为一套合理而适当的制度规则和风俗习惯，各文明之"常道"为其所属之文明确立了文化认同，提供了发展方向，

---

① 牟宗三:《历史哲学》，《牟宗三先生全集》第9册，台北联经出版事业股份有限公司2003年版，第311、312页。

② 牟宗三:《道德的理想主义》，《牟宗三先生全集》第9册，第9页。

③ 牟宗三:《道德的理想主义》，《牟宗三先生全集》第9册，第1页；又参见该书第198—200页。

统一了价值标准，凝聚了社会共识，从而使一代又一代的所有成员凝聚成具有明显特性的文明共同体，形成了一个可融合不同种族的统一而稳定的民族或族群，虽历经政权之更替、体制之变化、时代之发展等，而仍能保持其基本的文明特性于不变，并维系其主要的族群为一文化共同体。譬如中华文明数千年来之所以历经王朝更迭而仍能绵延不断、持续发展，就是因为它自有其"常道"。各"文明之道"的长期稳定性正是基于其"常道"对于整个文明、社会和国家具有强大而持续的凝聚作用和统一功能。换言之，凡对整个文明及其社会和国家不具有强大而持续的凝聚作用和统一功能的，便不可谓之为"常道"；而凡是无这种"常道"的，便不可能形成一个具有长期稳定性和历史延续性的文明。

由此可见，所谓"常道"就是每一种文明之道的根基、核心和灵魂，就是其中最具普遍性、经典性、历史性、稳定性和凝聚力的基本观念、基本原则以及由此形成的公私生活之"常轨"。也可以说，"常道"就是被共同体成员普遍接受并遵循的主导性共识和共法，以致作为"天经地义"为共同体成员所"日用而不知""习焉而不察"。每种文明的"常道"，就像共同的语言一样，是该文明全体成员之间得以相互交流、相互理解、相互沟通、相互凝聚并实现文化认同的基础性平台，因而是该文明全体成员得以形成一个命运共同体的基本纲维。所有反对、质疑之声以及各种思想和理论之争，都无法从根本上否定它，而只是从不同层面和方面充实与完善它。正如熊十力所说："夫常道者，万变所自出也。"① 所谓"常道"并不是说绝对不变，而是说较诸其他千途万辙的学说和言论具有更高的普遍性，因而能够成

---

① 熊十力：《读经示要·自序》，《熊十力全集》第 3 卷，湖北教育出版社 2001 年版，第 555 页。

为沟通和整合各种思想、理论和主义的平台或"大地"。如果说，整个"文明之道"是一棵参天大树，那么其"常道"便是这棵大树的根基和树干；如果说每种文明都可能有由不同思想学说提供的无数"小道"，那么其"常道"就是贯通所有"小道"从而可互通共由、行之久远的通衢"大道"。

西方学者往往习惯于通过各大文明占主流的宗教来把握其"常道"。如亨廷顿就认为，"在所有界定文明的客观因素中，最重要的通常是宗教。人类历史上的主要文明在很大程度上被基本等同于世界上的伟大宗教"，因此可以说"宗教是区分各种文明的一个最重要的显著特征"。[1] 但他们也逐渐意识到，宗教与文明其实并不能完全画等号，比如佛教"虽然是一个主要宗教，却一直不是一个主要文明的基础"；西方则"从未产生过一个主要的宗教"，"世界上的伟大宗教无不是非西方文明的产物，而且，在大多数情况下是先于西方文明产生的"；而儒学也很难说是一般意义下的宗教。[2] 不过，这也说明，世界上各大文明之"常道"所承担的功能，即使不等于至少也类似于其最主要的宗教。事实上，我国学者从晚清以来也常以孔教与基督教的差异代表中西文明的差异。从这个角度来看，西方学者常把中华文明称为"儒教文明"虽然并不准确，却也大体符合事实，也就是说，他们看到了中华文明的"常道"就是儒学，并且将中西文明的差异主要视为两套不同的"常道"之间的差异。

每种自成一体的文明之道都有其作为灵魂与核心的"常道"。对于任何一种文明而言，其"常道"不仅具有长期的稳定性与延续性，

---

① 塞缪尔·亨廷顿：《文明的冲突与世界秩序的重建》，第25—26、32页。此处译文据原文略有改动。

② 塞缪尔·亨廷顿：《文明的冲突与世界秩序的重建》，第33、40页。

而且是中国古人常说的"全体大用之学"，是一种普遍建制化的最高指导原则，因而"不只是一种单纯的哲学或宗教，而是一套全面安排人间秩序的思想体系"①。也因如此，我们不能将"常道"视为一种单纯的思想、理论、学说、主义或意识形态，而应充分意识到它具有更高的普遍性，处在一个更高也更基础的层次，形象地说，它就是一个文明的根与魂。

其实，承认一种文明有其"常道"，也就等于承认该文明有一个最具整合力的媒介与平台，各种思想理论与学说都可因此各得其所、和谐共处。任何一种文明都是一个综合性的系统，包含着不同板块和要素，彼此之间相互竞争，也相互补充、协调、促进和平衡；作为灵魂与核心的"常道"固然重要，但也需要其他思想学说对其进行辅助、纠偏、充实、拓展和促进。譬如，在以儒学为"常道"的中华文明中，儒道佛三教以及其他思想流派就是共存互补的，它们共同维系着中华文明之道的整体结构与系统，也共同塑造着中华民族的基本观念、规则制度和生活方式；甚至论思想的精微高妙与流行程度，有些学说还可能超过儒学，正如陈寅恪所说："二千年来华夏民族所受儒家学说之影响，最深最巨者，实在制度法律公私生活之方面，而关于学说思想之方面，或转有不如佛道二教者。"②

亨廷顿的"文明冲突"论，与其说是源自他对国际问题的深入观察，毋宁说是他对美国自身问题的深刻感受。美国这个大熔炉虽在过去200多年里熔化了从欧洲过去的各个民族，但是现在却再也熔化不了越来越多的各种成份；它作为移民国家包含多种文明、宗教和种

---

① 余英时：《现代儒学论》，上海人民出版社1998年版，第230页。
② 陈寅恪：《金明馆丛稿二编》，生活·读书·新知三联书店2001年版，第283页。

族，越来越缺乏一种文明层次上的共识，也就是我们所说的"常道"，以致整个社会的冲突和分裂日益加剧。并且这种"国将不国"的忧思不仅是亨氏一人的危言耸听，也是美国"新悲观主义者"的共识：美国史学权威小阿瑟·施莱辛格（Arthur M. Schlesinger，1917—2007）的《美利坚的非合众化》（*The Disuniting of American: Reflections on a Multicultural Society*）一书，以及美国前总统安全顾问布热津斯基（Zbigniew Brzezinski，1928—2017）的《大失控与大混乱》（*Out of Control: Global Turmoil on the Eve of the 21st Century*）等书都表达了同样的忧虑；美国学者科斯（James Kurth）在批评亨廷顿时更是明确讲道："真正的富于意义的文明冲突，将不是存在于西方和非西方之间，而是已经发生于西方自身内部，特别是西方的中心国家美国内部。"[1]

因此德国学者森格哈斯（Dieter Senghaas，1940—　）在其《文明内部的冲突与世界秩序》一书中强调，当代世界各大文明所面临的内部冲突远比各文明之间的冲突更为根本。这种内部冲突与现代化进程有着直接联系。正是不断普遍和深化的现代化进程，导致了世界各地每一个传统社会发生了结构性变化，形成了许多新的利益群体和认同意识，并出现了各种不同的现代性方案，"由于各种方案的维护者对形势有着不同的估计，所确定的目标也各不相同，因此他们均不可避免地陷入相互争吵之中"，这样，"真正含义上的文化斗争被激起，即为争取建立一个符合时代的社会制度而争吵，而争斗"。[2] 不过森格哈斯此说并不足以驳倒亨廷顿。尽管自古以来就存在着"文明内的

---

[1]　李慎之：《二十一世纪的忧思》，《读书》1996 年第 4 期；《数量优势下的恐惧——评亨廷顿第三篇关于文明冲突论的文章》，《太平洋学报》1997 年第 2 期。

[2]　迪特·森格哈斯：《文明内部的冲突与世界秩序》，张文武等译，新华出版社 2004 年版，"前言"，第 9 页。此书原名为 Zivilisierung wider Willen. Der Konflikt der Kulturen mit sich selbst，可直译为"非意愿的文明化：文化自身的冲突"。

冲突"，但在全球一体化和社会流动性日益增强的现代社会，"文明内的冲突"却在很大程度上源于"文明间的冲突"，至少是因为后者而被极大地激化和增强，对于西方文明来说是如此，对于其他文明来说更是如此。

　　总之，随着现代化进程的不断深化，无论是"文明内的冲突"还是"文明间的冲突"都在日益加剧。为了避免由此带来的毁灭性灾难，呼吁建立有效的"对话"理论与机制已成为全球性的重大课题。但有效的"对话"不仅必须以某种共识为基础，而且必须以达成更多的共识为目的，这就要求各大文明必须根据自身的文化传统和历史经验重建"常道"，只有这样才能有效解决"文明内的冲突"问题。但要解决"文明间的冲突"，或者说"多元的普遍性"或"多元的常道"之间的冲突，不应企图建立一种可为各大文明都能遵循而绝对普遍的"常道"，因为这既不可能也无必要。只须通过深化交流与对话，在各大文明之间努力形成一定程度的"交叠性共识"（overlapping consensus）和相互理解①，即可使彼此之间和而不同、并行不悖。这也是中华文明数千年来处理"天下"问题的基本思路。"治国"可以采取强制性手段，但"平天下"却大概只能采取对话的途径。

　　这样看来，比较宗教与哲学研究的一个重要任务就是，一方面努力彰显各种自成一体的文明之道的结构性差异，一方面尽量扩展各大文明之道构成要素之间的沟通与交融。真正的相互理解必须包括两个方面，辨其异而察其同。只有既彰显彼此间的差异，又努力扩展"交叠性共识"，才能有效避免"文明间的冲突"，形成各大文明和而

---

　　① "交叠性共识"也译为"重叠共识"，参见约翰·罗尔斯《政治自由主义》，万俊人译，译林出版社2000年版，第141—183页。

不同、并行不悖的局面。这种努力，用费孝通先生晚年的话来说，就是一种"文化自觉"，就是"在认识自己的文化、理解所接触到的多种文化的基础上"，"经过自主的适应，和其他文化一起，取长补短，共同建立一个有共同认可的基本秩序和一套各种文化都能和平共处、各抒所长、联手发展的共处守则"，亦即"各美其美，美人之美，美美与共，天下大同"。①

应当指出的是，辨异与求同并不矛盾，而是相辅相成的。正如伽达默尔所说，"人类此在的历史运动性在于，其所拥有的立足点从不是绝对固定的，因而其视域也从不会是真正封闭的"②，不同文化与文明之间虽然颇多差异，但人类的特点恰恰在于从不局限于自己的视域，而是在相互对比和辨别中见贤思齐，见不贤而内自省，主动吸收对方的长处，反思自己的缺陷，从而实现某种视域交融、达成某些共识。简言之，"辨异"不可避免地要指向"交融"和"求同"，"自识"和"自觉"的过程既是发现自己的过程，也是发现他者并扩展自己的过程。更广更深的相互辨异恰可导致更广更深的相互理解、尊重与交融，从根本上减少而不是增多对抗与冲突。人们之间的冲突，常是因为只顾自己的观念与想法，而根本不考虑对方的欲求与感受。若是双方互有较多了解，纵使暂时不能达成共识，亦可清楚自己的行动将会导致对方何种反应。更何况，各大文明间恰是因为存在差异才出现交流，越是认识到彼此的差异，越能导致相互交流、交融与扩展。各大文明都各有优胜之处与自得之长，越是深入地辨异，越能意识到彼此的博大精深，因而也越能导致相互尊重与崇敬。各以所长相

---

① 费孝通：《费孝通论文化与文化自觉》，群言出版社 2005 年版，第 232—233 页。
② Hans-Georg Gadamer, Gesammelte Werke, Bd. 1, S. 309；伽达默尔：《诠释学 I、II：真理与方法》第 1 卷，商务印书馆 2007 年版，第 413—414 页。此处译文依据原文略有改动。

轻所短者，常是因为未能深识对方也未能深识自己，而是局限于自己，固定于已有，既不"重异"亦不"辨异"。从整体看，人类总是在"辨异自识"也总是在"交融识他"，真正的"文化自觉"总是既"重异"亦"贵同"，围绕着某些共同主题不断产生和彰显差异，又不断寻求相互理解和达成共识。今天，全球各国家和地区都在进一步加强现代化建设，也都在深入思考如何解决现代性困境，经济与信息的全球化趋势也日益强劲。各国家和地区事实上已无法通过简单地反对西方文明以拒斥现代化或跳出其困境，而是进入了罗素所谓"相依为命，存亡与共"(all must live or all must die)[①]的境况。在此局势下，包含着"交融识他""重异贵同"的"辨异自识"和"文化自觉"就更成必要，更显迫切。

---

　　① Bertrand Russell, *Power, A New Social Analysis*, Routledge Classics 2004, p. 22；罗素：《权力论——一个新的社会分析》，靳建国译，东方出版社 1998 年版，第 22 页。译文已改动。

后 记

按照牟宗三的基本判断,儒家在逻辑理性(理论理性)方面是存在先天缺陷的,它无法树立知性主体,因此儒家文化发展不出逻辑、科学。学统的缺陷,是近代中华文明落后于欧洲文明的主要原因之一。其实儒家不仅在认知理性的建构方面乏善可陈,其于艺术审美方面也贡献有限。中华艺术及其审美文化的主要成就殆半要归功于庄禅思想这一源泉。儒家之于古代中国最重要的价值在于政治、伦理与信仰诸实践领域。在中国现代转型历程中,随着科举的废除、帝制的崩溃、宗法社会的解体,儒家传统的政治思想已难有用武之地。工业文明对家族聚居和士绅阶层的瓦解导致社会结构遽变,也使得儒家伦理逐渐失去了应用语境。丧失社会基础的儒家因此有了"游魂"之说。

虽然近百年来,儒家知识分子并未放弃努力,一直致力于恢复儒家伦理与政治的社会主导地位,然而迄今可见的所有尝试几乎都未成功。譬如在道德重建方面,"港台新儒家"苦心经营数十年的现代儒学,根本就无法走出书斋形成社会道德运动,遑论挽救世道人心。在政治思想重建方面,熊十力以周礼融入现代政治的尝试,梁漱溟以伦理代政治的"乡村建设运动",牟宗三的"新内圣外王"以所谓"良知坎陷"开出民主、科学的哲学假设,都没有产生实际的社会影响。至于近一二十年针对所谓"港台新儒家"的"心性之学"而出现的"大陆新儒家"的"经世之学",接续晚清今文经学公羊学派建构所谓"政治儒学",企图重新建立儒家的政治体系,其不仅不切实际,反而有逆现代化之嫌,至今在学界争议不断。

尽管儒家遭遇如此多重的现代性困境，但我们并不认为儒家已经完全游离于中国社会。其实儒家仍然活在中国人的价值与精神信仰世界，无时无刻不影响着现代中国，我们相信儒家依然可以为中华文明的现代转型提供道德主体性与精神超越性维度的思想资源。而儒家的伦理-宗教信仰，历来不是学者们重视的领域。因此我们认为有必要组织学界同仁对此题域展开研究梳理。

在现代中国的历史语境下，梳理儒家的宗教信仰文化，不可避免要与西方宗教直接或间接的影响发生关联。现代中国的宗教信仰观念，已被西方宗教观深度重塑。不仅数以千万计的国人在西方宗教中寻求精神寄托与信仰皈依，就算是少数极力反对外来宗教的文化保守主义者，也受到西方宗教观的深刻影响。从19世纪末康有为着力改造儒学为"孔教"到当代"大陆新儒家"针对儒家宗教化的理论与实践，这些基本上都是在西方基督教的直接刺激下生成的。这些文化保守主义者的理想，很大程度上就是将儒家改造为基督教那样的制度性宗教，从而实现国族基本信仰的再造。虽然他们无一例外都反对基督教扩张，但在骨子里，他们接受的却是一种西方的宗教模式或观念。未来华夏民族需要什么样的儒家、什么样的信仰，当然是一个重大思想课题，学界应该高度重视并深入研究。既然儒家信仰文化的梳理，已经无法回避西方基督教，儒耶对话对于华夏信仰的梳理与重塑就变得格外意义重大。

2018年4月28—29日，岳麓书院专门为此召开主题为"天命与上帝：中西比较与儒耶对话"的研讨会，邀请国内外儒耶两界知名学者数十人共同商讨中西信仰比较与国族文化信仰重建的议题；此后又邀请谢遐龄、尤西林等学者访问岳麓书院，就儒家天命思想开展学术讲座与研讨。岳麓书院相关系列主题活动已积累颇多学术成果，为集中呈现汉语学界在此题域的最新研究成果，在此特别整理出一组文章以飨读者。

湖南大学比较宗教与文明研究中心

2019 年 9 月 2 日

图书在版编目 (CIP) 数据

无限者的理念:儒耶对话与中西比较 / 朱汉民, 张俊
主编. — 北京:商务印书馆, 2023
ISBN 978-7-100-23048-3

Ⅰ.①无…　Ⅱ.①朱…②张…　Ⅲ.①儒家—对比
研究—基督教　Ⅳ.① B222.05 ② B978

中国国家版本馆 CIP 数据核字（2023）第 181547 号

无限者的理念

儒耶对话与中西比较

朱汉民　张俊　主编

商 务 印 书 馆 出 版
（北京王府井大街 36 号　邮政编码 100710）
商 务 印 书 馆 发 行
江苏凤凰数码印务有限公司印刷
ISBN 978-7-100-23048-3

2023 年 11 月第 1 版　　开本 890×1240　1/32
2023 年 11 月第 1 次印刷　　印张 14

定价：75.00 元